TREMPLIN SCIENCES PO

CONCOURS COMMUN

IEP - Questions contemporaines

La peur
L'alimentation
2023

Judith Leverbe
Laurence Lacroix
Louis Rossignol
Florent Vandepitte
(coordinateur de l'ouvrage)

DUNOD

Les auteurs

Judith Leverbe est agrégée de sciences économiques et sociales. Elle enseigne en classes préparatoires aux grandes écoles économiques et commerciales et participe à la formation aux Questions contemporaines au sein de Tremplin IEP.

Laurence Lacroix est agrégée de philosophie. Elle enseigne la philosophie dans un lycée d'Orléans et participe à la formation aux Questions contemporaines au sein de Tremplin IEP.

Louis Rossignol est agrégé de sciences économiques et sociales et diplômé de Sciences Po Lille. Il est professeur de SES dans un lycée parisien et coordinateur éditorial pour les Questions contemporaines au sein de Tremplin IEP.

Florent Vandepitte (coordinateur de l'ouvrage) est agrégé d'histoire et directeur pédagogique de Tremplin IEP. Il enseigne l'histoire et la géographie au lycée et la pensée contemporaine à l'université de Lille.

Remerciements

Cet ouvrage collectif est le fruit d'un travail de longue haleine menée par toutes les équipes actuelles et passées de Tremplin IEP. Nous tenons donc à remercier chaleureusement les dirigeants de la formation, Thierry Corde, en sa qualité de président et Paul Bernard Delaroche, fondateur des Tremplins pour la confiance accordée ainsi que l'ensemble des équipes qui ont contribué de près ou de loin à la réalisation de ce livre.

Maquette intérieure : Caroline Joubert © Atelier du livre

Couverture : Studio Dunod

Mise en page : Belle Page

11 rue Paul Bert, 92240 Malakoff
www.dunod.com
ISBN : 978-2-10-084108-0

TREMPLIN SCIENCES PO

CONCOURS COMMUN

La peur

L'alimentation

2023

Tremplin IEP est la seule formation labellisée par le réseau ScPo

Ce label est la garantie de pouvoir accéder à une préparation de haute qualité validée par les 7 établissements et conforme aux exigences du concours.

Une préparation souple, adaptée et humaine

Souple et adaptable, la formation à distance offre un accès permanent à chaque candidat, quelle que soit sa situation géographique. Tremplin IEP est conçu pour s'articuler parfaitement avec les formations dispensées en lycée, en classes préparatoires ou à l'université.

Tremplin IEP propose un entraînement adapté aux épreuves du concours grâce à des devoirs envoyés et corrigés à distance. Des cours, des méthodologies, des fiches, des magazines d'actualité et des annales sont rassemblés dans un campus en ligne. Les enseignements sont dispensés en visioconférence (en direct, puis en replay) et par le biais de supports écrits. Les étudiantes et les étudiants accèdent 24h/24h et 7j/7j aux contenus indispensables à la réussite du concours.

Un suivi pédagogique individualisé

Une fiche détaillée accompagnant la correction de chaque devoir par correspondance et le tutorat en ligne, assuré par enseignants sont la garantie d'un suivi pédagogique individualisé de qualité.

Vous bénéficiez d'un espace de Questions/Réponses afin de dialoguer tout au long de la formation avec nos coordinateurs éditoriaux, des enseignants expérimentés, spécialistes des concours de Sciences Po.

À qui s'adresse la formation ?

- **Tremplin Première** s'adresse aux élèves de première, afin de leur permettre d'acquérir les connaissances nécessaires pour aborder la préparation au concours commun du Réseau ScPo dans des conditions optimales.
- **Tremplin Concours commun** s'adresse aux élèves de terminale et aux étudiants de première année de l'enseignement supérieur. Cette formation prépare aux trois épreuves du concours commun : l'analyse de documents d'histoire, la dissertation de questions contemporaines et l'épreuve de langue.
- **Tremplin Bordeaux, Tremplin Grenoble et Tremplin Paris** s'adressent aux candidats souhaitant bénéficier d'un accompagnement personnalisé dans la constitution de leur dossier et leur préparation de l'oral pour l'une ou plusieurs de ces trois écoles.

https://www.reseau-scpo.fr

https://trempliniep.fr/

Sommaire

Sous-partie 2
La peur en dissertations

Partie 3
L'alimentation

Sous-partie 1
L'alimentation en fiches

Introduction : Une épreuve à part

Très sélectif, le concours commun d'entrée dans l'un des sept Instituts d'études politiques n'en demeure pas moins accessible, à condition de s'y préparer. Parmi les trois épreuves du concours, l'une est particulièrement redoutée par les candidats, celle de questions contemporaines car elle associe des savoirs relatifs à différentes disciplines. C'est en ce sens que les sept IEP se sont associés pour conventionner une préparation à distance, Tremplin IEP, destinée à être suivie en même temps que votre scolarité en terminale ou en première année de l'enseignement supérieur.

Ce livre collectif, réalisé par quatre professeurs participant depuis plusieurs années aux préparations Tremplin IEP a pour ambition de témoigner d'une partie de ce savoir-faire. Le premier moment de cet ouvrage est donc naturellement consacré à la méthodologie, un élément indispensable pour la réussite du concours. Les deux parties suivantes associent une analyse des deux thèmes proposés au concours, des fiches destinées à vous construire des références précises et des dissertations entièrement rédigées.

Afin d'être les plus efficaces possible, les références présentes dans l'ouvrage gagneront à être accompagnées par la préparation au concours commun délivrée par Tremplin IEP. Vous y trouverez des références complémentaires, des échanges réguliers en visioconférence avec des intervenants extérieurs spécialistes des deux thèmes au concours ou avec nos propres professeurs. Vous aurez par ailleurs la possibilité de vous entraîner à travers les devoirs à distance dont les corrections vous fourniront des conseils adaptés aux exigences du concours. Les échanges réguliers avec des enseignants, tous spécialistes du concours de Sciences Po, vous permettront également de mieux connaître ces écoles et d'adapter votre travail en conséquence.

L'épreuve de questions contemporaines dont il est ici l'objet porte donc sur une dissertation à traiter dans une durée limitée (3 heures), sur la base de deux sujets au choix, inspirés des deux thèmes, la peur et l'alimentation. En plus de ce présent ouvrage, vous vous reporterez à la liste de livres et de films téléchargeables sur le site du réseau ScPo. Même s'il n'est pas nécessaire de tous les lire ou de tous les visionner, ces références peuvent vous guider dans votre préparation et en particulier dans la détermination du sens du sujet.

Votre aptitude à mobiliser des regards croisés, votre ouverture d'esprit ou encore votre capacité à associer des éléments très actuels et d'autres plus anciens seront autant de qualités qui vous permettront de dominer cette épreuve. Un travail régulier sur des sources variées vous permettra tout au long de votre année de formation de vous constituer votre propre répertoire d'exemples qui viendra nourrir le moment venu votre dissertation de concours.

En espérant que ce présent livre vous permettra de prolonger l'expérience Tremplin IEP ou au contraire vous donnera envie de nous rejoindre, nous espérons que vous prendrez autant de plaisir à le lire que nous en avons pris à le réaliser.

Partie 1

Méthodologie de l'épreuve

- Comprendre l'épreuve
- Se préparer : un parcours au fil de l'année

1 Méthodologie
Comprendre l'épreuve

1 Une question ancrée dans un thème précis

Dans cette épreuve de questions contemporaines, la dissertation proposée est originale puisqu'elle est un exercice de culture générale mais nécessite aussi des savoirs plus pointus dans un champ de réflexion particulier. Ces dernières années, ce thème a pu varier de la guerre au numérique, de la démocratie à l'école. Cette année, il s'agit de « la peur » et de « l'alimentation ». Sur ces thèmes, il est nécessaire de mobiliser des connaissances de différents champs scientifiques qui relèvent de l'histoire, de la philosophie, de la sociologie, de l'économie, mais aussi des connaissances relevant d'une culture littéraire, cinématographique, théâtrale et de la bande dessinée. La connaissance de l'actualité est également attendue dans un devoir de questions « contemporaines ».

Aucun sujet proposé à l'épreuve de questions contemporaines au concours d'entrée dans les IEP n'est inscrit dans un champ disciplinaire précis. Il n'est donc pas attendu des candidats qu'ils soient spécialistes ! En revanche, et cela doit se préparer, le devoir doit montrer l'aptitude du candidat à jongler avec des connaissances variées. Il faut croiser des regards, mêler des éléments à la portée différente et savoir les mettre en relation de façon pertinente. Cette posture pluridisciplinaire oblige à un certain nombre de compétences :

- D'abord, ouvrir le champ de votre curiosité naturelle : chercher dans les domaines abordés en classe dans les différentes disciplines ce qui a à voir avec le thème. L'ouverture d'esprit est une attente essentielle qui sera très valorisante lors du concours.
- Croiser et non faire des catalogues de connaissances, mettre en relation les différents apports qui sont retenus : si, dans une partie de l'argumentation, les références historiques peuvent sembler particulièrement pertinentes, plus loin dans le devoir, le recours à l'analyse philosophique peut s'avérer justifié, puis l'appui sur une référence littéraire ou artistique, etc. Mais, plus subtilement, fouiller une idée directrice peut supposer d'avancer une thèse philosophique pour la confronter à l'histoire ou à un constat actuel. Ce sont ces allers-retours qui font le sens et la singularité du devoir. Plus il est nourri et plus les entrecroisements sont pertinents, cohérents et convaincants, plus le devoir répond au sujet et aux attentes.
- Hiérarchiser correctement les connaissances acquises : les exemples d'actualité ou les faits historiques resteront toujours des exemples alors que les analyses historiques, philosophiques, sociologiques, les analyses théoriques, les modèles abstraits ont une portée transposable dans le temps et dans les différents domaines explorés. Toutes les connaissances acquises n'ont pas la même valeur.

Il ne s'agit donc pas d'être expert dans une discipline scientifique précise mais de combiner des points de vue et des axes d'analyse. Cette attente est assez nouvelle pour un élève de terminale habitué à séparer les champs d'analyse.

> Le premier écueil est donc d'éviter de faire un « bon » devoir de philosophie, d'histoire ou de SES, par exemple. Il faut bien saisir cette singularité de l'épreuve de questions contemporaines.

2 Une question inscrite dans les débats actuels

Au concours des IEP, les sujets posés en « questions contemporaines » ne sont pas des sujets théoriques et intemporels. Ils sont profondément liés aux faits de sociétés et débats qui parcourent nos sociétés.

Coup de projecteur sur les sujets de questions contemporaines des 5 dernières sessions

- La peur, une arme politique ? (2022)
- Faut-il avoir peur des révolutions ? (2022)
- À la lumière de vos références historiques, culturelles ou artistiques, pensez-vous que les révolutions font table rase du passé ? (2020)
- À la lumière de vos expériences et de vos lectures, pensez-vous encore possible de préserver le secret aujourd'hui ? (2020)
- Faut-il tout dématérialiser ? (2019)
- Les institutions démocratiques peuvent-elles reposer sur le secret ? (2019)
- Peut-on être à la fois radical et démocrate ? (2018)
- Les villes sont-elles en crise ? (2018)
- Le risque zéro est-il possible ? (2017)
- Comment comprendre aujourd'hui la notion de mémoire nationale ? (2017)

Notons, d'une part, qu'à chaque session, le candidat a un choix proposé entre deux sujets qui jusqu'à aujourd'hui représentaient les deux thèmes de l'année, mais il n'y a aucune règle explicite à ce sujet. D'ailleurs, des propositions de sujets croisant les deux thèmes sont tout à fait envisageables comme en témoigne l'un des deux sujets de la session 2022 qui propose de relier la peur et les révolutions. Généralement, les sujets consistent en un questionnement direct. Ceux de 2020 ont légèrement dérogé et ont été formulés de façon plus explicite quant aux attentes pluridisciplinaires, sans que cela change la nature de l'épreuve puisqu'il était attendu, lors des sessions précédentes, que les candidats mêlent des apports factuels et théoriques et des regards croisés dans les différents champs d'analyse disciplinaire et diversifient les illustrations. Notons également, pour ceux qui s'étonneraient de l'absence d'annales pour l'année 2020, que cette année-là le concours a été annulé du fait de l'épidémie de coronavirus.

Les thèmes retenus pour cette épreuve sont clairement des axes de lecture des sociétés contemporaines et les sujets proposés constituent, au sein de ces thèmes, un coup de projecteur sur les enjeux et les débats contemporains. Ces thèmes occupent, d'une manière ou d'une autre, une part importante de la presse et des productions artistiques. Suivre l'actualité des thèmes proposés est donc, bien évidemment, indispensable.

La collecte d'information est la première étape pour entrer dans le thème. Il faut viser large : actualité sociale, politique, économique, scientifique, littéraire, cinématographique, etc.

3 Une question plus large voire universelle

Les thèmes proposés sont choisis pour stimuler la réflexion autour d'un champ précis lié à l'actualité sociale, politique, littéraire, aux débats qui agitent la société et les médias, à des faits historiques, à l'histoire des idées et aux sciences. Les thèmes sont donc le plus souvent des fenêtres sur le monde et on pourrait même dire des mondes. Mais, ils renvoient aussi à des débats plus anciens. On peut lire le monde moderne à partir d'analyses des philosophes grecs, des philosophes des Lumières, de constructions théoriques des sociologues des années 1950 ou de questions historiques qui ont porté sur la fin du XIXe siècle ou l'époque de la Renaissance. Des thématiques telles que la démocratie, la révolution, la révolution numérique, la peur, l'alimentation constituent des angles d'attaque qui demandent, certes, d'observer le monde moderne mais cette observation ne peut se faire intelligemment sans des clés de lecture et des questionnements plus universels. Chacune de ces thématiques ouvre la voie à d'autres champs et interroge les principes, les fondements, le mode de fonctionnement de toute société quant à des enjeux fondamentaux qui interroge l'individu, les rapports humains, le lien social, la solidarité, la nature de toute société, la place du politique et du pouvoir, etc.

C'est dans cet esprit qu'il faut aborder les thèmes au programme de l'épreuve de « questions contemporaines ». Cela signifie que devenir un ou une « spécialiste » de la question au programme n'est pas suffisant si cette connaissance n'est pas assise sur une bonne culture générale.

4 La nécessité d'une culture générale

La nécessaire acquisition de connaissances sur le thème spécifique au concours passe évidemment par l'exploration d'ouvrages spécialisés, certains étant d'ailleurs proposés par les directeurs d'IEP en même temps que la présentation des sujets. Ils pourront être considérés comme des références incontournables. La réflexion sur le thème doit être nourrie par des supports multiples qui peuvent être des essais, des romans, des ouvrages historiques sans oublier tout ce qui relève de la production littéraire, cinématographique et plus généralement, artistique.

Aucune de ces connaissances n'est une fin en elle-même. Le concours attend du candidat que ces acquis aient un sens, qu'ils alimentent une réflexion personnelle, un questionnement à la fois cohérent et personnel ce qui suppose que ces connaissances s'articulent à un socle solide. Si le thème rend pertinent de mobiliser certains aspects de la pensée d'Aristote, de Descartes, de Rousseau ou d'un sociologue du XXe siècle, il serait illusoire de s'arrêter à la simple connaissance d'un point précis de connaissance sans l'ancrer dans un minimum de repères sur l'analyse plus globale ou le contexte de celle-ci. On ne comprend l'analyse de l'école de Pierre Bourdieu que si l'on identifie ses postulats méthodologiques, la vision de l'individualisme selon Tocqueville que si l'on s'est arrêté sur son approche plus globale de la démocratie, etc.

Enrichir votre culture générale est donc à la fois une occasion à ne pas rater en travaillant sur les thèmes au programme et une exigence pour éviter certains écueils fréquents dans les copies : la récitation sans réelle maîtrise d'une thèse mal digérée, la connexion d'arguments qui ne peuvent être articu lés car ils ne sont pas sur le même registre, le contresens ou encore le risque d'anachronisme, écueils sur lesquels nous reviendrons en détail plus loin.

2 Se préparer : un parcours au fil de l'année

1 Le travail sur les sources… ou comment enrichir ses connaissances

Une bonne dissertation ne peut reposer que sur de simples intuitions. La préparation à l'épreuve nécessite de se confronter à la production intellectuelle et artistique. C'est ainsi que vous pourrez affiner votre réflexion, c'est d'ailleurs tout l'esprit de la formation intellectuelle en IEP. La connaissance de faits et leur analyse nourrit un cercle vertueux pour le développement de l'acuité de votre questionnement personnel. La connaissance de diverses analyses, parfois contradictoires, le regard d'observateurs, d'analystes, de théoriciens, de journalistes ou même de témoins sont autant de moyens de repousser les analyses « prêtes-à-penser », les clichés et les fausses évidences.

Le travail sur la bibliographie du concours est donc incontournable. Cette exigence suppose d'adopter un certain nombre de règles et de méthodes pour ne pas perdre trop de temps, cibler correctement les objectifs et, finalement, ne pas vous égarer.

a. Sélectionner les bonnes sources

Le recours à des sources variées, efficaces, situées dans différents champs est absolument indispensable. C'est la condition pour que le questionnement et le raisonnement soient ouverts, original et personnel. C'est en ayant consulté des exemples variés et des sources de nature différente que vous pourrez percevoir les différents angles d'un problème. Cela signifie que l'année de préparation du concours n'est pas le moment adapté à la lecture de longs ouvrages de référence. C'est notamment pour cette raison que l'inscription à la préparation Tremplin IEP est efficace : les professeurs ayant rédigé le cours vous proposent des résumés des grandes thèses en jeu. Ces résumés sont orientés vers le thème et non proposés de façon large comme on peut les trouver sur des sites internet ou des ouvrages généraux. Dans le cadre de la formation Tremplin IEP, les professeurs font donc le travail de sélection des lectures pour chacun des thèmes, ce qui constitue, pour le candidat, un gain de temps inestimable. Les professeurs de Tremplin IEP sélectionnent deux types de sources :

- d'une part, les références générales c'est-à-dire les ouvrages principaux en relation avec le thème : certains auteurs, certains titres, certains films doivent impérativement avoir été intégrés, compris et fichés. Ce sont des références très facilement et très fréquemment mobilisés dans les dissertations, et ce quel que soit l'angle d'attaque du sujet ;

- d'autre part, les ouvrages spécifiques au thème, c'est-à-dire plus spécialisés, plus pointus. Leur connaissance et leur mobilisation donneront à la dissertation une plus-value évidente. La maîtrise de ces références « distingue » le devoir, ce qui est évidemment valorisé. Dans certains cas, il peut s'agir de publications qui ne sont pas accessibles au grand public. La connaissance de ces « ouvrages pour initiés » est elle aussi valorisante. Là aussi, seuls les professeurs peuvent orienter vers ces noms et ces titres. La préparation Tremplin IEP joue ce rôle de sélection et d'accès à des références pertinentes.

b. Construire ses propres références

> Préparer le concours d'entrée aux IEP, c'est adopter une posture personnelle de « chasseu.r.se » d'éléments utiles à chacun des thèmes.

Cette attitude personnelle doit être permanente et elle relève de la curiosité, qualité à cultiver tant elle est valorisée en IEP. À tout moment, en classe, en écoutant la radio, en parcourant l'info en continu d'un grand quotidien, en allant au cinéma ou en regardant une série, et bien sûr, en classe, il y a nécessairement des moments où les thèmes retenus au concours sont présents. Les cours d'histoire-géographie, de géopolitique, de philosophie, de SES, de littérature, de cinéma, de sciences peuvent amener une référence intellectuelle, un fait, un débat, des éléments de langage qu'il est intéressant de relier aux thèmes de question contemporaine. Parmi les thèmes récents au concours, on mesure à quel point on ne peut suivre un cours d'histoire, de SES ou de philosophie sans que les questions de démocratie, de révolution, du numérique, de la sécurité et de la peur aient été soulevées d'une façon ou d'une autre et que des auteurs aient été cités. Il faut donc être aux aguets et se saisir de ces pistes.

De la même façon, les lectures personnelles de magazines, de romans, les films vus, les BD ou romans graphiques sont autant de supports qui peuvent souvent avoir un écho dans le cadre des thèmes en jeu. Les candidats qui enrichissent leur copie et la personnalisent par ce type d'éléments hors des sentiers battus disent leur culture personnelle et c'est évidemment valorisant.

c. Développer la réflexion personnelle

S'il est nécessaire d'avoir des connaissances pour réfléchir de façon aiguisée, lors du concours, les correcteurs n'attendent pas de l'épreuve de questions contemporaines qu'elle soit un étalage de connaissances plaquées et un catalogue de références. Votre objectif doit être de construire un raisonnement « personnel », c'est-à-dire un cheminement d'arguments logiques qui vous est propre, qui n'est pas la reprise d'un catalogue d'analyses d'auteurs, aussi éminents soient-ils. Ce travail de réflexion qui est le vôtre ne peut se faire sans appuis, sans jalons et sans références à des idées validées et partagées. Le travail sur les cours Tremplin IEP et les lectures sont donc des étapes indispensables pour développer cette capacité à repérer des arguments, les trier, les hiérarchiser, les articuler, les opposer, les contextualiser, etc. Votre vison du sujet et des questions qu'il engage se joue donc au niveau du travail sur les sources. Plus celles-ci sont variées et solides, plus le raisonnement personnel est ouvert, approfondi, maîtrisé, fluide et pertinent.

2 Construire des fiches efficaces

a. Des fiches bibliographiques

Préparer le concours nécessite un certain investissement en lecture. En proposant des références bibliographiques et cinématographiques, les directeurs des IEP envoient un signal explicite : il n'y a pas programme de lectures obligatoires mais la maîtrise de certains ouvrages, romans, essais, BD et la connaissance de certains films est nécessaire. Il s'agit d'aller vers les supports qui introduisent le sujet sous un éclairage particulier. Ces premiers éléments bibliographiques conseillés sont de nature variée.

Ces différents ouvrages et films doivent être synthétisés pour pouvoir être mémorisés et fléchés vers des pistes du thème.

Travailler sur ces lectures consiste à les transformer en références précises, qui pourront être mobilisées facilement et presque automatiquement. Les lectures indiquées par le jury et celles que vous trouverez par vous-même doivent être des moments qui alimentent votre réflexion personnelle. Ce sont les premiers supports d'entrée dans le thème et de repérage des questionnements, parfois non imaginés auparavant, que ce thème suscite. Avant d'avoir travaillé les ouvrages de Patrick Boucheron ou de Corey Robin, qui a réfléchi à l'articulation entre la peur et la possibilité d'un gouvernement par la peur ? Qui a spontanément à l'esprit l'enjeu de la peur et de la diffusion de rumeurs ?

Il convient donc que ces thématiques et les « mots clés » ou expressions clés qui les nourrissent prennent trace sur une fiche bien conçue. Comment organiser les fiches sur les ouvrages ? Deux objectifs doivent être gardés à l'esprit :

- Être synthétique : trop de détails ne serviront à rien.
- Dégager des axes et articulations logiques.

Les incontournables

- Une bonne fiche se doit de comporter :
- Le nom de l'auteur et son statut intellectuel (journaliste, philosophe, historien, personnalité politique...).
- L'époque de l'auteur : un auteur et une analyse sont toujours ancrés dans une époque spécifique et il est très imprudent de la plaquer telle quelle, sans un minimum de distance.
- Le titre précis de l'ouvrage : il faut être capable de le citer lorsqu'on mobilise l'ouvrage.
- Quelques idées clés : celles qui caractérisent la problématisation de l'auteur.
- Quelques concepts de l'auteur : les auteurs associent, généralement, le thème à des concepts qui caractérisent leur regard, leur angle d'attaque.

La relecture, plusieurs fois dans l'année, de ces fiches permettra une familiarisation avec une série d'auteurs et permettra de les mobiliser aisément et fluidement dans l'épreuve de questions contemporaines.

Quelques erreurs à éviter

Nous vous recommandons de prendre garde à ne pas reproduire ces erreurs classiques :

- Des fiches trop longues : chaque fiche est un moment de sélection de l'information qui exerce votre capacité de synthèse et de réflexion.
- Une rédaction non structurée : la rédaction des fiches bibliographiques doit être construite par axe, par question, par thème... Il ne doit pas s'agir de notes enchaînées, sans alinéas !
- Un recopiage de phrases du texte : des notes non réellement comprises ne servent à rien ! L'exercice de lecture-prise de notes est avant tout un temps de compréhension. Ficher c'est comprendre et classer. Le travail bibliographique est un véritable travail de réflexion et non un recopiage passif !

Quelques règles à ne pas oublier :

- ce sont ces rencontres avec la pensée qui permettent ensuite de « penser » le sujet de questions contemporaines ;
- ces lectures (il en est de même pour la filmographie) donnent du sens aux termes en jeu, souvent assez abstraits ;

- ces lectures sont des « fenêtres ouvertes » sur les sujets : les ouvrages traitent nécessairement, d'une manière ou d'une autre, du sujet qui sera proposé le jour du concours.

b. La réalisation des fiches

Attention ! Certaines fiches ne servent à rien, si ce n'est créer l'illusion de l'avancée du travail !

Il faut penser les fiches en relation avec différentes fonctions qu'elles permettent de remplir dans le devoir de questions contemporaines. Demandez-vous de quoi vous aurez nécessairement besoin.

Les éléments indispensables d'un bon devoir

Dans un bon devoir, il est nécessaire de trouver :

- des définitions claires ;
- des typologies ;
- une évolution historique ;
- des comparaisons internationales ;
- des causes au phénomène observé ;
- des conséquences (dans différents domaines) ;
- des axes de réflexion, des problématiques ;
- des exemples ;
- des contre-exemples.

Attention : ces rubriques ne sont pas exhaustives et peuvent varier selon les thèmes au programme.

Les fiches doivent donc être construites autour de ces cadres. Elles doivent mettre en avant de façon explicite ces « rubriques ».

Des fiches fonctionnelles

Conseil pratique

une fiche = un objectif

La fiche définition

Sur chaque thème imposé, il faut une fiche de définitions de tous les termes en jeu. Par exemple, sur le thème de la peur, il faut être clair sur les notions de peur, angoisse, sécurité, et quelques autres. La liste des termes importants s'allonge au fil des lectures, des devoirs réalisés et des cours.

La fiche thématique

Il s'agit d'une fiche par sous-thème clé. Ce sont ces axes qui, le plus souvent, déboucheront sur les sujets. Au lieu de résumer les cours de Tremplin IEP de façon passive, il faut donc séparer les thématiques et construire autant de fiches que de thématiques. Certaines seront courtes, d'autres, plus longues. Les fiches de ce manuel sont dans cet esprit ; il vous reste à les « ficher » : peur et État, peur et populisme, peur et changement climatique, mesurer la peur, peur et Covid, etc. Vos propres fiches thématiques peuvent évidemment être plus globales : peur et politique, peur et société, peur et individu, peur et histoire, etc. Sur le nouveau thème : alimentation et environnement, alimentation et politique, alimentation et culture, etc.

La fiche auteur

Certains auteurs peuvent être considérés comme incontournables, avec le titre précis de l'ouvrage de référence, et les principales thèses, notions spécifiques (si nécessaire). Il peut être pertinent de noter également les auteurs auxquels il faut les opposer en restant dans le cadre du thème bien sûr.

Quelle place pour les citations ?

Mobiliser une référence bibliographique dans le devoir peut passer par la citation d'une phrase. Mais, ce n'est pas une fin en soi et la présence de citations ne fait pas nécessairement un bon devoir. Une citation bien choisie, placée au bon endroit, une formulation efficace, imagée peut apporter quelque chose, c'est incontestable. Mais il est impossible de retenir de nombreuses citations couvrant le champ des sujets possibles ?

Quelle méthode adopter ?

- Noter une petite citation sur la fiche bibliographique (inutile de recopier six ou sept phrases).
- Repérer des expressions-clés chez certains auteurs. C'est à la fois plus facile et surtout plus utile. Cela permet de vous approprier les concepts, les formulations et de les intégrer dans votre propre réflexion.

La fiche illustrations-exemples

Une fiche listant une série d'exemples et, parfois, de contre-exemples en les classant par rubriques permettra de mieux les retenir.

Cette fiche doit permettre d'isoler les principaux exemples rencontrés dans l'actualité ou dans les livres d'histoire. Il est inutile de stocker un trop grand nombre d'exemples qui disent la même chose. Deux ou trois suffisent.

A contrario, la fiche doit permettre de repérer les domaines où vous manquez d'illustration et elle est donc un instrument qui guide les recherches.

Les fiches littérature et filmographie

Les références indiquées par les directeurs des IEP le prouvent : il est valorisant de mobiliser des références filmiques et des romans. Là encore, avoir quelques titres par thème suffit. La fiche doit être extrêmement synthétique car il ne s'agira évidemment pas de raconter le film ou le roman. Il faut donc dégager les problématiques que le film tend à illustrer.

Lorsque vous mobiliserez un film, une bande dessinée, un roman dans le devoir, il faudra veiller à être explicite sur la pertinence du lien que vous faites entre l'œuvre citée et l'argument de votre dissertation. Il ne faut évidemment pas raconter l'histoire de façon trop détaillée. Même si vous pouvez penser que le correcteur risque de ne pas connaître ce film, cette BD, ce manga, c'est à vous d'en dire le propos en deux ou trois phrases rapides et de justifier que vous en parliez à cet instant du devoir.

3 Se préparer à l'épreuve de questions contemporaines

Quelques secrets pour réussir

La préparation de l'épreuve de questions contemporaines nécessite un effort sur une période longue : de l'été pour ceux qui démarrent le plus tôt, ou septembre, pour beaucoup, à avril.

Conseil n° 1 : démarrer tôt

Conseil n° 2 : planifier le travail

Conseil n° 3 : varier les méthodes

Il faut à tout prix éviter l'usure et la lassitude !

a. Organiser vos apprentissages

Il est nécessaire de créer le stock de connaissances, de réflexions, d'exemples dont vous ne disposez pas. Pour cela, il faut à la fois défricher des pans du thème et apprendre des concepts, des manières de penser, des épisodes historiques, des exemples étrangers, etc.

Il n'est pas possible de réfléchir à un sujet dont on ne sait rien. Les sujets de questions contemporaines demandent des références précises. Un sujet tel que « Le secret nuit-il à la démocratie ? » ne comporte, en apparence en tout cas, aucun terme compliqué. Le terme « démocratie » est mobilisé très fréquemment et semble presque simple ; pourtant, ce n'est pas une notion si simple à définir. Il renvoie à plusieurs univers de sens : démocratie politique (son sens le plus courant autour des institutions politiques) mais aussi démocratie sociale. Dans cette deuxième perspective, la réflexion sur le terme renvoie davantage à l'idée d'égalité et de justice telle qu'elle est perçue dans la société.

Face à vos outils de travail de préparation des thèmes (cours, ouvrages thématiques, etc.), il faut adopter les bonnes méthodes pour mémoriser :

- d'abord lire vos cours (que ce soit Tremplin IEP ou un ouvrage général sur le thème) par blocs cohérents. Il ne faut pas vous fixer un objectif de dix pages mais un objectif qui fait sens (la partie portant sur les analyses philosophiques, l'approche politique, les limites sociales, etc.) ;
- dégager ensuite explicitement les axes de réflexion puis les références et les exemples ;
- enfin, reporter sur les fiches ces éléments.

C'est donc cette priorité donnée au sens qui favorisera la mémorisation.

b. Le jour de l'épreuve : mettre toutes les chances de votre côté

Quelques règles d'or permettent d'éviter de nombreuses erreurs. Face au sujet, vous devez autant que possible éviter toute précipitation et privilégier une approche maîtrisée et méthodique.

Les indications d'organisation du temps sont évidemment indicatives. Il est indispensable d'expérimenter la méthode, durant les mois qui précèdent, afin d'adapter le temps consacré à chacune des étapes de travail en fonction de ses capacités ou difficultés.

Quelques étapes semblent ainsi incontournables :

- la lecture-analyse des termes du sujet ;
- le repérage des axes en jeu ;
- le tri dans les connaissances ;
- la construction d'un plan adapté ;
- une rédaction claire.

Gérer son temps lors de l'épreuve

Souvenez-vous que l'épreuve dure trois heures. C'est très court ! Il est donc nécessaire de cadrer le temps imparti et s'entraîner auparavant.

- Lecture et choix d'un des deux sujets proposés : 5 minutes
- Analyse du sujet retenu : 10 à 15 minutes
- Recherche des arguments : 20 à 25 minutes
- Construction du plan : 10 à 25 minutes
- Rédaction du devoir : 1 h 30 à 2 heures
- Relecture : il faut garder 5 à 10 minutes pour cette étape indispensable.

c. Choisir le « bon » sujet

Cette étape doit être très rapide. Le moment n'est plus à l'hésitation. Cela semble évident mais il faut choisir le sujet dans lequel vous vous sentez le plus à l'aise, celui pour lequel vous pensez avoir plus d'arguments, de connaissances et de références précises. Nous vous déconseillons vivement de choisir le sujet qui semble plus difficile au nom d'une hypothétique rentabilité de ce type de stratégie.

d. Analyser le sujet

Cette étape est cruciale. Elle consiste à poser des définitions claires, dégager les présupposés et les enjeux de la question.

Une erreur fréquente : lire trop superficiellement le sujet

Une lecture trop rapide de l'énoncé proposé peut vous amener vers plusieurs types de problèmes :

- une réponse mécanique par le biais d'un plan « tout prêt » du type « oui-mais... » ou « aspects positifs-aspects négatifs » ;
- une réponse calquée sur un sujet déjà croisé, proche alors que la formulation du sujet demandait un traitement différent. Attention : des sujets peuvent, à première vue, se ressembler mais un adverbe, un adjectif, un verbe légèrement différent peuvent modifier sensiblement le sens à lui donner.

Que disent les termes du sujet ?

Dans l'énoncé d'un sujet, le moindre mot a été pesé et soupesé. Même si le sujet est formulé avec des mots simples, il faut absolument interroger les termes choisis. Chacun de ces mots, et pas seulement les concepts, oriente la réflexion dans une logique qu'il faut rendre claire et explicite.

Attention ! Les termes qu'on ne voit pas sont très importants :
- les verbes habituels (pouvoir, falloir, devoir, être, avoir...) ;
- les adverbes (toujours, encore, tout...) ;
- les adjectifs sans portée particulière (important, nécessaire, possible...) ;
- les termes-outils (place, facteur, rôle...).

Ces mots dictent, eux aussi, la démarche de réflexion. Par exemple, utiliser le terme « nécessaire » suppose d'examiner la nature d'un lien qui existe entre deux éléments, tout en se demandant si le premier est la condition du second, par exemple, ou si c'est une condition nécessaire sans pour autant qu'elle soit suffisante.

Exemple 1 : un adverbe qui transforme le sens du sujet

Sujet 1 : Est-il encore possible de gouverner par la peur ?

Sujet 2 : Est-il possible de gouverner par la peur ?

Un mot en moins seulement : qu'est-ce qui change ?

Le sujet 1 ancre la question dans le présent : est-ce possible aujourd'hui, dans le contexte actuel ?

Le sujet 2 pose une question plus générale, plus théorique, moins ancrée dans les conditions actuelles.

Exemple 2 : un verbe différent, un sujet différent

Sujet 1 : Peut-on gouverner par la peur ?

Sujet 2 : Faut-il gouverner par la peur ?

Ici, un verbe change... et tout change, ou presque ! Le premier sujet interroge la possibilité, la faisabilité d'un gouvernement par la peur ; il renvoie donc à l'expérience vécue de moments de gouvernement fondés sur l'usage de la peur (et cela ne concerne pas que des États totalitaires car il y a différents sens à donner au recours à la peur par un gouvernement). Le second pose davantage la question des buts et des effets. L'enjeu est donc davantage centré sur la nécessité : à quelle fin un gouvernement a-t-il recours à la peur ?

Mais les deux sujets posent la question de la légitimité de ce type de mode de gouvernement, le premier à travers la question de sa possibilité de mise en œuvre, la seconde à travers son intérêt, ses objectifs.

Définir les termes clés du sujet

Les **définitions** sont ainsi un passage obligé et décisif pour la réussite de l'analyse du sujet.

Qu'est-ce qu'une bonne définition ?

Une bonne définition est une définition « opératoire » qui permet de faire avancer la compréhension du sens global du sujet et d'en dégager les enjeux. Souvent les mots sont polysémiques et ce n'est pas nécessairement un problème. Dans certains cas, il faut faire un choix. Dans d'autres, il convient de s'appuyer sur cette polysémie pour construire la réflexion : si l'on définit le terme de cette manière, on peut aller dans telle direction ; si, au contraire on s'appuie sur une autre définition du terme, alors, la question devient autre. Cette démarche autour des approches d'un concept peut convenir à certains sujets.

Il y a différentes méthodes pour vous assurer d'avoir bien défini les termes en jeu dans le sujet :

- procéder par synonymie : remplacer le mot par un autre comme s'ils s'équivalaient du point de vue du sens. Exemple : remplacer « justice » par « égalité » ;
- rendre plus concret un concept. Exemple : la liberté consiste à être libre c'est-à-dire avoir la possibilité de choisir dans tel ou tel domaine.

Repérer le type de sujet

Un sujet peut être **interrogatif ou déclaratif**. Le sujet interrogatif semble plus clair dans ses intentions puisqu'il pose explicitement une question à laquelle il faudra répondre. La formulation affirmative peut sembler moins claire dans ses intentions : aucune question de départ ne permet de démarrer l'analyse. Il va donc falloir la formuler !

Exemple 1 :

Le sujet « La peur, une arme politique » ne peut être simplement reformulé par la question : « La peur est-elle une arme politique ? » car elle suggère aussi une question du type : « la peur n'est-elle qu'une arme politique ? ».

Exemple 2 :

« La peur, une affaire individuelle » renvoie à plusieurs questions : en quoi la peur est-elle une affaire individuelle ? La peur n'est-elle qu'une affaire individuelle ?

Le sujet ne doit donc pas être simplement reformulé par l'ajout du verbe être et d'un point d'interrogation. Un sujet intitulé « Les peurs dans la société contemporaine » ne peut se réduire à « Existe-t-il des peurs dans la société contemporaine ? ».

Quelques remarques :

- Les sujets peuvent être sans verbe et comporter un point d'interrogation (« La peur, une arme politique ? ») ce qui ne remet pas en cause les remarques précédentes : il faudra bien donner du sens à une question qui n'en est pas une de façon explicite !

- Le sujet peut être explicite, il n'en est pas moins nécessaire de l'analyser : bien souvent, les correcteurs déplorent une simple transformation de l'énoncé en question, sans construction d'une véritable problématique. Il faut toujours **donner du sens**, et pointer ce que l'on peut appeler la « tension interne » du sujet qui procède de son examen.
- Certains sujets déclaratifs sont construits sur la simple juxtaposition de deux termes. Dans ce type de sujet déclaratif, se pose le problème de la direction dans laquelle l'analyse peut être construite. Il faut donc être attentif au sens des deux termes (et à leur polysémie) et aux **présupposés** du sujet, qui doivent être saisis par la seule mise en relation des termes grâce à la conjonction « et ». Cette conjonction peut désigner une simple juxtaposition, comme lorsqu'on fait une liste ou un inventaire : ces deux évènements coexistent-ils l'un à côté de l'autre, sans rapport ? C'est peu probable car cela ôterait tout sens au sujet. Elle peut aussi désigner une succession, pour signifier un lien de causalité temporelle. Le plus souvent, c'est la relation entre les deux notions ou concepts qui est en jeu : qu'est-ce qui relève de l'un dans l'autre ? Le premier terme est-il la conséquence du second ?

> **Exemple 1 : Peur et État**
>
> **Exemple 2 : Peur et démocratie**
>
> Dans ces deux exemples, il s'agit bien de dégager les relations pertinentes que la conjonction « et » renferme. Prenons le premier de ces deux sujets. Il évoque les questions suivantes : en quoi l'État, par son action, génère-t-il de la peur dans le corps social ? En quoi l'État a-t-il à répondre aux différents types de peurs sociales ? Comment l'État peut-il y répondre (protection sociale, politique sécuritaire...), etc.

Cadrer le champ du sujet

Mettre au clair le cadre temporel géographique, spatial du sujet est une nécessité. Ainsi, certains sujets sont, par les termes qu'ils mobilisent, ancrés dans le champ large de la société et il ne faut pas rater leur dimension sociologique ; d'autres sont clairement articulés au champ des sciences politiques.

La **période** à laquelle renvoie le sujet doit être identifiée. Les sujets bornant la question dans le temps sont assez rares. Ce sont donc les termes employés qui guident le cadrage temporel. Disons, pour fixer une période adéquate, que par défaut, les questions « contemporaines » vont concerner des événements qui se sont déroulés durant les trente ou quarante dernières années.

Plusieurs cas de figure peuvent se présenter :

- Le sujet indique parfois « **dans les sociétés contemporaines** » : il ne doit donc pas contenir une partie historique. Ce qui ne signifie pas que les connaissances historiques sont inutiles.

Comment s'appuyer sur ses connaissances historiques même quand le sujet ne cible pas l'histoire ?

Les savoirs historiques vous aident à penser le présent. Par exemple, l'analyse des phénomènes liés à la peur au Moyen Âge peut éclairer les questions à se poser sur la société actuelle. Même si le plan est ancré dans le présent, il peut être pertinent de mobiliser des exemples historiques ou des thèses d'historiens au sein de ce plan et ce pour mieux mettre en relief la spécificité du fait actuel ou au contraire son inexorable régularité dans le temps.

- Le sujet recourt à un adverbe qui inscrit la question dans le temps : « toujours » ou « encore », par exemple. Articulés au verbe du sujet, ces mots induisent une certaine dynamique à la question. L'usage de cet adverbe suggère donc une remise en question de quelque chose. Il y aurait un avant et un après. Ce type de sujet appelle donc à ancrer l'analyse dans le mouvement, le changement social, le changement historique ou idéologique. Ce marqueur temporel invite donc le candidat à s'interroger sur différents axes : pourquoi s'interroger sur ce problème ? Quels sont ses présupposés ? En quoi y a-t-il une remise en question ? Quels sont les facteurs qui peuvent expliquer un possible changement ? Pourquoi se poser cette question aujourd'hui ?

Exemple

Sujet : « Est-il encore possible de gouverner par la peur ? »

Ce sujet renvoie clairement la question de la peur au gouvernement, donc à l'État mais il ne précise pas le cadre temporel et politique sur lequel la question est posée. On l'a vu précédemment, l'usage de l'adverbe « encore » ancre quasi explicitement la question dans le présent (il reste à définir comment utiliser les connaissances sur les pratiques étatiques passées qui ne sont pas nécessairement hors sujet).

Ce sujet ne précise pas non plus quel type de gouvernement et d'État est en jeu : États et gouvernements démocratiques ? États dirigistes, totalitaires ? Selon la réponse que vous donnez à cette question de cadrage, le traitement du sujet sera très différent.

Deux lectures du cadre et des enjeux du sujet :

- Si l'on considère que le « encore » signifie simplement « encore aujourd'hui », on est amené à expliquer, parfois longuement, que dans les États totalitaires aujourd'hui, le gouvernement s'appuie sur la peur (Corée du Nord, Chine, etc.).
- Si l'on considère que le « encore » repose sur un présupposé du type « alors même que dans les États démocratiques, les fondements des États et des gouvernements sont la souveraineté populaire et les procédures démocratiques » (le « encore » ne serait donc pas simplement temporel mais irait plus loin), dans ce cas, traiter des États totalitaires n'est pas pertinent.

Quelle est la lecture la plus pertinente ? L'avez-vous trouvée ?

La première s'appuie sur une lecture de l'adverbe « encore » très réductrice et conduit à un devoir qui risque d'enfoncer quelques portes ouvertes sur de longues descriptions consistant à montrer que les États autoritaires... le sont.

La seconde est plus profonde, plus réfléchie et donc nécessairement plus avancée. Elle s'appuie sur une lecture des présupposés et, donc, des enjeux du sujet.

Dégager les enjeux du sujet

> Identifier rapidement le(s) sous-thème(s) en jeu de façon explicite et implicite est la clé de compréhension d'un sujet.

C'est à ce moment clé du devoir qu'il faut trier dans ses connaissances et admettre que l'on ne pourra pas mobiliser de nombreux éléments sur lesquels on a pourtant travaillé longuement. Cette opération de tri est le gage de cohérence et de sens du devoir.

e. Sélectionner les connaissances utiles

Ce travail de tri doit être assez rapide. Il sera d'autant plus efficace que les connaissances sont solides et ont été triées et fichées en amont. Les principales étapes de travail sont détaillées ici à la suite.

Lister les grands repères que le sujet mobilise

Il s'agit de remobiliser tout le travail de l'année. Les fiches thématiques organisées autour des concepts clés, d'auteurs et d'exemples doivent faciliter ce retour aux « sources ».

> **Exemple**
>
> Le sujet « La peur, une arme politique » est rapidement cadré pour le candidat qui a en mémoire son travail de clarification par des fiches sur « peur et État », « peur et politique », etc.

Un piège : le risque de dérive

En allant fouiller dans le stock de connaissances, il faut veiller à rester dans le cadre du sujet et ne pas se laisser emporter par l'envie de placer tel savoir pour lui-même ou tel exemple simplement parce qu'il est actuel ou original. Un seul mot d'ordre : trier les connaissances en restant toujours vigilant au point d'ancrage qu'est le sens du sujet.

Une erreur fréquente que déplorent les correcteurs concerne des devoirs qui déplacent peu à peu le cœur du sujet, perdent l'argumentation visée, alors même que de point de départ était pertinent. Il ne faut pas sombrer dans la digression. Or, c'est une erreur fréquente notamment de candidats qui essaient de viser la précision de leur propos.

Par exemple, dans le cadre d'un sujet sur le thème du secret, un devoir qui évoquerait les lois visant à mettre en place plus de transparence dans la vie politique française ne doit pas nécessairement, et mécaniquement, aboutir à un débat sur le risque de la transparence totale sur la protection des libertés individuelles, même si c'était un thème de fichage.

Se donner une problématique

Cette exigence donne beaucoup de fil à retordre aux candidats. Pourtant, il ne s'agit ni plus ni moins que de donner du sens au sujet.

Une fois l'intitulé du sujet exploré, il s'agit maintenant de clarifier votre démarche. Construire la problématique consiste à poser une première réponse au sujet puisqu'elle permet de comprendre l'axe de votre démonstration. Il s'agit de faire apparaître les enjeux sous-jacents de la manière la plus explicite possible.

Une erreur fréquente : confondre problématique et sujet

Beaucoup de candidats semblent considérer que la question posée constitue la problématique. Ils se contentent donc de la reprendre ou d'ajouter un point d'interrogation quand le sujet est affirmatif. Il faut donc absolument comprendre que répéter le sujet ne fait pas une problématique.

La problématique peut se présenter sous diverses formes :

- Question directe ou indirecte.
- Forme déclarative : dans ce cas, elle est plutôt l'idée générale que vous allez chercher à démontrer.

La problématique permet de clarifier votre démarche en annonçant la question centrale posée par le sujet. Il faut donc que par la suite le devoir reste centré sur cette problématique. La conclusion devra répondre à cette même problématique.

De la problématique au plan du devoir

La problématique choisie détermine logiquement un chemin réflexif, des étapes nécessaires, une organisation adaptée, bref un plan.

À savoir

Il n'existe pas de plan préétabli pour chaque sujet. Un même sujet peut se traiter par différents chemins argumentatifs.

Il faut répondre à la question posée mais il ne s'agit jamais d'une réponse péremptoire.

La plupart des plans comportent deux ou trois parties, les parties étant elles-mêmes composées de deux ou trois sous-parties. Là encore, il n'existe pas de règle stricte, et il n'est pas obligatoire que tout soit parfaitement symétrique. Il faut simplement veiller à un certain équilibre de chacune des parties.

Le plan choisi organise les idées dans une démarche démonstrative. La construction du plan doit permettre de répondre à la problématique de manière fluide et cohérente. C'est l'ossature du devoir, sa structure et elle doit être solide pour que le devoir soit convaincant. Le plan porte la pertinence du raisonnement. L'essentiel est de faire apparaître le raisonnement de manière cohérente. Il s'agit donc d'avoir toujours à l'esprit l'objectif de démonstration : l'ordre et la logique sont donc essentiels.

Construire l'argumentation

Chaque partie doit viser un des axes ou une des réponses possibles à la problématique. Dans chacune, la thèse principale (réponse donnée à la problématique) doit être démontrée, justifiée, étayée par deux ou trois arguments.

Quelques règles d'or :

- Les arguments doivent pouvoir être articulés de manière fluide, directement à l'idée directrice de la partie. Ils doivent respecter une logique qui est celle de la justification (« cette thèse est vraie, parce que/car... »).
- Un argument permet de construire une sous-partie tout entière, qui sera le développement de celui-ci grâce à des exemples et à des références.
- L'articulation logique est rendue limpide si elle s'intègre à une démarche logique : causalité, conséquences, diversité, au niveau de tel ou tel aspect, caractéristiques... (il peut y en avoir d'autres).
- L'exemple n'est pas un argument, mais il permet de l'illustrer. L'argument doit donc contenir un certain niveau de généralité et d'abstraction.

Comment organiser son travail au brouillon ?

Vous ne pouvez pas rédiger tout le devoir au brouillon ; c'est matériellement impossible en trois heures. Certaines étapes du travail doivent pourtant être préparées au brouillon :

- La dénomination des titres de parties c'est-à-dire de leur objectif clairement énoncé.
- La formulation des « sous-titres » explicites résumant votre intention. Ils constitueront le guide de votre rédaction.
- Le classement des arguments : le repérage du moment où seront mobilisées les idées à l'intérieur des parties, les articulations logiques entre les notions (causes et conséquences, exemples et contre-exemple, oppositions...).
- Le placement des exemples retenus.

Conseil pratique

Notez sur votre brouillon les connecteurs logiques pour vous aider à garder à l'esprit les différentes articulations de votre réflexion. Attention, cette ossature ne doit pas apparaître dans votre copie mais doit vous servir de guide lors de la rédaction.

4 La mise en forme de la dissertation

La rédaction est l'étape la plus longue de votre travail. Aidé de l'ossature réalisée sur le brouillon, vous devez rédiger votre raisonnement de la manière la plus claire et la plus convaincante possible. Les quelques conseils qui suivent peuvent vous y aider.

a. Soignez l'introduction

L'introduction est un moment clé du devoir et sa rédaction doit donc être particulièrement soignée. N'oubliez pas que c'est la première impression que vous donnerez au correcteur.

C'est dans ce tout début de devoir que votre travail de réflexion préalable est mis en valeur. L'introduction doit mener de manière fluide au thème, au champ du sujet, au sujet lui-même puis à la problématique et au plan. Aussi, il est fortement conseillé de prendre le temps de rédiger cette introduction au brouillon.

Démarrer le devoir par une bonne accroche

L'accroche doit être suffisamment intéressante et pertinente pour amener au thème, au champ du sujet et à sa formulation de façon presque naturelle. Mais, il faut être réaliste : les trois heures imparties ne permettent pas d'accorder un temps trop important à l'écriture d'une phrase élégante. Ne cédez pas à la panique si vous avez le sentiment d'une première phrase trop faible, ou peu originale. Compensez par la qualité de la présentation du sujet ; elle révèle la clarté de la pensée et l'effort accompli pour comprendre et analyser correctement le sujet.

Qu'est-ce qui peut faire une bonne accroche ?

- Un fait d'actualité (au sens large).
- Un fait historique.
- Un exemple connu.
- Un chiffre clé.
- Un débat théorique.
- Une citation.

Mobiliser quelque chose d'accrocheur ne suffit pas. Les faits ou la citation ne se suffisent pas à eux-mêmes : il faut rapidement un commentaire personnel qui fasse le lien avec le thème et le sujet. Il convient de ramener l'accroche à ce qui vous préoccupe.

Trois types d'accroche à éviter

Nous vous déconseillons d'avoir recours aux trois accroches suivantes :

- Celle qui part d'une formulation trop générale et vague du type « Depuis toujours, les hommes ont peur... ».
- Celle qui s'appuie sur une citation, parfois « passe-partout », posée en amorce sans réellement déboucher sur une piste claire.
- Celle qui raconte longuement un exemple et tarde à déboucher sur ce qui fait question. Ce n'est pas le moment pour l'exposé d'un long exemple.

Imaginez des accroches pendant toute la préparation ! Créez votre « boîte à outils » d'accroches :

- des accroches qui sortent des sentiers battus, des clichés et des formules toutes faites ;
- des exemples, des citations, des références qui amènent au thème et au champ du sujet assez explicitement et rapidement.

L'introduction doit rendre compte de l'analyse du sujet

À la suite de l'accroche, il convient d'amener le sujet et ses enjeux. Ce moment doit être nourri du travail préparatoire réalisé au brouillon. Vous ne pouvez pas vous contenter de reprendre les termes de la question tels qu'ils sont donnés par le sujet. Il s'agit de les analyser et de les mettre en relation pour montrer votre compréhension du sujet : ce n'est pas tant le sens de chacun des termes du sujet pris isolément qui compte que le sens global de celui-ci. Pour ce faire, vous allez passer par un jeu de définitions qui met en évidence les enjeux du sujet, en travaillant bien sur les implications de ce qui est avancé. Ce travail de définition et d'examen de leurs enjeux doit permettre d'aboutir à la formulation de la problématique.

L'introduction doit dégager une problématique

Voici le terme le plus souvent utilisé par les professeurs de philosophie, d'histoire et de géographie, de SES... C'est aussi bien souvent le moins compris par les élèves ! Clarifions-le.

La problématique constitue l'étape décisive de votre introduction. Formuler une problématique correspond à un questionnement du sujet qui doit découler de la définition des concepts et enjeux lors de l'étape précédente. Elle peut se formuler sous la forme d'une question ou dans un style indirect. Poser convenablement une problématique prouve la capacité à mobiliser des concepts et la démarche réflexive du candidat face au sujet.

> La problématique n'est pas la simple répétition de la question du sujet.

Dernière étape de l'introduction : l'annonce du plan

Le plan doit être indiqué de manière claire et directe. Il présente les deux ou trois idées directrices du raisonnement qui va être déroulé ensuite. L'annonce du plan correspond aux premiers éléments de réponse apportés à la problématique. Il est donc préférable d'utiliser la forme affirmative dans cette partie de l'introduction.

> Une nécessaire cohérence : les étapes annoncées doivent être retrouvées dans le plan !

Deux erreurs fréquentes sont à éviter :

- les formules confuses (« nous allons étudier de plus près ce problème ») ;
- la prise de position définitive (« cette idée est fausse ») et les propositions péremptoires.

b. Le développement de l'argumentation

Le développement commence après un saut de deux à trois lignes après l'introduction. Il convient idéalement de commencer par un petit paragraphe introductif (3-4 lignes) contenant la thèse à soutenir, un chapeau introductif que l'on appelle « chapô » dans le milieu journalistique.

Un « chapô »

Il indique au lecteur-correcteur la direction de la partie et la manière choisie pour la gérer. Il est donc composé de deux éléments :

- **La reprise de l'idée motrice de la partie (déjà indiquée dans l'annonce de plan).**
- **Les deux ou trois arguments qui vont être mobilisés pour étayer l'idée directrice (les sous-arguments).**

Des alinéas

La rédaction du développement nécessite des alinéas à chaque argument (donc deux ou trois fois dans la partie). Chaque argument développé à l'aide des exemples et des références est un bloc qui constitue une sous-partie.

La présentation de chaque argument nécessite sa formulation explicite, son explication (il s'agit, selon le cas, de mettre au clair le mécanisme, les relations, les différents types, les facteurs, les références théoriques...) et, le plus souvent, son illustration par un exemple.

Quelle place pour les exemples ?

Un exemple illustre un fait ou une idée : il ne constitue pas un argument. Il vient donc toujours en renfort d'une idée ou d'un fait. Une partie de devoir ne peut donc être constituée d'une succession d'exemples. Cela en ferait une partie purement descriptive, sans argument.

N'oubliez pas qu'il s'agit d'une épreuve de questions contemporaines. Il y a donc des attentes en matière d'exemples ou d'ancrage du sujet dans le monde d'aujourd'hui. Le suivi de l'actualité fait donc partie de la préparation de l'épreuve.

Des transitions claires

Le passage à un autre argument au service de l'idée directrice nécessite un alinéa et un mot ou une expression de transition :

- Amener un autre argument allant dans le même sens : par ailleurs, d'autre part, en outre, de même, en second lieu, de plus, enfin...
- Amener un argument contraire : *a contrario*, à l'inverse, d'un autre côté, au contraire, néanmoins, en revanche, pourtant, toutefois, par contre...
- Amener une conséquence : alors, ainsi, c'est pourquoi, d'où, dans ces conditions, de sorte que, donc, en conséquence, par conséquent...

Une transition claire est également nécessaire pour passer d'une partie à la suivante. Cela suppose deux étapes :

- Conclure la partie terminée (reprise du fil conducteur).
- Amener la suivante.

Des sauts de lignes quand c'est justifié

Il n'y a aucune raison de sauter des lignes au sein d'une même partie puisqu'elle forme une unité. Les alinéas suffisent à la clarté. En revanche, il est nécessaire de passer deux ou trois lignes pour passer à la partie suivante.

c. La conclusion : la réponse au sujet

La conclusion est un moment clé du devoir qui est souvent rédigée dans l'urgence et, forcément, peu satisfaisant. Il faut penser à la conclusion dès le début du devoir. C'est la réponse au problème soulevé par le sujet.

Les attentes de la conclusion tiennent en deux points :

- La reprise des idées directrices : il faut, pour cela, prendre de la hauteur, faire le tri (finalement qu'est ce qui est important pour répondre à la question ?) et aboutir à une réponse au problème. Logiquement, votre position finale à l'égard du sujet doit donc déboucher du cheminement progressif des deux ou trois parties et non reprendre l'argument de la première partie de la dissertation.
- L'ouverture du sujet consiste à montrer que vous avez une vue plus large du problème soulevé et que vous intégrez le sujet dans un champ plus vaste de réflexion.
- L'ouverture dépend donc totalement du sujet. Il peut être légitime d'ouvrir le débat sur les aspects sociaux quand il s'agissait d'un sujet politique, par exemple. Ici encore, ce sont les connaissances qui permettront de cibler rapidement un axe d'ouverture.

Évitez une erreur fréquente

N'ouvrez pas sur une piste qui a été traitée ou qui aurait dû être traitée dans le cadre du sujet !

Valorisez votre travail en soignant l'expression écrite

N'oubliez pas qu'au niveau de concours que vous préparez, les examinateurs attendent une maîtrise parfaite de la langue française. Mettez donc toutes les chances de votre côté en soignant chaque détail de votre travail :

- Une présentation claire et soignée. Portez une réelle attention à la lisibilité de votre écriture : préférez l'usage d'une encre foncée plus agréable à la lecture et usez modérément du correcteur.
- Un style simple, clair et soigné. Évitez bien sûr toutes les expressions relevant du registre de l'oral. Préférez les phrases courtes, bien rythmées, susceptibles de transmettre au mieux votre raisonnement.
- Évitez l'utilisation de la première personne du singulier pour exprimer vos arguments ; adoptez le style objectif et démonstratif tout au long de la dissertation.
- Relisez votre devoir. C'est la condition pour vérifier et corriger l'orthographe et la syntaxe. Faites-le après avoir rédigé chaque partie (cela vous permettra de rester cohérent) ou à la fin de l'épreuve (attention à la difficulté de se concentrer sur cette tache alors que le chronomètre ne donne plus que quelques minutes !).
- Veillez à l'usage de la ponctuation. Le point, la virgule et le point-virgule ne sont pas substituables. N'abusez pas des parenthèses. Entourez les citations de guillemets. N'oubliez pas les majuscules en début de phrase.
- Les titres des ouvrages ou parutions auxquelles vous faites référence doivent être soulignés, de même que les mots étrangers (cela vaut aussi pour les langues mortes).

Partie 2

La peur

- Comprendre la peur
- La peur en fiches
- La peur en dissertations

Analyse
Comprendre la peur

Dans son ouvrage *Quand les peurs deviennent phobies* (2004), Sylvie Sargueil étudie le cas de Maud, 16 ans : cette dernière ne parvient pas à descendre à la cave de peur de rencontrer une araignée : « Dans l'escalier, j'ai le cœur qui bat à cent à l'heure et les jambes en coton » (voir la **fiche n° 2 : Peut-on et doit-on se libérer de nos peurs ?**).

Si la peur possède un caractère irrationnel lorsqu'elle prend la forme de la phobie - dans la mesure où la menace identifiée est largement surestimée – elle produit des effets physiologiques semblables : sueurs, tremblements, accélération du rythme cardiaque, etc. Cet exemple permet d'identifier deux aspects essentiels dans la peur : une menace, réelle ou supposée, est à l'origine de la peur, et cette peur se traduit par des effets physiologiques (voir la **fiche n° 1 : Rien n'est plus humain que la peur**).

Si la peur est appréhendée ici sous l'angle individuel, elle peut également engager le collectif. En effet, les menaces concernent bien souvent l'ensemble de la société ce qui confère à la peur une dimension éminemment politique. On définira la peur comme l'identification d'une menace pouvant porter atteinte au bien-être d'un collectif ou d'un individu.

Pour appréhender la peur et les grandes problématiques qui l'entourent, trois axes de réflexion seront développés dans cette première analyse. Il s'agira dans un premier temps de questionner les notions qui lui sont proches : l'angoisse, la crainte, la panique, la terreur. L'étude de ces différents termes doit ainsi permettre de saisir les nuances qui peuvent les distinguer et d'identifier des problématiques associées à la peur. Cet objectif peut également être poursuivi en questionnant, dans un deuxième temps, les antonymes éventuels de la peur (la raison, l'espoir ou encore la sécurité). Enfin, dans un troisième temps, il s'agira de se concentrer sur les menaces contemporaines à l'origine des peurs collectives.

1 Saisir la peur et ses déclinaisons : angoisse, crainte, panique, terreur

Les termes « angoisse », « panique » et « terreur » révèlent-ils des différences de degrés dans la peur ou bien s'agit-il de peurs de nature différente ? Réfléchir sur l'objet des peurs, leur caractère plus ou moins collectif et leur temporalité permet de distinguer ces différents termes.

a. Objets de la peur

S'intéresser à l'objet de la peur peut permettre, dans un premier temps, de distinguer la peur de l'angoisse. En effet, l'angoisse peut être définie comme une peur sans objet. Le philosophe Kierkegaard relie l'angoisse à la notion de liberté. En effet, la liberté offre à l'individu une multitude de chemins possibles plongeant l'individu dans l'angoisse de ses choix (voir la **fiche n° 3 : L'angoisse : une émotion existentielle**). L'angoisse constitue donc une forme particulière de peur, dans la mesure où cette dernière implique l'idée de menaces.

b. Individu et collectif

Un second moyen d'éclaircir la notion de peur revient à se questionner sur la dimension individuelle ou collective de la peur. Il apparaît logique dans un premier temps de renvoyer la peur à une notion éminemment individuelle. En effet, comme toute émotion, la peur est avant tout subjective. Elle est un ressenti qui peut varier d'un individu à l'autre. Cette subjectivité peut ainsi s'avérer être une difficulté lorsqu'il s'agit de la mesurer (voir la **fiche n° 4 : Est-il possible de mesurer la peur ?**). Cependant, l'analyse de la peur ne peut se réduire à une analyse individuelle, et ce pour plusieurs raisons.

Tout d'abord, la peur est imbriquée dans des logiques économiques et sociales. La société participe en effet à forger nos peurs. Jouant un rôle de régulation sur les individus, les institutions, telles que la religion (voir la **fiche n° 18 : Animaux et créatures fantastiques : les représentations de la peur**), vont venir prescrire des peurs ou au contraire participer à les affronter ou les atténuer (voir la **fiche n° 5 : Peur et individu : le rôle des institutions**). Au-delà de l'organisation sociale, ce sont aussi les mutations économiques qui peuvent faire naître la peur. Ainsi, analyser la montée du chômage ou encore les évolutions de la technologie permet de mieux saisir les peurs contemporaines (voir la **fiche n° 13 : Peur et innovation**). La peur s'installe également à l'occasion des crises économiques. Elle s'observe de façon évidente lorsqu'on étudie leurs effets : la baisse des revenus, la montée du chômage et l'incertitude sont une source de peur. Mais la peur est également au cœur du déclenchement de certaines crises économiques. Le terme « panique » est alors employé par les économistes pour qualifier les peurs soudaines et collectives qui s'installent sur les marchés financiers à l'occasion d'un krach (voir la **fiche n° 14 : Peur et comportements économiques**).

De plus, la peur se doit d'être analysée comme un phénomène collectif en raison des logiques politiques qui viennent l'entourer. En effet, la peur est profondément liée à l'exercice du pouvoir. Les philosophes et théoriciens du pouvoir politique ont très tôt souligné le caractère déterminant de la peur dans la fondation de l'État. Pour le philosophe Thomas Hobbes, les individus ne peuvent être en sécurité dans l'état de nature où règne la loi de tous contre tous. Ils vont alors accepter de se soumettre collectivement à l'État. En cela, la peur serait à l'origine même de la naissance de l'État (voir la **fiche n° 8 : Le pouvoir de la peur ou la peur du pouvoir ?**).

La relation entre peur et pouvoir politique ne se réduit cependant pas à des constructions théoriques. En s'intéressant aux expériences concrètes de pouvoir politiques ayant placé la peur au cœur de l'exercice du pouvoir, on s'aperçoit que cette dernière est profondément associée aux régimes autoritaires ou dictatoriaux. Cependant, on retrouve également l'usage de la peur lors de la Révolution française, période décisive dans l'installation de la démocratie. En 1793, la Terreur est mise à l'ordre du jour par les révolutionnaires, et s'accompagne de multiples arrestations et exécutions (voir la **fiche n° 9 : Terreur et terrorisme**). En prenant la forme de la terreur, la peur a donc pu être présente dans l'histoire de la démocratie. Mais dans quelle mesure les démocraties contemporaines sont-elles encore concernées par la peur ? Des instrumentalisations par le pouvoir persistent à certaines occasions. Ainsi, lorsqu'émergent des menaces provenant de l'extérieur, le pouvoir politique peut avoir tendance à instrumentaliser ces peurs, comme le souligne le politiste Corey Robin dans son ouvrage *La Peur. Histoire d'une idée politique* (2006). Des mouvements politiques peuvent également être désignés comme étant particulièrement à même d'instrumentaliser la peur, notamment les partis populistes (voir la **fiche n° 7 : L'instrumentalisation des peurs par les mouvements populistes**).

c. Temporalités de la peur

Un dernier moyen de saisir la peur et ses déclinaisons passe par l'analyse des temporalités de la peur. Ainsi, la « peur panique » apparaît à l'occasion d'un danger soudain. Il peut s'agir, dans un contexte économique, d'une situation boursière (voir la **fiche n° 14 : Peur et comportements économiques**). Il peut également s'agir de la survenue d'un acte terroriste. Le terrorisme place d'ailleurs la peur au cœur de sa stratégie. Il vient d'abord semer la panique lorsqu'un acte terroriste est commis. Il vient ensuite installer un climat de terreur en laissant planer une menace sur la société tout entière (voir la **fiche n° 8 : Le pouvoir de la peur ou la peur du pouvoir ?**). Les images au lendemain des attentats du 13 novembre 2015 montrent cette panique pouvant resurgir à tout moment : le 16 novembre 2015, des dizaines de personnes se réunissent pour commémorer la mémoire des victimes des attentats lorsque des tirs sont entendus semant la panique. Il ne s'agissait en réalité que de pétards mais la tension était telle que la panique pouvait rejaillir à tout moment. Notons que ces épisodes de panique font de nouveau émerger cette tension entre le collectif et l'individuel. En effet, il est courant de penser que la panique réactive une forme de « chacun pour soi ». Cette idée s'inscrit, une nouvelle fois, dans la philosophie de Thomas Hobbes : la nature humaine voudrait que lorsqu'un danger immédiat apparaît, une logique de survie individuelle tende à s'imposer. Pourtant, plusieurs études ont montré qu'un tel postulat pouvait s'avérer inexact. L'étude menée par Rita Fahy et Guylene Proulx[1] s'est intéressée aux réactions collectives à la suite des attentats du 11 septembre 2001. Les chercheuses montrent que non seulement les personnes sur place n'ont pas cédé à la panique

1. Rita F. Fahy et Guylene Proulx, Analysis of Published Accounts of the World Trade Center Evacuation, 2005, US Department of Commerce, Technology Administration, National Institute of Standards and Technology, cité dans l'article de Guillaume Dezecache, « Les paradoxes de la peur panique », *La Vie des idées*, 2017.

– manifestant souvent une attitude calme et ordonnée – mais elles ont même fait preuve de solidarité entre elles.

La peur peut, par ailleurs, s'avérer être moins soudaine et plus diffuse. On parlera alors davantage de « craintes » pour qualifier un tel rapport aux menaces. Ces appréhensions sont ainsi largement liées à des situations d'insécurité ressentie. Elles peuvent dès lors porter sur une sécurité physique ou une sécurité matérielle. Ces craintes s'inscrivent ainsi dans des dynamiques sociales et économiques. Ainsi, la montée du chômage et le ralentissement de la mobilité sociale ont entraîné une crainte de plus en plus présente au sein de la société : la peur du déclassement. L'économiste Éric Maurin montre ainsi que cette crainte est aujourd'hui plus répandue encore que le phénomène lui-même ou le déclassement (voir la **fiche n° 15 : La peur du déclassement**).

2 À quoi s'oppose la peur ?

Une meilleure compréhension de la peur peut également passer par une réflexion sur ses antonymes. Cependant, identifier ce à quoi la peur s'oppose s'avère être une entreprise plus difficile qu'il n'y paraît.

a. Peur et raison

Une première opposition peut être opérée entre peur et raison. En effet, la peur est une émotion, ce qui justifierait dès lors de l'opposer à la raison. À l'instar d'un individu agissant par amour ou sous le coup de la colère, une personne voyant son comportement dicté par la peur pourrait être aisément qualifiée de déraisonnable ou irrationnelle. Elle perdrait ainsi toute faculté de distinguer le bien et le mal, le juste et l'anormal, et ne pourrait calculer les bénéfices et les avantages de ses actes. Il peut ainsi s'agir de l'investisseur qui, sous l'effet de la panique engendrée par l'effondrement d'un cours boursier, irait vendre l'ensemble de ses actifs. Cela pourrait également être un électeur qui, influencé par un discours jouant de la peur, irait porter son vote sur un candidat qui ne servirait, en réalité, pas ses intérêts (voir la **fiche n° 7 : L'instrumentalisation des peurs par les mouvements populistes**).

Il serait pourtant incorrect d'envisager la raison comme l'antonyme de la peur. En effet, de nombreuses analyses et exemples démontrent le caractère rationnel et raisonnable de la peur. Cette idée se trouve déjà présente chez Thomas Hobbes, pour qui la peur oblige à chercher des solutions, à mettre en œuvre les moyens nécessaires pour atteindre un but. Ainsi, la peur – et en particulier la peur de la mort – constitue, pour Hobbes, « une émotion rationnelle permettant à l'individu de poursuivre son intérêt de long terme »[1]. Les développements d'un autre philosophe, Hans Jonas, permettent également de relier peur et rationalité. Selon lui, la peur peut permettre de guider notre action afin d'envisager les catastrophes et ainsi les prévenir (voir la **fiche n° 1 : Rien n'est plus humain que la peur**). En cela,

1. Corey Robin, *La peur. Histoire d'une idée politique*, Armand Colin, 2006.

la peur est un sentiment capable de nous alerter sur l'état du monde à venir et ainsi orienter notre action.

b. Peur et espoir

Si la peur ne s'oppose pas à la raison, alors peut-être faudrait-il rechercher son antonyme dans un autre sentiment, tel que l'espoir. C'est ainsi que l'on pourrait interpréter cet extrait du célèbre discours de F. Roosevelt faisant référence aux pères fondateurs des États-Unis : « En comparaison des périls que nos pères ont vaincus – car ils espéraient et n'avaient pas peur – il nous reste encore de quoi rendre encore largement grâce ». Une telle opposition entre la peur et l'espoir engage la réflexion sur notre rapport au futur. Dans quelle mesure serons-nous en mesure d'affronter les menaces futures ? Plus généralement, cette attitude face au futur questionne l'idée de progrès. En effet, une société n'imaginant pas pouvoir surmonter des périls est une société qui cesse de croire au progrès. Il n'est cependant pas aisé de distinguer et d'opposer peur et progrès. En effet, le progrès s'accompagne d'une montée des risques et participe à créer une communauté mondiale, partageant les mêmes risques et *in fine* des peurs communes. Ainsi, peur et progrès ne seraient pas opposés mais consubstantiels (voir la **fiche n° 11 : Nouvelles technologies et société du risque : peut-on encore conjurer la peur ?**).

c. Peur et sécurité

Enfin, une dernière opposition peut être opérée entre peur et sécurité. En effet, de nombreuses situations d'insécurité – c'est-à-dire d'expositions à des dangers – sont à même de susciter la peur. L'insécurité peut prend des formes très différentes. Cette insécurité peut d'abord être d'ordre économique. En effet, le ralentissement de la croissance, les crises économiques, la montée du chômage ou encore de la précarité sont autant de situations pouvant placer les individus en situation d'insécurité. L'étude des moyens mis en œuvre par l'État pour réduire ces situations d'insécurité peut ainsi permettre d'étudier les mécanismes permettant d'agir sur les peurs économiques (voir la **fiche n° 6 : Peur et État Providence : une relation profonde**). Mais l'insécurité peut aussi provenir des interactions entre les individus. L'analyse des rapports sociaux de sexes montre ainsi que la peur peut être produite par le genre (voir la **fiche n° 19 : Quelle place occupe la peur dans les rapports sociaux de genre ?**). Par ailleurs, et paradoxalement, ce n'est pas nécessairement l'insécurité qui produit la peur, mais cela peut être au contraire la peur qui produit l'insécurité. En effet, la « peur de l'autre » se traduit bien souvent par des manifestations de haine, de violence, et de discriminations (voir les **fiches n° 20 : Xénophobie, homophobie : une « peur » de l'autre ?** et **fiche n° 16** : **Rejet et discrimination sur le marché du travail**). Peur, haine et discriminations s'alimentent ainsi mutuellement.

Cependant, la peur ne s'oppose pas toujours à l'insécurité. En effet, la sécurité ne garantit pas l'absence de peur. La situation objective dans laquelle sera placé un individu ne correspondra pas toujours à l'évaluation subjective qui en sera faite.

Ainsi, il est possible de sentir menacé alors même qu'aucune réelle menace n'est présente.

3 Peurs et menaces contemporaines

Le thème de la peur peut enfin conduire à analyser les différentes menaces contemporaines susceptibles de la faire émerger. Plus qu'une énumération et une présentation des différentes menaces (le terrorisme, la guerre, le dérèglement climatique, les pandémies...) il s'agira de distinguer quelques grands constats que l'on peut réaliser sur ces menaces.

a. Interdépendances entre les menaces

Énumérer et présenter toutes les menaces contemporaines serait non seulement fastidieux mais pourrait également occulter leur interdépendance. En effet, les menaces contemporaines possèdent un caractère largement systémique. L'analyse de la pandémie de Covid-19 est une première illustration de l'interdépendance des menaces et des enjeux. Pour le comprendre, il faut revenir sur l'émergence du virus. En effet, les spécialistes soulignent que l'étalement urbain et l'empiétement de l'habitat sur des zones sauvages rendent plus probable la rencontre entre l'être humain et des animaux sauvages et expliquent ainsi dans une large mesure l'émergence et la diffusion de nouveaux virus. La chercheuse Kate Jones, étudiant 335 maladies infectieuses apparues entre 1940 et 2004, montre que 60 % d'entre elles trouvaient leur cause dans la faune. Or, l'étalement urbain, la déforestation, l'atteinte aux éco-systèmes ne soulèvent pas que des enjeux sanitaires. Ces phénomènes sont également au cœur de la question environnementale et du dérèglement climatique. Dès lors, il ne serait pas pertinent de séparer les menaces sanitaires des menaces environnementales puisqu'elles possèdent des causes communes.

b. Des peurs globalisées

Les menaces ne sont pas seulement interdépendantes, elles possèdent également aujourd'hui un caractère global. Ainsi, des menaces « locales » tirent souvent leur origine de phénomènes plus globaux. Là encore, la question du dérèglement climatique vient illustrer cette atténuation de la distinction entre « menace globale » et « menace locale » : une sécheresse en Inde, une inondation en Allemagne ou encore un ouragan aux États-Unis ne peuvent être analysés comme des catastrophes naturelles « locales » dans la mesure où elles s'insèrent dans le processus de dérèglement climatique. De la même manière, un conflit armé entre deux pays peut très rapidement devenir une menace pour le monde entier, en particulier lorsque la menace nucléaire ressurgit (voir la **fiche n° 12 : La menace nucléaire**).

Par ailleurs, la *mondialisation* des peurs est également une *accélération* des peurs. Un retour sur la chronologie de la pandémie de Covid-19 permet d'illustrer cette accélération de la transmission des peurs. Le 16 décembre, un premier cas de ce nouveau virus est confirmé à Wuhan, en Chine. Les autorités chinoises et l'Organisation mondiale de la santé révèlent quelques jours plus tard au grand public l'existence d'une épidémie provenant d'un nouveau virus. Le 21 janvier, les États-Unis détectent sur le territoire le virus pour la première fois et la France connaît les premiers cas pour l'Europe en identifiant le 24 janvier trois porteurs du virus. Le 14 février, le virus est détecté pour la première fois sur le continent africain, avec un cas identifié en Égypte. En Europe, le virus se diffuse à une vitesse telle que l'Italie est contrainte d'annoncer un confinement le 9 mars. La France, à son tour dépassée, le décide le 17 mars. La comparaison avec le virus de la Peste au XIVe siècle permet de mesurer la rapidité de la transmission de la Covid-19 (voir la **fiche n° 17 : La peste noire : entre panique généralisée et gestion de crise**). La peste noire prend naissance en Asie centrale en 1334 et décime les deux tiers de la population dans la province du Hebei, au nord-est de la Chine. Elle n'arrive pourtant qu'en 1347 en Europe. Notons que les flux commerciaux étaient déjà à l'origine de la propagation du virus, mais l'accroissement des échanges de marchandises et la circulation des hommes rend plus rapide la transmission des virus au XXIe siècle.

c. Conjurer la peur

Ces menaces, interdépendantes et bien souvent mondiales, doivent être affrontées. En cela, répondre aux menaces peut être un moyen de conjurer la peur. Ce traitement des menaces peut cependant s'avérer être parfois un enjeu pour les démocraties. Dans quelle mesure est-il possible d'affronter les menaces sans porter atteinte au fonctionnement démocratique des institutions ? La présence du terrorisme en 2015 et la pandémie de Covid-19 ont ainsi poussé les pouvoirs publics à mettre en œuvre des mesures d'exception. Les restrictions de liberté décidées par le gouvernement à l'occasion des confinements a ainsi conduit le magazine *The Economist* à rétrograder la France au rang de « démocratie défaillante ». Par ailleurs, la présence de menaces extérieures peut être saisie par le gouvernement en vue de les instrumentaliser. Comme le montre Corey Robin dans son analyse de ce qu'il nomme « la peur à l'américaine », la menace du communisme durant la guerre froide et la menace terroriste au début des années 2000 ont pu faire l'objet d'une instrumentalisation par le pouvoir aux États-Unis, notamment pour porter atteinte à certains mouvements progressistes en les faisant passer pour complices du communisme ou de l'islamisme.

Enfin, conjurer la peur revient à envisager l'avenir : dans quelle mesure peut-on entrevoir un futur fait de progrès ? Quelles solutions peuvent être mises en œuvre pour répondre aux menaces futures ? L'exemple du dérèglement climatique permet d'identifier trois principales postures face aux menaces futures. Une première reviendrait à nier la présence des menaces. Le film « Don't look up » réalisé par Adam McKay et sorti en 2021 critique ainsi, à travers une fiction sur l'arrivée d'une comète menaçant la planète entière, la tendance des sociétés contemporaines à nier l'urgence de la menace climatique. Une deuxième manière de conjurer la peur serait d'afficher une confiance dans les moyens actuels et futurs à la disposition de l'être humain pour affronter ces menaces. Ici, le progrès technique fait notamment office de solution pour répondre aux enjeux climatiques (voir la **fiche n° 13 : Peur et innovation**). Enfin, une façon de conjurer la peur reviendrait à accepter la menace, et donc la peur, pour guider l'action publique. Paradoxalement, la peur pourrait ainsi être un moyen de traiter efficacement les menaces et ainsi de conjurer la peur.

SOUS-PARTIE 1

La peur en fiches

- La peur du déclassement
- Rejet et discrimination sur le marché du travail
- La peste noire, entre panique généralisée et gestion de crise
- Animaux et créatures fantastiques : les représentations de la peur
- Quelle place occupe la peur dans les rapports sociaux de genre ?
- Xénophobie, homophobie : une « peur » de l'autre ?

1 Rien n'est plus humain que la peur

La conscience de la peur commence avec les sentiments, au sens vieilli du terme : « faculté de sentir, de percevoir une sensation ». Celle-ci est produite par un élément déclencheur, qui fait office de signal, et peut provenir de l'extérieur (un évènement) ou de l'intérieur du sujet (pensée). La peur est un sentiment, une émotion qui atteste que le sujet est en présence d'un élément qui le déstabilise, qui le met en danger. En ce sens, la peur apparaît bien comme un signal d'alarme. Le système nerveux associé à la peur est très ancien. La preuve en est qu'il est sans myéline (couche de lipide qui accélère les transmissions électriques) qui est un produit de l'évolution des espèces. « La peur est la première émotion que l'humanité ait sentie. Rien n'est plus humain que la peur. » (Ernest Lavisse, *Discours aux écoliers du Nouvion-en-Thiérache*, 1912).

1 Les manifestations de la peur

Les peurs se manifestent par des réactions physiologiques telles que l'augmentation du rythme cardiaque, des troubles respiratoires, une augmentation de la tension, des sueurs froides ou encore des tremblements. Elles peuvent aller jusqu'à des réactions intenses telles que la perte de la parole ou des tremblements généralisés. La diversité de ces manifestations s'accompagne de leur variabilité en fonction des individus mais également, du milieu social et culturel auquel ils appartiennent. En effet, celui-ci influence les représentations que les individus peuvent se faire de ce qui est à craindre ou non. De même, l'éducation, l'histoire personnelle, l'ambiance familiale, les traumatismes, les croyances orientent la vision que nous pouvons avoir du monde et la manière par laquelle nous pouvons percevoir les évènements. L'inné et l'acquis se mêlent donc dans la manière dont on réagit face à la peur. Ce qui explique la **mécanique de la peur**, qui rend raison des trois formes par lesquelles celle-ci peut se manifester :

- La première provient d'une petite région de notre cerveau, appelée le cortex cingulaire. Il alerte deux autres systèmes : l'amygdale, qui déclenche une réaction de stress en provoquant la libération d'hormones comme le cortisol ou la noradrénaline, et le cortex préfrontal, qui nous pousse à trouver de la cohérence là où nous n'en voyons d'abord pas, afin que nous puissions planifier des actions efficaces : soit attaquer, fuir ou s'immobiliser.
- La seconde provient d'un suspense par anticipation : on sait qu'il va se passer quelque chose et on le redoute. La peur se révèle ici diffuse. C'est le nom que nous donnons à notre absence de certitudes, à notre ignorance de la menace.
- La troisième est suscitée lorsqu'on ne sait pas à quoi on a affaire. Elle se rapproche de l'angoisse, voire de la terreur.

2 La peur, une émotion négative ?

Si la peur est considérée comme une émotion, certains philosophes, parmi lesquels Montaigne ou Spinoza, évoquent une « passion négative ».

Montaigne consacre le livre XVIII des *Essais* à la peur. Il fonde son analyse sur plusieurs exemples tirés de la vie militaire. La peur rend insensé, « elle saisit de glace le cœur », « elle cloue les pieds et les entrave ». Elle touche non seulement les gens du peuple, mais aussi les membres de la noblesse et les gouvernants. Nul n'en est à l'abri, selon Montaigne. La peur est pensée par le philosophe comme une maladie se diffusant, de la même manière qu'une épidémie. Cela se retrouve du reste dans la mythologie grecque. Celle-ci distinguait Phobos, personnification de la peur et de la panique, de son frère Déimos, représentant de l'effroi et de la terreur. Les deux sont fils d'Arès (dieu de la guerre et de la colère. Il était violent et brutal) et d'Aphrodite (déesse de l'Amour dans son acception la plus large). Lorsque les deux frères divins se présentaient sur le champ de bataille, les soldats ne pouvaient plus combattre. Ils se couvraient ainsi de déshonneur, honte suprême pour un Grec. La peur et la terreur étaient ainsi redoutées, et susceptibles de conduire à la mort comme le montrent les exemples de ceux pris d'effroi qui mirent fin à leur jour.

Spinoza est, quant à lui, un fidèle continuateur de Montaigne. En effet, dans la quatrième partie de l'*Éthique*, relative à la vie affective et à la servitude qui en découle, Spinoza note que « la peur fait délirer les hommes » au point de croire que les décrets de Dieu sont inscrits « non point dans la pensée mais dans les entrailles des bêtes. Les hommes ne sont la proie de la superstition qu'aussi longtemps que dure la crainte. » Spinoza distingue donc la crainte de la peur. La crainte est « une tristesse inconstante née de l'idée d'une chose future ou passée de l'issue de laquelle nous doutons en quelque mesure ». La peur, quant à elle, se caractérise comme « un désir d'éviter un mal plus grand, que nous craignons, par un moindre ». La peur est donc une spécification tout à fait particulière de la crainte, qui nous entraîne vers des passions négatives, c'est-à-dire amoindrissant notre puissance d'être. Sous son emprise, on peut commettre le pire : Michael Moore illustre cette idée dans son film-documentaire *Bowling for Columbine*[1], où il dénonce le climat de peur aux États-Unis, et les drames qui font suite à l'usage des armes à feu. L'*Éthique* de Spinoza nous incite donc non pas à agir par crainte d'un mal mais, au contraire, par recherche d'un bien. La sagesse est une méditation de la vie, pas de la mort.

Cette analyse des méfaits de la crainte avait déjà été produite par Épicure, philosophe grec du IVe siècle av. J.-C. En effet, celui-ci, dans sa Lettre à Ménécée, avait analysé les quatre objets, causes de la crainte humaine, et avait désamorcé les logiques de peur qu'elles occasionnaient pour ses contemporains : « les dieux ne sont pas à craindre ; la mort ne donne pas de souci ; et tandis que le plaisir est facile à obtenir, la douleur est facile à supporter ». La réflexion, le savoir, libère l'humain

---

1. Michael Moore enquête sur la violence provoquée par les armes à feu aux États-Unis. Son point de départ est la tragédie du lycée Columbine dans le Colorado en 1999. Des dizaines de lycéens avaient alors été assassinés par deux de leurs camarades.

de ses hantises. Épicure et Spinoza se retrouvent en ce point. Par la connaissance, l'individu est libéré de tous les préjugés liés à l'immortalité, comme la crainte de la mort, la transcendance, la théologie.

3 La peur, une émotion indispensable à la survie individuelle et de l'espèce

La peur n'est cependant pas un problème en soi si elle reste dans sa fonction première qui est de **nous avertir de l'existence d'une menace**. La peur, dans beaucoup de domaines de l'existence est légitime, utile et même nécessaire.

Une peur vitale

L'éthologie (étude scientifique du comportement animal en milieu naturel) montre que la peur est non seulement utile, mais qu'elle est même vitale au point d'être un élément déterminant dans la sélection naturelle. Dans *L'expression des émotions chez l'homme et les animaux*, Darwin distingue six émotions de base : la joie, la peur, la surprise, le dégoût, la tristesse et la colère. Ces émotions seraient des réactions acquises au terme de siècles d'évolution. Ce qui fait dire à Ernest Lavisse que : « Hommes et bêtes, nous apportons en naissant des terreurs aussi vieilles que le monde. Aujourd'hui encore nous sentons des émotions et répétons des gestes des premiers hommes, qui eurent tant de raison de s'effrayer quand ils commencèrent de vivre sur la terre inconnue qu'il fallait conquérir, sous le ciel mystérieux qu'il fallait comprendre. » (*Discours aux écoliers du Nouvion-en-Thiérache*, 1912).

Charles Robert Darwin (1809-1882) est un naturaliste et paléontologue anglais dont les travaux sur l'évolution des espèces vivantes ont révolutionné la biologie avec son ouvrage *L'Origine des espèces* paru en 1859. Célèbre au sein de la communauté scientifique de son époque pour son travail sur le terrain et ses recherches en géologie, il a adopté l'hypothèse émise 50 ans auparavant par le Français Jean-Baptiste de Lamarck selon laquelle toutes les espèces vivantes ont évolué au cours du temps à partir d'un seul ou quelques ancêtres communs et il a soutenu avec Alfred Wallace que cette évolution était due au processus de sélection naturelle.

La peur est liée au danger et devient fondamentale pour la survie, tant individuelle que collective. Les animaux qui ont peur de leurs prédateurs fuiront plus tôt que les autres et auront plus de chance d'assurer leur survie. La peur est donc à l'origine de certains comportements vitaux. A contrario, l'absence de peur chez l'enfant est parfois fatale. Ainsi, Isabelle Carré[1] peut-elle écrire dans *Le jeu des si* : « À 3 ans et demi, j'ai sauté par la fenêtre, car je pensais pouvoir voler. »

1. Isabelle Carré est une actrice et écrivaine française, née le 28 mai 1971 dans le 12e arrondissement de Paris.

4 Le siècle de la peur, un paradoxe ?

Aujourd'hui, l'homme n'est plus un objet de prédation comme il a pu l'être, et la nature des risques que nous encourons dans notre vie quotidienne a beaucoup changé. Dans *La part d'ange en nous,* Steven Pinker, professeur de psychologie cognitiviste à l'université d'Harvard, avance l'idée que, dans nos sociétés, la violence suivrait la pente d'un long déclin entamé à l'époque moderne : « la diminution de la violence dans le monde est un phénomène massif et incontestable ». L'humain accorde beaucoup plus d'importance à la vie aujourd'hui, et c'est sans doute pour cela que le nombre d'accidents diminue sans cesse, ce qui peut se vérifier de deux manières. En premier lieu, le nombre des homicides dans nos sociétés ne cesse de diminuer depuis de nombreux siècles. C'est un chiffre fiable : un homicide ne passe pas inaperçu, les archives en gardent toujours une trace. Or toutes les sources dont nous disposons montrent une baisse continue du taux d'homicides par rapport à la population au fil du temps. En second lieu, chacun peut constater que les institutions les plus violentes - les sacrifices humains, l'esclavage, l'inquisition, la torture dans les procédures judiciaires, la peine de mort - ont été abolies dans la plupart des pays de la planète. Enfin, les guerres entre nations sont devenues de plus en plus rares au fil du temps, tout comme les guerres civiles. Les organisations qui tiennent la statistique des morts, civils ou militaires, au cours des conflits armés constatent un abaissement continu des pertes humaines.

Pourtant les deux conflits mondiaux du XXe siècle ont entraîné des massacres inédits... Norbert Elias dans *La Civilisation des mœurs*, publié en Allemagne en 1939, alors même que l'Europe s'apprêtait à connaître le plus grand déchaînement de violence de son histoire, exprime cependant la même idée que Steven Pinker. Certes, les guerres existent avec leurs lots de désespoirs et d'horreurs. Mais cela ne contredit pas l'évolution globale. Depuis 1945, la tendance historique à la décroissance des pertes pour cause de guerre a repris son cours, comme avant 1914. Et si on considère, non le nombre absolu des morts pendant les deux Guerres mondiales, mais leur proportion par rapport à la population, on a connu des périodes plus violentes, où les pertes étaient, en proportion, supérieures. Par exemple pendant les invasions mongoles de Gengis Khan ou de Tamerlan, pendant les guerres de religion en Europe ou encore lors de la chute de la dynastie Ming en Chine. La conquête de l'Asie par Gengis Khan a provoqué en proportion autant de morts, sinon plus, que les exactions nazies. Les guerres et les génocides ont émaillé l'histoire de l'humanité depuis l'origine. Mais leur fréquence tend à se réduire. Ce qui est clair, en tout cas, c'est que la violence guerrière a diminué de manière spectaculaire depuis 1945.

Pourtant, la peur demeure. Albert Camus va jusqu'à écrire en 1948, dans le journal *Combat*, un article intitulé « Le siècle de la peur » : « Le XVIIe siècle a été le siècle des mathématiques, le XVIIIe siècle celui des sciences physiques, et le XIXe celui de la biologie. Notre XXe siècle est le siècle de la peur. »

5 L'heuristique de la peur

À l'échelle des individus, comme à celle des sociétés, il existe une vision du monde qu'on peut qualifier de « décliniste ». Celle-ci fait du cours des jours une marche continue vers l'abîme. Être alarmiste, c'est faire jouer à la peur un rôle utile, au sens où nous supposons « qu'il est encore temps » d'agir, d'interrompre le processus destructeur qui est en cours. La peur de l'avenir engendre le tableau inquiétant des malheurs potentiels, et crée une légitime défiance envers la marche du progrès. C'est ainsi que Hans Jonas, dans son essai *Le Principe responsabilité*, valorise une « heuristique de la peur », car il faut écouter nos peurs, et faire de cette écoute un signal d'alarme fondamental. On retrouve là l'idée de Nietzsche, lorsque ce dernier affirmait que « l'oreille est l'organe de la peur ». En ce sens, la peur est bien plus que protectrice ; elle est salvatrice. La peur s'éprouve et n'a de sens que si la raison se met à l'œuvre à sa suite pour la contrer. Avoir peur de ce qui peut advenir apparaît comme une nécessité bienfaisante : si je veux que le futur soit l'avenir que nous nous sommes choisis, alors il convient d'être dans la prudence. Pour le philosophe Hans Jonas, c'est la peur et son explicitation qui doit être au fondement de notre éthique contemporaine. Celle-ci, basée sur la maxime suivante, a une forme qui rappelle les maximes de la morale kantienne : « Agis de façon que les effets de ton action ne soient pas destructeurs pour la possibilité future d'une telle vie. »

Le maintien des conditions de possibilité d'une vie authentiquement humaine, c'est-à-dire d'une vie qui préserve pleinement notre condition d'humain, doit recourir à un usage de la peur. Il ne s'agit pas cependant de craindre directement pour notre vie, mais pour la vie que nous proposons à nos descendants. Cette peur concerne notre futur, c'est-à-dire la situation que nos descendants devront affronter par notre faute. Cette idée se retrouve dans le *Discours de Suède* d'Albert Camus : « Chaque génération, sans doute, se croit vouée à refaire le monde. La mienne sait pourtant qu'elle ne le refera pas. Mais sa tâche est peut-être plus grande. Elle consiste à empêcher que le monde ne se défasse. » En invitant à la lucidité et à la sagesse, Albert Camus fait de la peur l'arme la plus efficace pour nous contraindre à la vigilance. Le pire n'est, en effet, jamais certain ; et l'anticiper permet de mieux le combattre.

2 Peut-on et doit-on se libérer de nos peurs ?

La peur se définit par rapport à l'objet qui la cause, à la différence de l'angoisse qui est, elle, sans objet. Mais prendre conscience de l'objet de la peur est-il suffisant pour la comprendre ? Rien n'est moins sûr. La psychanalyse nous apprend, en effet, que l'objet cause de nos peurs n'est, en règle générale, que le support de peurs bien plus profondes qui s'originent dans l'histoire infantile du sujet et manifestent sa vulnérabilité existentielle. Les peurs sont aussi le revers de désirs inconscients très prégnants. Ainsi, la peur du noir est en réalité la peur de ce qui se cache, et le désir d'être reconnu ; la peur du vide (ou vertige) est en réalité la peur de tomber, et le désir de se tenir debout et d'affronter l'existence ; la peur de la foule est en réalité la peur d'être rejeté, et le désir d'être appréciée ; la peur d'aimer est en réalité la peur de ne pas être aimé en retour, et le désir d'être aimé ; la peur de ne pas contrôler ou de lâcher prise est en réalité la peur que la réalité nous échappe, et le désir de dominer ; la peur d'essayer de faire quelque chose est en réalité la peur de l'échec, et le désir de réussir ; la peur de l'avenir est en réalité la peur de la fin (mort, fin du monde, etc.), et le désir de vivre...

La peur est donc un affect qui peut se rapporter soit à des dangers réels, mais aussi à des dangers imaginaires. Tous les philosophes depuis Platon se sont efforcés de libérer l'homme de cette peur imaginaire, en grande partie fondée sur l'ignorance. Pour la vaincre, ils n'ont proposé d'autres remèdes que la critique des fausses croyances qui l'inspirent. Socrate l'a fait de manière emblématique à propos de la peur de la mort[1]. Le courage est la vertu, à la fois intellectuelle et morale, qui permet de maîtriser cette fausse peur. Selon la définition commune, le courage est la capacité de ne pas éprouver ou de vaincre en soi le sentiment de peur. Il est vrai que la capacité de maîtriser la peur, d'opposer de la résistance aux vicissitudes extérieures et aux défauts de sa propre nature, contribue fortement à former la disposition courageuse du caractère.

1. *Le Phédon* de Platon raconte une mort, celle de Socrate. Mais le récit de ces adieux singuliers est l'occasion de tenir un discours différent à ce sujet. Car Socrate meurt après avoir parlé, après avoir arraché à la mort son « masque » effrayant.

1 La peur et la phobie

La phobie, un système d'alarme déréglé

« Quand ma mère me demande de descendre à la cave, c'est le cauchemar... j'ai une peur bleue des araignées. Dans une cave, il y en a partout, j'ai l'impression qu'elles me guettent, tapies dans l'ombre, qu'elles vont me tomber dessus dès que j'entrerai. Je trouve toutes les excuses possibles pour ne pas y aller, mais comme j'ai un peu honte, je n'ose pas avouer la vraie raison de mon refus et finalement, souvent, je dois me résoudre à accepter. Dans l'escalier, j'ai le cœur qui bat à cent à l'heure et les jambes en coton. J'ouvre la porte, j'attrape la boîte de conserve ou de lait que je suis venue chercher et je remonte en courant, comme si j'avais le diable aux trousses. Quand j'entends la porte claquée derrière moi, je suis déjà au milieu de la montée, sauvée ! »

« Maud, 16 ans », in Sylvie Sargueil, *Quand les peurs deviennent phobies*, Éditions de La Martinière, 2004.

De la peur des insectes à l'angoisse de la foule, en passant par la peur d'être enfermé, etc., les phobies apparaissent comme des peurs nombreuses et variées. Leur principal point commun est de ne pas être rationnelles et d'entrainer une réaction de stress trop intense par rapport à la réalité, voire totalement injustifiée aux yeux des autres, ainsi qu'un évitement des situations redoutées. Autre point commun, ceux qui s'en trouvent atteints n'en sont pas dupes. Ils savent pertinemment que cette peur est absurde, et ils ont d'ailleurs tendance à la cacher. Certaines phobies s'apparentent à de simples excentricités, ce sont en quelque sorte des « phobies douces ». D'autres sont, au contraire, responsables d'un véritable handicap mental et social. En 1895, dans *Obsessions et phobies*, Freud distingue ainsi les « phobies communes » dont les peurs exagérées n'engendrent pas de dysfonctionnement notable dans la vie d'un individu – elles portent sur des choses que tout le monde appréhende ou craint légèrement : la nuit, la solitude, la mort, les dangers en général, les serpents, etc., – des « phobies d'occasion » dont les peurs injustifiées engendrent des angoisses difficilement supportables de la part du sujet, comme l'agoraphobie et les autres phobies de la locomotion par exemple.

Mais il est une autre catégorie de phobies qui, elles, ne portent pas sur un objet extérieur : ce sont celles qui concernent les rapports qu'un sujet entretient avec lui-même et avec les autres. Parmi elles, il en est une qui est un passage quasi obligatoire à l'adolescence : la dysmorphophobie[1], plus communément appelé « complexe ». Trop gros, trop grand, trop petit, trop poilu, pas assez musclé, etc. Un livre entier ne suffirait pas à recenser les sources intarissables de complexes possibles.

« L'adolescence est une période très difficile à vivre parce que le corps se transforme complètement et rapidement, sans qu'on ait la possibilité d'influer sur ce

1. Dysmorphophobie : peur d'être atteint d'une difformité.

changement, ni le temps de s'y habituer. En exagérant un peu, on peut dire qu'on se couche chaque soir sans savoir à quoi on va ressembler le lendemain », explique le docteur Olivier Revol, neuropsychiatre pour enfants et adolescents à Lyon. Cette peur de ne pas être comme les autres fragilise et plonge dans un état d'anxiété quasi permanent. Cette phobie n'est cependant pas anormale et doit, avec le temps, s'estomper. Certains restes persistent cependant à l'âge adulte... Il n'est jamais simple de dépasser ses complexes.

Cependant, la pression et les injonctions sociales peuvent produire des troubles graves du comportement, notamment alimentaires, en venant renforcer cette dysmorphophobie. L'anorexie mentale[1] peut alors en être la conséquence. En France, celle-ci toucherait environ 30 à 40 000 personnes, soit environ 1,5 % des femmes de 15 à 35 ans. L'article 19 de la loi Santé du 26 janvier 2016 s'attaque aux images de mannequins, que l'on sait maintes fois retouchées pour en faire disparaître ce qui serait considéré comme des défauts du corps féminin. Le ministère des affaires sociales et de la santé explique que « l'exposition des jeunes à des images normatives et non réalistes du corps entraîne un sentiment d'autodépréciation et une mauvaise estime de soi pouvant avoir un impact sur les comportements de santé »[2]. Dès lors, ces dispositions « visent à agir sur l'image du corps dans la société pour éviter la promotion d'idéaux de beauté inaccessibles et prévenir l'anorexie chez les jeunes »[3].

2 Pourquoi cette sensibilité à certaines peurs ?

Les spécialistes s'accordent à penser qu'il faut la conjonction de plusieurs éléments pour fabriquer une phobie. Une part tient à la nature, qui nous a tous conçus plus ou moins peureux, et une autre correspond à des aspects de notre vécu, évènements subis, éducation, environnement social...

Un mécanisme de protection

Charles Darwin, naturaliste anglais, publie en 1872, *L'Expression des émotions chez l'homme et les animaux*. Il y étudie la façon dont les animaux et les humains expriment et signalent aux autres leurs émotions. Il y note que la nature nous a dotés de cette capacité de « mobilisation anxieuse » qui nous préserve du danger et nous permet de fuir lorsqu'il se précise. Dans l'histoire, les hommes qui n'avaient pas assez peur et ne se protégeaient pas bien se sont fait tuer avant les autres et se sont donc moins reproduits. Il est fort probable que cette sélection naturelle ait gardé, au fil des millénaires, les plus aptes d'entre nous à survivre, c'est-à-dire, curieusement, les plus peureux.

1. Anorexie mentale : Trouble du comportement alimentaire entraînant une privation alimentaire stricte et volontaire pendant plusieurs mois, voire plusieurs années, selon la définition de l'INSERM (Institut national de la santé et de la recherche médicale).
2. Communiqué de presse de Marisol Touraine du 5 mai 2017.
3. *Idem.*

Aujourd'hui ces peurs archaïques sont devenues, la plupart du temps, inappropriées. Il serait plus judicieux qu'à ces craintes ancestrales (serpents, araignées, insectes...) la nature substitue la peur de se faire renverser par une voiture, la peur des armes à feu, etc. mais l'adaptation de notre patrimoine génétique à l'environnement se fait lentement.

Mais nos peurs et nos phobies ne tiennent pas qu'à la génétique. L'environnement familial et sociétal y contribue aussi grandement. La preuve de ces mécanismes de conditionnement a été apportée en 1920 par des chercheurs américains, Watson et Rayner, qui ont effectué sur l'homme une expérience tirée des travaux du russe Pavlov[1] sur les animaux. Cette expérience a consisté à faire pleurer le petit Albert, âgé de 11 mois, afin de le rendre totalement phobique. Pour cela, ils l'ont mis en relation avec un rat blanc avec lequel il aurait volontiers joué. À plusieurs reprises, alors que l'enfant s'approchait de l'animal, les chercheurs ont émis un bruit violent en entrechoquant des barres de fer, dans le but de terroriser l'enfant. Celui-ci sursauta, pleura, et on lui retira le rat de ses regards pendant plus d'une semaine. Puis, on le remit en présence de l'animal, mais sans y associer de bruit. Le mal était fait, l'enfant avait peur de l'animal. Pire encore, dans les jours qui suivirent, l'enfant développa une peur de tout ce qui de près ou de loin ressemblait, par la couleur ou par la forme, à un rat blanc, comme le coton par exemple. Watson et Rayner ont ainsi mis en évidence l'un des mécanismes de fabrication d'une phobie : graver dans la mémoire de quelqu'un une peur par association d'idées.

Après avoir créé une phobie chez le petit Albert, Watson et Rayner décidèrent de l'en débarrasser. Ils le mirent donc en présence du rat, de loin, tout en jouant avec lui, pour associer la vue du rat à un moment agréable. Petit à petit, ils rapprochèrent l'animal et, progressivement, Albert s'habitua et cessa d'en avoir peur. Ils démontrèrent donc qu'il est possible, au moins dans le cas des phobies par conditionnement, de guérir d'une frayeur irrationnelle.

Les phobies qui paraissent a priori si étranges sont à présent bien connues des psychothérapeutes qui ont mis au point des techniques pour les combattre. La plus ancienne thérapie est la psychanalyse, les plus récentes et les plus rapidement efficaces sont les thérapies cognitives et comportementales, dont le déconditionnement du petit Albert donne un exemple. Chaque traitement a ses indications, ses réussites et ses échecs. Choisir la thérapie la mieux adaptée dépend beaucoup moins du type de phobie que de la personnalité et du vécu de chacun.

1. Les études du physiologiste russe Ivan Pavlov (1849-1936) ont permis de mettre en évidence la capacité à créer de toutes pièces un réflexe chez l'animal. Il a montré que si, plusieurs fois de suite, vous faites sonner une cloche au moment où vous servez à manger à votre chien, il se mettra ensuite à saliver au seul son de la cloche, qu'il y ait une gamelle ou pas.

3 Faut-il faire abstraction de toutes nos peurs ?

Si la peur peut paraître irrationnelle, la raison assure, quant à elle, la maîtrise qu'un individu peut avoir de sa vie et de ses affects. Doit-on dès lors soumettre toute notre intériorité au pouvoir de la raison ? Telle a été la pensée de Descartes et du courant qu'il a initié, à savoir le rationalisme. Des passions, il faut apprendre à s'en méfier, voire à s'en détourner.

Contre Descartes, qui postule la suprématie de la raison sur la passion, David Hume défend une troisième voie qui est celle du gouvernement de la raison par la passion. Dans sa *Dissertation sur les passions,* celui-ci démontre que la raison ne saurait à elle seule constituer un motif pour une action de la volonté. Dans la mesure où l'entendement considère les relations abstraites entre les idées, alors que la volonté nous place toujours dans le monde des réalités, « la démonstration et la volition semblent, pour cette raison, totalement disjointes l'une de l'autre ». Qui plus est, « le raisonnement abstrait ou démonstratif n'influence jamais aucune de nos actions ». En définitive, « la raison est et ne doit qu'être l'esclave des passions ; elle ne peut jamais prétendre remplir un autre office que celui de les servir et de leur obéir ». Il y aurait donc un lien intrinsèque entre les émotions et les capacités cognitives de l'homme. Les travaux d'Antonio Damasio, menés dans le champ de la neurobiologie dans les années 1990, viennent confirmer la thèse de Hume. Dans *L'erreur de Descartes* ce dernier montre que la prise de décisions implique les émotions. L'être humain n'est pas seulement un être rationnel, il est aussi un être de passions, un être doué d'affects. La capacité d'identifier et de savoir déchiffrer ses émotions rend possible la prise de décision. Sans ce décryptage, l'individu se révèle incapable de choisir, de vouloir, de trancher. Pour étayer ses dires, Antonio Damasio s'appuie sur l'observation de sujets atteints de lésions au niveau de la partie frontale du cerveau, qui est une structure impliquée dans les émotions. Ces sujets deviennent alors incapables de faire des choix, même ceux qui semblent en apparence les plus anodins. Les études d'Antonio Damasio révèlent ainsi que les signaux émotionnels sont des indicateurs que nous présente le corps, et qu'ils doivent se voir utilisés comme des guides de conduite par les sujets lorsqu'ils sont face à une situation donnée. On parle aujourd'hui d'« intelligence émotionnelle ». Celle-ci est cette capacité qu'a un sujet à reconnaître, comprendre et maîtriser ses émotions et à interagir avec les émotions des autres. Elle est donc ce qui assure une bonne communication et entente entre les individus. Par conséquent, s'il est vrai que nos peurs peuvent dévier en phobies, ce n'est pour autant qu'il nous faut nous en débarrasser. La condamnation du pathologique ne doit pas nous rendre méfiant vis-à-vis du normal. Les peurs ont leur rôle à jouer dans le maintien et la survie tant de l'individu que de l'espèce. En ce sens, il est toujours bon de savoir les écouter.

3 L'angoisse, une émotion existentielle

S'arrachant à la peur, l'angoisse devient davantage question que réponse. La réaction biologique qu'occasionne la peur et qui opte, quasi instantanément, pour une action appropriée face à la menace, laisse place à une suite de questions fondamentales comme : « que faire ? », « quoi choisir ? », qui ont tôt fait de renvoyer à « qu'est-ce que je veux ? » et « qui suis-je ? », véritable introduction à l'angoisse métaphysique qui habite tout être humain.

Malgré son omniprésence dans la vie psychique de l'homme, l'angoisse restera relativement peu étudiée, aussi bien en clinique, où elle ne fera son apparition que vers la fin du XIXe siècle, qu'au niveau philosophique.

1 Angoisse métaphysique et existentialisme

Il faut attendre *Le concept de l'angoisse*, que lui consacre le philosophe danois Søren Kierkegaard (1813-1855) en 1844, pour qu'un texte de cette nature porte exclusivement sur elle.

L'angoisse chez Kierkegaard est intimement liée à la notion de liberté, et donc à la notion du possible : « dans chaque état le possible est présent, et dans la même mesure l'angoisse. » Malgré la formation théologique du philosophe, cette liberté n'est pas liée, à proprement parler, au Bien et au Mal, c'est-à-dire à la liberté de faire le bien ou le mal, qui rend raison objectivement du péché. Fondamentalement, l'angoisse est, pour Kierkegaard une notion « subjective », psychologique, qui traduit l'acceptation du possible, c'est-à-dire du néant, dans la mesure où « la liberté est infinie et naît du néant » : le possible ouvert vers un état qui n'est pas encore déterminé, qui n'existe pas tant qu'on n'a pas choisi, et c'est cette indétermination qui fait notre liberté et qui fait notre angoisse. Son célèbre parallélisme entre angoisse et vertige – le vertige étant, par ailleurs, une des figures majeures de l'anxiété en clinique – condense l'idée qu'il se fait du caractère subjectif de la liberté qu'implique l'angoisse : « On peut comparer l'angoisse au vertige. Quand l'œil vient à plonger dans un abîme, on a le vertige, ce qui vient autant de l'œil que de l'abîme, car on aurait pu ne pas y regarder. De même, **l'angoisse est le vertige de la liberté**... ».

À la suite de Kierkegaard, et dans la ligne de pensée qu'il dégage en associant l'angoisse aux concepts de liberté et de néant, ce sont surtout les courants phénoménologiques et existentialistes qui s'intéresseront à elle. Ainsi, l'angoisse pour Heidegger[1] se relie aussi bien à l'expérience du « rien » que du « nulle part », car l'être humain ne fait pas partie des catégories de la *réalité*, mais de l'*existence* : il ne

1. Martin Heidegger, *Être et Temps*, « L'angoisse du Dasein », § 40, NRF, Gallimard, 1986.

connaît aucune forme de fixation et n'existe qu'à travers le sens, les significations qu'il donne à soi-même et au monde environnant, dans un mouvement de perpétuel « affairement » qui le projette vers le futur. Dans cette perspective, l'angoisse est le moment de l'écroulement des significations, moment où l'être se retrouve libre, simple « présence-au-monde ». Nous retrouvons là l'idée chère à Jacques Lacan selon laquelle « l'angoisse est le seul affect qui ne trompe pas », au sens où elle est ce qui dévoile notre condition d'être au monde.

L'angoisse des existentialistes

Nous rencontrons cette même relation entre angoisse et liberté dans les premières pages de la conférence de 1946 de Jean-Paul Sartre, *L'existentialisme est un humanisme* : « Qu'entend-on par « angoisse » ? L'existentialisme déclare volontiers que l'homme est angoisse. Cela signifie ceci : l'homme qui s'engage et qui se rend compte qu'il est non seulement celui qu'il choisit d'être, mais encore un législateur choisissant en même temps que soi l'humanité entière, ne saurait échapper au sentiment de sa totale et profonde responsabilité. Certes beaucoup de gens ne sont pas anxieux ; mais nous prétendons qu'ils se masquent leur angoisse, qu'ils la fuient... ».

Le chemin qui mène à l'angoisse ne se clôt cependant pas avec la pensée philosophique. Celui-ci se poursuit en faisant de l'angoisse un objet des sciences du psychisme. Impossible alors de ne pas rencontrer, au carrefour de la psychologie, de la philosophie et de la psychiatrie, les figures singulières de Sigmund Freud (1846-1939) et de Jacques Lacan (1901-1981).

2 Angoisse et psychanalyse

a. La névrose d'angoisse selon Freud

Rares sont les expériences humaines aussi unanimement partagées que celles de l'angoisse.

En tant que forme clinique indépendante, la névrose d'angoisse a été isolée pour la première fois par Sigmund Freud, dans un article intitulé « Du bien-fondé à séparer de la neurasthénie un complexe de symptômes déterminé, en tant que "névrose d'angoisse" »[1], publié en 1895. Cette description est l'aboutissement d'un long processus qui a eu lieu au cours de la seconde moitié du XIXe siècle.

Sur le plan séméiologique, la névrose d'angoisse de Freud fait l'objet d'une description dont la valeur historique mérite qu'on la reproduise, d'autant qu'elle peut être considérée encore aujourd'hui comme classique. Freud isole un très grand nombre de symptômes, parmi lesquels on retrouve la susceptibilité générale aux stimulus

1. Sigmund Freud, *La première théorie des névroses*, PUF, 2007.

(notamment l'hyperesthésie auditive), l'attente anxieuse, les accès d'angoisse, les troubles de l'activité cardiaque, les troubles de la respiration, les bouffées de sueur, les accès de tremblements et secousses, les accès de boulimie et de vertige, les crises intermittentes de diarrhée, les accès de vertige locomoteur, le sursaut d'effroi nocturne (dont le *pavor nocturnus* - terreurs nocturnes - des enfants), la pressante envie d'uriner... Le sujet en proie à une crise d'angoisse apparaît tantôt crispé, sidéré, pétrifié par sa peur et sa détresse, tantôt, au contraire, agité, se mouvant de façon désordonnée, déambulant sans cesse. Cette instabilité révèle plusieurs des caractéristiques cliniques de l'angoisse : son **inefficacité** (l'impossibilité de se fixer sur un objet, et donc de déboucher sur une « action motrice spécifique » à même de diminuer l'angoisse, par exemple s'occuper concrètement du problème censé être à l'origine de l'angoisse) ; son **caractère incontrôlable** : une « crise de nerfs » ou une « crise de larmes » peut être l'aboutissement de cette attaque anxieuse.

Comment alors qualifier l'état d'un tel patient ? Dire qu'il a peur ou qu'il est angoissé désigne-t-il la même chose ?

Dans *Au-delà du principe de plaisir*, Freud les distingue très clairement : « Effroi, peur, angoisse, sont des termes qu'on a, à tort, utiliser comme synonymes. Leur rapport au danger permet de bien les différencier. Le terme d'angoisse désigne un état caractérisé par l'attente du danger et la préparation à celui-ci, même s'il est inconnu. Le terme de peur suppose un objet défini dont on a peur ; quant au terme d'effroi, il désigne l'état qui survient quand on tombe dans une situation dangereuse sans y être préparé. Il met l'accent sur le facteur de surprise. » Les manifestations de la peur traduiraient donc une réaction de défense (immobilisation, fuite, décharge émotionnelle) face à un danger présent. La peur conduit ainsi l'homme à se livrer à des calculs d'intérêts en vue d'assurer sa propre survie, ce qu'il ne peut faire lorsque l'effroi le sidère. L'angoisse, quant à elle, qualifierait plus particulièrement les réactions face à un danger à venir, plus ou moins déterminé. Cette distinction introduit dans la définition de l'angoisse un élément essentiel, celui de l'attente.

Pour Freud, l'angoisse désigne donc un affect de déplaisir, plus ou moins intense, qui se manifeste chez une personne qui est dans l'attente de quelque chose qu'elle ne peut nommer. L'angoisse a été repérée très tôt par Freud comme la cause des troubles névrotiques. Mais, c'est grâce à l'apport d'Otto Rank, qui considère le traumatisme de la naissance comme inaugural de l'angoisse, que Freud consolide ses analyses, notamment en 1926 dans *Inhibition, symptôme et angoisse*. Il remonte de la réaction d'angoisse à la situation de danger, dont la naissance restera le prototype. Freud donne alors à l'angoisse deux sources différentes : l'une est la réaction à une perte, à une séparation. C'est cette partie de l'angoisse, que Freud qualifie d'*originaire,* qui serait produite par l'état de détresse psychique du nourrisson séparé de la mère « qui satisfait tous ses besoins sans délais ». L'autre serait produite par le moi lorsqu'une situation de danger réel le menace. L'angoisse aurait alors pour fonction de tenter d'éviter ce danger.

b. Le Séminaire X de Lacan : *L'Angoisse*

Jacques Lacan consacra une année de son enseignement à élaborer, après Freud, une articulation aussi précise que possible du concept d'angoisse. Voici comment il reprend la définition de Freud : l'angoisse est un affect dont la position est d'être un signal. Mais, pour Lacan, l'angoisse n'est pas la manifestation d'un danger interne ou externe. C'est l'affect qui doit nous permettre de mieux comprendre le rapport qui s'instaure entre un sujet et son désir, c'est-à-dire entre un sujet et les manques qui l'habitent. Celui-ci doit-il chercher à satisfaire tous ses désirs ?

Pour répondre à cette question, Lacan propose de nous laisser guider par la clinique et d'être attentifs aux moments privilégiés durant lesquels l'angoisse émerge. Loin de vouloir chercher à la faire disparaître, il propose plutôt de « la cerner, la coincer ». « Nous allons essayer, cette angoisse, de la prendre sous le bras. »

Pour cela, il commence par proposer une relecture d'*Inhibition, symptôme, angoisse* de Freud. L'angoisse nous confronte à une absence de mots, une difficulté à dire, voire un impossible, un vide. Il n'y a pas de filet car, indique Lacan « s'agissant de l'angoisse, chaque maille, si je puis dire, n'a de sens qu'à laisser le vide dans lequel il y a l'angoisse ».

L'angoisse est donc un affect, et un affect qui ne trompe pas. Mais le sujet ne sait pas quels mots accoler à ce qu'il ressent. L'affect est désarrimé du signifiant, « il s'en va à la dérive ». C'est ce qui est le propre de l'angoisse : elle est éprouvée, mais sa cause reste énigmatique pour le sujet lui-même. Lorsque l'on demande à quelqu'un pourquoi il est angoissé, souvent cela l'angoisse encore plus parce que, justement, il ne sait pas pourquoi. L'angoisse apparaît comme étant sans objet.

Pour comprendre ce qui la suscite, Lacan ne va pas faire une théorie des affects mais bien plutôt une « érotologie », c'est-à-dire un discours sur le désir – question qui intéresse le psychanalyste. Il considère que c'est « le tranchant de l'angoisse » qui est à même d'aborder la question du désir avec le plus d'authenticité. Pour avoir un rapport authentique à son propre désir, il convient de se laisser enseigner par son angoisse, donc par l'expérience clinique de l'angoisse.

Lacan propose alors de relire *L'inquiétante étrangeté* de Freud. Cet ouvrage est, indique-t-il, «la cheville indispensable pour aborder la question de l'angoisse. » Le sentiment d'inquiétante étrangeté surgit quand apparaît quelque chose là où rien ne devrait apparaître. « Quand quelque chose apparaît là, c'est donc, si je puis m'exprimer ainsi, que le manque vient à manquer. » Pour exemple, ce qui peut susciter l'angoisse c'est l'image, dans les films d'épouvante, d'une statue qui s'anime, ou bien d'une marionnette qui parle. Si cela nous angoisse, c'est justement parce que cela présentifie ce qui devrait manquer et qui ne manque pas – la parole, le mouvement...

Dans *Inhibition, symptôme, angoisse*, l'angoisse est analysée par Freud comme la réaction à la perte de l'objet. Lacan indique dans ce Séminaire une voie nouvelle : c'est justement lorsque la perte n'a pas lieu que surgit l'angoisse, lorsque l'objet est trop là, toujours là. « Ne savez-vous pas que ce n'est pas la nostalgie du sein maternel qui engendre l'angoisse, mais son imminence? Ce qui provoque l'angoisse, c'est tout ce qui nous annonce, nous permet d'entrevoir, qu'on va rentrer dans le giron. (...) [L'enfant] est le plus perturbé quand il n'y a pas de possibilité de manque, quand la mère est tout le temps sur son dos. » Rien de plus angoissant que quelqu'un qui veut vous combler. Pour Lacan, toute réponse qui se veut comblante ne peut qu'entraîner le surgissement de l'angoisse. L'angoisse, c'est donc « la tentation non pas de la perte de l'objet, mais la présence de ceci que les objets, ça ne manque pas ». L'angoisse est toujours ce qui nous laisse dépendant de l'autre, sans aucun mot, hors symbolisation.

3 Les modèles d'angoisse

Dans la continuité de *L'angoisse*, publié dans la collection *Que sais-je ?* en 2022, nous pouvons distinguer différents types d'angoisse. Ceux-ci se réfèrent à des situations cliniques et à des concepts qui ont valeur paradigmatique soit au sein d'un grand ensemble de pathologies, soit par rapport à un âge particulier de la vie.

- **Le traumatisme de la naissance** : Otto Rank (1884-1939), psychanalyste, un des premiers disciples de Freud, a entrepris de développer dans *Le traumatisme de la naissance* (1924) une idée que Freud avait émise dans *L'interprétation des rêves* selon laquelle « la naissance (...) est le premier fait d'angoisse et, par conséquent, la source et le modèle de toute angoisse ». Rank oppose l'heureux état d'union mère-enfant au cours de la grossesse à l'expérience de séparation brutale que représente la naissance. Il fait remarquer que cette dernière s'accompagne d'étouffement, de constriction, de claustration, que l'on retrouve par la suite aussi bien dans l'expérience physique de l'angoisse que dans différentes situations anxiogènes de la vie quotidienne. Les idées de Rank introduisent à une étude de la période « archaïque » de la vie psychique, et constituent les premières élaborations psychanalytiques sur les relations précoces mère-enfant.
- **L'angoisse de l'étranger (angoisse du 8e mois)** : il s'agit d'une réaction négative aux personnes étrangères, qui marque une étape cruciale dans le développement psychique du très jeune enfant. Auparavant, à partir du 3e mois, le bébé sourit indifféremment à tout visage humain et manifeste du déplaisir quand ce visage disparaît. *L'angoisse de l'étranger* (ou *angoisse du 8e mois*) proprement dite ne survient qu'aux alentours du 8e mois et succède au « sourire social ». Il connote une réaction de détresse, d'angoisse, face à toute personne inconnue. L'angoisse du 8e mois souligne l'importance qu'acquiert désormais la mère dans la vie de l'enfant ; plutôt qu'une anticipation d'un danger, l'angoisse manifeste la peur et la déception du fait de l'absence de la mère.
- **L'angoisse de séparation** : dans une théorie qui doit ses origines aux travaux d'éthologie animale, le psychiatre et psychanalyste anglais John Bowlby (1907-1990) soutient que l'attachement est un besoin primaire commun chez de nombreuses espèces animales. L'objet d'attachement est la figure maternelle.

Toute séparation brutale entraîne une série d'attitudes qui s'ordonnent selon la séquence suivante : protestation – désespoir – détachement.

- **La névrose traumatique** : une autre grande pathologie à la frontière des troubles anxieux et phobiques fait son apparition vers la fin du XIXe siècle, avec le développement des premiers voyages ferroviaires et de leurs accidents : la névrose traumatique. L'expression est introduite en 1888 par l'Allemand Herman Oppenheim à partir des pathologies constatées à la suite d'accidents individuels ou collectifs. Emil Kraepelin (1856-1926), le psychiatre allemand à qui l'on doit notamment la nosographie contemporaine des psychoses, parle à peu près à la même époque de « névroses d'effroi ». Très étudiées en Europe depuis la Première Guerre mondiale, les névroses traumatiques ont été également étudiées aux États-Unis après la guerre du Vietnam et les troubles constatés chez les vétérans (*post-Vietnam syndromes*). Elles englobent actuellement toutes les réactions psychopathologiques à des situations traumatiques : victimes de guerre ou d'accidents, rescapés de camps et réfugiés, victimes de tortures, viols, attentats. Elles comportent une première réaction d'angoisse (de « stress »[1]) avec les symptômes neurovégétatifs habituels et des réactions d'effroi, d'horreur, de panique, associés au syndrome comportemental correspondant (sidération, agitation ou fuite panique). La deuxième phase, de quelques jours à plusieurs mois, marque un retour à la normale, mais avec des éléments de tension anxieuse, d'hypervigilance et d'hyperémotivité qui en font une « phase de latence » (phase de rumination ou d'incubation des auteurs du XIXe siècle) préparant l'installation de la névrose traumatique. Enfin, la troisième phase, celle de la névrose proprement dite, comporte une reviviscence involontaire, répétitive et angoissante de l'évènement traumatique, avec cauchemars, réactions de panique, et parfois hallucinations, ainsi qu'une altération de la personnalité : conduites de repli sur soi et d'évitement, émoussement de la réactivité, ou encore excitabilité, troubles du sommeil.

4 L'angoisse : une émotion contagieuse.

L'angoisse est quelque chose qui se communique. C'est cette contagion que Freud étudie en 1921 dans *Psychologie des foules et analyse du moi*. Il s'intéresse tout particulièrement à l'ouvrage du psychologue français Gustave Le Bon (1841-1931), *Psychologie des foules*, qui a mis en évidence une perte de rationalité dans les groupes. Il a popularisé l'image de la foule incontrôlable et prise de panique, en d'autres termes dangereuse. Elle serait « esclave des impulsions reçues ». La panique, selon Le Bon, peut être déclenchée par la simple croyance du danger imminent. La contagion du sentiment, l'absence de responsabilité, la certitude de l'impunité due au

1. Le stress est, en biologie, l'ensemble des réactions d'un organisme soumis à des pressions ou contraintes de l'environnement provoquant des réactions physiologiques, psychosomatiques. Ces réactions dépendent toujours de la perception qu'a l'individu des pressions qu'il ressent. Dans le langage courant, on parle de stress positif (*eustress* en anglais) ou négatif (*distress*, signifiant « détresse »). Le stress est différent de l'anxiété, celle-ci est une émotion alors que le stress est un mécanisme de réponse pouvant amener différentes émotions, dont l'anxiété.

nombre, permet de comprendre « la facilité des foules à se porter au pire excès ». Dans cette situation, le lien social s'effondre, et chacun en vient à se représenter autrui comme un obstacle à sa propre survie. L'homme redevient, selon la célèbre expression du philosophe anglais Hobbes (1588-1679), « un loup pour l'homme ».

Si l'on analyse les mouvements de foules les plus meurtriers depuis 1990, on ne peut que constater la justesse des thèses de Freud et de Le Bon. Ainsi, 13 août 1994, à Brazzaville, au moins 150 personnes, en majorité des enfants, meurent piétinées ou étouffées dans un mouvement de panique à la fin d'une séance d'évangélisation dans une église. Le 16 octobre 1996, au Guatemala, une énorme bousculade provoque la mort de 90 personnes, dans le stade de football de Mateo Flores. Le 3 août 2008, en Inde, 150 fidèles, dont bon nombre d'enfants, meurent écrasés dans un temple hindou de l'État de l'Himachal Pradesh, dans une bousculade déclenchée par des rumeurs de glissement de terrain. Ou encore, le 5 novembre 2021, lors du festival de musique Astroworld organisé par le rappeur Travis Scott à Houston, capitale du Texas, un mouvement de panique a tué huit personnes et blessé des dizaines d'autres.

Des foules parfois très rationnelles

Cependant, les thèses de Le Bon et de Freud peuvent aussi se voir modérées par différentes recherches qui ont montré que les situations de danger ne mènent pas forcément à la panique collective. Les témoignages, ainsi que les images, de l'attentat du 11 septembre 2001 contre les deux tours du World Trade Center décrivent, en général, des comportements raisonnés et aidants. Le besoin de maintenir un lien social dans une situation extrême semble réel : « dans ces situations singulières, ce sont moins des motivations individualistes et sociales qui s'opposent, qu'une reconfiguration profonde des stratégies sociales et non sociales qui s'opère en vue de permettre la survie. » (Guillaume Dezecache, « Les paradoxes de la peur panique », *La Vie des Idées*, mai 2017.)

4 Est-il possible de mesurer la peur ?

Chercher à mesurer la peur est une entreprise difficile. En effet, la peur est une émotion, ce qui implique de grandes disparités de ressentis d'un individu à l'autre. Cette dimension subjective de la peur constitue donc un défi de taille pour le chercheur qui souhaiterait la mesurer, c'est-à-dire connaître la part de la population ressentant une peur pour une menace donnée, ainsi que le degré de peur ressenti par les individus.

1 Mesurer le risque pour mesurer la peur

La peur est une émotion qui accompagne l'identification d'une menace pouvant porter atteinte au bien-être d'un collectif ou d'un individu. En cela, la peur implique l'existence d'une menace. Cette menace peut être anticipée et mesurée. Cela conduit à la notion de risque, qui est « un aléa futur, menaçant, que l'on peut probabiliser et contre lequel on peut envisager de se prémunir »[1].

L'émergence de la notion de risque

La notion de risque se généralise dans les sociétés occidentales à partir du XVIIe siècle, en même temps que se développent les mathématiques probabilistes, notamment autour des travaux de Blaise Pascal. Pour qu'une « menace » devienne un « risque », il faut être capable de mesurer la probabilité de sa survenue. L'acquisition croissante de données et la capacité grandissante à traiter les informations chiffrées ont fait naître un nombre toujours plus important de risques depuis le XIXe siècle. Patrick Peretti-Watel explique ainsi que « tout au long du XXe siècle, de plus en plus d'événements ont été "mis en risque" : les victimations (agressions, vols...) et les accidents de la circulation en agglomération sont devenus des "risques urbains diffus" ; les inondations, les avalanches et les séismes sont définis comme des "risques naturels" ; les maladresses de la ménagère ou du bricoleur font partie des "risques domestiques" ; les intoxications alimentaires relèvent des "risques sanitaires" »[2].

Dès lors, il semblerait pertinent de chercher à mesurer le risque pour mesurer la peur dans la population. En effet, si un danger s'avère être hautement probable, alors il serait possible d'en déduire une inquiétude dans la population. À titre d'exemple, la montée du chômage dans un pays se traduirait, individuellement, par un risque

1. Marc Milet, *Sociologie du risque et de la menace*, Armand Colin, 2022.
2. Patrick Peretti-Watel, *La société du risque*, La Découverte, 2010.

accru de perdre son emploi et s'accompagnerait donc d'une peur accrue face au chômage. De la même manière, la montée des actes délinquants dans une société s'accompagne d'un risque accru d'être agressé ou de subir un vol, entraînant une montée des craintes relatives à la délinquance. Ainsi, en mesurant une évolution de l'insécurité, il serait possible d'en déduire, de façon indirecte, une évolution des peurs.

2 Les limites du raisonnement

Un tel raisonnement soulève cependant un certain nombre de limites qui rendent la mesure inopérante. Il convient en premier lieu de souligner la difficulté de mesurer l'évolution de l'insécurité en s'appuyant sur les données statistiques issues du travail de la police et de la justice, dans la mesure où un certain nombre de facteurs peuvent affecter ces chiffres. Par exemple, l'augmentation des actes délinquants peut être le résultat de plaintes plus fréquentes, de la part d'individus qui, auparavant, n'auraient pas porté plainte. Ainsi, une augmentation sensible des victimes de coups et blessures a été observée entre 2008 et 2018, passant de 198 600 à 240 200, soit une augmentation d'environ 20 % en dix ans. Cependant, cette hausse est largement liée à la montée des plaintes pour des actes commis dans la sphère domestique qui, auparavant, donnaient moins lieu à des plaintes. Il est ainsi extrêmement difficile de réaliser une comparaison des actes délinquants sur une longue période. Des statistiques montrant une hausse de l'insécurité ne sauraient donc être considérées *de facto* comme un indicateur fiable de la montée des peurs relatives à l'insécurité.

Par ailleurs, l'association réalisée entre exposition au risque et peur doit être largement nuancée. En effet, les individus ne sont pas toujours capables de mesurer leur exposition réelle au risque. Ainsi, certains risques peuvent davantage susciter la peur que d'autres alors même qu'ils sont moins menaçants, comme le soulignent les sociologues Laurent Muchielli et Emilie Raquet[1] : « le risque d'agression est, selon les enquêtes, 5 à 15 fois moins important que d'autres risques de la vie quotidienne tels que le risque d'accident de sport ou de loisir ». Or, le risque d'agression suscite aujourd'hui davantage de peur que celui d'avoir un accident de sport ou de loisir. Considérer que la mesure des risques permettrait de mesurer les peurs impliquerait que les individus soient parfaitement capables de mesurer leur propre exposition au risque, ce qui reviendrait à faire de la peur une émotion rationnelle. En réalité, la présence de dangers peu probables peut, paradoxalement, faire naître des peurs chez les citoyens. L'absence de « risque zéro », l'incapacité à maîtriser tous les facteurs de risques, peuvent être source de peur.

1. Laurent Mucchielli, Émilie Raquet, *Les agressions comparées aux accidents de la vie quotidienne. Délinquances, police, justice. Recherches à Marseille et en région Paca*, Presses Universitaires de Provence, 2016.

3 La technique du sondage pour mesurer directement les peurs

On peut finalement considérer que le moyen le plus efficace pour mesurer la peur serait d'interroger directement la population. En cela, la technique du sondage se révélerait être la solution la plus adaptée. Les instituts de sondage cherchent ainsi à questionner un échantillon - constitué d'environ 1 000 personnes le plus souvent - représentatif de la population sur des critères d'âge, de sexe, de profession ou encore de lieu de résidence. C'est sur la base de tels sondages que les médias peuvent construire leur analyse des « peurs des Français ». À titre d'exemple, le journal *Le Parisien* publiait le 31 mai 2020 l'article « Sondage : les Français ont plus peur du chômage que du coronavirus ». Il s'agissait bien de mesurer la peur en cherchant non pas à mesurer l'exposition au risque des individus, en suivant par exemple les chiffres du chômage ou du taux d'incidence de l'épidémie, mais à directement interroger les Français sur leur rapport à ces menaces. Réalisé par l'IFOP auprès d'un échantillon de 1 008 personnes, ce sondage révélait que, à la fin du mois de mai 2020, 58 % des sondés craignaient pour eux et leurs proches les conséquences économiques de la crise et 42 % craignaient l'infection par le coronavirus. Comparant avec un sondage réalisé un an plus tôt, l'article présentait ainsi une inversion dans l'échelle des craintes puisqu'en mai 2019, 53 % des sondés craignaient l'infection par le coronavirus et 47 % les conséquences de la crise.

Le sondage semble donc être l'outil le mieux adapté pour mesurer la peur dans une société. Il souffre cependant de critiques sur sa construction et les interprétations qui en sont faites. Dans une intervention en 1972, le sociologue Pierre Bourdieu affirme que « l'opinion publique n'existe pas ». Son développement cherche à critiquer un certain nombre de postulats sur lesquels s'accordent les sondeurs et les commentateurs de l'opinion publique.

« L'opinion publique n'existe pas »

Derrière cette formule, Pierre Bourdieu cherche à critiquer trois postulats sur lesquels reposent la construction et l'analyse des sondages :

- « Tout le monde dispose d'une opinion » : les sondages ont tendance à solliciter des opinions chez les sondés, mais, sans la présence de ce sondage, les personnes interrogées n'auraient pas spontanément exprimé une opinion.
- « Toutes les opinions se valent » : dans la mesure où la compétence politique est inégalement répartie dans la population, la force de conviction exprimée varie d'un sondé à l'autre.
- « Toutes les questions méritent d'être posées » : en décidant d'interroger les Français sur un thème plutôt qu'un autre, les sondages orientent les discussions sur ces thématiques.

Les trois critiques que Pierre Bourdieu adresse aux sondages d'opinion peuvent s'appliquer aux sondages portant sur les peurs. Ainsi, il est possible de retranscrire la première critique pour l'analyse des peurs des Français. Le sondage évoqué précédemment cherchait à savoir si les Français avaient davantage peur de la pandémie ou du chômage sans laisser la possibilité de voir des Français ne craindre *ni l'une ni l'autre*. Il serait possible, en outre, de paraphraser la deuxième critique réalisée par Pierre Bourdieu : « toutes les peurs possèdent la même intensité ». En effet, les sondages peuvent avoir pour effet de mettre sur un même plan des « légères craintes » pour soi-même et ses proches et des « craintes importantes ». Enfin, le choix de sonder sur certaines peurs à un moment précis participe à imposer l'idée que certaines menaces doivent susciter davantage de peur. Ainsi, dans l'exemple précédent, le sondage compare la peur de la pandémie à celle du chômage, et laisse dès lors de côté d'autres peurs qui auraient pu être tout aussi déterminantes.

Au-delà de ces critiques de fond, il existe également des limites relatives à la méthodologie utilisée par les instituts de sondage. En effet, ces derniers utilisent généralement la méthode des quotas (où l'on cherche à respecter dans l'échantillon la représentativité des sondés en matière d'âge, de sexe, de lieu de résidence et de profession) avec des questionnaires auto-administrés par Internet. Si cette technique permet effectivement de produire des résultats, la méthode aléatoire, utilisée notamment par l'INSEE, se révèle être plus fiable. En effet, la théorie probabiliste montre qu'en « s'appuyant sur un échantillon de quelques milliers de ménages, on peut prétendre inférer une connaissance en population générale de quelques dizaines de millions »[1], à condition que cet échantillon soit constitué de façon aléatoire.

L'enquête « Cadre de vie et sécurité » menée chaque année par l'INSEE permet notamment de mesurer l'évolution de la peur des Français en matière d'insécurité dans le quartier. La peur dans son quartier n'a que très peu évolué entre 1996 et 2019, passant de 9,9 % à 11,3 % des sondés déclarant avoir peur dans son quartier. Les statistiques montrent cependant des variations importantes selon le lieu de résidence : les habitants d'Ile-de-France ont, par exemple, davantage tendance à avoir peur dans leur quartier : en 2019, 16,9 % de ces habitants déclaraient avoir peur dans son quartier. Enfin, ces enquêtes menées par l'INSEE permettent également de saisir les préoccupations des Français, c'est-à-dire les sujets de société les plus préoccupants. Sur la période 2007-2019, les plus fortes variations ont concerné le terrorisme et le chômage. Dans les deux cas, ces variations semblent liées aux évènements : la crise économique de 2008 et les attentats sur le territoire français ont entraîné une montée des préoccupations chez les Français. Ces chiffres montrent finalement que les peurs restent bien liées à des faits objectifs. Si la correspondance entre risque et peur n'est pas toujours exacte, il existe bien un lien entre des risques objectifs et les craintes exprimées par les Français.

1. « Courrier des statistiques », *INSEE*, Juin 2020.

5 Peur et individu : le rôle des institutions

La peur n'est pas seulement une expérience, une émotion vécue individuellement. Elle est aussi un phénomène collectif. D'une part, les peurs sont largement socialement déterminées. D'autre part, elles s'inscrivent dans un tissu social d'interactions, de cadres sociaux et d'institutions qui les cadrent, leur donne plus ou moins de légitimité ou encore qui permettent d'en limiter l'impact.

En sociologie, une institution désigne une structure sociale ou un système de relations sociales dotés d'une certaine stabilité dans le temps. La famille, le travail, l'entreprise sont des institutions sociales. Le terme ne se limite donc pas aux organisations publiques et aux institutions démocratiques.

En économie, le terme institution est aujourd'hui mobilisé pour décrire l'ensemble des règles qui encadrent les échanges, les activités, les transactions, qu'elles soient formelles ou informelles. Le terme institution ne se limite donc pas à l'État ou aux administrations publiques mais désigne tout ce qu'une société pose comme cadre aux activités humaines. La question du lien entre peur et institution est donc large.

1 Un cadre institutionnel à la peur

Si on se place dans le cadre de la sociologie, notamment celle de ses pères fondateurs que sont Emile Durkheim et Max Weber, poser le cadre institutionnel à la peur, vue comme un phénomène social, consiste à s'intéresser à la manière dont celles-ci régulent les peurs individuelles. Ces sociologues s'intéressent aux modalités, souvent invisibles, de fonctionnement interne aux sociétés, aux relations avec l'environnement des institutions ainsi qu'à la manière dont elles se maintiennent dans le temps et agissent sur les comportements individuels. Pour E. Durkheim, les faits sociaux institutionnalisés sont des manières collectives d'agir et de penser qui ont leur existence propre en dehors des individus. C'est donc la banalisation collective de ce qui fait peur qui va jouer ici : la société régule les peurs individuelles. Un individu ne se perçoit pas comme seul à avoir peur de la maladie, de perdre son emploi, de ne pas réussir sa vie professionnelle et affective, etc. Ces peurs sont donc dicibles dans la société, elles sont un objet des échanges, des mythes, des fictions, des débats... Elles sont supportables parce que régulées par ce cadre social.

Dans les sociétés dites « traditionnelles » qui, en Occident, ont précédé la Renaissance et donc la « modernité », l'individu n'avait pas vraiment de place, de statut, d'existence propre. Il était inséré dans des groupes organisés par des institutions telles que la famille et la religion. Cet encadrement par des institutions fortes, chargées d'autorité, de hiérarchie, de traditions, sécurisait chacun en lui affectant une place dans la société, rarement choisie d'ailleurs, et souvent issue de la tradition ou de la simple reproduction de ce qui était. Dans la société moderne, la régulation sociale est plus complexe. À partir de la Renaissance (« première modernité ») et, surtout, de la « seconde modernité » de la fin du XXe siècle, s'ouvre « l'ère de l'individu ». Ce mouvement d'« individuation » s'accompagne d'un déclin des institutions traditionnelles d'encadrement qu'étaient la famille, le travail, l'État, les normes sociales contraignantes. La marge d'action des individus devient plus large mais aussi plus floue. Les normes sociales s'affaiblissant, l'individu aspire aujourd'hui à être libre, affranchi des contraintes, des tutelles familiales ou communautaires, à être acteur et auteur de sa vie. Si cette liberté nouvelle est émancipatrice, elle est aussi source d'incertitude et de peurs. La quête d'identité devient une source d'angoisse.

2 Sacre de l'individu et peur de l'autre

Le philosophe Marcel Gauchet explique dans son *Essai de psychologie contemporaine*, publié en 1998, que l'individu contemporain est caractérisé par des peurs liées à l'effacement de l'appartenance comme modalité de structuration de la personnalité individuelle. L'individu moderne est alors « déconnecté symboliquement et cognitivement » des autres. Cela se traduit par des peurs, véritables pathologies sociales. Marcel Gauchet évoque ainsi un grand sentiment de solitude, une « angoisse d'avoir perdu les autres », qui caractérise la personnalité contemporaine. Il identifie également une seconde forme de peur moderne : la « peur des autres ».

Le rejet des odeurs, symbole de cette « peur des autres »

L'individu percevrait l'autre comme intrinsèquement menaçant. Si l'individu a besoin des autres, explique M. Gauchet, il évite, en dehors de l'intimité, le contact trop serré, les odeurs, il vit « dans l'éloignement d'avec les autres ». Marcel Gauchet explique ainsi que « le souci de neutraliser l'olfaction est très révélateur de ce qu'on ressent de menace potentielle dès la simple proximité physique avec les autres ».

Au-delà de cette peur du contact avec les autres, le philosophe montre qu'être soi devient aussi un enjeu de peur dans la société contemporaine. Selon lui, le déclin de la religion rend cet objectif plus difficile : la société moderne, est « une société psychiquement épuisante pour les individus, où rien ne les secourt ni ne les appuie plus (...) ». « Nous sommes voués à vivre désormais à nu et dans l'angoisse ce qui nous fut plus ou moins épargné depuis le début de l'aventure humaine par la grâce des dieux. » Dans *L'Avènement de la démocratie* (2011), il explique qu'une société qui valorise l'expression de soi, la quête de l'identité personnelle, le culte des émotions, la recherche de la reconnaissance met l'individu face à des peurs intimes profondes.

3 Culte de la performance et peur de l'échec

À cette injonction à être soi, s'ajoute celle de réussir sa vie. Dans *Le culte de la performance* (1991), le sociologue Alain Ehrenberg illustre cette pression sur l'individu via trois figures actuelles d'excellence : l'hyper-valorisation du sportif de haut niveau, l'importance accordée à la consommation comme signe d'identité et de réalisation personnelle et le mythe du chef d'entreprise, sorte de héros moderne.

Ce culte de la performance est articulé à des valeurs telles que l'autonomie, l'initiative, l'action, la prise de décision et il relie l'épanouissement personnel à la responsabilité individuelle. L'individu qui n'entre pas dans ce cadre est donc condamné à être angoissé, insatisfait, à se percevoir comme ayant raté sa vie. La phobie scolaire, le « *burn out* », l'anxiété, la déprime et la dépression nerveuse sont donc nécessairement les maux de l'individu moderne et disent à la fois la pression que l'individu exerce sur lui-même et la peur de l'échec personnel.

La responsabilité que l'individu se donne à l'égard de lui-même est tellement lourde qu'elle génère une peur profonde que, dans bien des cas, seule la médicalisation permet de réguler. A. Erhenberg résume cette complexité de l'individu moderne à travers le titre évocateur de l'un de ses ouvrages *: La fatigue d'être soi : dépression et société* (1998). Finalement, dans une société d'individus, la peur de ne pas être à la hauteur est la contrepartie de l'autonomie.

4 Peur et insécurité sociale

Si les institutions sont des régulateurs des rapports sociaux, elles le sont aussi, et par voie de conséquence, pour les rapports économiques tant sur le marché du travail que lors d'échanges de biens et de services. La peur se traduit par la méfiance, la défiance, la volonté de contrôle, la recherche de la sécurité. Ainsi, pour ce qui renvoie au travail, le sociologue Robert Castel, explique dans *La montée des incertitudes,* ouvrage publié en 2011, que face à la perte du travail, l'individu se « désagrège » et perd sa capacité à se conduire avec un minimum d'indépendance et d'exercer ses responsabilités dans la société. Son statut disparaissant du jour au lendemain, l'individu perd sa confiance et se fragilise : la peur le gagne. L'exemple du chômeur de longue durée montre qu'en perdant son ancrage dans le travail l'individu ne perd pas seulement son revenu mais aussi son identité sociale. L'incapacité à répondre à la forte injonction sociale d'être un individu intégré conduit à ce que Robert Castel nomme un « individu par défaut », condamné à l'incertitude des lendemains, et la peur de l'avenir. Ces « parts d'ombres de la modernité », comme les appelle R. Castel témoignent de la manière dont les institutions sociales, qui vont des normes de réussite et d'épanouissement personnel au système d'allocations et de prise en charge, produisent des peurs diffuses de ne pas coller au modèle, de ne pas être un individu à part entière et d'être stigmatisé.

Face à ce type de perte de statut social, un individu a besoin de cadres institutionnels, de protections, de repères, ce que Robert Castel appelle des « supports ». Un de ces pôles est, dans la société contemporaine, la propriété. La propriété permet en effet de s'affranchir des besoins immédiats et donne un minimum d'indépendance et de sécurité. On peut ainsi comprendre le désir d'épargne et l'importance accordée à la constitution d'un patrimoine matériel par ce besoin de sécurité. Les économistes appellent d'ailleurs cette motivation l'épargne de précaution. Mais cette manne sécurisante n'est évidemment pas accessible à tous. Et, selon Robert Castel, c'est là l'apport crucial de l'État-providence : les individus les moins rémunérés qui ne peuvent se constituer un patrimoine immobilier rassurant, détiennent tout de même une « propriété sociale » sous forme de droits. Ainsi, le fait d'être « propriétaire » de droits sociaux permettant l'accès à des ressources et à des protections constitue un rempart face à la peur de perte de revenu et donc d'autonomie. Dans son ouvrage *L'insécurité sociale : qu'est-ce qu'être protégé ?* publié en 2003, le sociologue explique que détenir des droits sociaux donne un sentiment de sécurité qui éloigne, plus ou moins temporairement, la peur. Pour pallier l'insécurité sociale et les peurs qu'elle génère, l'existence d'institutions est donc indispensable.

6 Peur et État-providence : une relation profonde

La peur est un phénomène éminemment social et ce, pour deux raisons au moins. D'une part, nos peurs sont des « faits sociaux », au sens que le père de la sociologie française, Emile Durkheim, donne à ce terme, c'est-à-dire des comportements individuels largement dictés par la société. Toute société définit un répertoire de peurs qui lui est plus ou moins propre (même si certaines peurs peuvent sembler universelles). Par ailleurs, la peur est un fait social dans le sens où la société et le pouvoir politique interagissent sur ces peurs en mettant en place des garde-fous.

Des peurs individuelles on passe aisément aux peurs collectives et à une définition du risque qui est partagée. Historiquement, les peurs ont évolué et la société industrielle et urbaine, à travers ses traits saillants que sont l'économie de marché et la société de consommation, ont fait naître des peurs collectives qui ont été peu à peu construites comme des risques sociaux appelant des réponses sociales. Ces risques sociaux peuvent être définis comme l'ensemble des situations susceptibles de compromettre la sécurité économique de l'individu ou de sa famille en provoquant une baisse de ses ressources ou une hausse de ses dépenses. Les risques sociaux principaux qui ont émergé concernent la vieillesse (la retraite), la maladie, le chômage et la maternité. Dans chacun de ces domaines, la réponse collective à la peur et au risque renvoie à la sphère du bien-être, du niveau de vie mais aussi de l'équité face à l'impact de ces différents risques de perte de revenu.

1 La construction de la socialisation des risques sociaux

Historiquement, ces risques ont été « collectivisés » c'est-à-dire pris en charge par la collectivité. Cette protection collective, dite protection sociale, est constituée par l'ensemble des mécanismes de prévoyance collective, permettant aux individus de faire face aux conséquences financières des risques sociaux. C'est au cours du XXe siècle, avec l'avènement progressif de l'État-providence, qu'a été mise en place cette organisation collective de partage des risques sociaux. Face à la question sociale née de l'industrialisation, l'État est intervenu dans le domaine social et a commencé à garantir un niveau minimum de bien-être à l'ensemble de la population, en particulier à travers un système étendu de protection sociale. L'État-providence n'est pas né en un jour.

Son émergence a été progressive et difficile, notamment en France. Longtemps c'est la charité organisée dans le cadre religieux qui a joué ce rôle protecteur. Au début du XXe siècle, la bienfaisance publique a en grande partie remplacé la charité de l'Église, mais elle reste d'abord très limitée : les infirmes, les vieillards et les enfants en bénéficient mais les travailleurs ne sont pas protégés par un système de prévoyance collective si ce n'est quelques organisations privées telles que des mutuelles de salariés et des institutions patronales (qui relèvent du paternalisme chrétien en particulier). L'organisation d'une assistance plus générale en France est en retard par rapport à ses voisins européens, notamment l'Allemagne.

Le miroir de l'Allemagne

Dès la fin du XIXe siècle, le chancelier Bismarck met en place un système d'assurances sociales attribuant ainsi un rôle nouveau à l'État, celui d'assurer le bien-être des membres de la société et de faire disparaître la peur de la perte de revenus et de la pauvreté. Le système bismarckien consiste en une assurance maladie créée dès 1883, une assurance contre les accidents du travail mise en place en 1884, une assurance vieillesse en 1889. D'abord mis en place pour les ouvriers dont les revenus étaient faibles, le système a été peu à peu étendu à d'autres catégories professionnelles mais les aides restaient soumises à des conditions de ressources.

Cette conception de l'État-providence se diffuse en France à la toute fin du XIXe siècle avec le vote d'une loi organisant la prise en charge des accidents du travail en 1898 puis, quelques années plus tard, une loi sur les assurances sociales organise une couverture des risques vieillesse, maladie, maternité, décès et invalidité en 1930. Mais le système reste limité aussi bien en ce qui concerne les risques couverts que les populations concernées.

Ce n'est qu'après la Seconde Guerre mondiale que la protection se développe véritablement pour devenir un pilier du rapport au risque et aux peurs liées à la perte d'emploi, l'accident du travail, la maladie, etc. Une nouvelle vision de l'État-providence apparaît avec le rapport de Lord William Beveridge de 1942.

Alors que l'organisation bismarckienne d'un système d'assurances sociales était réservée aux seuls travailleurs et l'assistance limitée aux plus démunis, Beveridge pose le principe d'une protection universelle de tous les citoyens financée par l'impôt. La notion de « Welfare State » repose sur plusieurs fondements. D'abord, l'idée d'une une généralisation de la protection est posée. Chaque individu appartenant à la société a le droit, au même titre, à la solidarité nationale. Les prestations sociales doivent donc être uniformes face à un même risque social. Beveridge propose donc un système global, centralisé, d'aides financées par des ressources mises en commun (l'impôt).

En France, le système français de Sécurité sociale mis en place en 1945 est fondé à la fois sur les principes bismarckien et beveridgien. Un système assurantiel, reposant sur les cotisations des travailleurs (inspiration bismarckienne) finance un système généralisé, centralisé et global de sécurité sociale (logique beveridgienne). En ce sens, c'est un système hybride.

2 Les différentes logiques de couverture des risques

Trois logiques orientent l'organisation de la protection sociale dans les pays qui l'ont mise en place.

- Il peut d'abord s'agir d'un système d'assurance sociale visant à prémunir les assurés dans le cadre de risques tels que le chômage, la maladie, la vieillesse ou encore l'accident du travail. Les prestations sociales sont alors financées par des cotisations et sont donc réservées à ceux qui cotisent. Comme dans un système d'assurance privée, c'est donc un moyen d'écarter la peur de perte de revenu.
- La deuxième logique repose sur la notion d'assistance : il s'agit alors d'instaurer une solidarité entre les individus pour lutter contre les formes de pauvreté. Elle consiste à assurer un revenu minimum en dehors d'un risque spécifique. Celui-ci est versé sous condition de ressources et ne repose pas sur des cotisations préalables. En France, le RSA (revenu de solidarité active) et l'allocation adulte handicapé relèvent de ce principe.
- Enfin, une logique de protection universelle est également possible. Elle a alors pour finalité de couvrir certaines catégories de dépenses pour tous les individus. Il n'y a donc pas d'exigence de cotisations ou de condition de ressources pour verser ces allocations qui sont les mêmes pour tout ménage comme c'est le cas pour les prestations familiales.

Différents types d'État-providence

La plupart des systèmes de protection sociale reposent sur ces différentes logiques de mutualisation de tout ce qui peut créer l'insécurité sociale et la perte de revenu liée à celle-ci. Dans son ouvrage *Les trois mondes de l'État-providence,* publié en 1990, le sociologue danois Gosta Esping-Andersen a élaboré une typologie des États-providence existants. Il identifie trois modèles :

- Un régime conservateur-corporatiste qu'illustre bien l'Allemagne. C'est la logique bismarckienne qui fonde ce système.
- Un régime résiduel dans lequel seules les populations les plus défavorisées sont visées par la protection sociale et ce dans le but de leur permettre un retour rapide à l'emploi.
- Un régime universaliste qui correspond globalement aux caractéristiques mises en avant par Beveridge. L'ensemble des citoyens bénéficient alors d'une protection de haut niveau qui est financée par l'impôt. Ce modèle est caractérisé par les pays scandinaves en particulier.

3 Un système de protection sociale en crise ?

La couverture des risques sociaux a donc éloigné de nombreuses peurs d'antan. Le système de protection sociale français représente aujourd'hui environ 600 milliards d'euros par an, ce qui équivaut à plus d'un tiers du PIB. Avec la généralisation des systèmes de Sécurité sociale, l'État est donc devenu un État protecteur.

Mais le ralentissement de la croissance dans les années 1970 et les bouleversements économiques de ces dernières décennies suscitent des remises en question de cette intervention comme l'explique Pierre Rosanvallon notamment dans *La crise de l'État-providence* (1981). Le financement de la protection sociale est rendu de plus en plus difficile : les besoins sociaux sont de plus en plus importants alors même que les ressources sont rendues plus aléatoires en raison du ralentissement de la croissance et de la montée du chômage.

Par ailleurs, Pierre Rosanvallon met aussi à jour une crise d'efficacité du système de protection sociale : les dispositifs mis en œuvre semblent de moins en moins adaptés à une demande de protection toujours plus forte et à des besoins sociaux qui se sont transformés. Les débats autour de la couverture de la grande dépendance des personnes âgées illustrent ces enjeux.

C'est donc la légitimité du système de protection sociale qui est remise en cause. En effet, les mécanismes de la solidarité collective face aux risques sociaux sont moins bien acceptés et on assiste à une montée des logiques de privatisation du risque par l'assurance privée liée à la progression de l'individualisme.

Finalement, les peurs, socialement partagées, face aux risques de la vie et la crainte de leur impact sur la capacité des individus à vivre dans la société moderne de consommation génèrent une demande d'État, une demande de solidarité et de socialisation du risque. Nos sociétés modernes sont donc assez paradoxales puisqu'elles sont à la fois en demande d'un État toujours plus protecteur alors que le primat de l'individu sur le collectif n'a jamais été aussi fort. La question de la peur, des peurs, permet de mettre le doigt sur cette ambiguïté.

7 L'instrumentalisation des peurs par les mouvements populistes

Le populisme est devenu un terme usuel dans le vocabulaire politique. Prenant des formes diverses, car attaché à des idéologies très différentes, il peut cependant être défini comme un mouvement politique possédant les caractéristiques suivantes : l'appel au « bon sens » du peuple face aux élites, la valorisation du souverainisme, du nationalisme, une forme de culte du chef, mais aussi une certaine fibre sociale.

Les différents visages du populisme

Le populisme peut d'abord permettre de désigner des partis politiques. Plusieurs partis, classés à droite de l'échiquier politique, sont ainsi désignés comme tels : le FPÖ en Autriche (Parti de la Liberté), le PVV (Parti pour la Liberté) mené par Geert Wilders aux Pays-Bas, le Rassemblement national en France, ou encore le nouveau parti créé par Éric Zemmour, qualifié de « dernier avatar de la droite radicale populiste » par le chercheur Gilles Ivaldi[1]. Mais le populisme est également une étiquette qui a pu être posée sur des partis classés à gauche, comme Podemos en Espagne ou encore la France Insoumise en France. Il existe également des « dirigeants populistes » comme le fut Donald Trump aux États-Unis, ou comme le sont encore Jair Bolsnaro au Brésil ou encore Viktor Orban en Hongrie. Le terme populisme peut être utilisé pour décrire des discours de candidats qui ne sont pas, par ailleurs, qualifiés de populistes (on parlera alors « d'argument populiste »). Enfin, il a pu permettre de désigner certaines politiques mises en œuvre, là encore, par des partis politiques traditionnels.

En quoi le populisme peut-il être analysé sous l'angle de la peur ? Le lien entre « peur » et « populisme » est double. D'une part, l'instrumentalisation des peurs semble être au cœur de la stratégie populiste. D'autre part, le populisme est souvent présenté par les analystes comme le « symptôme » d'une crise ou encore comme une « menace ». Le populisme n'est, dans ce cas, pas analysé en tant que mouvement instrumentalisant la peur mais en tant que style politique devant susciter la peur. Enfin, il conviendra de revenir sur le concept de populisme, ses ambiguïtés et les implications qu'il peut avoir sur la perception du peuple dans certaines analyses.

1. Gilles Ivaldi, « Éric Zemmour ou le dernier avatar de la droite radicale populiste pan-européenne », Note de recherche « Le Baromètre de la confiance politique », vague 13, Sciences Po CEVIPOF, décembre 2021.

1 L'instrumentalisation de la peur : une rhétorique propre au populisme ?

L'analyse des campagnes des différents candidats ou candidates populistes révèle la récurrence de l'usage de la peur. Leurs discours mettent en avant la présence d'une menace et cherchent dès lors à susciter ou entretenir la peur chez leurs électeurs. La politiste Marion Ballet note par exemple dans son ouvrage *Peur, espoir, compassion, indignation : L'appel aux émotions dans les campagnes présidentielles* (2012) que le discours du Front national s'oriente essentiellement vers l'immigration, l'Europe et les partis gouvernementaux et s'inscrit dans une « rhétorique catastrophiste du déclin ». En cela, le Front national, devenu Rassemblement national, dresse « l'étranger » comme étant une menace pour la Nation et alimente la peur de l'immigration. La campagne présidentielle 2022 a également donné lieu à la mise en avant d'une nouvelle peur, celle du « grand remplacement », portée par le candidat Éric Zemmour. Cette théorie, promue par Renaud Camus, figure de l'extrême-droite, agite la peur du remplacement d'un « peuple français » par une « population immigrée ». L'historien Nicolas Lebourg souligne qu'il s'agit là d'un « nationalisme ethnique » dirigé contre les « non-Blancs »[1]. Reposant ainsi sur des préjugés racistes, cette théorie relève d'une « peur qui échappe à toute argumentation rationnelle » selon le sociologue et démographe François Héran. L'instrumentalisation de la peur par les candidats populistes se retrouve ailleurs dans le monde. Les campagnes électorales menées par Donald Trump ont ainsi donné lieu à de nombreux discours s'appuyant sur les peurs contemporaines. Si la première campagne du candidat Républicain s'articulait autour de la peur de l'immigration, la seconde campagne insistait davantage sur la peur du communisme, en cherchant à dépeindre le candidat démocrate Joe Biden comme un « cheval de Troie » de la gauche radicale qui conduirait le pays au « désastre économique et sécuritaire ».

Ces quelques exemples illustrent la forte présence de la peur dans le discours populiste. Cela en fait-il pour autant un élément constitutif et exclusif du populisme ? Les travaux de Marion Ballet portant sur les professions de foi, les déclarations officielles de candidatures ainsi que les émissions télévisées des candidats aux élections présidentielles entre 1981 et 2007, montrent que la peur se révèle être présente dans les rhétoriques de l'ensemble des candidats. Bien que moins utilisée par les partis traditionnels de gouvernement, cette émotion ne peut être considérée comme étant une stratégie rhétorique réservée aux partis populistes.

Pour autant, il convient sans doute de distinguer les différentes menaces brandies par les partis politiques. Si l'instrumentalisation des peurs n'est pas une spécificité des partis populistes, l'instrumentalisation de peurs *irrationnelles*, c'est-à-dire fondées sur des menaces absentes ou largement exagérées, semble bien être l'apanage

1. « La théorie complotiste du grand remplacement chemine avec Éric Zemmour », *Le Monde*, 3 novembre 2021.

des partis populistes. Comme le souligne le linguiste Patrick Charaudeau[1], le discours populiste cherche à créer un bouc émissaire à travers la constitution d'une menace intérieure ou extérieure. Dès lors, « le thème du complot est présent dans presque tous les discours populistes ».

2 Faut-il avoir peur du populisme ?

Lorsque le journaliste Bob Woodward publie le récit du parcours de Donald Trump durant sa campagne électorale et son exercice du pouvoir, il décide d'utiliser un adjectif : « peur »[2]. En effet, les descriptions réalisées par le journaliste montrent l'imprévisibilité du dirigeant, soulevant la peur notamment au sein de sa propre équipe. Cette imprévisibilité, en particulier dans sa communication, était assumée et entretenue par le président américain mais « les tweets potentiels de Trump fichaient une trouille bleue aux dirigeants du Pentagone » écrit Bob Woordward. Mais les peurs les plus vives durant le mandat de Donald Trump sont apparues dans les derniers jours, lorsque le 6 janvier 2021, des centaines de partisans du candidat perdant envahissaient le Capitole. C'était alors la démocratie qui semblait menacée. Ainsi, une fois au pouvoir, le populisme pourrait devenir une menace pour la démocratie. En cela, il faudrait avoir peur du populisme.

Cette idée a notamment été développée par Jan-Werner Müller, Professeur de théorie politique et d'histoire des idées, auteur de *La Peur ou la liberté. Quelle politique face au populisme ?* (2020). Ce dernier considère que le populisme correspond à une certaine pratique du pouvoir, antidémocratique, et qui doit dès lors être combattue. Prenant l'exemple de la Hongrie, J.-W. Müller montre comment la stratégie de V. Orban vise à faire du « libéralisme » une affaire de « culture », sous-entendant que le libéralisme ne fait pas partie de la culture hongroise. Une telle stratégie populiste vise à faire du libéralisme une pensée occidentale et ne bénéficiant qu'aux seules classes dominantes. Or, pour J.-W. Müller, il est nécessaire de changer la perception du libéralisme pour montrer qu'il permet de protéger chaque individu, y compris les catégories les plus fragiles. En effet, la politique menée par Viktor Orban soulève la peur chez les opposants au pouvoir ou encore chez certaines minorités. A titre d'exemple, le choix de voter une loi en juin 2021 interdisant de représenter l'homosexualité et le changement de genre devant des mineurs a fait naître la peur pour les homosexuels de voir ces mesures se durcir encore davantage et d'être toujours plus stigmatisés. L'accès du populisme au pouvoir signifie donc l'accès de la peur au pouvoir car de nombreux individus peuvent être menacés par ce dernier. J.-W. Müller mobilise ainsi les travaux de Judith Shklar pour montrer que le libéralisme se justifie par « la peur de la peur ». En d'autres termes, il convient de toujours penser aux victimes potentielles du pouvoir populiste pour défendre le libéralisme face aux menaces pour l'État de droit.

1. Patrick Charaudeau, « Réflexions pour l'analyse du discours populiste », *Mots. Les langages du politique*, 2011.
2. Bob Woordward, *Peur. Trump à la Maison Blanche*, Le Seuil, 2018.

3 Une peur du peuple ? Enjeux de cadrage et de définition autour de la catégorie « populisme »

Il convient, pour terminer, de revenir sur les limites du concept de populisme. En effet, sa définition n'est pas totalement figée et les auteurs tendent à faire entrer dans cette catégorie toute une série de phénomènes et de mouvements extrêmement différents et finalement peu comparables. Pour le sociologue Federico Tarragoni, auteur de l'ouvrage *L'esprit démocratique du populisme. Une nouvelle analyse sociologique* (2019), cela s'explique par un travail autour du concept de « populisme » qui se révèle être souvent trop rapide, conduisant à un usage abusif du terme. Ainsi, ce que l'on nomme souvent « discours populiste » relève en réalité de la simple démagogie, soit une certaine tendance à réaliser des promesses qui ne peuvent être tenues. Par ailleurs, ce qui semble faire l'unité du populisme, à savoir « l'appel au peuple » cache des situations extrêmement diverses en raison de l'ambiguïté associée au terme « peuple ».

Qu'est-ce que le « peuple » ?

Si différents mouvements peuvent faire appel « au peuple » il ne s'agit, en réalité, pas du même peuple. Federico Tarragoni distingue ainsi le peuple au sens de dèmos, c'est-à-dire la communauté civique, le peuple au sens d'ethnos (un collectif d'individus qui partagent une langue et une culture qui s'opposent à celles des étrangers) ou encore le peuple renvoyant davantage aux « classes populaires ». Ainsi, lorsqu'un parti d'extrême-droite réalise un appel « au peuple » il s'agit du peuple au sens d'ethnos, tandis que les partis de gauche feront davantage appel au peuple au sens de demos ou en faisant référence aux classes populaires.

Pour F. Tarragoni, le label « populisme » révèle finalement la représentation du peuple qui peut exister chez certains analystes, à savoir celle d'un peuple aimant *naturellement* l'autorité. En somme, le raisonnement proposé par de nombreuses analyses est le suivant : l'extrême-droite est populiste car l'autorité attire « le peuple », et particulièrement les classes populaires. Ces associations participent dès lors à faire des classes populaires une menace.

Le sociologue souligne également comment toute mesure visant à critiquer le gouvernement représentatif, à mettre en œuvre des procédures de consultations, tend à être taxée de « populiste ». Pour ces analyses, « inciter les gouvernés à participer à la décision publique est, tout au plus, une proposition séductrice, visant à capitaliser des consensus électoraux. Mais elle est très dangereuse ». Le référendum est ainsi souvent considéré comme étant un outil « populiste » ou, du moins, comme pouvant être influencé par les populistes (c'est notamment le cas de la décision des Britanniques de sortir de l'Union européenne). En insistant sur la nature pathologique du « populisme », les commentateurs entretiennent une certaine image d'un peuple, émotif et irrationnel, et témoignent finalement d'une certaine peur du peuple.

8 Le pouvoir de la peur ou la peur du pouvoir ?

La peur, considérée dans le domaine politique, désigne à la fois la crainte ressentie par un peuple d'une atteinte à son bien-être collectif et l'intimidation qu'exercent des groupes ou des gouvernements sur les individus. Cette ambivalence nous amène à nous interroger sur la nature de la peur : celle-ci est-elle un phénomène purement négatif dont il conviendrait de se libérer ou bien est-elle un phénomène positif en tant qu'elle incite à la vigilance, facilite l'adoption de mesure préventive qui peuvent avoir un sens en termes de conservation, tant de soi que de la communauté à laquelle on appartient ?

Pour résoudre ce problème il sera bon de distinguer la peur de la terreur. En effet, ces deux concepts ont-ils le même usage politique ? Des auteurs comme Thomas Hobbes ou Nicolas Machiavel guideront notre réflexion.

1 Nicolas Machiavel (1469-1527) : « celui qui contrôle la peur des gens devient le maître de leurs âmes »

Il ne serait guère excessif de considérer que la réflexion politique émergeant à la Renaissance, et s'affinant tout au long du Grand Siècle, repose sur un renoncement fondateur, à savoir celui d'améliorer les hommes par la voie politique en vue de les rendre dignes du salut. Un tel changement de perspective suppose une conception anthropologique nouvelle par laquelle les humains sont décrits tels qu'ils sont, ici et maintenant. Loin de concevoir la nature humaine comme naturellement bonne, c'est bien plutôt la prise en considération de sa nature viciée qui va déterminer la pensée politique de Machiavel. Celui-ci peut ainsi écrire dans le *Discours sur la première décade de Tite-Live*, rédigé entre 1513 et 1520 :

> « Comme le montrent tous ceux qui traitent de la vie civile [...], il est nécessaire que celui qui instaure un État et y établit des lois présuppose que tous les hommes sont mauvais, et qu'ils doivent toujours user de leur malignité d'âme chaque fois qu'ils en ont une libre occasion. »

Tout au long de son ouvrage *Le Prince*, Machiavel critique la thèse selon laquelle l'autorité légitime découle de la bonté morale. Il estime qu'on ne peut pas juger du caractère légitime ou illégitime du pouvoir sur une base morale. Répondant en cela à Cicéron, qui soutenait qu'un homme politique ne pouvait voir son influence reconnue qu'en recourant à l'amour et non à la peur, Machiavel répond qu'il est plus efficace « d'être craint que d'être aimé ». De même, concernant la cruauté, il ne récuse pas son usage :

> « On peut appeler cruautés bien utilisées (si du mal il est permis de dire du bien) celles que l'on fait d'un coup, en raison de la nécessaire sécurité, et dans lesquelles on ne persiste pas par la suite, mais qui se convertissent en plus de profit pour les sujets. »

L'intérêt de Machiavel pour la politique réside dans la manière par laquelle le pouvoir se gagne et se garde. Il développe pour cela une approche pragmatique et utilitaire de la politique, qui se doit d'être efficace par sa maîtrise des mécanismes qui la régissent. La politique est conçue en termes de pouvoir, et de contrôle de pouvoir, dont la justification se trouve dans sa réussite. Il se crée à cet égard une sorte de jeu constant par lequel la règle consiste à trouver dans certaines faiblesses humaines une parade au désordre et à la dissolution de l'ordre civil. Le pouvoir est ainsi un mélange de ruse, de violence et de bonté : il faut être « renard pour éviter les pièges, lion pour effrayer les loups ». L'usage de la peur est ainsi de créer de l'obéissance en politique. Machiavel n'affirme pas, de manière générale, que « la fin justifie les moyens », mais que le succès du Prince est soumis au verdict populaire et que les moyens qu'il a employés seront « excusés » s'ils ont été efficaces :

« Un esprit sage ne condamnera jamais quelqu'un pour avoir usé de moyens hors des règles ordinaires pour régler une monarchie ou fonder une République. Si le fait l'accuse, le résultat l'excuse ; si le résultat est bon, il est acquitté. » (Discours sur la première décade de Tite-Live)

2 Thomas Hobbes (1588-1679) : Gouverner par la peur

Comment vivre sans avoir peur ? C'est l'obsession de Hobbes : « la peur a été la seule grande passion de ma vie ». Dans le chapitre 13 du *Léviathan*, le philosophe explique cette origine de la peur.

« L'homme est un loup pour l'homme »

« La nature a fait les hommes si égaux quant aux facultés du corps et de l'esprit, que, bien qu'on puisse parfois trouver un homme manifestement plus fort, corporellement, ou d'un esprit plus prompt qu'un autre, néanmoins, tout bien considéré, la différence d'un homme à un autre n'est pas si considérable qu'un homme puisse de ce chef réclamer pour lui-même un avantage auquel un autre ne puisse prétendre aussi bien que lui. (...) De cette égalité des aptitudes découle une égalité dans l'espoir d'atteindre nos fins. C'est pourquoi, si deux hommes désirent la même chose alors qu'il n'est pas possible qu'ils en jouissent tous les deux, ils deviennent ennemis : et dans leur poursuite de cette fin (qui est, principalement, leur propre conservation, mais parfois seulement leur agrément), chacun s'efforce de détruire ou de dominer l'autre. Et de là vient que, là où l'agresseur n'a rien de plus à craindre que la puissance individuelle d'un autre homme, on peut s'attendre avec vraisemblance, si quelqu'un plante, sème, bâtit, ou occupe un emplacement commode, à ce que d'autres arrivent tout équipés, ayant uni leurs forces, pour le déposséder et lui enlever non seulement le fruit de son travail, mais aussi la vie ou la liberté. Et l'agresseur à son tour court le même risque à l'égard d'un nouvel agresseur. »

En ce sens, l'humain est un animal politique incapable de vivre avec ses semblables. Cependant, pour Hobbes, la crainte est une passion rationnelle qui mène à la raison. En effet, cette lutte de tous contre tous peut se voir surmontée si tous les humains admettent que chacun d'eux a raison de se défendre. La reconnaissance de cet antagonisme est, ainsi, le fondement nécessaire pour que soit trouvé un accord général visant à sa suppression.

Thomas Hobbes affirme donc qu'il y existe un droit naturel fondamental, qui est :

« La liberté pour chaque homme d'utiliser son propre pouvoir comme il l'entend pour la préservation de son être propre. »

Et une loi naturelle qui consiste en ce que :

« Tous les hommes aspirent à réaliser la paix, pour autant qu'ils espèrent y accéder eux-mêmes. »

Le « droit » représente ce que tous les hommes pensent être justifiés ; la « loi » traduit leur acceptation de ce qu'aucune agression gratuite ne saurait être justifiée.

Repartons, par imagination, de l'origine : dans l'état de nature, la vie de l'homme est « solitaire, pauvre, désagréable, brutale et de courte durée », car tout homme fait ce qu'il veut. Mais la sécurité peut être créée artificiellement si les humains acceptent de ne pas user de leur droit naturel, sauf dans des cas de légitime défense, et de déléguer le pouvoir de les défendre à un agent, à un Souverain tout-puissant, qui agira en son nom. Ce souverain est le Léviathan, titre même qu'Hobbes donne à son ouvrage principal de philosophie politique.

Si le pouvoir du Léviathan est tout-puissant, il n'est pas pour autant absolu. En effet, ce dernier ne détient son pouvoir que dans la mesure où il protège les individus dont il est l'instrument. S'il faillit à sa tâche, l'état de nature reprend ses droits. Qui plus est, comme n'importe quel homme ou groupe d'hommes, il possède le droit de se protéger lui-même. Jusqu'où alors peut-il exercer sa violence ?

9 Terreur et terrorisme

D'un point de vue historique, le gouvernement par la peur a pu s'incarner dans plusieurs régimes d'exception. Ainsi que les leçons de l'histoire que sont l'instauration de la Terreur, lors de la Révolution française, et sa reprise, tant factuelle qu'idéologique, lors des révolutions russes permettent de prolonger la réflexion philosophique de la fiche précédente.

1 1793 : la Révolution française et l'instauration de la Terreur

L'année 1793 marque, en France, un nouveau départ, voire une nouvelle ère : cette date correspond, à trois mois près, à l'an I de la République française, proclamée le 22 septembre 1792 au lendemain de la victoire de Valmy. Tout au long de cette année décisive, la révolution joue sa survie face à des ennemis nombreux et puissants. Aux frontières, une dizaine d'armées européennes coalisées promettent de rétablir la monarchie française par les armes ; en Vendée, le soulèvement royaliste provoque une terrible guerre civile ; au Sud et à l'Ouest, enfin, une série d'insurrections fédéralistes vont rapidement faire peser le danger d'une dislocation de la Nation. Année de tous les périls, marquée par la violence politique, l'année 1793 met la Terreur à l'ordre du jour. Celle-ci se caractérise par la mise en place d'un gouvernement révolutionnaire centré sur le **Comité de salut public** et le **Comité de sûreté générale.** La Terreur se caractérise donc par un état d'exception destiné à endiguer militairement, politiquement et économiquement les crises multiples auxquels le pays est alors confronté. Est-ce la première forme d'un « terrorisme d'État » ?

La célèbre plaidoirie de Robespierre semble le suggérer :

> « Il faut étouffer les ennemis intérieurs et extérieurs de la République, ou périr avec elle ; or, dans cette situation, la première maxime de votre politique doit être qu'on conduit le peuple par la raison, et les ennemis du peuple par la terreur. »

Or, « les ennemis du peuple » peuvent aussi bien se situer à l'intérieur qu'à l'extérieur de la Nation. Cette période voit ainsi la création d'institutions judiciaires exceptionnelles, notamment celle d'un **tribunal criminel extraordinaire**. Progressivement, la « mise à l'ordre du jour de la terreur » se fait de plus en plus pressante de la part d'une partie des sections de la Commune de Paris et des mouvements insurrectionnels qui souhaitent l'élimination physique et radicale des contre-révolutionnaires. Le 17 septembre est mise en place la loi des suspects. Hébert, substitut du procureur de la Commune de Paris, s'adressant aux comités révolutionnaires, développe et approfondit le lien entre l'exécution des mesures de salut public, la loi des Suspects, et le principe même de la terreur :

« L'heure de la vengeance est arrivée, point de quartier ; la convention vous a donné la plus grande latitude de pouvoir ; elle a ordonné que tous les gens suspects soient arrêtés : eh bien ! Il fait mettre en état d'arrestation non seulement les aristocrates décidés, mais aussi ceux qui n'ont rien fait pour la liberté. Il faut que la terreur soit à l'ordre du jour. »[1]

« Ce qui constitue une République, c'est la destruction totale de ce qui lui est opposé. »[2]

L'état d'exception atteint son paroxysme à Paris et en province entre l'automne 1793 et l'été 1794. Le comité de sûreté générale, sorte de police judiciaire, fonctionne alors en liaison étroite avec le Tribunal révolutionnaire. Le comité de surveillance ainsi que les comités de surveillance des sections parisiennes ont alors pour rôle d'établir une liste des personnes suspectées de comploter contre la révolution. Au mois de mars 1794 les pouvoirs de l'État sont concentrés entre les mains du seul Comité de salut public. S'instaure alors à Paris une série d'exécutions massives qu'on baptisa la **Grande Terreur**.

À la suite de la victoire des armées républicaines, les députés de la Plaine, les anciens dantonistes et les hébertistes, ainsi qu'une partie des Jacobins s'unissent contre Robespierre et ses alliés, soupçonnés de vouloir instaurer une dictature. Ils finissent par obtenir la chute de Robespierre qui est finalement guillotiné avec ses partisans le 28 juillet 1794. Ce qui marque la fin de la Grande Terreur.

Un très lourd bilan

La Terreur et la Grande Terreur se caractérisent donc par de nombreuses arrestations, des exécutions sommaires, des procès expéditifs et des massacres. On estime qu'environ 500 000 personnes furent emprisonnées et plusieurs dizaines de milliers furent exécutées par guillotine, fusillades ou noyades. Le nom même de « terreur » est né de ces exagérations dans la répression, voire de ces atrocités commises par des représentants de la Convention se réclamant de l'autorité de l'État, tant à Paris qu'en Vendée, à Lyon, dans le Nord et dans le Midi.

Moment paroxystique et dense de la Révolution, l'épisode de la Terreur voit néanmoins un certain nombre d'innovations politiques importantes, avec notamment le décret d'abolition de l'esclavage du 29 août 1793. De plus, le 24 juin 1793, est votée la nouvelle constitution qui va demeurer le cri de ralliement des mouvements républicains et populaires longtemps après la chute de Robespierre. **La Déclaration des droits de l'homme et du citoyen**, qui en constitue le préambule, grave dans le

1. Article « La terreur à l'ordre du jour (juillet 1793-mars 1794) », fascicule 2 (1987) du *Dictionnaire des usages socio-politiques (1770-1815)*, diffusion Champion.
2. Louis Antoine de Saint-Just (1767-1794), Convention, Rapport du 26 février 1794 (premier décret de ventôse).

marbre, pour la première fois de l'histoire humaine, certains droits fondamentaux du peuple. L'article 21 stipule que « Les secours publics sont une dette sacrée. La société doit la subsistance aux citoyens malheureux, soit en leur procurant du travail, soit en assurant les moyens d'exister à ceux qui sont hors d'état de travailler. » L'article 35 consacre l'insurrection populaire comme une prérogative inaliénable : « Quand le gouvernement viole les droits du peuple, l'insurrection est, pour le peuple et pour chaque portion du peuple, le plus sacré des droits et le plus indispensable des devoirs. » **La Constitution de 1793** fait aussi largement droit aux aspirations démocratiques de l'avant-garde populaire. Elle prévoit en particulier que les députés, élus par « les assemblées primaires » de chaque département, retournent chaque année devant leurs électeurs - masculins - afin d'être maintenus, ou non, dans leur fonction. Ces assemblées primaires peuvent également faire des propositions de lois, et même, par un référendum d'initiative populaire, imposer ces propositions. Elles peuvent aussi rejeter des lois votées par l'Assemblée nationale. Ces dispositions étaient censées entrer en vigueur une fois la guerre révolutionnaire gagnée par la République. En attendant ce moment, qui n'allait finalement jamais venir, le « gouvernement révolutionnaire » mis en œuvre un certain nombre de mesures sociales visant à assurer la subsistance du peuple. Le 11 septembre 1793 fut décidé par décret de fixer un maximum du prix des grains, farines et fourrages, et de prononcer des peines contre ceux qui pratiqueraient l'exportation.

Dans ces conditions, on comprend qu'Engels ait pu assumer l'héritage de 1793. À la fin de sa vie, il estima même, dans sa *Critique du programme d'Erfurt* (1891) que la première République française pouvait servir de modèle pour la dictature du prolétariat à venir :

> « Une chose absolument certaine, c'est que notre Parti et la classe ouvrière ne peuvent arriver à la domination que sous la forme de république démocratique. Cette dernière est même la forme spécifique de la dictature du prolétariat, comme l'a déjà montré la grande Révolution française. »

De leur côté, Lénine et les bolcheviks, après la prise du pouvoir d'octobre 1917, compareront inlassablement leur propre politique aux orientations des jacobins.

2 Terreur et terrorisme

a. La logique du terrorisme

L'étymologie du terrorisme le renvoie à la terreur. Il existe un argumentaire terroriste dont on peut trouver l'origine dans l'histoire des idées politiques, et qui peut servir de pierre de touche pour analyser le terrorisme actuel. Il faut donc remonter aux sources du terrorisme[1].

1. Pour cela, on se référera au livre d'Hélène L'Heuillet, *Aux sources du terrorisme, de la petite guerre aux attentats-suicides*, Fayard, 2009.

Où situer les sources du terrorisme ?

Un courant historique tend à faire commencer l'histoire du terrorisme par la révolte des Zélotes, juifs en rébellion contre l'autorité romaine en Palestine et inventeurs des techniques insurrectionnelles, au premier siècle, et par celle des Assassins, en islam, qui soutirent une lutte contre les croisades de la fin du XIe siècle jusqu'au XIIIe siècle et pratiquèrent des attentats-suicides. Ce qu'une telle généalogie méconnaît, c'est que ce qui peut apparaître factuellement comme terrorisme n'est pas, à cette époque, soutenu par un argumentaire terroriste, ou, du moins, par une théorie de la violence. Que ces illustres exemples soient parfois mobilisés dans la rhétorique terroriste actuelle, ne doit pas faire croire qu'elle y était déjà contenue.

Le terme de « terrorisme » apparaît pour la première fois en 1798 dans le supplément du *Dictionnaire de l'Académie française*, dans une acception péjorative, pour désigner la politique du Comité de salut public. Le 5 septembre 1793, la Convention met « la terreur à l'ordre du jour » et entend « frapper de terreur les ennemis de la révolution ». La deuxième et la troisième période de la Terreur débutent avec les lois des suspects des 17 septembre 1793 et 10 juin 1794. Certes, dès ce moment deux caractéristiques de toute politique de terreur se dégagent : la politique de terreur prétend n'être qu'une réponse à une terreur antécédente subie, et la terreur est une guerre psychologique. Ainsi, l'ennemi n'est pas seulement celui qui, dans une guerre civile, s'oppose à son concitoyen. Il est aussi celui qui se cache dans l'intériorité du sujet. Le soupçon, désormais infini, s'applique à chaque conscience, et la menace, dès lors, s'étend à tous. C'est ainsi que le terrorisme apparaît comme violence et comme menace. Reprenant les analyses d'Hannah Arendt, Hélène L'Heuillet montre que la crainte traditionnelle qu'inspirait le tyran laissait encore au sujet une position de repli, dans l'hypocrisie ou dans la dissimulation. L'ambition de la terreur vise à empêcher toute part d'ombre, tout refuge, en soupçonnant par avance le sujet de duplicité. Le terrorisme est une psychologisation de la guerre, et c'est le devenir psychologique de la guerre qui rend possible d'étendre la cible à un coupable qui ignore qu'il l'est, comme on le voit aujourd'hui.

Mais, que ces caractères soient réunis ne suffit pas à faire de la Terreur révolutionnaire une source éclairante pour penser le terrorisme contemporain. Le terrorisme y est, en effet, moins une fin qu'un moyen. Or, si la terreur commence avec la décision d'instrumentaliser la violence, elle ne s'en tient pas là. Dans la décision de faire régner la terreur, la violence n'est plus conçue comme « le mal nécessaire » de la politique, un pis-aller duquel il faut s'accommoder, un résidu malencontreux toléré à la fondation de l'État, ou à la sauvegarde de ses frontières. Bien au contraire, le terrorisme commence dès lors que la violence est conçue comme élément spécifique du processus politique, soit comme pièce d'un chantage, soit comme fin en soi. La plupart du temps, dans la pensée et dans la politique terroriste, les deux se superposent. Et cela est un phénomène résolument moderne.

C'est de cet élément spécifique que l'on peut trouver la racine dans le terrorisme russe durant la seconde partie du XIXe siècle. C'est dans le contexte du début de l'anarchisme, en Russie particulièrement, et en relation avec le phénomène que l'on nomma à l'époque « nihilisme », que la terreur devient un moyen de pression politique : non plus un moyen de gouverner, mais une finalité de l'action politique. Le recours à la terreur est alors théorisé comme tel, et non plus seulement justifié. Il l'est doublement : par les théoriciens de la violence politique et par les romanciers du siècle. Chez les philosophes nihilistes de la génération des années 1860, et dans la décennie suivante chez les philosophes anarchistes, Bakounine, Netchaïev et Kropotkine, est mis en place un véritable argumentaire de la terreur, hostile moins au tsarisme qu'à toute politique étatiste, libéralisme compris. Du côté des romanciers, Tolstoï, Tourgueniev et Dostoïevski réalisèrent les premières grandes interprétations du phénomène qui, pour partiales qu'elles aient été, ont fourni un cadre à la compréhension du terrorisme comme phénomène social et politique.

b. Les différentes formes du terrorisme

Si, comme le dit Clausewitz, la guerre est « un acte de violence et il n'y a pas de limite à la manifestation de cette violence »[1], le terrorisme est une guerre. Il l'est, parce que, pour ses partisans, il y a de l'ennemi. Condamner le terrorisme comme une forme de guerre illégitime ne doit pas conduire à en nier l'existence. S'il n'était pas une forme de guerre, il se réduirait de toute évidence au crime. Or, si l'on doit condamner les criminels du point de vue du droit, la pensée politique nous oblige à prendre en compte d'autres données : la volonté de déstabiliser des États et des sociétés, et le fait, qu'à l'instar de toute guerre, le terrorisme fait lien social - ce qui n'est pas le cas des crimes.

Pourtant, même si le terrorisme est de l'ordre de la guerre et non du crime, c'est une guerre qui se pense à partir du crime et du suicide. Il peut renvoyer à trois types d'actions : le terrorisme individuel, le terrorisme organisé et le terrorisme d'État.

Le terrorisme individuel est pratiqué dès la fin du XIXe siècle par des anarchistes et par des nihilistes. L'idée qui préside au terrorisme individuel est qu'en visant des despotes ou des acteurs d'une politique déterminée, la répression s'estompera en raison de la peur des autres acteurs. Les victimes des terroristes sont souvent visées en raison de leur portée éminemment symbolique.

Le terrorisme organisé est le deuxième type de terrorisme. Il est mis en œuvre par des individus qui se désignent comme des combattants ou des résistants dans la mesure où ils considèrent qu'ils résistent à l'oppression du pouvoir politique en place. Les terroristes se réclamant de l'islamisme se considèrent plutôt comme des combattants de Dieu, qui livrent une guerre sainte. Le terrorisme d'extrême droite est illustré en France par l'OAS pour le maintien d'une Algérie française.

1. Carl von Clausewitz, *De la guerre*, Les Éditions de Minuit, 1955.

Se distinguant du terrorisme individuel et du terrorisme organisé, le terrorisme d'État est pratiqué par des services secrets à des fins politiques. Il se définit comme l'usage illégitime du monopole dont dispose l'État dans l'exercice de la violence.

10 Peur du progrès et progrès de la peur

Nous sommes aujourd'hui confrontés à des catastrophes qui proviennent tout autant de la nature que des progrès techniques et scientifiques que nous avons réalisés. Que ce soit Tchernobyl ou Fukushima, le Tsunami en Indonésie de 2018, ou encore les avancées dues à la révolution numérique et à la robotique, l'époque que nous vivons se caractérise par son caractère anxiogène. Mais n'y a-t-il que le XXe siècle à avoir peur du progrès ? Et ces peurs, peuvent-elles être désamorcées par le savoir ? En d'autres termes, la connaissance du fonctionnement d'un réacteur nucléaire, de ce que signifie réellement le mot clonage, etc., peut-elle démystifier l'angoisse que ces objets ou ces techniques peuvent susciter ? Si la science participe, ainsi qu'on le dit, au « désenchantement du monde », a-t-elle au moins le mérite de le libérer des peurs ancestrales qui peuvent encore le hanter ? Ou bien doit-on reconnaître qu'il y a une assise objective aux progrès de la peur qu'active notre monde contemporain ?

1 La peur du progrès

a. La peur de la connaissance et des techniques se nourrit à des sources mythologiques plus ou moins inconscientes

Les raisons de notre peur trouvent, en grande partie, leur raison d'être dans les origines de l'humanité. Ainsi, un très grand nombre de mythes mettent en garde contre la connaissance, voire en interdisent l'accès. Commun à diverses aires culturelles, on retrouve cet interdit tout particulièrement dans le mythe grec de Prométhée, condamné à avoir le foie dévoré par l'aigle de Zeus pour avoir dérobé aux dieux le feu sacré de la Connaissance. L'Occident chrétien a interprété dans ce même sens le récit biblique de la chute d'Adam, dont le péché fut la transgression du tabou majeur : l'homme a tenté de se faire le rival de son créateur, en accédant aux connaissances interdites. Depuis lors, une malédiction pèse sur celles-ci et la recherche des forces cachées de la Nature demeure sacrilège : saint Augustin n'a-t-il pas dénoncé « le vain et curieux désir de recherche, appelé connaissance et science ? »[1].

Depuis le XVe siècle, **l'apprenti sorcier** est devenu un thème classique de la littérature, en particulier de la littérature romanesque. L'idée centrale en est que l'homme s'intègre de plus en plus dans un ordre naturel régi par une loi supérieure et intervient dans un processus secret et sacré, réputé inviolable. En effet, comme l'écrit Mircea Eliade dans *Le sacré et le Profane*, la Terre-Mère est l'une des principales

1. Saint Augustin, *Les confessions*, Livre X.

structures du sacré. C'est à ce titre qu'elle doit rester inviolée, non seulement parce que l'homme est supposé en être issu, mais aussi parce qu'il est censé y retourner pour renaître. Le savant, dénué de toute morale et de toute éthique, est alors capable nous seulement de violer la Terre-Mère, en allant chercher dans ses entrailles les minéraux dont il a besoin pour asseoir sa propre puissance, mais aussi de mettre en action les forces naturelles qu'il a découvertes pour réaliser de mauvais desseins. Ce qui accroît la peur qu'il suscite : non seulement l'apprenti sorcier est jugé comme irresponsable mais, à un certain point de sa démarche, il est perçu comme perdant le contrôle des forces qu'il a lui-même déchaînées, engendrant ainsi de véritables catastrophes. De grands écrivains, tels que Johann W. Goethe (*Faust : une tragédie*), Mary Shelley (*Frankenstein, ou le Prométhée moderne*), Thomas Mann (*Docteur Faustus*), Paul Valéry (*Mon Faust*), ont exploité régulièrement ce thème, qui a inspiré également le théâtre et l'art lyrique.

Depuis la fin des années 1970, le thème de l'apprenti sorcier n'est plus seulement associé au savant physicien, mais aussi au biologiste apte à manipuler la vie elle-même. Si *Les apprentis sorciers – demain la biologie*, titre français des économistes et prospectivistes Jeremy Rifkin et Ted howard, est à cet égard explicite, son titre original américain, *Who should play God-The Artificial Creation of Life and what it means for the Future of the human Race*, (« Qui devrait jouer Dieu – La création artificielle de la vie et ce que cela signifie pour l'avenir de la race humaine ») est encore plus explicite. Ainsi, l'apprenti sorcier serait, fondamentalement, celui qui, dérobant la Connaissance interdite, tenterait d'égaler Dieu.

Comment ne pas comprendre alors que, pour certains, les merveilles de la science cachent nécessairement d'effrayants périls ? Après les découvertes atomiques, voici venu le règne de la biologie et la possibilité de manipulations génétiques qui font resurgir le mythe du surhomme ou celui de l'androïde. Le « progrès » s'annonce menaçant. Les apprentis sorciers s'arrêteront-ils à temps ou bien sont-ils annonciateurs de la fin de l'histoire ?

b. La peur de la fin du monde

Alors que ce thème de la fin du monde se nourrissait encore, au tournant de ce siècle, d'un imaginaire lié à des phénomènes naturels tels que volcans ou séismes, la peur de la fin de la civilisation se justifie désormais par les capacités destructrices, supposées incontrôlables, mises à la disposition des hommes. L'attitude de défiance d'une fraction du public par rapport à l'introduction de technologies nouvelles, dont l'impact social et environnemental est potentiellement important, se comprend elle-même dans le contexte plus large d'une lente, mais profonde contestation de l'idée d'un « progrès » fondé sur les avancées technologiques et scientifiques. Si les aléas ont toujours menacé les sociétés humaines, les connaissances scientifiques font entrevoir des risques croissants, jusqu'à faire croire qu'un effondrement prochain des sociétés serait inéluctable. Il s'agit là d'une réaction qui tranche singulièrement avec le scientisme triomphant du XIXe siècle.

Un monde voué à sa perte ?

L'étude de Lucian Boia, *La fin du monde, une histoire sans fin*, permet de comprendre la profondeur du malaise qui peut affecter certaines personnes, et rendre compte – par là même – du caractère souvent irrationnel de leurs réactions. L'historien note ainsi qu'il est de plus en plus courant de penser que les pires prédictions de la science-fiction seraient en train de se réaliser. Le livre du biologiste George R. Taylor, qui joua un rôle important dans la prise de conscience écologique de la fin des années 1960, portait un titre particulièrement évocateur de ce substrat psychologique : *The Doomsday Book : can the World survive ?* (*Le jugement dernier : le monde peut-il survivre ?*). Après une introduction fondée sur l'Apocalypse de Jean, ce livre explique que les diverses substances chimiques, la pollution par le pétrole, la contamination radioactive, etc., ne peuvent conduire qu'à un effondrement de la population mondiale.

L'imaginaire, l'affect, le sentiment de culpabilité, la superstition et la peur se trouvent ainsi tous mêlés dans l'esprit d'un public dont le désarroi – attisé par des affirmations aussi péremptoires que médiatiques – ne trouve plus aucun secours du côté de la raison.

2 Les progrès de la peur

a. La remise en cause de l'idée de progrès

La peur du progrès scientifique et technologique est-elle légitime ? Le questionnement angoissé du public s'étend aujourd'hui à de nombreux domaines de natures fort diverses. On peut citer, à titre d'exemples, le réchauffement de la planète, la formation du trou dans la couche d'ozone, la diffusion des organismes génétiquement modifiés, ou encore la sécurité des systèmes informatiques en lien, notamment, avec la protection de la vie privée.

Malgré ces interrogations, et parallèlement à elles, on constate que la confiance dans la science – c'est-à-dire surtout dans son pouvoir de résoudre des problèmes qui sont perçus comme angoissants ou comme urgents – ne s'est jamais démentie. La science et la technologie sont donc perçues à la fois comme cause de difficultés mais aussi comme seules ressources crédibles pour anticiper, éviter, réparer les problèmes qu'ils soient technologiques ou naturels.

L'ambivalence que nous rencontrons dans notre rapport à la science a à voir avec la valeur que nous accordons au progrès. Il est à noter que celle-ci a beaucoup évolué au fil du temps. Pour le comprendre, il convient d'analyser le rapport que la science entretient à l'idée de maîtrise.

Annonciatrice de la civilisation scientifique et technique à venir, la notion de progrès apparaît déjà dans les textes du XVIIe siècle de René Descartes[1] et de Francis

1. René Descartes, *Discours de la méthode*, GF, 2000.

Bacon[1]. Dans les deux cas, elle n'a rien d'extravagant et semble se manifester d'une manière teintée à la fois de modestie et d'ambition. Pour Descartes, le but de la connaissance du monde est de rendre l'homme « comme maître et possesseur de la nature » ; Bacon, toujours dans une logique de soumission de la nature, choisit de manier le paradoxe, affirmant que « pour dominer la nature, il faut lui obéir ». Chez ces deux philosophes, fondateurs de la modernité, on retrouve la même ambivalence : d'une part, un intérêt certain pour une nature sur laquelle désormais on agit, et que l'on ne se contente plus d'admirer de loin ; d'autre part, une lucidité empreinte de modestie concernant la place de l'homme dans cette nature : il ne sera jamais réellement son maître et possesseur et, de surcroît, pour l'utiliser à ses propres fins, il doit commencer par lui obéir. En d'autres termes, pour qu'il puisse l'utiliser, il lui faut au préalable comprendre ses mécanismes, et ensuite agir en fonction d'eux, c'est-à-dire en les respectant.

La notion de progrès se transforma en une valeur en soi et fut particulièrement développée au siècle des lumières. La confiance en l'homme n'a alors pas de limite : ce dernier pourra à la fois assurer son progrès matériel (grâce à sa capacité d'agir sur le monde) et son progrès social (grâce à sa capacité d'être à la fois sujet de la loi morale et du contrat social).

Cette évaluation excessivement positive du progrès ne fut contestée qu'à partir de la seconde moitié du XIXe siècle. Sa remise en question a émané d'une vision romantique du rapport à la nature. Cette vision romantique est associée à une certaine Philosophie de la nature dont on trouve les premières traces chez Goethe, et qui exalte la nature selon un mode païen (lui accordant une certaine forme de sacralité) et mystique, c'est-à-dire la reconnaissant comme le lieu où s'exercent les mystères divins (ce que l'on retrouve chez des auteurs comme Schelling, Schopenhauer et Nietzsche entre autres).

Cependant, et jusqu'à la fin du XIXe siècle, la science n'est pas rendue responsable des excès de la révolution industrielle. L'amalgame entre science, technologie et industrie, si fréquent aujourd'hui ne se pratique pas encore. Que l'on cherche dans l'œuvre de Marx, de Zola ou de Dickens, ce sont toujours des êtres humains, des industriels sans scrupules, qui sont considérés comme responsables de la déplorable condition dans laquelle se trouve la majorité de la population ouvrière de l'époque. L'idéologie du progrès ne se transforma en un mythe, dénoncé et parfois même rejeté, qu'au cours du XXe siècle. Quelle en est la raison ?

b. La disruption

Le progrès – ou l'évolution continuelle – est en fait le bain dans lequel nous sommes plongés, et qui doit être compris comme le paradigme de notre époque. Il revient à Bernard Stiegler, ***Dans la disruption***[2], de l'avoir analysé dans la particularité qui est aujourd'hui la sienne.

---

1. Francis Bacon, *Novum Organum*, PUF, 2010.
2. Bernard Stiegler, *Dans la Disruption*, Les liens qui libèrent, 2016. Disruption signifie « fracture » ou « rupture ».

Le monde dans lequel nous vivons se marque par un changement radical, continu et délibéré, prôné par des entrepreneurs qui s'inspirent des nouveaux modèles économiques de la Silicon Valley.

Pour Bernard Stiegler, cette stratégie du changement radical s'étend au-delà de la sphère économique avec la création de nouveaux *business models* qui bouleversent les acteurs en place, à l'image d'Airbnb. Pour ne prendre que cet exemple, cette nouvelle plateforme, qui permet de louer son appartement entre particuliers, modifie l'écosystème économique des hôteliers, mais aussi le marché des locations annuelles pour les habitants d'une ville, laissant moins d'appartements disponibles pour y habiter durablement. Ces transformations travaillent la société dans son ensemble, et arrivent si vite qu'elles « court-circuitent délibérément et stratégiquement toute délibération politique - bien trop lente, donc totalement inefficace », souligne le philosophe. Le droit et la politique arrivent toujours trop tard. La disruption engendrée par ces nouveaux systèmes techniques ne donne donc plus aux individus, à la société, et même aux écosystèmes biologiques, le temps nécessaire à leur appropriation et à leur intégration. La seule possibilité qui nous reste serait alors de se laisser porter par les vagues de disruption qui se succèdent à un rythme de plus en plus soutenu.

Si nous suivons Bernard Stiegler pour dire qu'une « époque » se définit comme un ajustement entre un système technique nouveau et les systèmes sociaux et biologiques qui lui sont contemporains, cette impossibilité de coïncider avec les évolutions technologiques est le propre de notre « époque de l'absence d'époque ». Si bien qu'« il n'apparaît aucune nouvelle forme de pensée se traduisant en nouvelles organisations, en nouvelles institutions, en nouveaux comportements, etc., par lesquels se constituerait *une époque à proprement parler* », déplore-t-il. Incapables de construire de nouveaux savoir-faire, savoir-vivre et savoirs théoriques - qui sont de nouvelles formes de vie - dans ce monde sans cesse mouvant, nous serions donc condamnés à rester dans les limbes d'une technologie devenue inappropriable.

11 Nouvelles technologies et société du risque : peut-on encore conjurer nos peurs ?

Afin de se libérer de la peur, le temps est peut-être venu pour la « grande politique » pronostiquée par Nietzsche d'advenir. Celle-ci préconise une réponse globale à des enjeux devenus globaux. Si la peur est désormais indépassable, la société du risque propose de nouvelles d'appréhension de celle-ci.

1 Une civilisation de la complexité : quand la peur devient indépassable

Dans *La Condition de l'homme moderne*, livre qui date de 1958, Hannah Arendt décrit le rêve moderne : « depuis quelque temps déjà, pas mal d'entreprises scientifiques ont eu pour but de rendre la vie artificielle. Cet homme futur, dont les savants me disent qu'ils vont le produire dans moins de cent ans, semble être habité par une rébellion contre l'existence humaine telle qu'elle nous a été donnée – un don gratuit, venant de nulle part. » Ce rêve, c'est donc celui de l'autoengendrement.

Cette « honte d'être né », c'est le philosophe Günther Anders, dès les années 1950, qui la révèle, en affirmant : « nous avons honte d'être nés au lieu d'être fabriqués ». Anders nomme cela la « honte prométhéenne »[1] : face à la perfection des machines, face à leur conception parfaitement efficace, rationnelle, reproductible à l'identique, nous nous jugeons imparfaits. Par comparaison, nous avons honte de notre nature biologique, de notre nécessaire soumission à la nature. « Si l'homme veut se fabriquer lui-même, écrit Günther Anders, ce n'est pas parce qu'il ne supporte plus rien qu'il n'ait fabriqué lui-même, mais parce qu'il refuse d'être quelque chose qui n'a pas été fabriqué ; ce n'est pas parce qu'il s'indigne d'avoir été fabriqué par d'autres (Dieu, les divinités, la Nature), mais parce qu'il n'est pas fabriqué du tout et que, n'ayant pas été fabriqué, il est de ce fait inférieur à ses produits. »

Attentif à l'histoire des sciences, Jean-Pierre Dupuy[2] a mis en lumière dans ce projet de réinvention de l'humain, tel qu'il a cheminé depuis le cœur du XXe siècle jusqu'à nos jours, une tension majeure entre une attitude de « maîtrise » et une tentation de la « non-maîtrise » : « je me suis, en effet, intéressé de près à l'histoire de la cybernétique (1936-1951), en étant de plus en plus persuadé, par l'étude des travaux et débats de cette période oubliée, que c'était bien là que se situaient les origines de la plupart de nos débats actuels, même si nous ne le savons plus. Or, dans

1. Günther Anders, *L'Obsolescence de l'homme. Sur l'âme à l'époque de la deuxième révolution industrielle* (1956), Encyclopédie des nuisances, 2002.
2. Cité dans Monique Atlan et Roger-Pol Droit, *Humain, une enquête philosophique sur ces révolutions qui changent nos vies*, Flammarion, 2012.

le programme métaphysique de recherche de la cybernétique, j'ai observé une forte tension entre un projet de maîtrise, qui est indiqué du reste par le mot même de cybernétique, qui veut dire gouvernance, gouvernail... et ce qui va exactement en sens inverse, et qui est le projet de non-maîtrise, lié à la découverte par ailleurs de ce que l'on appelle "la complexité". »

Procédons par ordre pour bien saisir de quoi il s'agit. En étudiant le programme de recherche des cybernéticiens, autour de Norbert Wiener, dans l'immédiat après-guerre, Jean-Pierre Dupuy en a discerné l'ampleur. Norbert Wiener (1894-1964) est un mathématicien américain, théoricien et chercheur en mathématiques appliquées, surtout connu comme le père fondateur de la cybernétique. En considérant les organismes vivants et leurs régulations sur le même modèle que les machines à *feedback* (un retour d'information), il s'agissait bien d'obtenir un modèle d'ensemble, englobant aussi bien le vivant que les robots. En fait, la cybernétique allait encore au-delà. Pour Jean-Pierre Dupuy, son ambition, comme mouvement d'idées, était immense : il s'agissait d'édifier « une science générale du fonctionnement de l'esprit ».

En fait, elle marque à ses yeux un moment essentiel dans la représentation de l'activité de connaître et, plus largement encore, dans la représentation de l'humain : « c'est très simple : pour que l'humain puisse se manipuler lui-même, il faut d'abord qu'il se réduise au rang de mécanisme aveugle. C'est ce mouvement de bascule que la cybernétique accomplit : faire de l'homme une machine qui pense, certes, mais qui pense comme une machine pense. L'intelligence artificielle n'est donc pas du tout ce qu'on croit : cela ne vise pas l'anthropomorphisation, l'humanisation de la machine, mais la mécanisation de l'humain ! En demandant : "peut-on concevoir des machines qui pensent ?" comme l'a fait Turing, les pionniers de l'intelligence artificielle répondaient : "Évidemment, oui !" car pour eux, l'homme est déjà pensé comme une machine. Penser, c'est le fait de la machine. Pour que nous manipulions au maximum, il faut donc que nous nous réduisions nous-mêmes au rang de nos ordinateurs. »

Dans l'intelligence artificielle, penser l'humain sur le modèle de la machine plutôt que la machine comme humaine transforme en profondeur le rapport de l'humain à la faculté de connaître. Sans doute, depuis longtemps, avait-on conçu la pensée sur le modèle du calcul. « Penser, c'est calculer », affirmait Hobbes en 1651 dans le *Léviathan*, tout en faisant de l'État un automate, un corps artificiel composé de rouages et de ressorts humains. Il s'agit donc, somme toute, d'un geste métaphysique bien connu, et finalement classique, visant à ramener l'esprit à des éléments matériels, à décomposer ses opérations, à expliquer ses particularités par le seul jeu des lois de la physique. Connaissant ces données, on peut agir, contrôler, fabriquer, modifier : le projet de maîtrise est bien là. Mais alors, où se situe ce versant de non-maîtrise que décèle Jean-Pierre Dupuy dans ce même mouvement ?

Ce paradoxe repose sur ce qu'a fait voir le mathématicien John von Neumann en 1948. Au cours d'une conférence[1], il expose sa « Théorie générale et logique des automates. » Il démontre qu'il n'y a pas de contradiction logique à postuler l'existence d'êtres mécaniques qui seraient capables de produire des êtres plus complexes qu'eux. Ce qui devient, dès lors, la définition même de la complexité : est complexe, ce qui est capable de produire plus complexe que soi. Cette conjecture de Neumann est désormais connue sous le nom de « conjecture de la complexité ».

La peur de perdre le contrôle

Ce qui se joue là, dans ce thème de la complexité, qui devient vite un thème dominant en science, c'est l'idée que les hommes seraient bientôt, par rapport à certaines de leurs propres créations, dans la même situation que par rapport aux phénomènes naturels : nous les avons fabriqués, mais nous devons les étudier comme si nous ne les avions pas faits ! Autrement dit, ils nous ont totalement échappé. Par exemple, une bombe atomique vient de nous, nous l'avons faite, et pourtant, nous sommes face à elle dans la même situation que face à des tremblements de terre ou des tornades.

Le paradoxe actuel, c'est que cette création qui nous échappe, est devenue un objet de désir. L'ingénieur de demain sera content et fier de son travail, non pas lorsqu'il aura réussi à satisfaire à un cahier des charges, mais lorsqu'il sera lui-même surpris par ce qu'il a fait. On se trouve donc ici face à une situation très particulière où il s'agit d'engendrer de l'imprévisible, de concevoir quelque chose dont nous ne maîtrisons que le point de départ, mais en aucun cas le développement ni le résultat. **Il s'agit de concevoir de l'inattendu**. Avec tous les problèmes éthiques et de prudence que cela pose inéluctablement. Mais certains assument entièrement l'inquiétude, la peur, voire l'imprudence. Kevin Kelly, un penseur américain futuriste et rédacteur en chef fondateur du magazine Wired, qui a notamment publié en 2010 « Ce que la technologie veut », déclare par exemple : « si nous ne nous inquiétons pas au sujet d'une technologie, c'est qu'elle n'est pas suffisamment révolutionnaire. » **Ce qu'on recherche désormais, c'est bien la rupture**. Sans forcément savoir d'où elle proviendra, ni où elle nous mènera.

2 La catastrophe émancipatrice : la société du risque

« Nous devons mieux anticiper les risques sévères » déclarait récemment la paléoclimatologue Valérie Masson-Delmotte à propos des prochains effets du changement

1. Le symposium Hixon s'est tenu au Caltech en Californie en septembre 1948. Certains cybernéticiens s'y réunissent lors d'une conférence organisée par l'institut californien de technologie (CalTech) à Hixon et portant sur : « Cerebral Mechanisms in Behavior » (« Les mécanismes cérébraux du comportement », traduction personnelle). Lors de ce symposium, John von Neumann y présente sa fameuse conférence « The general and logical theory of automata » où il déclare qu'« il n'y a pas de différence entre le système nerveux et une machine informatique ».

climatique dans un article publié en juin 2020 dans Le journal du CNRS, « Nous devons mieux anticiper les risques sévères. » Or, le risque se révèle au grand jour par la survenue de l'accident. Il convient de comprendre comment l'accident peut dorénavant être appréhendé comme une ressource constructive.

La société du risque décrite par le sociologue Ulrich Beck dans un livre éponyme de 2008, développe la notion de « catastrophe émancipatrice », qui produit du bien public. Cette pensée se rapproche de celle de Paul Virilio sur le rôle ambigu de la technologie qui fait progresser l'humanité tout en produisant ses propres accidents[1]. Dans l'exposition « Ce qui arrive » organisée à la Fondation Cartier entre novembre 2002 et mars 2003, Paul Virilio invitait déjà à réfléchir sur l'accident au sens où l'entendait la philosophe Hannah Arendt (1906-1975) : « **La catastrophe et le progrès sont l'avers et le revers d'une même médaille**. »[2] Il formulait ainsi l'idée de développer une culture du risque révisée en permanence, afin de dépasser l'illusion que les risques peuvent être entièrement éliminés, ou du moins maîtrisés.

La thèse de *La Société du risque* a été exposée par Ulrich Beck dans son ouvrage de 1986, publié au moment de la catastrophe de Tchernobyl. Le risque, chez Beck, est une anticipation d'une catastrophe. Le risque est devenu la mesure de notre action, il est une transformation de la modernité. Dans la « Société mondiale du risque », les directions que prennent les évolutions et les résultats de la mutation technique deviennent objets de débats, et sont sommées d'être légitimées. Le propos premier de Beck est que la modernité à une capacité de se transformer. Aujourd'hui, la Société mondiale du risque émerge avec la mise sur la place publique de maux endogènes qui ont résisté à tout contrôle. L'humanité forme une communauté cosmopolite qui partage les mêmes risques globaux. La question du changement climatique illustre bien cette nouvelle politique du risque que Beck évoquait dès 1986. Il y a bien eu une extension de l'insécurité chez tous les individus, ce qui est une des caractéristiques d'une société mondiale du risque. Beck indique que le monde se transforme par l'apparition d'une « conscience de l'appartenance multiple »[3]. La vie quotidienne est maintenant celle « d'un cosmopolitisme évident », si bien qu'« elle entre de plus en plus en contradiction avec les catégories de compréhension de la réalité qui obéissent à des normes nationales ». Même les formes de résistance à la mondialisation s'expriment dans une « mondialisation politique », et participent donc de la même dynamique. Dans la sociologie de Beck, la globalisation (ou réalisme cosmopolite) est un fait : chacun à plusieurs affiliations, et il n'y a plus d'Orient lointain, mais chacun a un restaurant japonais ou libanais comme voisin. Nietzsche avait pronostiqué l'arrivée d'un temps de « grande politique », notamment dans son ouvrage inachevé, *La volonté de puissance*. Le changement climatique ou la menace djihadiste font que même les politiques locales sont déter-

1. Paul Virilio a développé cette pensée de l'accident technologique dès ses premiers livres tels *Essai sur l'insécurité du territoire* (1976)
2. Citation que Paul Virilio utilisa à de nombreuses reprises dans ses ouvrages. Hannah Arendt, *Condition de l'homme moderne*, traduit de l'américain par Paul Pradier, préface de Paul Ricœur, Calmann-Lévy, 1961.
3. Ulrich Beck, *Qu'est-ce que le cosmopolitisme ?*, Aubier, 2006.

minées par des enjeux globaux, réalisant la prédiction nietzschéenne. Beck était sensible au décalage chez les hommes et les femmes politiques entre la Petite Politique qu'ils pratiquent abondamment et le monde quotidien qui est devenu celui de la « grande politique ».

L'année 2015 multiplie les rendez-vous avec une « grande politique » ou encore ce que l'on peut nommer, à la suite de Paul Virilio, les actions néguentropiques[1] : mobilisation après les attentats de Paris en janvier, discussions pour préparer la fixation des Objectifs du développement durable en septembre à l'ONU, et négociations sur le changement climatique en décembre lors de la COP 21.

1. Paul Virilio, *L'accident originel*, Galilée, 2005.

12 La menace nucléaire

Depuis le début de l'invasion de l'Ukraine, la Russie brandit régulièrement la menace nucléaire. Alors que l'arme avait surtout une portée dissuasive pendant et après la guerre froide, elle porte aujourd'hui un risque réel de guerre. La prolifération nucléaire ainsi que la rhétorique guerrière utilisée lors de plusieurs crises récentes fait en effet craindre le déclenchement d'une guerre nucléaire.

La menace nucléaire pourrait cesser d'être purement dissuasive. Elle est en effet largement pensée comme un parapluie de protection destinée à se prémunir des attaques externes. Outre les essais dont le premier remonte au 16 juillet 1945 et les deux seules utilisations en condition à Hiroshima et Nagasaki les 6 et 9 août 1945, l'arme nucléaire s'est imposée comme une arme dissuasive.

Le paradoxe actuel est que le recours à l'arme nucléaire paraît tangible alors que le mouvement pour l'abolition des armes nucléaires a connu une avancée majeure en 2017. Le prix Nobel de la paix décerné à la coalition internationale pour l'abolition des armes nucléaires, ICAN, constitue en effet une étape essentielle dans la campagne pour son interdiction. Cependant, le refus des puissances nucléaires de reconnaître ce texte ainsi que la relance massive des programmes nucléaires dans le monde fait craindre une nouvelle ère pour le nucléaire.

1 L'arme la plus puissante jamais conçue par les hommes

Deux générations de bombes se sont succédées : la bombe A puis la bombe H. La bombe A, pour atomique, utilise le principe de la fission de noyaux atomiques. Elle fonctionne à l'uranium enrichi ou au plutonium. Elle est la plus ancienne et la moins puissante des bombes nucléaires. La bombe H, bombe à hydrogène, est une bombe thermonucléaire qui repose sur le principe de la fusion nucléaire. Elle libère une énergie qui dépasse les températures et les pressions du cœur du soleil. Elle provoque une série d'explosions chimiques, nucléaires et thermonucléaires très dévastatrices. Ce nouvel engin a été développé en 1952 par les États-Unis. La bombe la plus puissante jamais lancée est soviétique ; il s'agit de la « Tsar Bomba », qui a explosé le 30 octobre 1961 au-dessus de l'Arctique ; sa puissance de 57 mégatonnes est près de 4 000 fois supérieure à celle de la bombe A lâchée sur Hiroshima.

Le club nucléaire, c'est-à-dire les pays maîtrisant la technologie nucléaire à des fins militaires, est limité. Les cinq membres permanents du Conseil de sécurité de l'ONU sont considérés comme des puissances nucléaires officielles (États-Unis, Russie, Grande-Bretagne, France et Chine). D'après les experts, ces cinq pays posséderaient la bombe H. Les autres puissances nucléaires contrôleraient la bombe A. L'Inde s'est dotée de la bombe en 1974, avant le Pakistan en 1998. Israël serait également une puissance nucléaire même si elle ne l'a jamais reconnu. Depuis 2006, la Corée du Nord a procédé à six essais nucléaires. L'Iran, qui avait développé un programme nucléaire au début des années 2000, a conclu un accord en 2015 pour garantir le caractère civil de son programme nucléaire, même si celui-ci a depuis été remis en cause.

2 Une volonté de contrôle et de limitation

Dès les années 1960, les États trouvent de nouveau moyen d'affrontement et mettent en avant la nécessité de contrôler le déploiement de ces armes. En matière d'armes nucléaires, le droit international vise à combattre la prolifération. En 1968, le traité de non-prolifération nucléaire (TNP) rend les États responsables de la réduction de leurs stocks. Il est progressivement complété par une série d'accords. En 1996 par exemple, le traité d'interdiction complète des essais nucléaires (TICE) interdit tous les types d'essais quelle que soit leur puissance.

Cependant, ce droit international est également révélateur des limites du multilatéralisme. La plupart des États détenteurs de l'arme nucléaire n'ont pas ratifié le TICE, les États-Unis, la Chine, l'Inde, le Pakistan, Israël ou la Corée du Nord. Il n'est donc toujours pas entré en vigueur malgré la signature des autres acteurs. Le contrôle des armes nucléaires ne semble donc pas réellement assuré malgré la mise en place de l'Agence internationale de l'énergie atomique, AIEA, agence de l'ONU chargée de promouvoir les usages pacifiques de l'énergie nucléaire et de limiter le développement de ses applications militaires depuis 1957.

Au contraire, comme le montre le chercheur Nicolas Roche dans son livre *Pourquoi la dissuasion* publié en 2017, « la Russie, la Chine, l'Inde, le Pakistan, pour ne citer que quelques pays possédant l'arme, ont conservé à la fois une culture nucléaire collective et une réelle centralité de ses systèmes d'armes dans leur politique de défense ». La possession de l'arme nucléaire reste un élément majeur de définition de la puissance et le risque d'escalade n'est pas exclu.

3 Le retour de la menace nucléaire

En 2017, la Corée du Nord a procédé à quatre essais de missiles balistiques intercontinentaux et un essai nucléaire de bombe à hydrogène. Son dictateur actuel, Kim Jong-Un, représente donc une menace sérieuse pour la paix internationale. Le jeune dictateur a endossé le costume de chef de guerre dans l'objectif de faire rayonner son pays. Il n'a pas hésité à menacer directement les États-Unis malgré leur statut de première puissance mondiale. Kim Jong-Un poursuit ainsi une stratégie lancée il y a plus de vingt ans par ses aïeux pour doter leur pays d'une force nucléaire crédible. Il s'est montré cependant plus agressif que son père en accélérant les programmes nucléaires et balistiques.

L'usage de l'arme atomique pourrait également devenir réalité au Moyen-Orient. Depuis les années 2000, l'Iran développe un programme nucléaire dont la portée proprement civile est mise en doute par la communauté internationale. L'Iran a cherché à se doter de l'arme nucléaire pour sortir de sa situation de marginalisation consécutive aux sanctions occidentales adoptées après la chute du Shah d'Iran en 1979. Le président Mahmoud Ahmadinejad (2005-2013) incarne à lui seul cette ambition. Il a multiplié les démonstrations de force et avait promis de « rayer Israël de la carte ». Cependant, après son départ du pouvoir, l'Iran a négocié avec les Occidentaux un accord de dénucléarisation qui a fait naître un espoir de normalisation des relations avec ce pays. Cet accord a été remis en cause par Donald Trump et les négociations internationales patinent toujours.

La menace terroriste

Les organisations terroristes agitent également la menace nucléaire. La propagande de l'État islamique s'est emparée de l'arme nucléaire. Les services de renseignements occidentaux prennent la menace au sérieux car ils savent que des djihadistes cherchent à acquérir des matières radioactives. Les doutes subsistant sur l'existence d'un programme nucléaire syrien accroissent encore la crédibilité de cette menace. Cependant, l'utilisation d'un missile nucléaire par ces groupes ou la réalisation d'une arme atomique ne sont pas encore à la portée de ces organisations terroristes. Mais les services de renseignements craignent le recours à une bombe sale, faite de divers explosifs associés à des composants radioactifs civils. En 1996, les séparatistes tchétchènes avaient ainsi placé dans un parc moscovite une bombe contenant du césium mais celle-ci n'a pas explosé. Si les dégâts d'une telle bombe resteraient limités, l'impact psychologique du recours au nucléaire par les réseaux terroristes alimenterait largement le climat d'insécurité.

Mais c'est en Russie que la menace paraît désormais la plus sérieuse. L'arsenal nucléaire est mis au service de la reconstruction de la puissance russe. Alors que la Fédération de Russie traverse une situation économique et sociale délicate marquée notamment par une crise démographique, elle tente de retrouver sa puissance géopolitique passée. Le recours à la guerre et à la menace nucléaire de la part de son président vise à affirmer son pouvoir tout en donnant à l'opinion publique russe l'illusion d'une restauration d'un prestige perdu. Déjà en 2015, après l'annexion de la Crimée, la rhétorique nucléaire avait été mobilisée à la télévision russe tandis que des missiles nucléaires étaient déployés à Sébastopol. Depuis l'invasion de l'Ukraine, la menace d'une utilisation de l'arme atomique est fréquente. La Russie est aujourd'hui la première puissance nucléaire mondiale avec plus de 6 200 ogives contre 5 550 pour les États-Unis.

4 Quel avenir pour le nucléaire ?

Le meilleur moyen de limiter la menace serait d'abolir les armes nucléaires.

La voie de l'abolition

C'est le sens de l'action menée par la Coalition internationale pour l'abolition des armes nucléaires ICAN, qui a reçu le prix Nobel de la paix en 2017. L'inquiétude croissante face à la menace a conduit ces associations vers le combat pour l'interdiction totale des armes nucléaires. Le traité préparé par l'ICAN a été signé en juillet 2017 dans le cadre de l'assemblée générale des nations unies par 122 États. Ces derniers représentent 63 % des États à l'ONU mais aucune puissance nucléaire n'a accepté de reconnaître ce texte

Bien au contraire, les puissances nucléaires ont lancé des investissements massifs pour relancer leur programme nucléaire. Cet effort se manifeste notamment par l'augmentation des dépenses militaires qui atteignent leur plus haut niveau depuis 2009. Les États-Unis représentent encore 30 % du budget militaire mondial. Ils ont lancé sous la présidence de Barack Obama un plan de modernisation complet des forces nucléaires pour rénover leurs milliers de têtes déployées dans le monde. Cette augmentation du budget militaire mondial constitue à la fois un rattrapage après des années de sous-investissement et une volonté de mettre au point des armes plus performantes.

Les cinq pays du Conseil de sécurité ont lancé un renouvellement général de leurs forces nucléaires à l'horizon 2060-2080. Ces programmes doivent répondre à un problème technique, l'obsolescence des composants nucléaires des armes actuelles, mais également à une donnée stratégique, l'adaptation face aux nouvelles menaces. Ces programmes visent notamment à éviter l'interception des armes par l'invention de têtes manœuvrantes ou la mise au point d'ogives beaucoup plus rapides. La discrétion des sous-marins nucléaires constitue un autre volet de recherche. La miniaturisation des armes reste le principal défi pour repenser la dissuasion. Cette nouvelle étape pourrait marquer un troisième âge pour la bombe atomique, après la course à l'anéantissement pendant la guerre froide et la recherche du désarmement ensuite.

13 Peur et innovation

Le progrès technique désigne en économie l'ensemble des innovations permettant l'amélioration de la productivité – c'est-à-dire de l'efficacité – des facteurs de production. Ce progrès technique a joué un rôle prépondérant dans l'histoire économique récente, en étant à l'origine de révolutions industrielles, s'accompagnant de phases de croissance soutenues. Il s'agira, dans cette fiche, de questionner la place de la peur dans le progrès technique.

1 Quel rôle joue la peur dans le processus d'innovation ?

La relation entre innovation et peur peut tout d'abord être envisagée sous l'angle des innovateurs.

Qui sont les innovateurs ?

Derrière la figure de l'innovateur, il est possible en réalité de distinguer deux types d'acteurs. Il peut s'agir d'une part d'un individu seul : « l'innovateur » prend alors la figure de « l'entrepreneur ». Mais les innovateurs sont également des entreprises qui consacrent une partie de leurs ressources à la recherche et au développement pour innover. Or, pour ces deux types d'acteur, le processus d'innovation – la création d'une entreprise innovante et l'innovation par une entreprise existante – s'accompagne de nombreux risques. Ce sont bien ces risques qui peuvent soulever la peur.

Le rôle de l'entrepreneur-innovateur a été particulièrement étudié par l'économiste Joseph Aloïs Schumpeter. Pour l'économiste autrichien, l'innovation se situe au cœur de la dynamique du capitalisme et des cycles économiques et, à l'origine de l'innovation, se trouvent les entrepreneurs. Ces derniers sont décrits par Schumpeter comme des individus hors du commun, capables d'aller à l'encontre de l'ordre établi. L'innovateur schumpéterien se caractérise notamment par une plus grande capacité à prendre des risques, comme l'écrit l'économiste David Reisman dans son ouvrage *Schumpeter's Market : Enterprise and Evolution* (2004) : l'entrepreneur est le leader qui vient bousculer les schémas existants et s'aventurer dans des sentiers nouveaux là où certains pourraient avoir peur de l'échec. Des études empiriques plus récentes ont cherché à mesurer ce rapport à la peur de l'échec (*fear of failure*) chez les entrepreneurs. Les diverses études[1] menées montrent bien une moindre

1. Nabamita Dutta, Russel Sobel, « Entrepreneurship, fear of failure, and economic policy », *European Journal of Political Economy*, January 2021

tendance à ressentir une peur de l'échec et une plus grande propension à prendre des risques. Cependant, la peur n'est pas totalement absente lorsqu'il s'agit d'entreprendre, et elle peut même permettre d'améliorer la performance de l'entreprise ainsi créée. En effet, la peur de ne pas voir les bénéfices recouvrir les coûts engagés par l'entrepreneur est pour lui une source de motivation[1]. Cet exemple montre ainsi que la peur n'est pas nécessairement associée à la paralysie mais peut bien être au cœur de l'innovation et donc du changement.

Au-delà de cette image de l'innovateur-entrepreneur, il convient de s'intéresser au rôle joué par les entreprises en général dans le processus d'innovation. Dans quelle mesure la peur peut-elle pousser des entreprises possédant de solides parts de marché à innover ou, au contraire, à ne pas innover ? Un premier argument conduit à penser que la présence d'une position dominante sur un marché, voire la présence d'un monopole, pousse les entreprises à sans cesse innover. En effet, l'économiste William Baumol montre que la présence de monopoles n'empêche pas l'entrée de nouveaux concurrents. Parce que ces marchés sont « contestables » (un « marché contestable » désignant une structure de marché en monopole ou quasi-monopole mais permettant l'entrée de nouveaux concurrents) les entreprises dominantes sont poussées à innover, de peur de voir de nouveaux concurrents entrer sur le marché. Cependant, la position dominante d'une entreprise peut aussi la rendre plus frileuse vis-à-vis du changement. En effet, une entreprise installée sur un marché a tout intérêt à ce que les positions se figent et donc à ne pas innover. De telles stratégies menacent pourtant bien souvent ces entreprises à moyen ou long terme, l'absence d'innovation les rendant moins compétitives. Ce fut par exemple le cas pour l'entreprise Kodak. Longtemps dominante sur le marché de la photographie argentique, l'entreprise a très peu investi dans le numérique et fut finalement dépassée par ses concurrents sur le marché de la photographie lorsque s'amorça le tournant du numérique.

2 La peur suscitée par le progrès technique : l'exemple de la peur du chômage technologique

La peur du chômage technologique figure aujourd'hui parmi les principales peurs contemporaines en matière économique. L'expression désigne l'idée selon laquelle le progrès technique, en particulier le numérique et la robotique, est – ou sera - à l'origine de la montée du chômage.

Il convient, en premier lieu, de se demander dans quelle mesure ces craintes se révèlent être réellement nouvelles. En effet, comme le rappelle l'économiste Jean Tirole dans son ouvrage *Économie du bien commun* (2018) : « Depuis au moins deux siècles nous avons peur que l'automatisation – des métiers à tisser (la révolte des luddites en Angleterre au début du XIXe siècle) aux chaînes de montage dans les années 1950 et plus récemment à la robotique – fasse disparaître l'emploi. »

1. Gabriella Cacciotti, James Hayton, Robert Mitchell, Andres Giazitzoglu, « A reconceptualization of fear of failure in entrepreneurship », *Journal of Business Venturing*, 2016.

La révolte des luddites

La révolte des luddites semble en effet constituer un exemple historique de cette peur de la technologie. Entre 1811 et 1817, dans les comtés du nord et de l'est de l'Angleterre, les luddites - des artisans travaillant dans le secteur du textile - brisent de nouvelles machines à tisser par crainte de voir leur emploi disparaître ainsi que pour dénoncer les conditions de travail de plus en plus difficiles.

Il serait cependant simpliste de présenter la révolte des luddites comme étant simplement une révolte « technophobe ». Kevin Binfield rappelle dans son article « Luddites et luddisme » (*Tumultes,* 2006) le contexte dans lequel s'inscrivent ces révoltes et l'étendue des revendications. L'auteur indique que « les machines n'étaient pas la seule, ni même la plus grande menace pour les travailleurs du textile ». Le chercheur montre que ces révoltes visent également à s'opposer à la baisse des salaires permise par ces machines, dans un contexte de famines récurrentes et de prix du blé particulièrement élevé. En outre, ces nouvelles machines n'avaient pas seulement pour effet de supprimer des emplois, elles venaient également réduire la qualité de la production et finalement porter atteinte à la réputation de ces artisans. Il n'est ainsi pas simple de chercher à transposer ce fait historique sur les peurs contemporaines relatives au chômage technologique.

Qu'en est-il aujourd'hui de la menace du chômage technologique ? Le célèbre article des économistes américains C. Frey et M. Osborn (« The Future of Employment : How Susceptible are jobs to computerisation ? », *Technological Forecasting and Social Change*, 2017) a alimenté de nombreux débats en prévoyant la disparition de 50 % des emplois actuels aux États-Unis sous l'effet de la révolution numérique. Traditionnellement, le progrès technologique conduit à la disparition d'emplois routiniers, souvent peu qualifiés. Le numérique poursuivrait ainsi ce phénomène, mais il pourrait également entraîner la disparition de métiers plus qualifiés. Ainsi, le perfectionnement des robots devrait leur permettre de réaliser des tâches plus fines et plus complexes. En outre, les progrès relatifs aux traitements des données devraient permettre la réalisation de tâches telles que le traitement d'informations juridiques, remplaçant ainsi en partie des activités aujourd'hui réalisées par des avocats.

Il convient cependant de prendre des précautions vis-à-vis de tels phénomènes et de ne pas réaliser des conclusions trop hâtives. En effet, la possibilité de voir 50 % des emplois actuels être supprimés ne signifie pas que ces emplois seront *effectivement* supprimés. À titre d'exemple, si des activités telles que la médecine ou encore l'éducation pourraient, à terme, être réalisées par des programmes informatiques, cela ne signifie pas que les métiers de médecins ou d'enseignants disparaîtront, dans la mesure où ils possèdent une dimension relationnelle importante. En outre, la destruction de certaines activités s'accompagne toujours de la création de nouveaux emplois. Cette idée fut notamment développée par l'économiste Alfred Sauvy à travers la théorie du déversement sectoriel : lorsque le progrès technique aboutit à la destruction d'emplois dans un secteur (par exemple l'agriculture) il permet la réduction des coûts, accroît le pouvoir d'achat et entraîne finalement une augmentation de la demande – et donc de l'emploi – dans d'autres secteurs d'activité. Ainsi, le développement de la robotique pourrait s'accompagner d'un « déversement » dans d'autres secteurs, notamment ceux liés aux services à la personne, dans un contexte de vieillissement de la population, comme le souligne l'économiste Gilbert Cette dans l'article « Progrès technique, emploi et chômage : même pas peur ! » (*Telos*, 2017).

3 Le progrès technique pour conjurer la peur ?

Le progrès technique soulève de nombreuses peurs, notamment concernant l'emploi. Cependant, il convient de rappeler que le *progrès technique* peut être vu comme une source de *progrès tout court*. Les innovations pourraient ainsi permettre d'affronter les principales menaces contemporaines et finalement conjurer certaines de nos peurs.

Une série de travaux en économie a ainsi cherché à étudier le rôle que pouvait jouer le progrès technique face aux enjeux climatiques. Il s'agit en particulier des économistes tenants de l'approche en termes de « soutenabilité faible ». Dans cette perspective, obtenir une croissance soutenable, c'est-à-dire une croissance économique qui permettrait de répondre aux besoins actuels sans compromettre la capacité des générations futures à satisfaire leurs besoins, passerait par l'innovation. Ainsi, des innovations – telles que le développement de l'hydrogène – pourraient permettre de régler la question de l'épuisement des ressources pétrolières et la pollution générée par leur usage. En outre, le progrès technique offre la possibilité de mettre en œuvre une dépollution. Des start-up développent ainsi des arbres artificiels capables d'absorber le CO2 et certaines villes, comme Toulouse en France, ont d'ores et déjà installé ces nouveaux outils.

La confiance dans le progrès technique pourrait ainsi être une réponse à la peur du dérèglement climatique. Cependant, la capacité des innovations à résoudre cet enjeu repose avant tout sur des promesses et rien ne permet d'affirmer aujourd'hui que l'innovation seule permettra de régler les limites environnementales du mode de production et de consommation actuel.

14 Peur et comportements économiques

Les sociétés marchandes sont pour les économistes caractérisées par la place de la rationalité dans les comportements humains. L'un des pères de la sociologie, Max Weber, a montré que dans la société moderne, l'essentiel des activités humaines obéissent à une rationalité en valeur ou en finalité, les autres étant portés par la tradition ou l'affection. Les comportements rationnels en valeur sont ceux qui se conforment à un système moral. Les activités rationnelles en finalité sont celles qui tendent vers un objectif : elles sont donc tout simplement logiques compte tenu du but visé.

Les comportements économiques modernes sont typiquement associés à ces formes de rationalité et les émotions semblent exclues de leur mode de décision. En tant qu'émotion forte, la peur ne semble pas avoir de place dans des comportements à l'égard de la consommation, de l'épargne, du travail, de l'investissement, etc. C'est en tout cas ce qu'une partie des modèles économiques a largement développé. Le modèle de l'*homo oeconomicus* a popularisé cette définition d'un individu qui, dans ses décisions économiques, serait purement logique et sans affect. Ce modèle est pourtant fragilisé par les analyses montrant à quel point la rationalité est souvent limitée et combien diverses formes de peur peuvent en affecter la logique.

1 Comportements économiques et rationalité

La rationalité est le fondement même de la définition des comportements économiques qui renvoient au calcul et à l'optimisation et ce, depuis les travaux de Vilfredo Pareto (1848-1923).

Actions logiquse et non-logiques

Vilfredo Pareto opère une distinction fondamentale entre actions logiques et actions non-logiques dans son article « Comment se pose le problème de l'économie pure », publié en 1898. Les actions logiques seraient celles qui sont justifiées par un raisonnement logique, un but objectif ou subjectif. En revanche, les actions non-logiques reposent en partie ou en totalité sur le caractère de celui qui les engage, sur ses sentiments ou ses croyances.

Le premier type d'action concernerait typiquement l'agent économique appelé *l'homo oeconomicus*. Le comportement économique relèverait de la rationalité instrumentale et donc du calcul. L'agent économique est ainsi défini comme celui qui prend ses décisions selon un calcul coût-avantage dans tous les domaines de l'économie qu'il soit entrepreneur, salarié, chômeur, consommateur, épargnant, etc.

Si la rationalité dicte les choix économiques, l'émotion y est donc absente. C'est là tout le sens du clivage forgé par V. Pareto. Les sentiments, les peurs n'auraient pas de place dans cette représentation d'un individu mû par le calcul, l'optimisation et finalement la rationalité. Pourtant, certains économistes ont identifié les limites de cette rationalité absolue. *L'homo oeconomicus* n'a pas nécessairement accès à l'intégralité de l'information qui rendrait, *in fine*, son choix parfaitement rationnel. La circulation de l'information est un enjeu crucial de l'efficience de la rationalité. L'agent économique sait qu'il ne sait pas tout et c'est cela qui génère sa crainte, sa peur du risque voire sa panique.

2 L'accès à l'information et la peur

Dans de nombreuses situations, l'agent économique reçoit une information incomplète pour garantir la rationalité de sa décision. L'information n'est jamais totalement transparente. L'agent économique n'est pas omniscient et il se retrouve souvent devant deux situations : le risque et l'incertitude. Le risque fait peur mais il relève du calcul ; il est probabilisable comme le disent les mathématiciens. Il peut donc être en partie couvert (par une assurance par exemple). Avec l'incertitude, c'est plus compliqué et plus paralysant. L'incertitude est une donnée humaine avec laquelle il faut composer. Comment un entrepreneur peut-il être sûr de l'avenir sur le marché sur lequel il opère et investit massivement ? Comment un financier peut-il prévoir que ses placements en Russie peuvent être remis en cause par la géopolitique ? Un épargnant peut-il être complètement rassuré sur le rendement que lui promettent les marchés financiers ? Comment un consommateur peut-il être totalement confiant quant à la qualité du bien qu'il achète ? etc. L'incertitude est partout ; elle est même une caractéristique de l'activité humaine en général, économique en particulier.

3 Les traductions de la peur : un « aléa moral »

Les comportements économiques peuvent donc être remis en cause ou différés par la peur des pertes financières, de l'alourdissement des coûts, de l'inefficacité, et disons-le, la peur plus générale en l'avenir. Cela est d'autant plus vrai que de nombreux choix économiques relèvent d'un pari dans le temps : investir, réaliser un placement, faire un choix d'études sont autant de décisions économiques qui inscrivent l'individu dans sa confiance dans l'avenir.

Selon la théorie économique dite néoclassique, la concurrence n'existe vraiment (on parle d'un modèle de concurrence pure et parfaite) que s'il existe une transparence du marché, c'est-à-dire une information complète pour tous les agents économiques. La microéconomie étudiant les comportements du consommateur et du producteur suppose en effet des agents rationnels agissant dans un marché où toute l'information est disponible.

Pourtant, dans la réalité, l'information est souvent imparfaite, à commencer par la connaissance de l'avenir d'ailleurs. L'asymétrie d'information décrit cette situation objective d'insuffisante maîtrise d'éléments nécessaires à une décision parfaitement rationnelle. L'information est asymétrique lorsque, dans un échange, un seul des deux coéchangistes dispose d'une information complète.

C'est donc une situation d'information imparfaite qui favorise l'incertitude, la peur et modifie ainsi la rationalité des agents. La peur se traduit ici par ce qu'on appelle en économie un « aléa moral » ou « risque moral », c'est-à-dire un risque que, lors d'un échange, l'un des coéchangistes ne respecte pas sa part du contrat. Ce peut être le salarié qui ne s'engage pas dans son travail au niveau qu'espérait l'employeur, l'assuré qui ne prend pas les précautions attendues par l'assureur, le fournisseur qui ne satisfait pas la qualité attendue par le contrat de sous-traitance, autant de situations dans lesquelles un des agents, incapable de juger de la qualité de la prestation, sait qu'il subit les décisions de l'autre et cela génère de la peur.

L'aléa moral tient donc au fait que l'agent mal informé n'est pas en mesure de contrôler l'action de son partenaire, qui peut en profiter pour adopter un comportement opportuniste. L'enjeu de l'aléa moral, dont l'agent économique perçoit le risque en permanence, est de le conduire à des comportements permettant de cadrer sa peur. Il va essayer de contrôler sa peur en mettant en place des procédures de contrôle de l'action réalisée ou il va renoncer à l'échange.

4 La gestion de la peur de l'aléa moral

La première traduction de ces peurs économiques est la protection. Émettre des règles, des procédures, des concours, toutes ces méthodes visent contraindre l'un des agents à transmettre l'information qu'il détient, à vérifier la conformité de l'engagement aux attentes. Le jeu des rapports économiques est donc rendu plus complexe, plus bureaucratique et plus coûteux. Le recours à des agences de conseil, des avocats d'affaires, des agences de certification que la peur rend nécessaire augmente les coûts de la transaction initiale. La peur a donc un prix en économie.

Les « esprits animaux » de Keynes

Au-delà de ces méthodes organisationnelles, les agents économiques vont conjurer leur peur par des comportements prudents, moutonniers, « esprits animaux » (*animal spirits*) pour reprendre la formulation imagée du grand économiste du XXe siècle John Maynard Keynes (1883-1946) dans son ouvrage, *Théorie générale de l'emploi, de l'intérêt et de la monnaie*, paru en 1936. Keynes explique ainsi que face à l'incertitude, les décisions d'investissement de long terme résultent d'un besoin spontané d'agir inhérent à nos esprits animaux.

Le PDG de General Electric, Jack Welch, traduit ce caractère plus spontané et pulsionnel de la décision économique que ce que la littérature économique renvoie : « les décisions les plus importantes de notre existence se prennent souvent sur un seul critère : elles ont l'air d'être bonnes et sortent tout droit des tripes », comme le rapportent George Akerlof et Robert Shiller dans *Comment les forces psychologiques mènent la finance et l'économie*, publié en 2013. Or, tout le monde n'ayant pas accès à autant d'information que le PDG d'une entreprise multinationale, la seule solution d'apparence rationnelle (et jusqu'à un certain point elle l'est) pour se rassurer est de se comporter comme les autres, comme la foule, de façon « grégaire ».

5 La peur et les crises

Cette tendance humaine à conjurer la peur du risque par des comportements réglés sur la majorité explique largement l'ampleur de certaines crises économiques. Dans *Comment les forces psychologiques mènent la finance et l'économie* (2013), George Akerlof et Robert Shiller expliquent que les crises sont liées à la succession de phases d'emballement par excès de confiance suivies de phases de pessimisme. Les « esprits animaux » conduisent à une sorte de « multiplicateur de confiance » puis de « multiplicateur de défiance ». Les phases d'euphorie sont nourries de récits partagés justifiant le boom économique : dans l'histoire, cela a pu prendre de nombreuses formes qui vont de la croyance dans l'avenir du rail au XIXe siècle, à la hausse de la valorisation de titres boursiers ou à la hausse continue des prix de l'immobilier. Chacune de ces croyances partagées conduisent toujours à une bulle spéculative. C'est le « paradoxe de la tranquillité », comme le formule Hyman Minsky, dans *Stabiliser une économie instable*, publié en 1986, qui explique que ces prises de risques collectives, cette confiance dans les marchés, et ces « anticipations rationnelles » disent combien la psychologie des acteurs, mus par les « esprits animaux », est en jeu. Les grandes crises financières sont toujours précédées d'une phase d'euphorie financière et d'optimisme économique aveugle qui se traduisent par une explosion de l'endettement. En économie, la peur de l'avenir passe d'abord par une confiance excessive dans l'avenir. C'est, selon Minsky, ce qui provoque une instabilité endogène des systèmes financiers.

15 La peur du déclassement

L'évolution de la structure sociale, liée au progrès économique, a profondément transformé l'univers des peurs sociales. La population, essentiellement rurale, du XVIIIe siècle était rongée par la peur de mauvaises récoltes, de crises agricoles et de famines. La société industrielle, en faisant naître le salariat et la classe ouvrière, a créé d'autres peurs, en particulier celles de la perte d'emploi, celui-ci étant la clé de la place dans la société et de la survie dans une société où l'autoproduction et l'autoconsommation de biens agricoles ne sont plus la norme.

Avec les trente glorieuses, la structure sociale s'est transformée en profondeur. Le développement du salariat, la tertiarisation, la massification scolaire ont conduit à une moyennisation de la population. Certains sociologues, tels Henri Mendras, ont analysé le développement, entre 1945 et 1975, de cette vaste « constellation centrale » caractérisée par tout un ensemble de normes et de pratiques sociales relativement homogènes, par le même port du jean et la valorisation des loisirs et du barbecue. Pourtant l'hétérogénéité interne à cette classe moyenne a conduit de nombreux sociologues à privilégier l'expression au pluriel : on parle alors des classes moyennes. L'étendue de ce groupe social n'en reste pas moins problématique.

Avec la société de consommation des trente glorieuses, les peurs sociales sont donc devenues plus diffuses. La norme de consommation devenant le moteur central de la construction des identités collectives, les questions autour de l'emploi, de la réussite matérielle, du maintien d'un niveau de vie ou encore l'enjeu de la réussite scolaire et professionnelle des enfants deviennent des motifs de peurs de ces classes moyennes.

1 La mobilité ascendante des trente glorieuses

De l'après-guerre au début des années 1970, la mobilité sociale a fortement progressé. Ce terme désigne le « déplacement des individus dans l'espace social » comme la définit le sociologue Pitrim Sorokin, dans *Social Mobility* en 1926. Il s'agit donc des changements de position sociale d'individus ou de groupes d'individus qui se traduisent par un changement de profession, de catégorie sociale, de statut. On mesure la mobilité sociale en comparant la situation professionnelle des fils à celle de leur père. On aborde également la mobilité sociale des filles mais ce n'était pas le cas pour la période des trente glorieuses, compte tenu de la difficulté à situer les femmes, professionnellement inactives pour une part importante d'entre elles.

Une mobilité ascendante pendant plusieurs décennies

L'étude de référence de Louis-André Vallet, « Quarante années de mobilité sociale en France » publiée en 1999, montre que la mobilité ascendante a été très marquée dans les années 1950-1980. Beaucoup d'individus ont donc obtenu une meilleure position sociale que celle que détenait leur père. Cette ascension sociale massive s'explique largement par les transformations structurelles de la population active : le nombre d'agriculteurs, d'artisans et d'ouvriers a diminué alors que progressaient les emplois de techniciens, d'employés et de cadres. Mécaniquement, la « mobilité structurelle » a généré une ascension sociale pour beaucoup d'individus.

Cette transformation des structures d'emplois s'est traduite par un gonflement de la « classe moyenne », notion dont les contours restent flous, mais qui partage un même espoir de progrès de leur condition matérielle d'existence. La définition de l'Observatoire des inégalités est certes claire : on comptabilise dans cet ensemble la moitié de la population dont les revenus sont supérieurs à ceux des 30 % les moins rémunérés et inférieurs à ceux des 20 % les mieux rémunérés. Néanmoins les sociologues ont pu constater que l'appellation « classe moyenne » conduisait des individus objectivement éloignés à s'y reconnaître.

2 Panne de l'ascenseur social

Le sociologue Louis Chauvel montre, dans son ouvrage publié en 2006 *Les classes moyennes à la dérive*, que les classes moyennes sont en réalité constituées de groupes très hétérogènes du point de vue de leur niveau de revenu et de leur capital culturel. Par ailleurs, une partie importante de cette « classe moyenne » subit, selon Louis Chauvel, une « spirale du déclassement » depuis la fin des trente glorieuses. Celle-ci s'explique par différents facteurs tels que l'augmentation forte des inégalités de patrimoine, la désagrégation des classes moyennes, le creusement d'une fracture générationnelle. Cette spirale concerne les générations entrées sur le marché du travail dans les années 1980. En effet ces générations connaissent à la fois la montée du chômage, notamment des diplômés, le ralentissement de la progression du pouvoir d'achat, l'accession plus difficile et plus onéreuse à la propriété, la montée des prix des logements et le ralentissement de la mobilité structurelle.

La perte de valeur des diplômes

Les classes moyennes connaissent aussi la désillusion à l'égard de la massification scolaire qui génère une inflation des diplômes comme l'a montré Stéphane Beaud dans son ouvrage *80 % au bac... et après ?*, publié en 2002. Le paradoxe d'Anderson, du nom d'un sociologue américain, résume cet espoir déçu : l'acquisition par un étudiant d'un diplôme supérieur à celui de son père ne lui assure plus, comme c'était le cas auparavant, une position sociale plus élevée. Le déclassement social guetterait donc de nombreux individus.

Dans un autre ouvrage, *La spirale du déclassement. Essai sur la société des illusions* (2016), Louis Chauvel montre aussi que ce processus de déclassement s'explique par d'autres facteurs que la dévaluation des titres scolaires. Ce qu'il nomme la « civilisation de classe moyenne » est remise en cause sous l'effet de différentes évolutions telles que la montée des inégalités de patrimoine, le creusement d'une fracture générationnelle ou la mondialisation qui met en concurrence les salariés des pays développés avec les salariés des pays émergents. Ce déclassement générationnel est donc multidimensionnel : à la fois scolaire, économique, résidentiel et symbolique. Il est évidemment associé à des peurs personnelles et familiales et se traduit par un malaise social fortement ressenti par certains groupes sociaux. Et son impact est d'autant plus fort qu'il serait l'objet, selon Louis Chauvel, d'un « mur du déni » de la part des catégories les plus privilégiées, en particulier des intellectuels et des personnalités politiques.

3 Le déclassement : réalité ou peur ?

Certains sociologues et économistes ne nient pas le constat mais l'analysent différemment. C'est le cas d'Éric Maurin qui voit dans la question du déclassement plus une peur qu'une réalité statistique. Dans son ouvrage *La peur du déclassement, sociologie des récessions*, publié en 2009, il présente trois facteurs à cette peur du déclassement.

D'une part, l'importance du chômage, en particulier de longue durée, engendre une angoisse particulière. Même si la protection sociale organise une couverture du risque de perte d'emploi, celle-ci produit aussi, paradoxalement, une sorte de double peur : celle de perdre l'emploi puis celle de sortir de l'indemnisation.

Par ailleurs, la montée des qualifications a engendré une « normalisation » des diplômes et l'échec scolaire devient plus pesant en matière d'accès à l'emploi. Le « prix de l'échec scolaire », comme le nomme Éric Maurin, est plus élevé que dans une société où le diplôme a moins de place. Plus le diplôme est essentiel, plus la compétition règne, plus les parents sont obsédés par la performance. La peur du déclassement conduit donc les familles à des stratégies scolaires complexes, plus ou moins bien maîtrisées allant du choix de langues étrangères ou d'options au choix d'établissements scolaires en passant par le recours aux cours particuliers ou aux entreprises privées de soutien scolaire. Cette préoccupation scolaire est donc source d'un cercle vicieux d'attentes et de peurs, peur de ne pas faire les bons choix, peur de ne pas être reçu dans des filières analysées comme le passage obligé vers la réussite sociale. Ces injonctions à la réussite génèrent une pression sur les enfants qui intériorisent ces peurs. Jamais autant d'enfants n'ont été victimes de phobies scolaires que ces dernières années et ce phénomène traduit l'anxiété liée à la fréquentation de l'école et à l'exigence de résultats.

En même temps, et cela n'est pas contradictoire, le diplôme continue de protéger. Le sociologue Camille Peugny explique dans *Le destin au berceau, inégalités et reproduction sociale*, publié en 2013, qu'il demeure « le premier rempart contre le déclassement ».

4 La peur de l'avenir : une peur partagée

Plus qu'une panne de l'« ascenseur social », on assiste à l'évidence à un ralentissement voire un déclin de la mobilité ascendante qui a caractérisé l'imaginaire social des individus pendant plusieurs décennies. L'accroissement des déclassements ne touche évidemment pas toutes les catégories sociales de la même manière. Le taux de mobilité descendante a augmenté dans les catégories sociales où il était faible, celles des professions intermédiaires et des cadres.

Mais au-delà de ces constats statistiques, la peur de la déchéance sociale est une peur qui n'est pas réservée aux catégories socialement les plus fragiles.

Une peur de plus en plus partagée

Éric Maurin montre que la peur de la perte de statut et de niveau de vie touche une large part des individus. Elle concerne davantage ceux qui ont le moins à perdre : les salariés peu qualifiés, ceux qui ont un emploi précaire. Mais cette peur est également partagée par ceux qui ont le plus à perdre : les catégories moyennes et supérieures, les salariés qualifiés, les détenteurs de patrimoine. La succession de crises économiques, le développement d'emplois de courte durée, la montée des licenciements, la présence plus visibles des enjeux climatiques, l'information anxiogène contribuent à une sorte d'extension de cette peur du déclassement.

En réalité c'est le rapport à l'avenir qui fonde cette peur de perdre les acquis des générations précédentes. La peur du déclassement apparaît donc comme une réalité plus générale, plus profonde que le déclassement lui-même.

16 Rejet et discrimination sur le marché du travail

Les discriminations sur le marché du travail sont régulièrement évoquées par des individus appartenant à des groupes discriminés. Il s'agit de femmes, de minorités ethniques et religieuses en passant par les « seniors », les personnes LGBT, les personnes handicapées, etc.

Ces discriminations posent évidemment question dans une société qui se définit à travers les valeurs méritocratiques puisqu'elles renvoient à une sélection des salariés qui n'a rien à voir avec l'effort et les compétences. Par ailleurs, ce type de pratiques discriminatoires a un coût psychologique, social et économique.

Mais avant même d'essayer d'en mesurer les effets, les discriminations à l'emploi soulèvent la question de leur « logique ». Quelle est la nature de la peur qui conduit à rejeter ainsi certains individus, au nom de leur appartenance, réelle ou supposée, à un groupe ? Comment peut-on combattre ces pratiques discriminatoires, ce que le législateur tente de faire, sans en comprendre le mode de production ?

Pour les économistes, la discrimination sur le marché du travail désigne une situation dans laquelle des individus ayant une productivité équivalente sont pourtant traités différemment en raison de caractéristiques qui ne relèvent pas de l'efficacité économique mais de critères tels que le physique ou l'orientation sexuelle.

1 Peur et « rationalité limitée » dans l'accès à l'emploi

Il semble évident aux économistes que ces comportements résultent de biais cognitifs et de processus de construction de stéréotypes. Le psychologue et économiste Daniel Kahneman, lauréat du prix Nobel d'économie en 2002 pour ses travaux d'économie comportementale, explique dans son ouvrage *Système 1/système 2 : les deux vitesses de la pensée* (2012) que la pensée humaine est constituée de deux systèmes. Le système 1 est celui de la pensée de sens commun ; elle est instinctive, approximative, rapide. Le système 2 renvoie à la pensée scientifique, logique, réfléchie et vise donc l'exactitude. C'est donc la première qui peut être envahie par les effets de la peur. Comment cette peur agit-elle dans une situation d'embauche ?

Le recrutement d'un salarié est une situation humaine mais aussi économique singulière puisqu'il s'agit de décider à partir de relativement peu d'éléments si le salarié est adapté aux caractéristiques de l'emploi. C'est donc une situation typique d'« aléa moral » : le salarié est-il aussi compétent, sérieux, adaptable que ce qu'il prétend ? Face à ces inconnues, facteurs de peurs, de crainte de l'erreur, existent des protections : les nombreuses étapes des procédures de recrutement pour des emplois qualifiés, le recours à des recruteurs professionnels, ou encore la période d'essai prévue par le droit du travail. Mais quelle que soit la rationalité de ces multiples méthodes, la théorie économique montre que les mécanismes de sélection procèdent d'une double logique de discrimination : la discrimination « par goût » et la discrimination « statistique ».

La première, appelée « discrimination par goût », relève tout à fait du système 1 de pensée décrit par Kahneman. C'est une manière de pensée, donc de choisir les salariés, qui consiste, de façon évidemment inconsciente, à juger positivement les personnes qui nous ressemblent, celles qui ont suivi les mêmes parcours, qui appartiennent au même milieu, qui ont la même origine ; on peut multiplier ainsi les éléments qui peuvent générer ce sentiment de proximité. Bien évidemment, cette manière de juger consiste aussi à dévaloriser les autres appartenances de genre, de milieu social, d'origine ethnique, etc. Finalement, c'est donc la préférence pour « l'entre-soi » qui rassure face à la « peur » de ce qu'on ne connaît pas. L'économiste Gary Becker, a ainsi montré dans *L'économie de la discrimination* (1957) que ces comportements qui relèvent d'une forme de rationalité limitée, consistent, pour les employeurs, à préférer collaborer avec des personnes qui leur ressemblent. Tout se passe comme si la différence faisait peur.

Le deuxième mécanisme à l'œuvre dans la discrimination à l'embauche est la « discrimination statistique ». Si on reprend la classification des modes de pensée de Kahneman, elle renvoie au système 2. Elle repose donc sur une analyse du risque de la part de l'employeur. Elle est donc consciemment dans le registre de la peur : peur de l'erreur de choix, peur des conséquences imprévisibles, peur du jugement des autres, etc. L'employeur est devant une situation qu'il perçoit comme « rationalité limitée » : il se pense apte à mettre en œuvre les bons critères mais sait aussi que son accès à l'information est insuffisant et qu'il est bien incapable d'évaluer réellement la productivité du futur salarié. Il s'en remet donc à des critères extérieurs à l'individu concerné : il associe à l'information contenue dans le CV du futur salarié une batterie de données dont il dispose sur les membres du groupe d'appartenance du postulant à l'emploi. Il agit donc comme s'il pouvait appliquer à un individu des données globales, censées être scientifiques, sur l'adaptation à l'emploi de catégories nécessairement hétérogènes. L'employeur pense donc effectuer un choix rationnel en écartant des personnes appartenant à des groupes jugés globalement peu productifs. Finalement, compte tenu de la faible scientificité des sources de cette « discrimination statistique », on peut dire qu'elle ne relève qu'en façade du système 2 de la pensée et qu'elle s'appuie largement sur le système 1, celui des idées reçues, des stéréotypes et de la peur de l'altérité. Les employeurs appartenant aux groupes sociaux majoritaires ont toujours tendance à surestimer les forces de ceux qui leur ressemblent et les faiblesses des membres des groupes minoritaires.

La peur de l'autre a donc des effets puissants sur l'inégalité d'accès à l'emploi et les stéréotypes sont d'autant plus ancrés et ce, de façon durable dans le temps, qu'ils reposent sur une méconnaissance des individus issus des groupes discriminés.

On peut y voir l'illustration de ce que l'on appelle les « prophéties autoréalisatrices » : les individus perçus par les employeurs comme peu productifs sont aussi ceux qui seront moins embauchés, confirmant ainsi leur « inadaptation » ou inemployabilité ou toute autre idée reçue. Au final, la peur de la différence et le goût de l'entre-soi produisent de fortes inégalités de taux d'emploi et de salaire.

2 Combattre la peur de la diversité en économie : une nécessité

Les discriminations à l'embauche doivent être combattues pour des raisons évidemment éthiques dans la mesure où elles créent une inégalité face à un droit fondamental, l'accès à l'emploi, et atteignent une valeur essentielle en démocratie, l'égalité en droit. Mais elles doivent être aussi corrigées pour les coûts humains, sociaux et économiques qu'elles produisent. Les effets de la peur telle qu'elle est intériorisée dans les pratiques économiques sont très importants.

Le coût humain de la discrimination renvoie à une circulation de la peur. Si l'employeur, on l'a vu, exclut certains groupes, par peur et par méconnaissance, les groupes ainsi rejetés ou dévalorisés développent une peur de confirmer l'image négative qu'on leur attribue. Ce qu'on nomme la « menace du stéréotype » va générer un stress d'autant plus fort que l'expérience de la discrimination est souvent répétée et fait système aux yeux des membres du groupe. L'enjeu humain est donc celui de l'estime de soi et de sa légitimité dans l'emploi et dans la société en général. De nombreuses enquêtes montrent que les personnes appartenant à des minorités sexuelles, disent être fragilisées par les stéréotypes qui les catégorisent et sujettes à la dépression et au suicide.

Les discriminations ont aussi un coût social. La peur crée la défiance à l'égard des groupes discriminés et, à rebours, celle-ci induit une défiance généralisée de la part des membres de ces groupes. Si on prend le cas des minorités ethniques perçues comme musulmanes, elles subissent une double peine, liée d'une part à leur appartenance ethnique et, d'autre part, à leur confession religieuse.

Plusieurs enquêtes sociologiques confirment cette défiance

À partir d'une enquête menée auprès de lycéens français, Anne Muxel et Olivier Galland ont analysé l'impact d'un cercle vicieux « peur-stéréotypes-défiance », véritable menace pour la cohésion sociale (*La Tentation radicale. Enquête auprès des lycéens*, 2018). Les travaux du politologue américain Robert Putnam sur la défiance aux États-Unis (*Bowling Alone : The Collapse and Revival of American Community*, 2000) ont montré, quant à eux, combien la défiance entre les groupes sociaux pouvait gangréner une société. Les analyses sociologiques des processus de déviance sont d'ailleurs très riches dans ce domaine. Dans *Outsiders* (1963), Howard Becker, analyse l'effet des « stigmates » sur les pratiques sociales des groupes qui en sont l'objet.

Les économistes ont eu aussi fait ce diagnostic. Ainsi, Kenneth Arrow, rappelait-il, à l'occasion de son prix Nobel d'économie, que la confiance est un fondement essentiel à la prospérité économique. Il disait lui conférer autant d'importance que l'investissement. Les travaux des économistes Yann Algan et Pierre Cahuc ont décliné cette analyse pour l'économie et la société française dans *La société de défiance* (2008).

Le coût économique de la discrimination à l'emploi est mesurable. Il se traduit par une diminution de la demande de travail de la part des employeurs et ce, aux dépens des groupes discriminés. Ce mécanisme affaiblit le salaire moyen des membres de ces groupes et les cantonne à des postes peu qualifiés. Les salariés concernés sont donc moins incités à travailler et, anticipant un moindre rendement du diplôme, moins incités à se former. C'est donc ce que les économistes appellent le « capital humain » qui est finalement atteint par cet engrenage initié par la peur. Si les membres des groupes discriminés sont les premières victimes évidentes de cet engrenage, la collectivité est également perdante. D'abord, des compétences humaines sont inexploitées et c'est tout un potentiel économique qui est perdu. Ensuite, le niveau de vie collectif est affaibli, les recettes fiscales sont moindres et les dépenses collectives en protection sociale augmentent du fait de l'indemnisation du chômage et des transferts sociaux en faveur des personnes discriminées. France Stratégie, centre d'études attaché aux services du Premier ministre français, évaluait ce manque à gagner à environ 150 milliards d'euros en 2016. Cela représentait presque 7 % du PIB de la France.

D'un point de vue strictement économique, la peur face à la diversité limite la performance qui serait celle de la mise en commun de compétences, d'expériences plus riches que lorsque la population est homogène.

3 Comment combattre les représentations de la peur menant aux discriminations ?

La lutte contre les discriminations passe par deux types de moyens : une approche punitive et une approche préventive. D'une certaine façon, ce sont donc les mêmes leviers que ceux qui sont mobilisés face à la délinquance.

Un phénomène interdit par la loi

Proclamer l'interdiction de pratiques discriminatoires dans l'emploi est évidemment indispensable. Ainsi, la loi prohibe les discriminations en fonction du sexe, de l'âge, de l'origine ethnique, de l'orientation sexuelle et des sanctions à l'égard des employeurs sont prévues. Ce recours à la loi est nécessaire pour mettre clarifier le problème dans l'espace public ; c'est une manière de faire évoluer la norme sociale.

Pourtant, même si l'interdiction légale est une étape indispensable, il n'est pas évident pour les victimes de discrimination de prouver leur réalité : au niveau individuel, au-delà du ressenti, rien ne distingue une discrimination d'une sélection normale à partir de critères objectifs. De façon très concrète, des mesures ont été mises en place pour encadrer les processus de recrutement. La loi Égalité et citoyenneté de 2017 prévoit que les responsables du recrutement veillent à ce que le recrutement respecte différentes règles au niveau de la fiche de poste, des critères de tri des CV, etc.

Des mesures préventives consistent à agir en amont des discriminations. Leur impact est plus fort mais elles demandent du temps pour modifier réellement les pratiques. Il s'agit, n'oublions pas, de modifier en profondeur le rapport des employeurs à la peur. On peut donc essayer de combattre les biais cognitifs inhérents à la peur et à la défiance. C'est évidemment un combat de longue haleine qui passe par de nombreux leviers : la présence de minorités dans l'espace public, dans l'espace médiatique, dans la littérature, le cinéma, le sport, etc. Mettre en avant des figures de réussite issues de minorités sexuelles ou ethniques est un levier d'évolution des représentations.

Les discriminations à l'emploi constituent une manifestation invisible de la peur. Cette peur insérée dans le calcul économique de l'employeur est une peur de la diversité et une préférence pour l'entre soi. Mais, du côté des personnes ainsi discriminées, la peur est une angoisse qui mine toutes les étapes du parcours professionnel, de l'embauche aux chances de promotion et au risque de perte d'emploi. Elle se vit au quotidien.

17 La peste noire, entre panique généralisée et gestion de crise

Les épidémies sont des moments privilégiés d'étude des sociétés puisqu'elles remettent en cause leurs fondements même. La peur de la mort fait ressurgir des traumatismes individuels et collectifs. Elles ont ainsi souvent été étudiées sous le prisme de l'histoire des mentalités, ces crises démographiques constituant des moments privilégiés pour comprendre le rapport des populations à la mort.

Le renouvellement des études historiques a permis d'aborder les épidémies à travers d'autres enjeux, notamment sous le prisme de la réaction du pouvoir politique local ou national pour affronter ces crises. L'adoption de mesures d'exception pour tenter de contenir l'épidémie permet aux autorités de s'affirmer à différentes échelles. Les premières mesures de santé publique apparaissent ainsi très tôt, loin de l'idée d'un Moyen Âge s'en remettant à Dieu pour gérer les épidémies.

L'épidémie de peste a ainsi frappé l'Occident entre 1346 et 1353, avant qu'elle ne ressurgisse régulièrement. La Peste noire reste ainsi particulièrement marquée par les manifestations de panique collective. Cependant, lors des épisodes postérieurs de peste, les sociétés ont tenté de mettre en place des mesures de gestion de la crise, allant de la quarantaine imposée aux marchandises et commerçants au confinement des centres urbains, en passant par l'instauration de mesures finalement très proches du passe sanitaire.

1 La peste noire, une épidémie aujourd'hui bien connue

Entre 1346 et 1353, une épidémie de peste partie d'Asie secoue le Moyen-Orient, l'Afrique et l'Europe, semant la désolation et l'effroi sur son passage. Partout, les pertes démographiques sont terribles et les contemporains sont frappés par la violence et la soudaineté du mal. L'origine de l'expression « peste noire » ou « mort noire » fait encore débat aujourd'hui au sein de la communauté des historiens ; l'adjectif mobilisé pour qualifier la peste ne renverrait pas à la couleur des cadavres comme on l'a parfois écrit depuis le XIXe siècle mais au sens de terrible, ou d'effroyable. Cette pandémie a donc à la fois semé la peur chez les contemporains mais également modifié en profondeur le cours de l'humanité, notamment pour ses effets économiques et sociaux.

Partie d'Orient où la peste est attestée en Chine dès 1331, l'épidémie se propage ensuite en fonction des routes commerciales vers la Méditerranée et l'Europe, jusqu'à atteindre la mer Noire en 1346. Elle arrive enfin en Europe par l'intermédiaire du comptoir génois de Caffa assiégé par les Mongols, dont le leader Djanisberg fait projeter par-dessus les remparts de la ville des cadavres de pestiférés. La suite est bien connue ; l'épidémie commence à se déployer au sein de la population de

Caffa tandis que certains marchands embarquent sur des navires à destination du reste de l'Europe. La maladie débarque en Sicile puis à Marseille où elle est attestée le 1er novembre 1347. Incontrôlée, elle affecte ensuite l'Espagne et atteint Avignon, la cité des papes, au printemps 1348, d'où elle se diffuse ensuite dans toutes les directions, notamment vers l'Europe du Nord.

Un virus étudié par les élèves de Pasteur

Depuis 1894, les mécanismes de propagation de la peste sont désormais identifiés. On doit ces découvertes à Alexandre Yersin, un élève de Pasteur, qui a découvert à Hong Kong le germe responsable de la maladie, auquel on a donné son nom, Yersina Pestis. De la même manière, grâce aux chercheurs de la fin du XIXe siècle et notamment à un autre élève de Pasteur, Paul-Louis Simond, on connaît désormais le rôle joué par les puces des rongeurs dans la transmission du germe de la peste. Cette bactérie serait pourtant très ancienne ; d'après les spécialistes, elle aurait plus de 20 000 ans.

On distingue aujourd'hui trois formes de peste. La plus répandue est la peste bubonique qui se manifeste par la formation de bubons, des grosseurs rouges et douloureuses au niveau des ganglions. Elle concerne plus de 90 % des cas et se conclut par la mort pour la moitié des patients affectés. La peste septicémique ou plus encore la peste pulmonaire sont plus rares mais se traduisent par des taux de létalité supérieure. Dans le cas de la peste pulmonaire, la mort en est l'issue certaine.

Cependant, pour les contemporains, ces mécanismes demeurent largement méconnus. L'historien Yves-Marie Bercé la qualifie ainsi de « maladie mystérieuse » et met en évidence le rôle joué par ces incertitudes sur la peur des communautés affectées par la peste[1]. Cette méconnaissance scientifique se manifeste également par la mise en évidence de phénomènes environnementaux en tant que signes annonciateurs de la peste.

2 Une mortalité massive

Quelques témoignages permettent de saisir l'appréhension du phénomène par les contemporains. Les historiens disposent notamment du récit de l'épidémie par Guy de Chauliac, le chapelain et médecin du pape Clément VI. Depuis Avignon, l'un des carrefours de l'Occident, le chapelain d'origine flamande est un témoin privilégié de la crise qu'il choisit de raconter dans *La Grande chirurgie*, en 1363. « En Avignon, la moitié de la population, et peut-être plus, est morte. Il y a dans les murs d'Avignon plus de 7 000 maisons fermées. » Les liens sociaux sont détruits : « les gens n'osent même plus parler à celui dont un parent ou une parente a succombé, puisqu'on voit régulièrement que dans une famille où il y a un mort, tous les proches, pour ainsi dire, le suivent ».

1. Préface dans Coste Joël, *Représentations et comportements en temps d'épidémie dans la littérature imprimée de peste (1490-1725). Contribution à l'histoire culturelle de la peste en France à l'époque moderne*, 2007.

La peur d'une mauvaise mort

Le témoignage de Guy de Chauliac insiste également sur l'expérience concrète d'un deuil impossible. « Les gens mouraient sans serviteur et étaient ensevelis sans prêtre. » La mortalité liée à la peste fait peur pour elle-même mais aussi par le fait qu'elle survient de manière impromptue et ne peut donc être préparée, en particulier à travers les rites permettant l'accession au paradis. Pour les chrétiens, il est en effet primordial de se confesser lors de l'extrême-onction, dernier sacrement accompagnant l'agonie. Le sujet est pris tellement au sérieux que le pape lui-même décide d'accorder par une bulle son pardon aux victimes de la peste qui ne peuvent bénéficier de l'accompagnement d'un prêtre.

Cette mortalité massive est corroborée par les travaux des historiens. L'Italie aurait ainsi perdu 5 millions d'habitants en 1347 et 1348, soit près de la moitié de sa population. À Venise notamment, 50 000 personnes seraient mortes sur une population estimée à 120 000 habitants. On retrouve cette même proportion de 50% de la population qui disparaît dans les études sur les villes germaniques ou françaises. Narbonne passe ainsi de 6 029 habitants en 1336 à 2 500 en 1361. En France, les registres les mieux conservés sont ceux de Givry en Bourgogne. Ce village comptait 310 foyers avant la crise, soit entre 1500 et 2000 habitants. 615 décès ont été enregistrés entre le 5 août et le 19 novembre 1348, selon les registres tenus par le curé du village, soit environ le tiers de la population locale.

3 Interprétation divine et hystérie collective

Dans une société très largement construite sur le christianisme, la peste est nécessairement conçue comme un châtiment divin destiné à punir les hommes de leurs péchés. Si elle n'a rien de spécifique, cette interprétation divine permet d'apporter une réponse aux mystères de sa survenue dans des sociétés encore largement irrationnelles. Dès 1348, le pape Clément VI adopte une bulle qui reconnaît cette origine divine et qualifie l'épidémie de « pestilence dont Dieu afflige le peuple chrétien ».

Au sein de ce même texte, il enjoint les chrétiens à ne pas massacrer les juifs cars ces derniers sont très vite considérés comme les boucs émissaires évidents de la crise ; ils sont en particulier accusés d'empoisonner les puits. Les massacres contre les juifs sont attestés par les sources historiques, notamment à Nuremberg, à Francfort ou encore à Toulon. Dans cette ville de Provence, 40 juifs sont brûlés dans la nuit du 13 au 14 avril 1348 après avoir été accusés de répandre une poudre empoisonnée dans les puits. À Strasbourg, tous les juifs vivants dans la ville sont emprisonnés et entassés dans un immense bûcher dressé dans le cimetière le 14 février 1349, pour être ensuite brûlés vifs lors du « massacre de la Saint-Valentin ». Ces massacres ont été interprétés comme des manifestations liées à l'angoisse collective qui régnait dans les sociétés médiévales. On retrouve dans le monde entier ces mêmes mécanismes de violence contre des minorités conçues comme des boucs émissaires. L'historienne Monique Lucenet rapporte notamment le cas des esclaves musulmans massacrés à Chypre par crainte d'une révolte face à la diminution sensible de la population autochtone[1].

Cette forte religiosité se traduit également par le phénomène des flagellants. Ces chrétiens s'infligent des coups de fouet pour se punir d'un fléau divin. Cette résurgence de la flagellation est l'une des traductions les plus concrètes de l'angoisse des populations face aux épidémies. Ce phénomène d'hystérie collective se répand si vite qu'il embarrasse les autorités. L'empereur Charles IV décide de bannir les flagellants d'Allemagne avant que le roi de France Philippe VI n'interdise la flagellation en 1350.

La peur de la mort ou la perception de la société vis-à-vis des malades a pu contribuer à la propagation de la maladie. La littérature médiévale et moderne regorge ainsi d'exemples de malades qui ont dissimulé leurs symptômes ou refusé de se soigner. De même, les mécanismes de fuite adoptée par les privilégiés pour s'aérer à la campagne lorsqu'une épidémie de peste sévit en ville ont contribué à sa diffusion. Dès le Moyen Âge, on sait que les virus se propagent dans l'air. Cette théorie aériste se manifeste notamment par l'usage de parfums pour éviter les contaminations ou par les mécanismes de fuite vers des régions moins affectées, tant l'entassement de la population dans les villes et l'extrême insalubrité de celles-ci sont des vecteurs importants de diffusion des épidémies.

4 Une première politique de gestion de crise

Pour tenter de contrôler l'épidémie, les autorités adoptent rapidement des mesures pour limiter la propagation de la peste. En 1352, le roi de France promulgue une ordonnance qui établit des règles sanitaires très strictes, même si ce texte juridique peine à se traduire par un changement des comportements des contemporains. En 1373, à Milan, les autorités municipales prennent la décision d'enfermer les pestiférés et leur famille au sein de leur maison, tandis que les médecins et les curés ont l'obligation de signaler le nom des malades. C'est dans cette même ville qu'à la toute fin du XIVe siècle, est également édicté un décret qui oblige à laver puis à exposer au soleil les vêtements d'occasion afin d'en extraire les traces éventuelles de la peste.

L'invention des mesures de confinement

L'histoire a surtout retenu l'exemple de Raguse (l'actuelle Dubrovnik) et de Venise qui inventent la quarantaine pour limiter les risques de propagation des germes. À Venise, un isolement de quarante jours est imposé pour les navires à partir de 1377. À compter de 1423, cet isolement est également imposé aux voyageurs en provenance de zones infectées qui doivent effectuer un séjour dans le lazaret, un hôpital installé au sein du monastère Sainte-Marie-de-Nazareth sur une île en dehors de la ville. Venise innove également en 1486 en instituant un magistrat de santé, chargé de faire appliquer les premières mesures d'hygiène publique.

1. Monique Lucenet, *Les grandes pestes en France*, Aubier, 1981.

Cette politique de santé publique se poursuit et s'amplifie dans les siècles suivants. En France, les premières institutions sanitaires sont mises en place en Provence et dans le Languedoc, avant que toutes les villes du royaume n'adoptent à l'époque moderne un corps administratif spécialisé dans la lutte contre la peste. À partir de 1531, Paris se dote de Prévôts de santé chargés d'identifier et d'isoler les malades de la peste à l'Hôtel-Dieu. Lyon ouvre un Bureau de santé à partir de 1581. Les règlements sanitaires adoptés à l'époque moderne n'avaient parfois rien à envier au pass sanitaire. L'historienne Élisabeth Delmas décrit ainsi le cas des « bullettes » imposées par les règlements de peste[1]. Les clients devaient présenter aux aubergistes leurs bulletins de santé pour pouvoir être servis ou logés dans certaines villes françaises à l'époque moderne.

De la même manière, plusieurs villes européennes adoptent des règlements de peste qui compilent toutes les mesures à adopter pour combattre l'épidémie. Ces textes imposent des règlements draconiens comme l'abattage des animaux domestiques ou encore la destruction des logements atteints par la peste. Dans les villes affectées, les lieux publics étaient fermés et les marchandises devaient faire l'objet d'un traitement spécifique la plupart du temps à base de vinaigre. Ces règlements de peste imposaient de dénoncer les malades et certains promettaient même des récompenses en échange de ces dénonciations. Les malades étaient alors assignés à domicile ou envoyés dans des hôpitaux de peste. De la même manière que pour la gestion de la lèpre, des cabanes d'isolement étaient réservées en pleine campagne aux convalescents, en dehors des périodes d'épidémie. Ces règlements prévoyaient par ailleurs la réquisition des stocks des commerçants afin de subvenir aux besoins de la population.

Les épidémies de peste peuvent alors être considérées comme des périodes de renforcement du rôle joué par les autorités publiques, les situations de crise justifiant l'adoption de législations d'exception. Cependant, les règlements de peste furent souvent contournés ou mis en œuvre en extrême recours uniquement. Les autorités ont souvent tardé à les appliquer. En 1629, alors que Montpellier s'apprêtait à recevoir le roi Louis XIII, un cas de peste qui venait d'être détecté dans le couvent des capucins a été passé sous silence, le Grand conseil de la ville préférant ne pas « alarmer pour si peu de choses ». La maladie a été révélée qu'un mois plus tard, empêchant le strict isolement des pestiférés.

1. Élisabeth Belmas, « pouvoir politique et catastrophe sanitaire : la "publication" des épidémies de peste dans la France moderne », *Parlement(s), revue d'histoire politique*, 2017.

18 Animaux et créatures fantastiques : les représentations de la peur

Les historiens se sont rapidement intéressés aux créatures fantastiques et aux phénomènes paranormaux qui n'ont pas manqué de marquer les temps. Dès 1862, Jules Michelet publie ainsi *La sorcière*, essai dans lequel il revient sur les origines païennes du phénomène et sur sa répression.

Ces créatures fantastiques fascinent. Elles sont le témoin de constructions intellectuelles et peuvent donc permettre d'étudier les représentations des sociétés passées mais aussi leur organisation politique et sociale.

Plus proche de nous, les animaux sont devenus des objets d'une histoire des représentations. La peur que certains d'entre eux suscitent, est souvent le fruit d'une construction intellectuelle, en plus d'être le reflet de la puissance qu'ils incarnent. Michel Pastoureau, historien médiéviste et directeur de recherche à l'EHESS, s'est ainsi intéressé aux animaux à travers sa thèse sur le bestiaire animal dans l'héraldique médiévale. Il est l'auteur d'une série animalière sur l'ours, le cochon ou le corbeau.

1 L'ours, histoire d'un roi déchu

Dans un livre paru en 2007, Michel Pastoureau[1] revient sur le rapport des sociétés à l'ours. Cet animal déchaîne encore les passions, comme en témoignent les manifestations lors des opérations de réintroduction dans les Pyrénées. L'historien revient en particulier sur la guerre menée par le christianisme contre l'ours, pour le faire descendre de son trône de roi des animaux. Au même titre que le lion qui lui succède, l'ours est l'un de ces animaux invincibles, sorte de « premier dieu » sans prédateur.

Pourtant, dans des temps reculés, l'ours était l'objet d'une véritable vénération. Les préhistoriens ont ainsi mis en évidence un culte de l'ours. Dans la grotte Chauvet par exemple, des crânes d'ours sont disposés en cercle autour d'un autre crâne posé sur un piton rocheux au centre de « la salle à l'ours ». De même, en Dordogne, dans la grotte du Régourdou, les archéologues ont retrouvé un homme de Néandertal enterré aux côtés d'un ours.

L'historien prend également l'exemple des Grecs ; dans leur mythologie, les mythes d'Artémis mettent régulièrement en scène des ours. Le fils qu'elle a eu avec Zeus est ainsi changé en ours. Les hommes de l'Antiquité développent plus largement l'idée d'une parenté entre l'homme et l'ours, au même titre que le rôle accordé aux singes à compter du XVIIIe siècle. Plusieurs légendes mettent ainsi en scène la

1. Michel Pastoureau, *L'Ours. Histoire d'un roi déchu*, Le Seuil, 2007.

capacité de l'ours de s'accoupler avec des femmes. Si aujourd'hui ce débat paraît risible, l'évêque de Paris s'interroge au XIIe siècle sur la nécessité de baptiser ou non les êtres mi-hommes mi-ours nés de cette union.

Afin de rompre avec ces reliquats de paganisme, l'Église chrétienne « entre en guerre », selon les termes de Michel Pastoureau, contre les ours. Cette lutte sans merci repose sur différentes stratégies. Il s'agit d'abord de les éradiquer et donc de susciter une peur de l'ours. Il convient ensuite de le diaboliser en lui associant des péchés capitaux dont on retrouve des déclinaisons jusque dans les imageries les plus récentes ; on le présente ainsi comme un animal gourmand ou paresseux. C'est également au cœur du Moyen Âge que se développent des spectacles d'animaux dans le but de ridiculiser l'ours.

Au XIIIe siècle, l'Église est parvenue à ses fins en faisant de l'ours « un roi déchu », tout en s'assurant de sa quasi-disparition, au même titre du fléau que subit le loup.

2 Le loup, une autre créature diabolisée

Au cœur du Moyen Âge, l'Église chrétienne crée une autre peur, celle du loup. Michel Pastoureau s'intéresse à cette vedette du bestiaire central dans *Le loup. Une histoire culturelle* publiée au Seuil en 2018. Il met en évidence dans ce livre l'émergence d'une peur liée à des conditions économiques et un contexte social.

L'historien revient tout d'abord sur la place du loup dans les mythologies antiques. Il rappelle que les Grecs et les Romains n'ont pas peur du loup ; bien au contraire, les Romains confient à une louve Romulus et Remus à l'origine de la fondation de Rome.

Selon lui, la peur du loup surgit au haut Moyen Âge ; elle serait la conséquence du délitement de l'Empire romain, car les périodes troublées favorisent la proximité de l'homme avec cet animal. Dès lors, les attaques du loup retournent les représentations que les hommes se font de cet animal. Surgit une nouvelle image d'un loup représenté comme cruel, vorace et lâche du fait qu'il attaque en meute.

Les clercs l'associent dès lors à d'autres péchés comme celui de luxure du fait de la proximité sémantique entre la louve et la prostituée (*lupa* en latin). Au même titre que l'ours, le loup subit également une dépréciation. Il est tourné en ridicule, comme le montre notamment la représentation d'une bête idiote, sans cesse bernée par les autres animaux dans *Le roman de Renart*.

Michel Pastoureau met également en évidence également un retour de la peur du loup à l'époque moderne, avant la mise au point du vaccin contre la rage au XIXe siècle. Surgissent alors les mythes des loups-garous, des hommes se transformant en loup la nuit pour commettre des péchés les soirs de pleine lune, mais également celui de la bête du Gévaudan.

L'affaire de la bête du Gévaudan (1764-1767)

Nous ignorons toujours les tenants et aboutissants de cette affaire mais son ampleur est telle qu'elle remonte jusqu'au roi Louis XV qui envoie son arquebusier pour tenter de tuer la bête. Dans cette région reculée du Massif central, une jeune bergère de 14 ans est retrouvée morte en juin 1764. D'autres victimes sont retrouvées démembrées et décapitées. Selon les sources, le nombre de ces victimes est évalué entre 100 et 300. Plusieurs centaines de loups sont abattus, pendant que l'affaire prend un tournant national à travers la publication d'articles par un colporteur, François Morénas, à l'origine du mythe de la bête du Gévaudan. En 1765, le roi envoie son garde du corps qui est un temps présenté comme le tueur de la bête, avant que les attaques ne reprennent. L'intérêt pour ces attaques est largement retombé quand un autre chasseur, Jean Chastel, est reconnu comme le véritable tueur de la bête.

3 Le dragon, un animal diabolique

Le mal s'incarne par ailleurs dans d'autres animaux ou figures monstrueuses. Omniprésent dans la culture populaire, le dragon est désormais l'objet central d'une thèse soutenue en 2020 par Marion Charpier, *Le dragon médiéval. « Physiologus », encyclopédies et bestiaires enluminés, VIIIe-XVe siècles : texte et image*. À travers l'étude de différentes traditions, l'historienne montre comment le dragon est construit au cœur du Moyen Âge comme l'adversaire de Dieu.

Dans l'Antiquité, le dragon est plus proche du serpent. Dans sa *Théogonie*, Hésiode les présente ainsi comme des serpents effroyables aux yeux de feu ; l'étymologie du terme, du grec *derkomai*, voir, percer du regard, souligne cette importance du regard dans la construction de la figure du dragon. Cet animal est également très proche du Léviathan, son pendant marin. Dans la tradition biblique, il demeure un adversaire de Dieu, à l'instar du dragon de l'Apocalypse, créature monstrueuse à plusieurs têtes, animé par un feu ardent. Il y est décrit comme « un antique serpent, diable ou Satan ».

Le dragon devient dès lors un être maléfique, assimilé au diable. Vaincu par saint Michel, sa défaite figure celle du diable. Contrairement aux serpents, sa nature est uniquement maléfique. Il devient même le nouveau visage de Lucifer, « le porte lumière », cet ange déchu qui a essayé de s'élever au-dessus du créateur. Au XIIIe siècle, le dragon est représenté à l'image du diable ; ses longues oreilles par exemple figurent les cornes de Satan.

Incarnation du mal, il est vaincu par plusieurs saints, parmi lesquels saint Georges dont la légende raconte qu'il aurait vaincu au IVe siècle un dragon qui obligeait les habitants d'une ville de Libye à lui livrer chaque jour une jeune femme ou un jeune homme afin de le sacrifier. La tradition du dragon demeure vivace dans la religiosité populaire, notamment dans le culte des rogations, ces processions villageoises destinées à bénir les champs. Cette figure est enfin récupérée par la littérature et le cinéma fantastique.

4 Sorciers et sorcières, des suppôts du diable

Proche de l'animalité par leur comportement, parfois associé directement aux bestiaires, représenté plus tard avec des chats noirs, les sorciers et sorcières figurent parmi les autres incarnations du mal. Entre 1420 et 1660, plus de 60 000 personnes sont tuées par l'inquisition en Europe pour accusations de sorcellerie. Contrairement à une légende tenace, si les femmes représentent environ 70 % des condamnés, les milliers de bûchers allumés concernent aussi les hommes. Des guérisseurs proches du paganisme ou des hérétiques détournant les rites chrétiens sont ainsi châtiés par le feu, après avoir été présentés comme des suppôts du diable pactisant avec lui afin de préparer son avènement.

La sorcellerie a été étudiée à partir des traces laissées par les procès par l'historien Carlo Ginzburg, notamment dans *Le sabbat des sorcières* de 1989. D'autres professionnels de l'histoire ont travaillé sur cette condamnation des sorciers, parmi lesquels Martine Ostorero, professeure à l'université de Lausanne, autrice du livre *Le diable au sabbat. Littérature démonologique et sorcellerie, 1440-1460*, publié en 2011.

La chasse aux sorcières apparaît comme un moyen pour les pouvoirs laïcs et ecclésiastiques d'affirmer leur autorité sur les sociétés européennes du Moyen Âge. Elle apparaît donc davantage comme une action politique plus qu'un témoignage de la crédulité des populations du Moyen Âge.

Le sabbat, symbole de ces enjeux de pouvoir

Les messes noires organisées par les sorciers sont symptomatiques de ces enjeux de pouvoir. Les inquisiteurs reprochent souvent aux sorciers de s'attribuer des compétences réservées aux prêtres en administrant les sacrements ou en s'autorisant des lectures clandestines de la Bible. Religion et enjeux de pouvoir sont donc indissociables de cette chasse aux sorciers dans une époque où le christianisme cherche à asseoir son autorité sur l'Occident.

Cette chasse aux sorcières met en œuvre la peur du diable ainsi que celle de l'autre. Cette condamnation des sorciers apparaît en effet comme un nouvel avatar de la quête du bouc émissaire ; après les lépreux, les hérétiques et les juifs, les sorciers condamnés par l'inquisition permettent de souder les populations mais aussi de châtier les malheurs qui s'abattent sur l'Occident, notamment la peste.

En corrélation avec les pouvoirs locaux, un inquisiteur envoyé par le pape se charge de la procédure. Le procès revêt souvent une forme commune. Il repose d'abord sur plusieurs témoignages de pratiques démonologiques, même si la délation s'accompagne plus généralement du poids de la « rumeur publique », souvent mentionné lors des procès. Les accusés sont jugés, peuvent abjurer pour échapper à la condamnation, mais la moitié d'entre eux finit au bûcher, même si cette proportion varie considérablement en fonction des lieux et des époques.

19 Quelle place occupe la peur dans les rapports sociaux de genre ?

Le genre désigne, en sociologie, le système qui produit une bipartition hiérarchisée entre hommes et femmes[1]. Cette bipartition – hiérarchisée car favorable aux hommes - renvoie à toute une série d'associations, socialement construites, au féminin et au masculin, autour de lieux, d'objets, d'activités, de comportements, ou encore d'émotions. C'est dans ce cadre qu'il s'agira de questionner la place de la peur. Dans quelle mesure la peur est-elle une émotion genrée, c'est-à-dire s'inscrivant dans une bipartition masculin / féminin ? En outre, le genre produit des rapports sociaux entre hommes et femmes, ce que l'on nomme « rapports sociaux de genre ». On se demandera ainsi dans quelle mesure ce rapport social peut *faire naître* la peur.

1 La peur, une émotion genrée

Le sens commun veut qu'une large partie de nos comportements, nos caractères, nos émotions se trouvent être biologiquement déterminés. De nombreuses études sont cependant venues remettre en cause cette prénotion. Une étude pionnière fut menée par l'anthropologue Margaret Mead (*Sex and Temperament in Three Primitve Societies*, 1935). Analysant trois sociétés en Océanie, elle montre que les comportements ne sont, tout d'abord, pas perçus comme étant différents selon les sexes dans toutes les sociétés. Ainsi, chez les Arapesh et les Mundugumor, les hommes et les femmes ne présentent pas de caractères particulièrement distincts. Douceur et sensibilité sont des caractères tout autant « masculins » que « féminins » chez les Arapesh. Chez les Mundugumor, la violence et l'agressivité caractérisent aussi bien les hommes que les femmes. L'éducation dans ces deux tribus ne crée ainsi pas de personnalité spécifiquement masculine ou féminine. Enfin, dans la troisième société étudiée, les Chambuli, M. Mead observe que les hommes et les femmes sont bien perçus comme présentant des différences de tempéraments. Cependant, les associations diffèrent largement de celles que l'on peut connaître dans les sociétés occidentales. Les membres de cette tribu sont ainsi persuadés que la femme est naturellement entreprenante, dynamique, extravertie, tandis que l'homme se montre davantage sensible, soucieux de son apparence et jaloux. De ses observations, Margaret Mead conclut : « les traits de caractère que nous qualifions de masculins ou de féminins sont pour bon nombre d'entre eux, sinon en totalité, déterminés par le sexe d'une façon aussi superficielle que le sont les vêtements, les manières et la coiffure qu'une époque assigne à l'un ou l'autre sexe ».

1. Laure Bereni, Sébastien Chauvin, Alexandre Jaunait, Anne Revillard, *Introduction aux études sur le genre*, De Boeck, Bruxelles, 2020.

Mais comment ces différences de caractères se transmettent-elles aux enfants dans une société ? Les sociologues montrent l'influence des multiples agents de socialisation sur la construction des façons d'être, d'agir et de penser de l'enfant. Les parents, en adoptant eux-mêmes une attitude différenciée, participent à façonner des rôles de sexe.

Comment les adultes interprètent-ils les pleurs d'un bébé ?

Dans une étude publiée en 1976 (« Sex differences : A study of the eye of the beholder », *Child Development*), John et Sandra Condry mettent en évidence le comportement différencié des adultes. Lors de cette expérience, les participants sont invités à fournir l'interprétation des pleurs d'un bébé. Si la photo présentée reste la même pour chaque participant, l'information livrée est cependant différente : dans certains cas on leur indique que le bébé est un garçon, dans d'autres qu'il s'agit d'une fille. Les résultats montrent une différence d'interprétation : les pleurs sont davantage interprétés comme étant l'expression d'une colère pour les bébés « garçons », tandis qu'ils sont davantage interprétés en termes de peur pour les bébés « filles ».

De façon plus générale, l'expression des émotions, parmi lesquelles on retrouve la peur, est davantage encouragée chez les filles. La construction de la masculinité s'opère ainsi autour des valeurs telles que le « courage » et du rejet de la peur. Le sociologue Daniel Welzer-Lang explique ainsi dans son article « La construction du masculin » (*Identité(s). L'individu, le groupe, la société,* 2016) que les jeunes garçons intériorisent, notamment dans leurs interactions avec leurs pairs, des logiques d'affrontement, le refus de se plaindre, afin de se différencier des femmes. Cette valorisation de la froideur possède des implications très concrètes dans leur comportement, notamment dans le rapport au risque. De façon générale, les garçons adoptent des pratiques à risque plus fréquemment que les filles. Le rejet de la peur s'observe également dans le monde du travail. La sociologue Pascale Molinier explique ainsi dans son article « Virilité défensive, masculinité créatrice » (*Travail, genre et société,* 2000) que la virilité peut être une ressource défensive face au risque : le déni de la réalité ou encore la prise de risque volontaire sont ainsi des moyens d'affronter la peur au travail. Dans tous les cas, « les hommes, même s'ils exercent des professions dangereuses, ou néfastes pour eux-mêmes ou pour les autres, font rarement mention de la peur en première intention, surtout devant d'autres hommes ».

2 Le genre : un rapport social source de peur

Cependant, le genre ne constitue pas un simple diviseur du monde. Il est également un rapport social, impliquant une domination masculine. Or, ce rapport social peut produire de la peur. Dans son roman *Fille,* publié en 2020, la romancière Camille Laurens exprime avec force cette idée : « Ce qui est terrible, tu sais, maman, c'est que les femmes ont peur tout le temps, partout, à toutes les époques. Évidemment, elles ont moins peur chez nous qu'en Inde ou je ne sais où, mais enfin, que ce soit conscient ou non, elles vivent dans la peur, la peur des hommes. » Cette peur peut notamment apparaître dans l'espace public, où les femmes sont exposées aux risques de remarques, d'interpellations ou d'agressions. L'Enquête Nationale sur les Violences Envers les Femmes en France a montré qu'environ 40 % des femmes interrogées évitent de sortir seules la nuit et qu'une part équivalente d'entre elles réfléchissent dans le détail à l'itinéraire qu'elles vont emprunter. Dès le plus jeune âge, les jeunes filles sont ainsi socialisées à l'idée que leur rapport aux hommes dans la rue peut être source de danger. Dans l'ouvrage *Genre, violences et espaces publics. La vulnérabilité des femmes en question* (2008), la sociologue Marylène Lieber relève ainsi les stratégies mises en œuvre par les femmes pour prévenir les agressions : il peut s'agir d'arriver en retard à un rendez-vous pour éviter d'être seule dans un lieu public, de prendre un taxi pour éviter les transports en commun, ou encore adopter certaines tenues pour ne pas être remarquées.

L'enjeu de la tranquillité et de la sécurité des femmes dans l'espace public est ainsi devenu de plus en plus prégnant ces dernières années. Cela s'est notamment traduit au niveau juridique avec l'adoption d'une loi en juillet 2018 créant l'infraction « d'outrage sexiste » afin de lutter contre le harcèlement de rue.

Une nouvelle infraction : l'outrage sexiste

L'article 621-1 du Code pénal dispose que constitue un outrage sexiste le fait « d'imposer à une personne tout propos ou comportement à connotation sexuelle ou sexiste qui soit porte atteinte à sa dignité en raison de son caractère dégradant ou humiliant, soit crée à son encontre une situation intimidante, hostile ou offensante ». Cette infraction est désormais passible d'une amende de 750 €. En 2020, 1 409 infractions ont été enregistrées.

Au-delà des dispositions juridiques, les projets d'urbanisme tendent à prendre de plus en plus en compte cet enjeu. À titre d'exemple, la Ville de Paris a lancé en mai 2021 un guide *Genre et espace public* pour proposer des bonnes pratiques en matière de politiques urbaines. Les nouveaux aménagements publics cherchent ainsi à réfléchir à l'occupation de l'espace. La question de l'éclairage public est également un enjeu important pour assurer un sentiment de sécurité.

Notons que la peur suscitée par le rapport social de genre ne se limite pas à la question de l'occupation de l'espace public. Elle peut également naître dans l'espace domestique, rendant plus difficile la visibilité du phénomène. Le film *Jusqu'à la garde* (2017) réalisé par Xavier Legrand montre ainsi comment les violences conjugales, parfois passées inaperçues y compris pour l'entourage, font naître la peur. La lutte contre les violences domestiques et des féminicides est ainsi l'une des revendications centrales des associations féministes.

20 Xénophobie, homophobie : une « peur » de l'autre ?

On observe depuis plusieurs années l'usage croissant dans le vocabulaire courant de termes ayant pour suffixe le mot « phobie ». Ainsi, le terme « grossophobie », désignant les discriminations envers les personnes corpulentes s'est développé en France à partir de 2017 et la publication de l'ouvrage de Gabrielle Deydier, *On ne naît pas grosse*. De même, le terme « glottophobie » a vu son usage s'accroître depuis quelques années, afin de désigner les discriminations à prétexte linguistique, telles que celles portant sur l'accent. Ces nouveaux termes ont en commun de désigner des discriminations subies par des personnes ayant un « stigmate », pour reprendre le terme du sociologue américain Erving Goffman, c'est-à-dire un attribut socialement dévalorisant. Ce stigmate, fondé sur l'écart à une norme, expose donc les individus à la stigmatisation par des regards, des remarques, mais aussi des agressions verbales ou physiques parfois particulièrement violentes. Ces nouvelles expressions rejoignent les termes plus connus de « xénophobie » ou encore « d'homophobie ». En se concentrant sur ces deux termes, il s'agira de retracer la naissance de ces concepts, de dresser un tableau statistique pour mesurer leur ampleur aujourd'hui, mais aussi de questionner l'usage du mot « peur » pour désigner de tels actes.

1 La xénophobie : la peur de l'autre chez soi ?

Du grec « *xenos* » (l'étranger) et « *phobia* » (la peur) le terme « xénophobie » ne désigne en réalité pas tant une peur que la manifestation d'une hostilité envers les étrangers. Dans *La France hostile. Histoire de la xénophobie en France au* XIX*e siècle* (2002), l'historien Laurent Dornel indique que le mot apparaît en 1903, dans le prolongement de l'affaire Dreyfus, « période de très forte exacerbation de l'identité nationale ». La notion « d'étranger » telle qu'on l'entend aujourd'hui – à savoir une personne n'ayant pas la nationalité française – n'a pas toujours eu cette signification. En effet, durant la première moitié du XIXe siècle, l'unité de la France n'a rien d'évidente et le pays connaît « de multiples conflits identitaires, l'Auvergnat ne se reconnaît pas dans le Breton, pas plus que le Limougeaud dans le Clermontois ». Ainsi, l'étranger désigne dans l'espace local aussi et avant tout celui qui provient de l'extérieur de cet espace. De profondes mutations économiques et sociales s'opèrent au XIXe siècle : l'industrialisation, l'urbanisation, le développement des moyens de transport ou encore celui de la presse écrite. En parallèle, un véritable travail politique se met en place afin de construire une « identité nationale ». Tous ces éléments participent ainsi à la « nationalisation » du territoire et à faire évoluer la figure de l'étranger : « la figure de l'étranger se décante et se précise : l'étranger, c'est de plus en plus celui qui vient d'une autre nation, ne parle pas français, ne partage pas les représentations unificatrices, en somme n'appartient pas à la "communauté imaginée" ». Cette construction de la figure de l'étranger va ainsi de pair avec l'émergence d'actes xénophobes. Parmi eux, le massacre d'Italiens à Aigues Mortes le 17 août 1893 entraînant la mort de 8 ouvriers et faisant une cinquantaine de blessés, constitue probablement l'exemple le plus célèbre.

Les statistiques officielles sur les actes xénophobes

Il est difficile de mesurer les agressions proprement « xénophobes », dans la mesure où ces actes peuvent également posséder une dimension raciste ou être liés à la religion (actes antisémites ou islamophobes). Le ministère de l'Intérieur publie ainsi chaque année des statistiques relatives à ces agressions. En 2021, 12 500 infractions à caractère raciste, xénophobe ou antireligieux étaient recensés par les services de police ou de gendarmerie. Les 4/5e de ces actes prenaient la forme d'injures, de provocation ou de diffamations publiques.

Saisir l'état de la xénophobie dans le pays ne peut pas se limiter à l'étude des statistiques des services de police et de gendarmerie. En effet, des individus peuvent ressentir une hostilité envers les étrangers sans pour autant agresser verbalement ou physiquement d'autres individus perçus comme étrangers. Dans son article « Xénophobie et préférence nationale : une stabilité à relativiser » (2019), le politiste Vincent Tiberj étudie ainsi l'évolution des opinions xénophobes des Français entre 1981 et 2018. Un premier baromètre conduirait à constater une légère augmentation de l'opinion xénophobe en France entre 1981 et 2018. Ainsi, alors qu'en 1981, 6 % des Français interrogés déclaraient « ne pas vouloir comme voisins des travailleurs étrangers ou des immigrés », ils étaient 9 % en 2018. Ce résultat reste cependant inférieur aux sondages réalisés en 1990 et 1999 où respectivement 13 % et 12 % des répondants affirmaient ne pas vouloir comme voisins « des travailleurs étrangers ou des immigrés ». Une autre question dans ce baromètre conduit à relativiser ce rapport aux étrangers en étudiant cette fois les réponses à la question de la préférence nationale en matière d'emploi. Alors qu'en 1990, 61 % des Français interrogés étaient d'accord avec la phrase « quand les emplois sont rares, les employeurs devraient embaucher prioritairement des Français », ils n'étaient plus que 42 % en 2018. Analysant ces différentes données, Vincent Tiberj insiste sur plusieurs déterminants des opinions xénophobes exprimées par les Français. Tout d'abord, l'expression de la xénophobie est corrélée au niveau de diplôme. Ainsi, les personnes sans-diplômes sont celles ayant le plus tendance à exprimer une opinion xénophobe. Par ailleurs, les plus jeunes générations ont tendance à moins exprimer d'opinions xénophobes que les plus âgés. Mais au-delà de ces caractéristiques sociales rendant plus ou moins probables l'expression d'opinions xénophobes, Vincent Tiberj souligne l'importance du contexte et surtout des effets de cadrage lorsqu'apparaissent des évènements de nature à soulever des opinions xénophobes. Une crise économique, une crise sociale, un attentat terroriste sont en effet des moments propices à la montée de la xénophobie. Mais la montée de la xénophobie reste avant tout liée au cadrage de ces évènements c'est-à-dire aux discours médiatique et politique entourant ces évènements. Le politiste cite ainsi le cas des émeutes de 2005 dans les banlieues en France. Ces évènements ont été largement interprétés par une partie des médias et des représentants politiques comme le reflet d'une intégration problématique en France et ont conduit à dénoncer l'immigration. Or, dans les mois suivant les émeutes de 2005, les sondages indiquaient une montée de la xénophobie. À l'inverse, les attentats de 2015, qui auraient pu être propices à la montée de la xénophobie n'ont pas produit de tels résultats dans les sondages, notamment en raison du cadrage médiatique et politique des évènements insistant sur la liberté d'expression. Ainsi, pour Vincent Tiberj : « Les évènements ne favorisent pas automatiquement la xénophobie ou l'extrême droite. Une spirale autoritaire ne se crée qu'en fonction de la manière dont les élites politiques, au sens large, construisent les récits de ces évènements. »[1]

2 L'homophobie : La peur de l'autre en soi ?

Dans l'article « Réflexions autour de la notion d'homophobie : succès politique, malaises conceptuels et application empirique » (*Nouvelles Questions Féministes*, 2012) les sociologues Line Chamberland et Christelle Lebreton reviennent sur la notion d'homophobie, apparue dans les années 1970 sous la plume du psychologue Georges Weinberg. On ne peut comprendre l'usage de ce terme sans remettre en contexte le rapport à l'homosexualité dans les sociétés occidentales qui l'ont longtemps considérée comme une pathologie. La création du terme « homophobie » visait alors à renverser le stigmate : « le concept d'homophobie procédait ainsi d'un renversement, celui de l'homosexualité-maladie, pour qualifier l'antihomosexualité dans les mêmes termes, en l'assimilant à une phobie ». Les pressions exercées sur l'American Psychiatric Association conduisirent finalement au retrait de l'homosexualité du *Manuel diagnostique et statistique des troubles mentaux*, sans que l'homophobie ne soit pour autant incluse dans la liste des troubles mentaux. Le terme s'est finalement ancré dans les discours militants comme scientifiques durant les années 1980 mais il reste cependant contesté. Parmi les critiques conceptuelles se trouve l'idée que l'héritage psychologique de la notion d'homophobie tend à effacer le caractère systémique du phénomène. L'homophobie n'est pas juste la manifestation individuelle d'un rejet de l'homosexualité, elle est le résultat d'une « idéologie qui privilégie systématiquement l'hétérosexualité et la présomption de la normalité hétérosexuelle ». En cela, plusieurs sociologues privilégient la notion « d'hétéronormativité ».

1. Vincent Tiberj, « Une France moins xénophobe ? », *La Vie des idées*, 6 juin 2017.

Les statistiques officielles sur les actes homophobes

Les chiffres issus des services de police et de gendarmerie indiquent que 3 790 actes ont été commis en raison de l'orientation sexuelle ou de l'identité de genre (anti-LGBT +) en 2021. Comme pour les actes xénophobes, la majorité de ces atteintes prennent la forme d'injures ou de diffamations (environ 60 % des actes enregistrés). Il est à noter que les actes anti-LGBT+ enregistrés n'ont cessé d'augmenter entre 2016-2021 puisqu'ils ont doublé en 5 ans. Ces actes, qui ont lieu plus fréquemment dans l'espace public, sont principalement commis contre des hommes (entre 72 % et 76 % entre 2016 et 2021). Ces différentes statistiques tendent cependant à minorer l'ampleur des actes homophobes ou transphobes. Les enquêtes de victimation qui viennent compléter les statistiques officielles montrent ainsi que seules 20 % des personnes LGBT+ agressées avaient porté plainte, ce taux n'atteignant que 5 % pour les injures.

Le sociologue Daniel Welzer-Lang propose lui de conserver le terme d'homophobie en insistant sur l'idée d'une « peur de l'autre en soi ». Il rappelle dans son ouvrage *La peur de l'autre en soi. Du sexisme à l'homophobie* (1994) que l'on ne peut appréhender l'homophobie sans comprendre la structuration de la société autour de l'association aux sexes d'une série de qualités et de défauts, ces associations se faisant au bénéfice du masculin. Les individus sont ainsi poussés à adopter les rôles sociaux associés à leur sexe. Dès lors, l'homophobie traduit cette injonction à revêtir ce rôle et à ne pas adopter les attitudes de « l'autre sexe ». L'enquête menée par la sociologue Isabelle Clair auprès de filles et de garçons ayant entre 15 et 20 ans et appartenant aux classes populaires, montre ces injonctions quotidiennes traversant les interactions entre jeunes garçons[1]. L'enjeu pour ces derniers est de ne pas ressembler à l'autre sexe, de ne pas adopter ses attitudes et comportements. L'attitude homophobe – par exemple une insulte homophobe – ne s'exprime pas seulement envers des hommes homosexuels. Elle peut également s'adresser à des hommes hétérosexuels pour stigmatiser une réflexion, une attitude, un caractère transgressant le rôle de sexe. L'homophobie peut ainsi être au cœur de la construction du masculin. Toute transgression de cet ordre hétérosexuel expose un garçon à l'insulte homophobe car cette insulte incarne « la transgression la plus forte de l'ordre hétérosexuel ». Isabelle Clair montre que l'insulte homophobe « s'immisce dans les interactions les plus ordinaires de la vie quotidienne au cours desquelles les copains s'inquiètent et se rassurent mutuellement de leur respectabilité sexuelle ». Or, ces attitudes homophobes ordinaires échappent largement à la mesure statistique des actes homophobes.

1. Isabelle Clair, « Le pédé, la pute et l'ordre hétérosexuel », *Agora débats/jeunesses*, n° 60, 2012.

SOUS-PARTIE

2

La peur en dissertations

- La peur, une arme politique ?
- La peur est-elle une émotion démocratique ?
- Sécurité et insécurité.
- La peur rend-elle déraisonnable ?
- Peut-on être libre face à la menace ?

Sujet 1

La peur, une arme politique ?

Le 24 février 2022 débutait l'invasion de l'Ukraine par la Russie. L'attaque brutale du pays a déclenché la crainte d'un nouveau conflit mondial. Or, cette peur du conflit semble être au cœur de la stratégie du Kremlin, semblant faire de la peur une arme politique. [**Accroche**] La peur se définit comme étant une émotion ressentie face à une menace réelle ou supposée pour le bien-être individuel ou collectif. Le terme « politique » est, lui, particulièrement difficile à appréhender car polysémique. Il peut en effet tout autant renvoyer à la gestion de la cité au sens large, qu'aux acteurs politiques eux-mêmes, ou encore au contenu de l'action publique (les « politiques publiques »). Nous envisagerons ici la politique comme ce qui a trait à l'organisation de l'État et à l'exercice du pouvoir. Ce que nous nommerons « sphère politique » renverra finalement à deux aspects : la conduite de la politique de l'État vis-à-vis des autres États d'une part (la « politique étrangère ») et le champ politique propre à l'espace national. Ce deuxième objet d'étude nécessite de s'intéresser à la fois à la question de l'accès au pouvoir ainsi qu'à son exercice. Quelle que soit la sphère politique étudiée – sous l'angle des relations entre États ou à l'intérieur d'un espace politique national – il apparaît que des conflits, des affrontements peuvent survenir. Il convient donc de se demander quelles sont les armes dont disposent les acteurs politiques pour s'affronter, et il s'agira, plus précisément d'étudier la possibilité d'utiliser la peur dans ces espaces d'affrontements. L'arme est un instrument visant à blesser voire éliminer un ennemi. Cette idée « d'ennemi » fait sens lorsqu'il s'agit d'étudier la guerre, mais devient plus problématique lorsque l'on se place dans un cadre démocratique et il conviendra alors de parler « d'adversaire politique » plutôt que d'ennemi. Il conviendra de se demander finalement si la peur est une arme politique mais aussi et surtout si elle peut l'être, c'est-à-dire si l'on peut autoriser son usage dans les différents espaces de luttes politiques. [**Analyse du sujet**] Dès lors, il est possible de poser la problématique suivante : Dans quelle mesure la peur peut-elle être utilisée comme arme dans les différents espaces d'affrontements politiques ? [**Problématique**] Il apparaîtra dans un premier temps que la peur se révèle être une véritable arme dans les relations entre les États. Si la sphère internationale se distingue largement de la sphère politique nationale, il apparaît bien, pourtant, que la peur peut être utilisée par les différents acteurs dans ce champ politique. Cependant, la peur est une émotion dangereuse pour une démocratie, et il convient dès lors de la circonscrire au maximum. [**Annonce du plan**]

1. La peur une arme à part entière dans les relations entre les États

Le premier espace politique qui peut conduire à l'usage d'armes est celui des relations entre États. L'expression « arme politique » renvoie dans une large mesure au champ lexical de l'affrontement guerrier, conduisant à l'analyse des affrontements entre États. Nous verrons ainsi que la peur constitue bien une arme à part entière dans les relations conflictuelles entre États. Il apparaît que la peur peut bien être une arme en raison de l'espace politique particulier que constitue celui des relations internationales.

1.1. La peur de l'arme fait de la peur une arme dans les relations entre États

Lorsque les États entretiennent des relations conflictuelles, ils cherchent à utiliser différentes armes pour atteindre leurs ennemis. Or, la peur constitue une arme à part entière. Pour le comprendre, il convient de rappeler qu'une peur est associée à la présence d'une menace. En cela, agiter des menaces est une façon pour un État de faire naître la peur et de servir ses intérêts. La première de ces menaces est l'arme nucléaire. Les États n'utilisent pas tant l'arme nucléaire en tant que telle mais plutôt la menace de l'utiliser. La guerre froide a sans conteste illustré avec le plus de force cet usage de la peur du nucléaire. L'expression « équilibre de la terreur » a d'ailleurs été utilisée pour caractériser la relation entre les blocs soviétique et américain : l'usage de l'arme nucléaire par l'un des deux camps aurait conduit à des représailles immédiates menant à leur destruction, comme l'illustre le film *Docteur Folamour* de Stanley Kubrick (1964). Cet usage de la peur du nucléaire dans les relations entre États ne s'est cependant pas arrêté avec la fin de la Guerre froide. La guerre actuellement menée par la Russie en Ukraine a fait ressurgir la crainte d'un affrontement armé de grande ampleur. Elle a également conduit les grandes puissances nucléaires à brandir de nouveau la menace de l'usage de cette arme. Selon le politologue et spécialiste des questions internationales Bruno Tertrais : « Les Russes se servent du nucléaire pour nous impressionner, nous faire peur, nous diviser » (« La menace nucléaire plane sur la guerre en Ukraine », *Le Monde*, mars 2022) puisque la menace du nucléaire vise à dissuader les pays occidentaux à s'engager dans le conflit.

Au-delà de l'arme nucléaire, de nouvelles menaces ont émergé dans les relations entre États, alimentant ainsi de nouvelles peurs. Le numérique est le canal privilégié pour faire naître ces nouvelles menaces. En effet, le « cyber » constitue aujourd'hui un nouvel espace d'affrontements entre États. Il n'est d'ailleurs pas anodin de voir que des cyberattaques ont eu lieu quelques semaines avant l'offensive russe en Ukraine. L'une de ces attaques eut pour effet d'afficher sur des sites ukrainiens : « ayez peur et attendez-vous au pire». Les cyberattaques constituent de nouvelles menaces qui peuvent conduire aux blocages de certaines administrations, ou encore au vol d'informations. Mais le numérique est également l'espace investi par certaines puissances, au premier rang desquelles on retrouve la Russie, pour chercher à diffuser des fausses informations, des rumeurs, et in fine répandre la peur. En cela, le « cyber » a été particulièrement investi par la Russie pour attaquer l'Ukraine comme l'explique le géographe Kevin Limonier. Des opérations informationnelles menées par la Russie en Ukraine cherchent à manipuler l'opinion publique pour « répandre le trouble et la peur dans la société ukrainienne ». Ces nouvelles formes de menaces soulèvent désormais des craintes dans les pays occidentaux et la peur de ces déstabilisations renforce le pouvoir des puissances l'utilisant.

Il apparaît donc que les États, lorsqu'ils entretiennent des rapports conflictuels, ont à leur disposition plusieurs armes parmi lesquelles on retrouve la peur. Il peut s'agir d'une part de la peur d'utiliser certaines armes, comme le nucléaire, ou l'utilisation du cyberespace pour répandre la peur dans un État et ainsi perturber son fonctionnement. La peur se révèle être ainsi au cœur des affrontements en raison de l'espace particulier que constitue l'espace politique international.

1.2. Les relations internationales, un espace politique particulier

La peur constitue une véritable arme politique sur la scène internationale en raison de la particularité de cet espace politique. En effet, les relations internationales sont, dans la tradition des penseurs réalistes, décrites comme l'affrontement d'intérêts étatiques. Dans ce contexte, chaque État fait preuve «d'égoïsme » en cherchant à défendre ses intérêts propres. Dans l'analyse réaliste, il n'existe pas de système international permettant la régulation de ces conflits. Ainsi, pour le philosophe Thomas Hobbes, les relations internationales sont comparables à l'état de nature. Théorisant la naissance de l'État, T. Hobbes décrivait l'état de nature dans *Le Léviathan* (1651) comme un état de guerre de tous contre tous. Cet état de nature perdurerait donc dans les relations internationales.

Cette vision des relations internationales comme « état de nature » peut cependant être largement nuancée. Il existe en effet aujourd'hui un cadre institutionnel international devant permettre la régulation des conflits, et finalement éviter cet « état de nature » décrit par T. Hobbes. En cela, l'ONU (Organisation des Nations unies) occupe une place importante. Créée en 1945, elle dispose notamment pour mission de maintenir la paix et d'assurer la sécurité internationale. Deux organes jouent un rôle important. Il s'agit d'une part du Conseil de sécurité : composé de 15 États membres, dont 5 permanents (Russie, États-Unis, France, Chine, Royaume-Uni), il vise à régler des conflits par des moyens pacifiques et, en dernier recours, peut autoriser l'emploi de la force pour maintenir la sécurité internationale. D'autre part, l'Assemblée générale est un organe permettant le dialogue entre l'ensemble des États membres. Elle prend des résolutions qui peuvent, ensuite, être reprises par le Conseil de sécurité. En définitive, de telles institutions internationales devraient permettre d'échapper à l'usage de la peur en tant qu'arme politique en désamorçant les conflits. Cependant, il apparaît que ces institutions peinent à remplir pleinement leur rôle. La guerre menée par la Russie montre qu'un État peut décider de se soustraire de tout contrôle international et faire usage de toutes les armes dont elle a à disposition, parmi lesquelles on retrouve la peur.

Il apparaît, au terme de cette première partie, que la peur constitue bien une arme politique sur la scène politique internationale. Parce qu'elle est un espace politique particulier, où s'affrontent les intérêts des États, il n'est cependant pas possible d'en déduire que la peur constitue une arme dans tout espace politique. Il convient donc désormais d'étudier l'usage de la peur dans les espaces politiques nationaux.

2. La peur peut également être utilisée dans le champ politique national

L'espace politique national est un lieu de confrontation entre les partis politiques pour accéder au pouvoir. Il apparaît que la peur peut bien constituer une arme politique, aussi bien dans l'optique de la conquête du pouvoir que dans son exercice.

2.1. La peur, une arme rhétorique dans la compétition électorale

La peur peut être utilisée par les formations politiques lors de leur affrontement en campagne électorale. On peut ici parler « d'arme politique » puisque la peur vise bien à éliminer des adversaires en vue de remporter l'élection. Dans son ouvrage *Peur, espoir, compassion, indignation : l'appel aux émotions dans les campagnes présidentielles*, la politiste Marion Ballet s'est ainsi intéressée aux discours des candidats aux élections présidentielles entre 1981 et 2007 et, plus précisément à ce qu'elle nomme les « rhétoriques émotionnelles », c'est-à-dire le fait d'exprimer une émotion ou solliciter chez les électeurs une réponse affective afin d'obtenir leur vote. Elle montre ainsi que la peur figure parmi les différentes rhétoriques émotionnelles, aux côtés de l'espoir, la compassion ou l'indignation. Il convient cependant de noter que la peur n'est pas nécessairement l'instrument le plus utilisé par les différents candidats et tend même à reculer. Elle note ainsi que le recours à la peur, dans les professions de foi, les déclarations officielles ou encore les émissions télévisées, a diminué de 32,9 % entre 1981 et 2007.

Arme rhétorique en recul, la peur persiste bien dans les discours électoraux, mais elle varie d'un parti politique à l'autre. En effet, il n'existe pas « une peur» mise en avant par les partis politiques. L'usage de la peur varie donc selon le positionnement politique des candidats. Ainsi, Marion Ballet montre que les candidats d'extrême gauche articulent les discours de peur autour d'enjeux économiques et sociaux. Le capitalisme est présenté comme étant une menace pour les travailleurs et le discours vise autant à susciter la peur qu'à inciter à lutter contre le système économique. Le parti écologiste est celui qui, de tous les partis, invoque le plus la peur. À l'inverse, le discours du Front National s'oriente essentiellement vers l'immigration, l'Europe et les partis gouvernementaux et s'inscrit dans une « rhétorique catastrophiste du déclin ». Dans cette logique, « l'étranger » vient menacer l'identité et l'indépendance de la Nation. En outre, si l'immigration est jugée responsable du chômage, du « déclin » de la protection sociale ou encore du manque de logement, elle est aussi profondément associée aux questions sécuritaires. De leur côté, les partis historiques de gouvernement que furent le Parti socialiste ou l'UMP utilisent de façon moins récurrente la peur lors de leur campagne et cherchent davantage à orienter leurs discours vers l'espoir.

Différentes peurs sont donc bien utilisées par les partis politiques lors des campagnes électorales en vue d'accéder au pouvoir. Si les partis de gouvernement utilisent moins la peur pour se faire élire, cela signifie-t-il qu'ils ne l'utilisent pas une fois au pouvoir ? Une telle idée doit être largement nuancée.

2.2. L'instrumentalisation de la peur pour éliminer des ennemis

Il apparaît que la peur peut être utilisée par le pouvoir politique en démocratie. Très souvent, cette peur tient pour point de départ la présence d'un « ennemi extérieur » comme le montre le politiste Corey Robin dans son ouvrage *La peur. Histoire d'une idée politique* (2006). Cet ouvrage insiste particulièrement sur le cas américain – ce qu'il nomme « la peur à l'américaine » – dans deux contextes différents : celui de la menace communiste durant la Guerre froide, d'une part, et celui des années suivant les attentats du 11 septembre 2001, d'autre part. Le pouvoir politique peut alors avoir pour objectif d'insister auprès de l'opinion publique sur la présence de cette menace. Un tel usage permet ainsi de susciter l'unité du pays en vue d'affronter cet « ennemi extérieur ». On observe bien que la peur est une arme visant à mobiliser le peuple dans le champ politique national pour affronter des ennemis extérieurs, potentiellement présents sur le territoire national. La présence de ces potentielles menaces extérieures conduit d'ailleurs le gouvernement à les traquer. Ce fut notamment le cas avec la « chasse aux sorcières » menée par le sénateur McCarthy dans les années 1950.

Cependant, l'instrumentalisation de la peur peut également conduire le gouvernement à chercher à atteindre des « ennemis intérieurs ». Corey Robin montre ainsi comment l'instrumentalisation des menaces communistes ou terroristes a pu permettre d'attaquer d'éventuels contestataires. Le chercheur montre que la peur de l'ennemi extérieur peut dès lors se transformer en outil d'intimidation au sein de la société. Selon lui, les mouvements les plus progressistes apparaissent alors souvent comme étant suspects. En effet, le pouvoir accuse ces mouvements réformistes de saper l'unité nationale, les rendant de facto des alliés potentiels de l'ennemi extérieur. Le mouvement des droits civiques fut par exemple visé durant la guerre froide par ces soupçons. Le discrédit fut également porté sur les mouvements réformistes après les attentats de 2001. Corey Robin montre comment le pouvoir politique a pu assimiler les mouvements réformistes et le terrorisme islamiste dans l'ère « post-11 septembre ».

Il apparaît donc, à l'issue de cette deuxième partie, que la peur peut effectivement être un instrument pour les acteurs politiques. Il convient cependant de réfléchir sur les effets de cet usage : peut-on accepter que la peur fasse ainsi l'objet d'une telle instrumentalisation en démocratie ?

3. Parce que la peur est une « arme » politique, son usage doit être circonscrit dans une démocratie

Nous avons jusqu'à maintenant admis l'idée que la peur pouvait être une « arme » sans véritablement questionner ce terme, le prenant finalement comme simple synonyme « d'instrument ». En questionnant le terme « arme », il conviendra de se demander si la peur ne doit pas être exclue de la compétition électorale et éliminer de tout exercice du pouvoir.

3.1. L'ambiguïté du terme : les « armes » sont-elles permises dans la compétition électorale ?

Il convient en premier lieu de premier lieu de questionner l'usage du terme « arme politique » pour désigner la peur dans un espace politique national. En effet, le champ politique s'est profondément pacifié à partir du XIXe siècle. Comme le souligne le sociologue Olivier Ihl, ce siècle marque le passage d'une citoyenneté « insurrectionnelle » à une citoyenneté « électorale ». Les armes ont dès lors progressivement été écartées du champ politique. Une gravure publiée en 1848 illustre parfaitement cette idée. On voit, sur cette dernière, un homme tenir dans sa main droite un bulletin de vote et dans sa main gauche un fusil et déclarer : « ça c'est pour l'ennemi du dehors (le fusil) pour le dedans, voilà comment l'on combat loyalement les adversaires ». On remarquera que le terme « ennemi » n'est utilisé que pour désigner l'extérieur. Le champ politique ne présente, lui, que des « adversaires ». En cela, si l'on considère que la peur est bel et bien « une arme » alors on peut considérer qu'elle ne doit pas être utilisée en démocratie.

Pour autant, on pourrait prendre cette expression « arme politique » comme une métaphore, une exagération pour désigner un simple « instrument politique ». En effet, il paraît légitime de ne pas mettre sur un même plan une arme telle qu'un fusil et une émotion comme la peur. Pourtant, la peur s'avère être une « arme par destination » lorsqu'elle participe à stigmatiser une population. Ainsi, en 2019, le ministère de l'Intérieur recensait 1 142 faits à caractère raciste et xénophobe. La xénophobie, en tant que « peur » de l'autre qui se mue en « haine » de l'autre, conduit à des dérives violentes. Par ailleurs, en reprenant la gravure précédente, il convient de souligner que la démocratie est non seulement un espace d'affrontement pacifique, mais elle est aussi un espace où l'affrontement se doit d'être « loyal ». Or, il convient de se demander si l'usage de la peur dans le débat public ne participe pas à brouiller certains messages et nuire au débat public, car, comme l'écrivait Montaigne la peur « engendre de terribles éblouissements ».

S'il est établi que la peur est une arme politique, nous pouvons finalement souligner qu'elle doit être limitée dans le cadre de la compétition électorale. On peut finalement se demander si la peur ne constitue pas une menace pour la démocratie elle-même lorsqu'elle est utilisée par le pouvoir.

3.2. Une démocratie doit faire en sorte que la peur ne soit pas une arme politique pour le pouvoir

Lorsque la peur est utilisée par le pouvoir en démocratie, elle peut devenir une véritable arme contre la démocratie elle-même. En effet, la peur peut venir perturber le fonctionnement des institutions démocratiques. À titre d'exemple, la peur suscitée par certaines menaces - les attentats en 2015 puis la pandémie en 2020 - a conduit à l'instauration en France d'un « état d'urgence» afin de permettre au Premier ministre de prendre rapidement certaines mesures pouvant notamment limiter les libertés d'aller et venir, d'entreprendre ou encore de se réunir. Ces mesures ont conduit le Conseil d'État à alerter sur la mise en place répétée de ces situations d'état d'urgence qui « déstabilisent le fonctionnement ordinaire des institutions, (...) [et] restreint les libertés de façon excessive et altère, à terme, la cohésion sociale ».

Il est dès lors nécessaire d'encadrer l'usage de la peur par le pouvoir. En cela, l'État de droit doit garantir la présence d'institutions suffisamment fortes pour contre balancer l'usage de la peur par l'exécutif. Ainsi, comme le rappelle l'historien Patrick Boucheron dans l'ouvrage *L'exercice de la peur. Usages politiques d'une émotion* (2015) : « Il est politiquement légitime d'avoir peur, non pas des cibles que les gouvernements désignent, mais de ce qui risque d'arriver réellement. (...) Dès lors, conjurer la peur ne signifie pas l'annuler ni la tranquilliser, mais la ramener à une lucidité minimale afin de ne pas lui attribuer de noms d'emprunt. Conjurer la peur, c'est lui donner son objet véritable, qui porte le beau nom de vigilance ». La vigilance doit dès lors être institutionnellement prévue pour permettre d'éviter les dérives liées à l'usage de la peur par le gouvernement.

Conclusion

Pour conclure, il apparaît que la peur constitue bien une « arme politique ». La peur de l'usage des armes et l'investissement dans le cyberespace permettent ainsi de faire de la peur une véritable arme pour les États. Ces derniers s'affrontent dans un espace politique difficile à encadrer pour les organisations internationales. Mais la peur est également utilisée par les acteurs politiques en démocratie dans les espaces politiques nationaux, aussi bien pour l'accès au pouvoir que dans son exercice, comme le montre l'idée de « gouvernement par la peur ». Or, cet usage se révèle être particulièrement problématique dans la mesure où les armes ne sont pas tolérées en démocratie. [**Résumé des enjeux et réponse à la problématique**] Puisque la peur peut devenir une véritable arme contre les adversaires et finalement contre la démocratie elle-même, il convient de l'encadrer. Il s'agit là d'un double défi pour les démocraties contemporaines : savoir identifier ce qui relève d'un usage raisonnable ou dangereux de la peur d'une part, et pouvoir mettre en place des institutions efficaces pour prévenir son usage. [**Ouverture**]

Sujet 2

La peur est-elle une émotion démocratique ?

En 1793, « la Terreur » est mise à l'ordre du jour par les révolutionnaires. Si cette période est marquée par des idéaux démocratiques – la Constitution de 1793 se révèle être très progressiste sur la cause des femmes ou encore la question sociale – elle est aussi l'une des plus violentes. Le pouvoir organise l'arrestation et l'exécution de milliers d'individus. L'épisode de la Terreur illustre ainsi la difficulté de considérer la démocratie comme étant compatible avec la peur. **[Accroche]** La peur désigne l'émotion qui accompagne l'identification d'une menace pouvant porter atteinte au bien-être individuel ou collectif. La démocratie désigne un régime politique assurant la participation du peuple, le pluralisme politique, qui impose l'existence d'un État de droit, et qui assure la protection des droits fondamentaux des individus. L'État de droit est une dimension essentielle de la démocratie puisqu'il garantit la soumission au droit du pouvoir politique et évite donc les dérives anti-démocratiques. Il s'agira ici de se demander dans quelle mesure la peur peut être considérée comme une « émotion démocratique ». Serait démocratique une émotion qui serait *tolérable* en démocratie, c'est-à-dire une émotion qui n'empêche pas le fonctionnement des institutions et de la vie politique en général. Mais il est possible d'aller plus loin encore en considérant qu'est démocratique une émotion qui se trouve être *souhaitable* en démocratie. Il s'agit donc ici d'une considération plus ambitieuse car elle reviendrait à ériger la peur comme un outil utile pour la démocratie. Pour étudier ce caractère *tolérable* voire *souhaitable* de la peur il convient d'identifier les contextes dans lesquels elle peut émerger. On pourra distinguer ici deux types de peur. D'une part, il existe des peurs suscitées par le pouvoir. Cela signifie que le pouvoir politique inspire la peur au sein de sa population. D'autre part, la peur peut émerger dans un contexte politique en dehors de toute action du pouvoir : une peur émerge et se diffuse au sein de la population à la suite de l'identification d'une menace, appelant dès lors à l'action des pouvoirs publics. Or, toute action peut avoir un caractère plus ou moins démocratique. **[Analyse du sujet]** Nous poserons ainsi la problématique suivante : Dans quelle mesure la peur est-elle compatible avec l'exercice démocratique du pouvoir politique ? **[Problématique]** Nous montrerons dans un premier temps qu'une peur suscitée par le pouvoir politique n'est pas tolérable en démocratie, mais que toute gestion de la peur doit faire l'objet d'un traitement démocratique. **[Annonce du plan]**

1. Si le pouvoir politique ne peut inspirer la peur en démocratie...

On peut dans un premier temps s'intéresser à la peur qu'inspire le pouvoir politique au sein de sa population. Cette émotion ainsi créée ne peut être considérée comme étant compatible avec un régime démocratique. Cependant, la peur de l'instauration d'un régime de la peur peut avoir un rôle utile pour garantir la préservation des libertés individuelles.

1.1. Un pouvoir qui inspire la peur n'est pas démocratique

L'instauration d'un régime de la peur, c'est-à-dire d'un régime inspirant la peur au sein de la population ne peut être considérée comme étant compatible avec la démocratie. Le philosophe Montesquieu, dont les principes ont largement influencé les caractéristiques de l'État de droit, l'exprime dans son ouvrage *L'esprit des lois* (1748). Il s'attache à décrire les caractéristiques d'un régime despotique. Un tel régime ne s'appuie pas sur la loi mais sur l'arbitraire du despote. Usant de l'intimidation et de la répression, il inspire ainsi la peur au sein de sa population. La peur se trouve être dans ce cas une émotion profondément anti-démocratique et participe à détruire toute autre émotion (l'honneur, l'amour...) chez des individus défaits car terrifiés. Si les écrits de Montesquieu datent du XVIIIe siècle, les expériences contemporaines de régimes autoritaires ou dictatoriaux confirment cette relation étroite entre peur et rejet de la démocratie. Les régimes autoritaires, tels que la Russie, visent ainsi à intimider les opposants politiques et n'hésitent pas à réprimer toute contestation, à travers des assassinats ou des emprisonnements. L'opposant au régime, Alexeï Navalny, aujourd'hui en prison, a posté en 2021 ce message qui illustre l'usage de la peur par un pouvoir arbitraire : « ils peuvent se maintenir au pouvoir et l'utiliser pour leur enrichissement personnel en s'appuyant uniquement sur notre peur. Mais nous, en surmontant cette peur, nous pouvons libérer notre patrie ».

On pourrait cependant considérer qu'en démocratie, *faire peur* pourrait remplir un rôle utile. Ainsi, certaines institutions, telles que la justice ou la police pourraient avoir pour objectif d'inspirer la peur pour assurer l'ordre. Par exemple, le maintien de l'ordre lors d'une manifestation pourrait reposer sur la peur de la police afin d'inciter les participants à ne pas commettre d'actes violents. Cependant, le sociologue Sébastian Roché (*De la police en démocratie*, 2016) insiste sur la défaillance d'un tel raisonnement. En effet, une police ne peut, en démocratie, fonder son autorité sur la peur car l'autorité comporte une dimension relationnelle et nécessite une acceptation par la population. Or, cette acceptation doit reposer sur la confiance, et non sur la peur.

Il apparaît donc que la peur inspirée par le pouvoir politique n'est pas *tolérable* car elle correspond à un régime antidémocratique. La peur de l'instauration d'un régime tyrannique peut cependant participer à solidifier la démocratie.

1.2. Cependant, la peur de la peur doit rester une valeur cardinale en démocratie.

La peur peut avoir un rôle en démocratie lorsqu'elle se porte sur les autres régimes possibles. La démocratie est régulièrement contestée, critiquée et il convient, selon la philosophe Judith Shklar, de perpétuellement rappeler ce que la démocratie nous permet d'éviter. Elle parle ainsi de « libéralisme de la peur » pour désigner l'idée que nos démocraties sont un rempart face aux régimes de la peur. En d'autres termes, cela signifie que la *peur de la peur* (la peur de l'instauration d'un régime de la peur) est une idée profondément démocratique. Cette peur permet de justifier la démocratie, non pas en cherchant ce qu'elle offre aux citoyens mais en insistant sur ce qu'elle permet d'éviter. Elle écrit ainsi dans son ouvrage *The liberalism of fear* (1989) : « La peur de l'usage systématique de la cruauté a un caractère si universel que les préceptes moraux qui se fondent sur sa prohibition rencontre une sympathie immédiate et peuvent susciter une adhésion sans qu'il soit besoin de beaucoup argumenter. »

La pensée de Judith Shklar a été reprise récemment par le philosophe Jan-Werner Müller. Dans l'ouvrage *La Peur ou la liberté. Quelle politique face au populisme ?* Le philosophe s'attache, dans ses travaux, à questionner les fondements du populisme. Ce mouvement politique cherche à constituer l'image d'un « vrai peuple » qu'il conviendrait de défendre. Dès lors, les autres partis politiques sont immédiatement disqualifiés par les partis populistes car ils seraient incapables de défendre le « peuple ». En cela, le populisme constitue une véritable menace pour la démocratie car il revient à nier le pluralisme politique, fondement démocratique. Une fois au pouvoir, le populisme peut dès lors se révéler particulièrement dangereux. Reprenant les travaux de Judith Shklar, Jan-Werner Müller souligne la nécessité de rappeler les apports de la démocratie, en particulier pour les plus fragiles, car elle apporte une protection des droits individuels. Prenant l'exemple de l'accession au pouvoir du populiste Viktor Orban en Hongrie, il montre comment certaines minorités peuvent se sentir menacées par le pouvoir.

Nous pouvons ainsi affirmer à l'issue de cette première partie qu'un pouvoir politique ne peut être à la fois démocratique et inspirer la peur. Cette idée doit cependant toujours rester présente, car elle permet de justifier l'existence même de la démocratie. En cela, la *peur de la peur* se révèle être une idée profondément démocratique. Mais la peur ne se résume pas à celle inspirée par le pouvoir. Il convient donc également d'étudier les peurs qui émergent au sein de la population face à d'éventuelles menaces.

2. ...il est nécessaire que la gestion des peurs soit démocratiquement organisée.

Il s'agira, dans cette deuxième partie, d'étudier l'émergence de la peur au sein de la population et de sa gestion par le pouvoir politique. Ces peurs sont attachées à l'émergence de menaces, qu'il convient d'affronter. Or, la peur se doit d'être une émotion démocratique, dans la mesure où il est nécessaire de discuter de ces menaces. L'administration peut ensuite utiliser la peur dans la mise en œuvre de ses politiques publiques, et ce, dans un cadre parfaitement démocratique.

2.1. La nécessité de discuter des menaces

La peur répond à l'identification d'une menace pour le bien-être individuel et collectif, ce qui appelle dès lors à une réponse politique. Cependant, qui peut décider de ce qui est menaçant ? Le pouvoir politique peut-il être seul à l'origine de l'identification des menaces ? Le politiste Corey Robin souligne dans son ouvrage *La peur. Histoire d'une idée politique* (2006) le risque associé à l'identification d'une menace par le pouvoir car elle conduit à l'instrumentalisation de la peur à des fins politiques. Si ces menaces sont réelles, elles n'en demeurent pas moins sélectionnées par le pouvoir politique : « Désignées comme les protecteurs de la communauté, les élites déterminent quels dangers doivent être pris au sérieux, préférant par exemple la menace irakienne à la menace nord-coréenne. » Cette sélection de la menace peut dès lors permettre de servir un agenda politique déterminé. Elle peut également permettre d'intimider certains groupes au sein de la société. Ainsi, Corey Robin indique que les courants progressistes ont tendance à être pointés du doigt car accusés d'être complices de ces menaces extérieures. Ces instrumentalisations politiques portent alors des risques en termes de pluralisme politique, d'exercice du débat public.

Dès lors, il convient de mettre en œuvre des instruments démocratiques permettant la discussion de ces menaces. L'historien Patrick Boucheron insiste sur ce point dans l'ouvrage *L'exercice de la peur. Usages politiques d'une émotion* (2015) : « Il est politiquement légitime d'avoir peur, non pas des cibles que les gouvernements désignent, mais de ce qui risque d'arriver réellement. » Quels sont les outils permettant cette discussion des menaces ? Le vote constitue l'outil le plus évident dans une démocratie représentative puisque la campagne électorale est l'occasion d'insister, pour chaque parti politique, sur les menaces devant recueillir la plus grande attention. La politiste Marion Ballet montre ainsi dans son ouvrage *Peur, Espoir, Compassion, Indignation. L'appel aux émotions dans les campagnes présidentielles* (2012) que chaque mouvement politique met en avant des peurs différentes dans les discours politiques : alors que les partis écologistes insisteront sur la menace du réchauffement climatique, les partis situés à la droite de l'échiquier insisteront sur les risques de la délinquance. De nouveaux outils démocratiques peuvent cependant être développés. Les principes de la démocratie délibérative tendent à s'imposer de plus en plus dans le fonctionnement des institutions et peuvent permettre d'exprimer autrement les peurs et de discuter des menaces.

Il apparaît donc qu'il n'est pas tolérable en démocratie de laisser le pouvoir politique imposer les menaces et donc les peurs. Celles-ci doivent faire l'objet d'un débat démocratique, au même titre que les actions à mettre en œuvre pour faire face à ces menaces.

2.2. La peur, principe d'action en démocratie

La peur peut constituer une émotion démocratique lorsqu'elle porte sur les conséquences de nos actes. En effet, le « principe de précaution » correspond à un usage de la peur en démocratie. Le philosophe Hans Jonas, auteur de l'ouvrage *Le principe de responsabilité* (1979) a largement contribué à façonner les contours de ce concept. Il s'agit, pour le philosophe, de faire en sorte que les actions menées aujourd'hui ne mettent pas en danger les générations futures. Dès lors, une « heuristique de la peur » doit être mise en œuvre c'est-à-dire l'anticipation des menaces futures liées, notamment, au progrès technologique. En effet, certaines actions peuvent conduire à l'émergence de véritables catastrophes pouvant remettre profondément en cause la capacité des générations futures à vivre convenablement. L'heuristique de la peur consiste donc à envisager la catastrophe pour prévenir son émergence.

Le principe de précaution, issu de cette approche, a été juridiquement reconnu en France avec son instauration dans le Code de l'environnement en 1995. La loi indique ainsi que les pouvoirs publics sont tenus de mettre en œuvre des procédures de prévision et d'évaluation afin de prévenir des risques majeurs. En reconnaissant juridiquement le principe de précaution, on observe donc que la peur a été intégrée à l'État de droit et permet de guider l'action de l'État dans sa gestion des risques. Il est à noter que ce principe de précaution n'est pas un principe d'inaction. Il vise, au contraire, à tenir compte des incertitudes et des risques pour guider l'action de l'administration. Si l'on prend l'exemple du nucléaire, il ne s'agit pas nécessairement d'abandonner cette technologie mais de prendre en compte les risques associés à son usage pour prévenir toute catastrophe.

Conclusion

Il est donc possible d'affirmer que la peur peut bien constituer une émotion démocratique. Il ne peut s'agir cependant d'une peur inspirée par le pouvoir politique lui-même, car un tel pouvoir est profondément associé à des régimes autoritaires ou dictatoriaux. Mais elle peut guider notre rapport même à la démocratie en érigeant la « peur de la peur » en valeur cardinale. [**Résumé des enjeux et réponse à la problématique**] En outre, la peur est bien une émotion démocratique lorsque les menaces – pouvant faire naître la peur – ont été discutées dans un cadre démocratique. Enfin, elle peut également devenir un principe d'action de la puissance publique. Juridiquement reconnue, elle s'intègre dans l'État de droit, pilier des démocraties. [**Ouverture**]

Sujet 3
Sécurité et insécurité

« La France a peur ». Ainsi, Roger Gicquel ouvrait-il le journal de 20 h de TF1 le 18 février 1976, après l'assassinat d'un jeune garçon de sept ans. La France se passionnait alors pour la traque du « monstre », Patrick Henry. Si la figure du monstre a changé, l'omniprésence de la peur et du sentiment d'insécurité reste d'actualité. Le Covid, la guerre en Ukraine ou encore le terrorisme ont largement remplacé les faits divers mais les discours d'insécurité continuent de se propager sur la scène médiatique et politique. **[Accroche]**

La sécurité est un concept paradoxal. Elle est d'abord une situation objective de sûreté et correspond à l'état d'un individu ou d'une société qui n'est pas exposé aux dangers pour les personnes ou aux menaces pour les biens. La sécurité est ainsi une situation qui garantit la possibilité de se réaliser dans des conditions optimales. Dans les sociétés modernes, l'État en est le garant ; il administre des forces de police et de justice et adopte des lois pour garantir cette situation de fait. Mais la sécurité est aussi un sentiment qui résulte de l'impression liée à l'exposition aux dangers. Elle est donc également subjective et étroitement liée au sentiment d'insécurité. Se sentir en sécurité revient à être en confiance, vivre sereinement dans le calme et la quiétude. À l'inverse, l'insécurité est un sentiment de menace qui peut être instrumentalisé par les pouvoirs publics ou la classe politique. La sécurité porte enfin, une dimension internationale. Elle est synonyme de paix dans le monde et se trouve menacée par la prolifération des conflits. La menace est cependant beaucoup plus complexe que cette simple notion de conflits ; la sécurité est également sanitaire, sociale ou économique. Elle est directement liée aux risques naturels et aux changements climatiques qui menacent la survie de l'humanité. **[Analyse du sujet]**

Sécurité intérieure et sécurité internationale progressent objectivement tandis que les discours continuent d'insister sur l'insécurité. Alors que l'espérance de vie mondiale progresse, que les conflits sont moins meurtriers qu'au XXe siècle et que la qualité de vie globale des hommes sur la Terre s'améliore, il semble que ce soit l'insécurité qui s'impose. La sécurité comme état de fait est peut-être elle-même responsable de ce sentiment négatif souvent instrumentalisé dans les discours politiques. Les progrès en matière de sécurité permettent-ils de lutter contre le sentiment d'insécurité ? **[Problématique]** L'ordre public est un enjeu majeur pour l'État et la classe politique. Il progresse à l'instar de la sécurité mondiale malgré son caractère protéiforme. Cependant, l'insécurité domine les discours et la société semble malade de ses peurs. **[Annonce du plan]**

1. L'ordre public : un enjeu politique

La sécurité intérieure occupe une grande place dans l'espace médiatique et politique. Elle est assurée par l'État qui tente d'adapter son action dans un contexte renouvelé.

1.1. L'omniprésence du concept dans le débat public et son instrumentalisation

Alors que les sociétés contemporaines sont de moins en moins violentes, le sentiment d'insécurité augmente. La sécurité demeure un enjeu majeur des campagnes précédant les élections. L'essor des médias et en particulier de la télévision accentue cette place prépondérante prise par le thème de la sécurité dans le débat public. Frédéric Gros dans Le principe sécurité évoque ainsi cet « enjeu politico-médiatique formidable » qui joue sur les « peurs » quitte à devenir une « obsession pathologique ». Dès les années 1970-1980, les émeutes de plusieurs quartiers de banlieues érigent la délinquance en problème majeur de notre société contemporaine. En 1977, le rapport Peyrefitte diagnostique une « montée de la violence » dans les cités de banlieues. Quatre ans plus tard, des affrontements entre force de l'ordre et des groupes du quartier des Minguettes à Vénissieux signent l'acte de naissance médiatique des problèmes des banlieues. La politique de la ville a tenté d'apporter des réponses à cette violence par une politique de concentration des aides dans des zonages différenciés. En 1996, l'État introduit ainsi les ZFU (zones franches urbaines) qui concentrent l'effort au sein même des ZRU (zones de revitalisation urbaine) elles-mêmes enchâssées dans les ZUS (zones urbaines sensibles). Cependant, l'insécurité demeure depuis les années 1990 un thème central du débat politique. En 1997, le ministère de l'Intérieur organise un colloque à Villepinte sur le thème « Des villes sûres pour des citoyens libres ». La gauche a ainsi voulu faire de la sécurité un thème central de sa stratégie de pouvoir avant d'en être elle-même la principale victime politique en 2002 lors de la réélection de Jacques Chirac. Le Rassemblement National s'est depuis emparé de ce thème de campagne en l'amalgamant avec sa rhétorique traditionnelle. Depuis le début des années 2000, ces thèmes n'ont pas quitté les débats politiques. Les émeutes de banlieues de 2005 sont devenues dans les médias anglo-saxons une guerre civile perpétuée depuis dans les « *no go zones* » imaginée par Fox News. Nicolas Sarkozy a fait de la sécurité son thème de prédilection en tant que ministre de l'intérieur entre 2005 et 2007 notamment lors d'un fameux déplacement à Argenteuil. Le sociologue Laurent Mucchielli qualifie ce climat de véritable « frénésie sécuritaire » qui s'est emparé des gouvernants comme en témoigne l'empilement de lois concernant le droit et la procédure pénale. La télévision, en particulier les chaînes d'information en continu, sont accusées de valoriser la place des actes d'insécurité pour leur dimension spectaculaire voire divertissante pour certains publics. Les hommes politiques prétendent alors agir en réponse à une demande sociale alors que la télévision se fait l'écho d'une opinion publique qu'elle contribue elle-même à créer.

1.2. L'État, garant de la sécurité collective et individuelle

L'État a construit sa légitimité sur la notion de sécurité. L'individu transfère volontairement une partie de sa liberté et de son argent à une puissance supérieure qui lui garantit la tranquillité de son existence. Selon Thomas Hobbes, l'homme accepte de se soumettre à l'État afin de quitter l'état de nature, « l'horrible état de guerre » puisque « l'homme est un loup pour l'homme ». Le Léviathan est ce monstre biblique très puissant créé par l'homme pour assurer sa propre défense. L'état de société est alors rendu nécessaire par l'insécurité de l'état de nature. Dès 1789, la Déclaration des droits de l'homme et du citoyen garantit « la sûreté » de l'existence du citoyen. La notion de sécurité est cependant beaucoup plus récente. Elle est introduite par la loi n° 81-82 du 2 février 1981 renforçant la sécurité et protégeant la liberté des personnes, dite loi Peyrefitte et a depuis été utilisée dans l'intitulé d'une trentaine de textes législatifs. La sécurité intérieure a surtout pour objectif de protéger le citoyen contre tous les risques et menaces qui peuvent le concerner. En 1991, l'Institut des hautes études de la sécurité intérieure a été créé pour conduire des réflexions sur la sécurité intérieure avec les professions publiques ou privées ayant à connaître des questions de sécurité. En 2009, l'IHESI est devenu l'Institut national des hautes études de la sécurité et de la justice. L'État a le devoir d'assurer la sécurité en assurant le maintien de la paix et de l'ordre public afin de protéger les citoyens. L'acception actuelle de la sécurité intérieure recouvre donc la protection des personnes, des biens et des institutions contre les atteintes délibérées (les menaces) pénalement répréhensibles dans toute l'échelle de gravité des infractions. Élargie à la sécurité civile, elle a également pour objet de protéger et de lutter contre les dommages potentiels provoqués par l'activité humaine ou la nature, indépendamment de toute intention de nuire (les risques). L'État dispose pour cela de la gendarmerie, de la police, des douanes et des armées. Les militaires de la gendarmerie gèrent la sécurité dans des territoires historiquement ruraux alors que la police nationale a été créée en 1941 pour les villes de plus de 10'000 habitants. Depuis 2009, les 75'000 gendarmes et les 110'000 policiers sont sous la tutelle du ministère de l'Intérieur. Les services des Douanes, rattachés au ministère du Budget, contribuent à des missions de lutte contre les fraudes et les grands trafics internationaux comme les contrefaçons en parallèle à l'exécution de leurs missions fiscales. Enfin, bien qu'il ne s'agisse pas de leur mission principale, les Armées participent également à la sécurité intérieure ; la mission la plus connue car visible et quasi-permanente est la participation au plan Vigipirate et à l'opération Sentinelle dans ses différents degrés d'application. Les Armées se tiennent également prêtes à intervenir aux cotés des moyens de la sécurité civile et de la sécurité publique lors de catastrophes importantes ou d'autres événements de cette nature. La surveillance de l'espace aérien en temps de paix ou la lutte contre le trafic international fait également partie de ses missions.

1.3. Les mutations de l'ordre public face aux désordres contemporains

La sécurité intérieure a évolué de manière significative depuis quelques décennies. L'opposition entre sécurité intérieure et sécurité extérieure a d'abord été réduite voire anéantie. À l'origine, la sécurité extérieure vise à défendre le territoire national, directement ou indirectement, à l'étranger ou sur le sol national contre d'éventuelles menaces militaires. Aujourd'hui, les deux notions s'interpénètrent et la distinction entre les deux tend à s'estomper comme en témoigne l'évolution du Conseil de la sécurité intérieure. Créé en 1986 à la suite d'une série d'attentats, il est alors présidé par le Premier ministre et composé des ministres de l'Intérieur, de la Défense, de la Justice et des Affaires étrangères. Après une période de faible mise en œuvre, il reçoit un statut réglementaire en 1997 et a donc pour mission de définir « les orientations générales de la politique de sécurité intérieure » et de veiller « à la coordination de l'action des ministères et de la mise en œuvre et leurs moyens en matière de sécurité ». Depuis 2009, il est remplacé par le « Conseil de défense et de sécurité nationale » (CDSN) et fusionne avec le Conseil de défense. Il est compétent pour toutes les questions de défense et de sécurité. Sécurité intérieure et défense sont maintenant rapprochées afin d'obtenir une meilleure coordination. Cette coordination est d'autant plus nécessaire que, sous l'effet des difficultés budgétaires de l'État, la mission régalienne de sécurité devient de plus en plus une mission partagée avec un accroissement du nombre des acteurs, multipliant de facto les occasions de controverses à la fois sur les méthodes et sur les moyens. Les États ne sont plus omnipotents et, à côté des acteurs étatiques, d'autres composantes ont vu leur rôle s'accroître. Placées sous l'autorité directe du maire, les 3 500 polices municipales de France ont vu leur rôle renforcé dans les années 1980 alors même que la mise en œuvre de politiques locales de sécurité était recherchée et la compétence des agents n'a cessé de s'accroître à mesure que les effectifs augmentaient. Les policiers municipaux ont été autorisés à porter des armes de sixième catégorie comme les bombes lacrymogènes et les bâtons de protection pour ensuite être dotés pour certains d'entre eux, de revolvers ou pistolets. Les sociétés privées de sécurité jouent également un rôle de plus en plus important face au désengagement de l'État. Les activités privées de sécurité portent sur la surveillance de locaux, la protection physique de personnes, la vidéo surveillance ou le contrôle des aéroports. Enfin, un autre acteur prend également plus d'importance d'autant plus qu'il est souvent le principal concerné directement ou indirectement : le citoyen. Devant l'accroissement réel ou ressenti de certaines formes de criminalité, de plus en plus de citoyens s'engagent. Les réserves de la gendarmerie ou de la police nationale ont été relancées par les attentats de 2015. Des dispositifs tels que « citoyens vigilants » connaissent également un succès croissant.

L'ordre public ne peut plus être assuré dans le seul contexte national. La sécurité mondiale est devenue un enjeu majeur pour les États afin d'assurer le bien-être de leur population.

2. La sécurité mondiale : une démarche globale et protéiforme

La sécurité se conçoit aujourd'hui à l'échelle mondiale. La pandémie de Covid, les enjeux économiques ou le réchauffement climatique induisent une mondialisation de la réflexion sur la sécurité.

2.1. Multiplication et mutations des conflits dans le monde

« La thèse d'un monde globalement insécure » s'est imposée depuis les attentats de 2001 comme le rappelle Didier Bigo dans son article « Sécurité intérieure, sécurité extérieure : séparation ou continuum ? » La fin de l'opposition bipolaire entre deux blocs soudés par des idéologies antagonistes en 1991 a complexifié la lecture des rapports géopolitiques mondiaux. Les conflits se sont multipliés et ont changé de nature. Aux guerres interétatiques ont succédé surtout des conflits internes et des guerres nouvelles face auxquels l'ONU est souvent démunie, faute de pouvoir facilement identifier l'ennemi. Le monde est déstabilisé par des attentats terroristes, la piraterie maritime, les cyberguerres ou la recrudescence des guerres civiles. L'État a cessé d'être le seul acteur des conflits contrairement au XXe siècle comme l'illustre l'essor de l'état islamique érigé sur les ruines de la Syrie et de l'Irak. Des organisations criminelles, de plus en plus centralisées et de plus en plus riches, disposant de réseaux internationaux, concurrencent désormais directement les États, en créant des dispositifs associant contrôle des appareils politiques et mainmise sur les structures policières et judiciaires. Leurs investissements dans l'économie réelle et dans le monde financier leur donnent désormais les moyens d'égaler les moyens des autorités légitimes, notamment dans les États fragiles ou « faillis », dont le nombre est appelé à augmenter. De la même manière, l'essor de la guerre technologique rend difficile la réponse militaire traditionnelle. Le cyberespace est devenu un nouveau théâtre d'opérations. Les cibles sont soit militaires, soit civiles, par exemple pour voler les secrets de fabrication industrielle des entreprises, perturber le fonctionnement des états-majors ou des administrations. L'attaque reste anonyme et n'est pas revendiquée. Aujourd'hui, tous les pays développent ce type d'unités, Chine, Russie, Iran et beaucoup d'autres. Parallèlement, les drones militaires font aujourd'hui l'objet d'un développement massif à l'échelle de la planète. Les États-Unis possèdent plusieurs longueurs d'avance, mais les autres pays, y compris les pays émergents, sont entrés dans la course. En l'espace de dix ans, le drone s'est imposé comme un nouvel attribut de puissance, et nul ne peut imaginer aujourd'hui une opération militaire sans drones, qu'ils soient espions ou tueurs. Cette évolution n'est pas sans poser la question de la place de l'homme dans les conflits à venir et celle du risque de robotisation de la guerre.

2.2. Les menaces économiques et sociales

En préambule à la conférence générale de l'ONU, Kofi Annan, alors secrétaire générale de l'ONU a déclaré qu'il était nécessaire d'élargir la définition de la paix. « La paix signifie beaucoup plus que l'absence de guerre. Il n'est plus possible de concevoir la sécurité des hommes uniquement en termes militaires. Désormais, cette notion doit prendre en compte le développement économique, la justice sociale, la protection de l'environnement, la démocratisation, le désarmement, le respect des droits de l'homme et de la toute-puissance de la loi. » Pierre Sané fait écho à cette déclaration lorsqu'il évoque la diversité des enjeux de sécurité dans son introduction à la synthèse de l'UNESCO, La sécurité humaine : approches et défis. Les inégalités se creusent dans le monde et placent une partie de l'humanité dans une situation d'insécurité sociale. Le capitalisme semble aboutir à une concentration des richesses aux mains d'une minorité. Il assure davantage de richesses pour les riches et une pauvreté encore plus forte pour les plus démunis en dépit de la hausse du niveau de vie moyen de la population mondiale. Les investissements directs à l'étranger émis par les entreprises des pays du nord ont ainsi permis une amélioration du niveau de vie globale dans les pays du sud. Cette croissance économique engendre une indéniable réduction des inégalités de conditions de vie dans le monde. L'espérance de vie à la naissance des pays en développement est passée de 41,6 ans dans les années 1950 à 67 ans aujourd'hui. L'écart avec les pays développés a considérablement diminué : de 23 années en 1950 à 10 ans en 2020. Ces progrès globaux et significatifs pour les pays en développement masquent cependant de grandes différences qui existent avec les pays développés et entre les pays en développement. Aujourd'hui, environ 60 % du revenu d'un individu dépend du pays où il a la chance ou la malchance de naître. De même, tandis que l'espérance de vie en Sierra Leone est de 48 ans, elle dépasse 83 ans au Japon. En fonction du lieu de naissance, on peut donc presque vivre deux fois plus longtemps. Globalement, l'Afrique subsaharienne, en dépit de ses progrès, concentre les plus graves difficultés. 24,8 % de l'Afrique Sub-saharienne est sous-alimentée, l'espérance de vie y est de 52,9 ans, dépassant seulement l'Afrique australe et ses 51,9 ans. Près de 30 années en moyenne séparent leur espérance de vie à la naissance avec les populations d'Europe de l'Ouest et d'Amérique du Nord. Frappée par les guerres et les épidémies (en particulier le virus du Sida), l'Afrique a une espérance de vie particulièrement faible, avec au mieux 62,2 ans au Sénégal et, au pire, 44 ans dans la Sierra Léone. Les écarts restent donc très forts et ils ont de surcroît tendance à se creuser au sein même des pays. Selon Branko Milanovic, la courbe de l'éléphant permet de modéliser cette croissance des inégalités mondiales. Les plus riches sont toujours plus riches, comme le symbolise la trompe relevée du pachyderme, tandis que les plus pauvres s'appauvrissent encore, comme le représente la queue de l'éléphant.

2.3. Les dérèglements climatiques, une menace globale

L'une des menaces majeures pesant sur le monde contemporain concerne les dérèglements climatiques. Cette menace amène les États à réfléchir à un mode de développement plus durable depuis les années 1980 sans que la sécurité environnementale ne soit encore acquise. Dans de nombreuses régions du monde, des phénomènes liés au réchauffement climatique sont déjà observés : réduction des terres arables, multiplication des coupures d'eau, baisse des réserves alimentaires, augmentation des inondations et des périodes de sécheresse. De surcroît, 20 % de la population mondiale vit près des zones côtières et est menacée par la montée du niveau des mers. Le changement climatique est appelé à se poursuivre, avec la multiplication d'événements climatiques extrêmes (tornades, inondations, tsunamis, canicules, incendies). Ce phénomène a des conséquences majeures sur l'environnement, l'économie, les déplacements de population. Il est à l'origine de tensions politiques et militaires nouvelles. Selon une étude du Groupe d'experts intergouvernemental sur l'évolution du climat (GIEC), d'ici 2080, entre 1,1 et 3,2 milliards de personnes manqueront d'eau, et entre 200 et 600 millions souffriront de la faim. L'accès aux ressources naturelles va devenir un des défis majeurs de l'humanité. Le libre accès aux zones de production et la sécurité des transports (routes maritimes et oléoducs) constituera un enjeu stratégique de premier plan. Depuis 1948, l'ONU estime que 25 % des opérations de maintien de la paix se sont déroulées dans des zones où les ressources naturelles ont joué un rôle important : les revenus des ressources naturelles peuvent financer des guerres civiles, et le contrôle de ressources rares, comme l'eau ou les terres fertiles, peut également être à l'origine de conflits, comme c'est le cas au Sud Soudan. Ces menaces sont accentuées par la croissance démographique mondiale. D'un peu plus de 7 milliards aujourd'hui, la population mondiale devrait augmenter de 25 %, pour atteindre 8,8 milliards d'habitants en 2040. Le déséquilibre démographique entre les pays développés, à faible croissance naturelle et à la population vieillissante, et les pays à forte croissance démographique (Afrique subsaharienne, péninsule Arabique, Pakistan et nord de l'Inde) est appelé à s'accroître. L'Asie et l'Afrique représenteront près de 80 % de la population mondiale en 2040. Le poids démographique des pays de l'OCDE continuera à décliner, pour ne plus représenter que 14 % de la population mondiale en 2040. L'urbanisation est également appelée à se poursuivre. En 2040, les villes concentreront 65 % de la population mondiale, mais jusqu'à 80 % dans les pays en développement. Ce phénomène aura pour conséquence directe de multiplier les risques d'instabilité (catastrophes urbaines, tensions, émeutes, hygiène, épidémies, problématiques environnementales).

La sécurité mondiale est donc de plus en plus complexe à assurer alors même qu'elle est inextricablement liée à la sécurité intérieure.

3. Le vivre-ensemble à l'épreuve de la sécurité

Les États tentent d'affirmer leur politique sécuritaire afin de répondre aux menaces croissantes. Loin de mettre fin au sentiment d'insécurité, ces politiques le renforcent. Les sociétés semblent alors davantage malades de leurs peurs que de l'insécurité elle-même.

3.1. Le terrorisme, une peur diffuse qui met en cause le modèle sécuritaire

L'une des menaces qui affectent depuis plusieurs années les sociétés occidentales est le terrorisme. Or, Il est par essence impossible à prévenir et à contrôler d'autant plus quand l'ennemi est intérieur. Les attentats de janvier 2015 contre *Charlie Hebdo* et l'épicerie Hyper-casher de la Porte de Vincennes ont ciblé la liberté de la presse et la communauté juive. Le 13 novembre 2015, le stade de France, les terrasses de café des 10e et 11e arrondissements et la salle de spectacle du Bataclan étaient l'objet d'une série d'attaques coordonnées destinées à attaquer les loisirs pour faire régner la peur dans la société. Ce sont les attentats les plus meurtriers en France depuis la Seconde Guerre mondiale avec 130 morts et la deuxième attaque la plus meurtrière en Europe après les attentats de Madrid du 11 mars 2004. Ils ont été revendiqués par l'état islamique. Le terrorisme a supplanté dans l'opinion publique la menace soviétique depuis 2001. Ce moyen d'action reposant sur la terreur des populations civiles a complexifié la distinction traditionnelle entre sécurité intérieure et sécurité extérieure. Le terrorisme échappe à la territorialisation tant dans sa conception que dans son exécution. L'angoisse suscitée par ces actes est disproportionnée par rapport à la menace réelle puisque les terroristes peuvent frapper partout n'importe quand et n'importe qui. La réaction est ainsi plus vive et compassionnelle quand les victimes nous ressemblent ou lorsque l'attaque a lieu dans un espace familier puisque c'est l'assimilation aux victimes qui créé la peur. À travers le terrorisme, c'est toute la société qui est menacée dans ses représentations. Manuel Valls et François Hollande ont ainsi fait état d'une « société en guerre » et renforcé au maximum le plan Vigipirate et l'opération Sentinelle menée par l'armée. Le modèle sécuritaire ne tient cependant pas face aux effets psychologiques des attentats puisque toutes ces mesures destinées à rassurer la population ne peuvent empêcher de nouveaux actes terroristes comme l'ont montré les attentats de Nice perpétrés le 14 juillet 2016 sur la promenade des Anglais. Le terrorisme est une forme de guerre asymétrique face à laquelle les interventions contre des États en particulier l'Afghanistan à partir de 2001 puis l'Irak à partir de 2003 ont montré l'inefficience. Le terrorisme reste alors l'une des principales failles de sécurité des États modernes. La répétition des actes terroristes jette ainsi le trouble sur les mesures sécuritaires adoptées par les pouvoirs publics.

3.2. L'état d'urgence, une menace contre les libertés

À la suite de chacun des derniers attentats perpétrés en France, une série de mesures est adoptée pour renforcer l'arsenal sécuritaire. Après les attentats de janvier 2015, le gouvernement avait lancé la Loi renseignement. À la suite du 13 novembre, le chef de l'État a décrété l'état d'urgence et lancé la procédure sur la déchéance de nationalité. Mais ces mesures sont critiquées et portent elles-mêmes une menace contre la liberté des individus. Elles sont perçues comme des moyens de contrôle et de musellement de la population. Pour rassurer les populations après les attentats terroristes, les gouvernants ont imaginé une série de mesures sécuritaires afin de mieux contrôler les tentatives d'attentats. Aux États Unis, après les attentats de 2001, l'administration Bush a imaginé le Patriot Act. Ce texte renforce le pouvoir des agences de renseignement et de lutte contre le crime : FBI, NSA et CIA. Les libertés fondamentales sont ainsi restreintes au nom de la sécurité. La liberté est ainsi en partie sacrifiée au profit de l'État de sécurité. Aux États-Unis, les agences de renseignement peuvent lancer une surveillance électronique sur n'importe quel usager sans l'en avertir et sans autorisation préalable des forces de justice ou de police. Un suspect peut aussi être perquisitionné en son domicile en son absence et sans avoir été averti précédemment. Le statut d'« ennemi combattant » ou de « combattant illégal » est lui aussi décrié car il permet de détenir sans procès et sans limitation de durée des personnes accusées de terrorisme. Cet arbitraire est toujours en vigueur aujourd'hui et a majoritairement été utilisé en dehors du terrorisme, comme l'ont révélé les associations citoyennes parmi lesquelles, l'Electronic Frontier Fondation (EFF). La France a quant à elle opté pour l'état d'urgence. C'est une forme d'état d'exception créé au moment de la guerre d'Algérie qui permet aux forces de police d'assigner à résidence des personnes suspectées, d'interdire des manifestations ou encore de mettre en place des perquisitions de jour comme de nuit. L'état d'urgence n'avait été appliqué qu'à quatre reprises depuis les accords d'Évian, trois fois en outre-mer dans les années 1980 et une fois en 2005 lors des émeutes de banlieue. Il s'est aujourd'hui largement banalisé dans le cadre de la lutte contre le terrorisme et de la menace sanitaire. Les détracteurs de cette justice d'exception confiée aux préfets et à la police mettent en avant la menace contre les libertés individuelles. Les assignations à résidence ont été notamment utilisées contre des militants écologistes pour éviter qu'ils ne viennent perturber la COP 21 organisée en France. Cet état d'urgence est parfois présenté comme une menace contre la démocratie. C'est l'état d'exception qui a permis l'installation du IIIe Reich en Allemagne en 1933-1934 ; « les « raisons de sécurité » ont pris la place de ce qu'on appelait, autrefois, la « raison d'État ». ». La peur serait devenue la raison même de l'existence de l'État.

3.3. Une obsession pathologique : une société malade de ses peurs ?

L'état d'urgence renforce donc fortement la sécurité mais il ne met pas fin à la peur et contribue sans doute même à l'entretenir. Qu'elle soit une conséquence voulue par les gouvernants ou un inévitable aboutissement de cette politique sécuritaire, la terreur s'est imposée dans nos sociétés contemporaines. Le vivre ensemble s'en trouve menacé et les communautés cristallisent les tensions. Frédéric Gros emploie ainsi le vocabulaire de la maladie en évoquant une « obsession pathologique » alors que d'autres chercheurs mettent en évidence l'accentuation du rejet de l'autre face à la peur. Le racisme anti asiatique des débuts du Covid est révélateur de cette peur de l'étranger. La peur peut donc à la fois être interprétée comme la cause et la conséquence de cette dérive sécuritaire. La crainte de l'altérité est le propre de l'homme comme l'ont identifié de nombreux philosophes à l'image de Thomas Hobbes pour qui l'état de nature est un « état de guerre de tous contre tous ». Cette peur de l'autre recule avec la civilisation et la mise en place de normes relationnelles entre les hommes. Aujourd'hui, le populisme du débat public semble remettre en cause cette normalisation des relations humaines. Le débat sur l'inscription de la déchéance de nationalité dans la constitution française en 2015-2016 jette ainsi la suspicion sur les citoyens français nés à l'étranger et attise les tensions entre les Français eux-mêmes. Plus récemment, les polémiques sur les tenues vestimentaires liées aux religions contribuent à creuser le fossé inter-communautaire. Loin de rapprocher la communauté nationale afin de permettre aux hommes de se réaliser pleinement, propre de l'objectif sécuritaire, l'instrumentalisation de la sécurité dans le débat public a contribué à renforcer le sentiment d'insécurité et a fragilisé le vivre-ensemble. Le sentiment d'insécurité semble être la conséquence paradoxale du débat sécuritaire, de même que la menace communautaire est la résultante de l'omniprésence médiatique et politique de cette question. Max Weber a ainsi montré dans *L'Éthique protestante et l'Esprit du capitalisme* que les représentations agissent en retour sur la réalité sociale. La sécurité est ainsi devenue un enjeu politique et le terrorisme a sans doute une part de prophétie autoréalisatrice.

Conclusion

La sécurité a donc progressé aussi rapidement que le sentiment d'insécurité. Alors que la surveillance s'est généralisée et que des progrès réels ont été réalisés en matière de lutte contre les risques ou les menaces en tout genre, la perception de l'insécurité reste un élément constitutif de l'opinion publique. Cette thématique est réactivée à chaque campagne électorale et anime quotidiennement les médias. Loin de permettre de lutter contre la peur, les progrès en matière semblent donc au contraire la renforcer en érigeant la sécurité en maladie de société. La communauté nationale souffre du climat sécuritaire qui entretient la méfiance face à l'altérité. **[Résumé des enjeux et réponse à la problématique]** La crise sanitaire que nous traversons confirme pleinement ce constat. Jamais les mécanismes de propagation d'un virus n'ont été si rapidement et si bien connus. Jamais un vaccin n'a pu être mis au point si rapidement pour lutter contre une pandémie. Pourtant, la suspicion, le doute et les peurs sont loin d'avoir disparu. **[Ouverture]**

Sujet 4
La peur rend-elle déraisonnable ?

« Moins il y aura de peur, mieux cela vaudra. La peur fait de nous des lâches. La peur nous avilit » écrit Philip Roth dans son roman *Némésis* qui raconte comment une épidémie, la polio, marque une population. La peur y est décrite comme une émotion qui nait de l'identification d'une menace, la contagion, susceptible de porter atteinte à la vie et au bien-être des habitants d'une ville américaine. **[Accroche]**

Au-delà de l'épidémie, la peur peut prendre des formes diverses. Elle peut être purement individuelle, voire relever de phobies intimes. Elle peut aussi être partagée et contaminer les esprits, comme c'est le cas dans *Némésis*. Même dans ses traductions les plus intimes, la peur a souvent une logique collective. Les peurs disent une société. Ce sentiment ambivalent a des effets à la fois positif et négatif. Il est source de comportements préventifs, de vigilance mais aussi de perte de sens et de repères pour les individus. Depuis Aristote, on définit l'individu comme un zoon logikon, un être apte à la logique et à la raison, un être capable de faire la différence entre le vrai et le faux, un être raisonnable apte au jugement. Alors que les sociétés anciennes étaient mues par des comportements traditionnels, les sociétés modernes sont caractérisées, selon Max Weber, par la place centrale des comportements individuels inspirés par la raison, le calcul ou encore la rationalité. L'essentiel des activités humaines obéissent à une rationalité en valeur ; elles sont donc conformes au système moral des individus. Elles peuvent aussi être tout simplement logiques c'est-à-dire dirigés vers des d'objectifs et, en ce sens, conformes à une rationalité en finalité, comme l'écrit Max Weber. Si la peur est une émotion forte, on peut se demander en quoi elle perturbe les comportements sociaux et la raison qui les anime. La peur, et en particulier les peurs modernes, nuisent-elles à la rationalité des comportements individuels et collectifs ? La peur est-elle une pathologie sociale ? **[Analyse du sujet]**

Il est donc pertinent de nous demander en quoi la peur peut être analysée comme une pathologie sociale générant certains effets pervers sur la rationalité des conduites humaines et sociales. **[Problématique]** Si la peur porte atteinte à la rationalité des représentations et des comportements individuels, elle perturbe aussi la nature d'une partie des choix collectifs mais la société démocratique contient un certain nombre de garde-fous face aux dérives générées par la peur. **[Annonce de plan]**

1. La peur : une émotion qui porte atteinte à la rationalité des représentations et des comportements individuels

1.1. La peur peut conduire l'individu à perdre de vue ses capacités à raisonner

La peur envahit d'abord l'individu physiquement, extérieurement dans un premier temps puis intérieurement : son corps est pris de tremblements, sa respiration s'accélère, il éprouve un sentiment d'étouffement. L'individu peut être rendu muet par la peur ou la terreur, il peut rester sans voix, avoir une voix blanche ; son débit devient saccadé et angoissé. Son corps est conquis par la peur. Si l'hexis corporelle perd ses repères, l'ethos ne peut rester indemne.

La panique morale qui l'envahit est susceptible d'ôter sa capacité de réflexion et donc de raison à l'individu qui en est la proie. Elle peut le conduire à des comportements peu rationnels voire absurdes. La peur qui s'empare d'Irène, le personnage du roman éponyme de Stefan Zweig, la conduit à une lente descente aux enfers à la suite du chantage qu'elle subit. « Un individu soumis à la peur est incapable de pensée ou de réflexion » écrit Montesquieu. Pour penser, il faut pouvoir dire non à la peur. Ainsi, la peur de l'avenir est un puissant facteur de troubles individuels. Le fait d'envisager le futur avec crainte renvoie à la perception de l'idée de progrès. Ne plus croire en un avenir de façon optimiste, ne percevoir qu'un horizon de menaces génère une mécanique du stress qu'on retrouve dans les grandes peurs ancestrales décrites par les historiens. Dans *Mythes et mythologies politiques* (1986), Raoul Girardet a montré comment la peur de l'avenir crée, de toutes pièces, le mythe de l'âge d'or, cette représentation nostalgique selon laquelle le temps d'avant était « le bon vieux temps » par opposition à une supposée déchéance du temps présent. Cet attachement aux temps anciens comme bouée de sauvetage face à la peur du changement est purement déraisonnable, tant elle nie une bonne partie de la réalité. Au-delà des représentations, la peur peut aussi provoquer des comportements que la rationalité interroge. Le démarrage de l'épidémie du coronavirus a ainsi donné lieu à des comportements mimétiques de foules poussées par le désir de stocker certains biens de première nécessité tels que les pâtes et le papier toilette.

Cette panique se traduit également dans l'acuité de l'individu face à la qualité de l'information qu'il reçoit. Dans certaines situations, la peur gouverne l'individu, et en dehors de toute rationalité. Sa sensibilité à la rumeur le conduit à adhérer aux théories les plus folles et à faire circuler des informations erronées. C'est le rapport à la vérité et à la science qui est alors remis en cause. L'histoire a d'ailleurs montré combien les moments de peurs généralisées, en particulier face à une épidémie, c'est-à-dire un phénomène qui ne s'explique pas spontanément (les peurs liées aux guerres sont de nature différente), sont propices à l'éloignement de la raison et à la construction de suspicions et de rumeurs. La pandémie actuelle rappelle à quel point les mécanismes de la peur se répètent. Ainsi, lors d'une interview à France info accordée en mars 2020, Patrick Rateau expliquait que « la peur réduit notre capacité à traiter l'information. ». Le sentiment de danger conduit alors les individus à chercher de l'information en dehors des lieux d'information habituels du fait même que la diffusion du virus est associée à une incurie des professionnels de la santé publique et des scientifiques. Leur parole est donc, de façon automatique, discréditée. Un boulevard est donc ouvert à la circulation d'informations non vérifiées sur les réseaux sociaux, analysés comme espaces de vérité. Face à la peur, les réseaux sociaux apparaissent, à une partie des individus, comme un lieu d'information directe, sans filtre, sans censure. Toutes sortes de rumeurs peuvent donc se diffuser sans limite et désigner des responsables de la pandémie. La rumeur a visé aussi bien les laboratoires de recherches, notamment chinois, que certains gouvernements étrangers. Ainsi, dans le documentaire *Holp Up : Retour sur un chaos*, un médecin désignait l'Institut Pasteur comme origine de l'épidémie. Ces rumeurs, ces croyances, nourries par la peur déstabilisent les plus fragiles, ceux qui sont sensibles aux théories complotistes, et ce d'autant plus quand elles font l'objet d'un « mille-feuille » argumentatif qui laisse nécessairement des traces dans la perception des faits.

1.2. La peur a aussi un impact sur les comportements sociaux

La dimension psychologique de la peur s'accompagne d'une dimension sociale. C'est la société et les groupes d'appartenance qui construisent l'espace des peurs de chacun. À chaque société, à chaque milieu social correspondent des peurs spécifiques (de la peur de la pauvreté à la peur de la perte de traditions).

Quelle qu'en soit la nature, la peur affecte les relations sociales et économiques. En effet, de nombreuses peurs traduisent une perte de confiance. La peur du déclassement, la peur du « grand remplacement », la peur d'une perte de valeurs traduisent toutes un sentiment d'insécurité et une défiance, qu'il s'agisse des institutions, de l'avenir ou du rapport entre individus. La relation entre la peur et la confiance est donc circulaire : l'une génère l'autre et inversement. Par effet de ricochet, les peurs nuisent au progrès économique et social. Et cela a un certain nombre d'effets connexes. Une société de défiance est une société qui développe des pratiques peu efficientes et, en ce sens, peu rationnelles : elle débouche sur un entre-soi et une judiciarisation des rapports sociaux, chacun essayant de se protéger. Yann Algan et Pierre Cahuc expliquent dans *La société de défiance* (2016), qu'en France cette société de défiance nourrie de peurs diverses, finit par entraver l'amélioration du bien-être collectif.

La peur peut également affaiblir le lien social. La peur de l'insécurité est particulièrement caractéristique de la part d'irrationnel en jeu. Plus que des expériences vécues, le sentiment d'insécurité est largement produit par une perception directe (trottoirs sales, consommateurs d'alcool dans la rue, graffitis sur les murs et dans le métro) ou indirecte (média rendant compte de faits divers) d'éléments jouant un rôle de signal dans la construction de la peur. Nathan Glazer, sociologue américain, explique ainsi que ces divers éléments, qui isolés ne présentent pas nécessairement de danger objectif, nourrissent une représentation selon laquelle l'espace public est abandonné et que tout peut donc s'y produire. Les peurs accrochées à ces différents symboles produisent donc des effets plus larges encore qui se synthétisent en une sorte de peur globale de la ville et de la modernité nourrie d'associations d'idées peu rationnelles. Cette lecture du réel conduit à des attitudes de rejet qui vont du racisme à l'homophobie, en passant par une diabolisation de certains espaces sociaux. L'espace social est donc segmenté et la solidarité affectée. La propagation de l'épidémie de Covid-19 montre combien les représentations construites par la peur peuvent affecter le vivre-ensemble de façon irrationnelle. Ainsi, certains ont associé la pandémie à la présence de certaines minorités, notamment des personnes asiatiques. Le départ de l'épidémie en Chine a conduit à y voir un « péril jaune » comme au XIXe siècle. D'autres théories du complot y ont vu la responsabilité des juifs réactivant ainsi le vieux mythe du juif empoisonneur qu'on pouvait croire oublié. Ces dérives montrent à quel point la peur éloigne la raison.

Les processus de construction sociale de la peur ont donc un impact sur la rationalité individuelle et, par ce biais, sur les rapports sociaux. Les sociétés où règne la peur connaissent des liens sociaux altérés. Mais, la peur s'insinue aussi dans la sphère politique en orientant les choix collectifs. **[Transition]**

2. La peur perturbe aussi la nature d'une partie des choix politiques

2.1. Le ruissellement de la peur et ses effets moutonniers

Dans le domaine politique, la peur se traduit par la crainte d'une atteinte au bien-être collectif ressentie par un groupe ou un peuple. Elle peut être fondée sur le risque terroriste, sur la délinquance criminelle ou d'autres variantes encore. Elle peut aussi être liée à une perception d'un déclin économique ou moral. Cette peur est souvent le résultat d'un discours et d'une construction sociale liés à des « entrepreneurs de morale » comme les désignent Howard Becker dans *Outsiders* (1963). La montée du discours populiste, en particulier sur l'immigration, la thèse du « choc des civilisations », la mise en exergue des « territoires perdus de la République » ou encore la thèse du « déclin français » très présents dans le champ médiatique et politique produisent des effets de construction de sentiments de défiance et de peur au-delà du rationnel dans la mesure où ils dépassent l'expérience vécue par les individus. Ce « ruissellement » de la peur a un effet sur les comportements sociaux.

À l'image de ce que Jean Delumeau nomme pour le Moyen Âge, la « pastorale de la peur », dans son ouvrage *La peur en occident, XIVe-XVIIIe siècles*. Une cité assiégée pour le Moyen Âge, les peurs collectives ont un effet performatif sur les pratiques et leur rationalité. Si les prédicateurs de l'époque répandaient la panique par des sermons enflammés, aujourd'hui les relais des discours alarmistes mobilisent les ressorts d'un « catastrophisme éclairé », comme le dit Jean-Paul Dupuy dans *Pour* *un catastrophismle éclairé, quand l'impossible est certain* (2004), à propos de la collapsologie.

La peur peut affecter la participation à la vie sociale à travers le plus symbolique des comportements collectifs : le vote. Le lien entre le développement de peurs collectives, donc partagées, et le comportement électoral est complexe. Dans une enquête au début des années 1990, « Le vote Front National ou le syndrome de la peur » publiée dans *La revue internationale d'action communautaire*, la politologue Nonna Mayer met en évidence le fait que les électeurs d'extrême droite manifestent dans les enquêtes par sondages, des peurs en matière d'insécurité physique, d'atteinte aux biens notamment. Cette corrélation entre perception de la peur et sélection d'une offre politique déployant un discours et des valeurs autour de la protection des frontières et une politique judiciaire plus sévère est nette.

Les émotions telles que la peur peuvent aussi expliquer les mobilisations collectives. La peur peut être suscitée par une loi, une décision judiciaire, voire un fait divers, autant d'évènements susceptibles de créer une forte réaction de peur voire de panique. Avec le concept de « choc moral » développé dans *Passionate Politics : Emotions and Social Movements* publié en 2009, James M. Jasper rend compte de ces évènements ressentis par un groupe comme déstabilisants qui conduisent des individus à constituer un mouvement social. C'est le cas, en 1986, lorsque les homosexuels américains reçoivent une décision de la Cour suprême entérinant une loi homophobe de l'État de Géorgie comme une véritable agression générant peur de l'avenir et colère profonde. C'est donc la transformation de la peur en indignation qui favorise le conflit social.

2.2. Des politiques publiques déraisonnables ?

Ces peurs ruissellent dans la société et elles peuvent se traduire aussi dans les orientations de politiques publiques. La place des politiques sécuritaires dans différents domaines traduit cette demande d'un État protecteur et répond à l'effet de ces peurs collectives, résultats pour partie d'une mise en exergue de l'insécurité par certains mouvements politiques. Si les politiques de prévention et de précaution semblent répondre de façon rationnelle aux attentes citoyennes d'un État protecteur, il faut tout de même s'interroger sur les dérives de cette extension du domaine de l'État. D'une part, cette protection passe moins par la solidarité et l'État-providence que ce n'était le cas durant les trente glorieuses. D'autre part, elle consiste davantage en réglementations et en encadrement de la société ; elle contraint donc les individus plus qu'elle ne les rassure. D'une certaine façon, par effet de contagion, ces politiques entretiennent la peur.

Par ailleurs, la peur liée à l'incertitude peut conduire à des politiques publiques fondées sur le principe de précaution. Inspiré par les travaux du philosophe Hans Jonas et en particulier du *Principe responsabilité* (1979), le principe de précaution a été inscrit dans le droit français en 1995. S'il ne concernait au départ que les risques environnementaux, il a par la suite été étendu à aux enjeux alimentaires et sanitaires. Ce principe peut sembler rationnel face au risque, mais il pose une « heuristique de la peur » (l'expression est celle de Hans Jonas), c'est-à-dire qu'il repose sur l'hypothèse du scénario du pire, générant ainsi un cercle vicieux de la peur et de la défiance. La peur peut donc freiner la recherche et l'innovation. C'est bien ce type de logique que mobilisaient les opposants au vaccin par ARN messager proposé par les laboratoires pharmaceutiques face au coronavirus, mettant au même niveau les risques inhérents au vaccin et ceux liés à la maladie, et ce malgré la publication du nombre de morts du Covid.

La crise sanitaire montre également que l'un des enjeux du caractère raisonnable, c'est-à-dire adapté à la situation, rationnel en finalité comme l'écrivait Max Weber, est le niveau de proportionnalité de la décision politique. Le débat depuis deux ans fourmille d'opinions diverses quant aux excès de la politique de la peur menée par le gouvernement, certains allant jusqu'à minorer l'ampleur de la menace et à voir dans les décisions prises une instrumentalisation de la peur relevant de la manipulation politique.

Dans les comportements des citoyens, depuis les mobilisations citoyennes jusqu'au vote, la peur a un certain nombre d'effets pervers : elle légitime une demande d'État toujours plus marquée ce qui finit par sembler déboucher sur des risques démocratiques. La peur produit des citoyens sous tutelle. Face à ces dérives, quelles sont les barrières susceptibles de préserver la place de la raison dans la société démocratique face aux dérives de la peur ? **[Transition]**

3. Des garde-fous institutionnels face aux dérives liées à la peur

3.1. Des institutions propices à une organisation sociale et politique fondée sur la raison

A priori, les sociétés démocratiques comportent des institutions qui encadrent les peurs collectives et leur impact. Dans l'esprit du courant institutionnaliste et de Douglas North, un économiste institutionnaliste, il s'agit ici de retenir une définition large des institutions, c'est-à-dire de considérer toutes les contraintes humaines qui structurent les interactions politiques, économiques et sociales, les règles du jeu démocratique en quelque sorte. Ainsi, l'éducation est une institution forte dans les sociétés démocratiques. La raison d'être des dépenses importantes en matière éducative n'est pas seulement de former de la main-d'œuvre qualifiée. C'est aussi d'éloigner la population des croyances magiques non fondées de toute sorte, c'est de faire des individus des êtres de raison accessibles à l'entendement.

De façon plus directe, l'existence d'un état de droit est le cadre limitant les excès du politique. Des institutions définies par des textes juridiques et constitutionnels, des règles de droit égales pour tous, des procédures définies et non circonstancielles, voilà qui écarte le risque de faire de la peur un élément de gouvernement au-delà du raisonnable. La « peur de la peur » constitue donc un fondement démocratique essentiel même s'il est invisible. C'est ce qu'explique la philosophe Judith Shklar en évoquant un « libéralisme de la peur » c'est-à-dire des institutions qui garantissent l'autorité de la loi, la séparation des pouvoirs, le pluralisme et un certain nombre de valeurs démocratiques pour limiter voire empêcher que la peur devienne un aiguillon excessif de la décision politique et le levier d'un excès de pouvoir. Le risque que ce qu'elle nomme le « souverain Mal » ne prenne trop de place est limité par ce cadre institutionnel.

3.2. Face au risque, une vigilance nécessaire

« Conjurer la peur ne signifie pas l'annuler ni la tranquilliser, mais la ramener à une lucidité minimale afin de ne pas lui attribuer de noms d'emprunt. Conjurer la peur, c'est lui donner son objet véritable, qui porte le beau nom de vigilance » écrit l'historien Patrick Boucheron dans l'ouvrage *L'exercice de la peur. Usages politiques d'une émotion*, publié en 2015. C'est la gestion raisonnable du risque par la vigilance qui permet donc le retour à la raison. Le débat public doit permettre d'analyser correctement les menaces, de les rendre intelligibles. Cet état de vigilance nécessite un « juste milieu » entre information et prise de décision par le gouvernement. Or, ce compromis n'est pas toujours simple à définir. La pandémie de coronavirus illustre le difficile équilibre à trouver entre maintien des procédures démocratiques, notamment parlementaires, qui sont nécessairement lentes, et urgence de certaines mesures, entre mesures purement sanitaires et interdictions impactant la vie sociale (confinement). C'est la raison pour laquelle le gouvernement français a instauré à la fois un état d'urgence sanitaire et un contrôle parlementaire renforcé. Ce contrôle a permis à l'Assemblée nationale et au Sénat d'être informés jour après jour des mesures prises. Ce bouclier est présenté comme une institution raisonnable permettant de ne pas sortir complètement de l'état de droit.

Conclusion

« Permettez-moi d'affirmer ma seule conviction que la seule chose dont nous devons avoir peur est la peur elle-même. » déclarait Franklin Delano Roosevelt, lors de son discours d'investiture en 1933. Voulait-il mettre en exergue les nombreux impacts que la peur peut avoir sur les comportements humains et sociaux ? Il est acquis que la peur peut aveugler l'individu et lui ôter sa capacité de réflexion. Les mécanismes de la compréhension individuelle, et par ce biais de l'intelligence collective, sont brouillés. Les rapports au temps, à l'histoire, à la vérité ou encore au savoir scientifique sont rendus confus par la peur. Elle peut aussi nuire à la cohésion sociale, tant elle porte avec elle des réflexes de construction sociale de boucs émissaires dont l'histoire regorge d'exemples. La peur est un fait social et elle peut conduire les hommes à se tourner vers une forme de servitude volontaire, préférant un État tuteur et protecteur dans des sphères sociales de plus en plus étendues. Face à ces dangers et ces dérives, un certain nombre de barrières protègent, en principe, la société de l'éclatement que la peur, poussée à son paroxysme, peut générer. **[Résumé des enjeux et réponse à la problématique]**

Pourtant la crise sanitaire actuelle montre que la société moderne du savoir et de l'information est un cadre moins solide que ce qu'on pourrait rationnellement penser. La société du risque et l'individualisation sont des marqueurs tellement puissants de la modernité qu'elles fragilisent le lien social. Aujourd'hui, l'enjeu de la « collapsologie » ne devrait-il pas être le maintien de la solidarité et le dépassement de l'effroi pour développer d'autres formes de comportements raisonnables ? C'est ce que montrent Pablo Servigné et Raphaël Stevens dans *Tout peut s'effondrer* (2015) et dans *Une autre fin du monde est possible* (2018) : une « collapsosophie », forme de vie sage et raisonnablement adaptée aux contraintes, est peut-être envisageable. **[Ouverture]**

Sujet 5

Peut-on être libre face à la menace ?

La menace est ce qui rôde autour de nous et nous fait prendre conscience qu'il y a un risque pour notre vie. Elle peut être plus ou moins évidente, mais dans tous les cas elle est ce qui produit une inquiétude dans le sujet, suscitant un sentiment de peur qui interrompt l'attention portée aux activités quotidiennes. En cela, la menace vient bien contrer notre liberté d'action, de mouvement. **[Accroche]**

Cependant, il est à noter que la menace n'est pas le danger. Celui-ci, en effet, nous fait face et nous contraint à l'affronter. La menace, quant à elle, est plus diffuse, plus lointaine, et peut, par là même, se voir niée, occultée, oubliée. En effet, pour que la menace m'amène à agir, encore faut-il que je le veuille, que je le décide, car j'ai toujours en moi la liberté de m'en détourner. **[Analyse du sujet]** Mais un tel déni est-il réellement efficace ? Ne pas prendre en considération la menace, est-ce pour autant lui ôter son pouvoir destructeur ? En d'autres termes, est-il si sûr que nous soyons libres d'accepter ou de refuser la menace ? Celle-ci n'a-t-elle pas, au final, un pouvoir réel d'assujettissement qui nous contraindrait à modifier tant notre comportement que notre manière de penser ? **[Problématique]**

C'est pour répondre à de telles questions que nous verrons tout d'abord en quoi le fait même d'être menacé – par quelqu'un ou quelque chose – implique le surgissement d'un sentiment de peur et de terreur qui peut stopper toute d'action (stupeur). En ce sens, la menace est bien ce qui vient porter atteinte à la liberté d'un individu. Il nous faudra alors remarquer, dans un second temps, que, face à ces menaces, les humains ont développé des outils, des techniques, des technologies, visant à s'en protéger et à rester ainsi aussi libres qu'auparavant. Mais ces remèdes à la peur ne font, en réalité, que développer de nouveaux maux, accroissant souvent les peurs ressenties. Dès lors, il nous faudra étudier, dans un troisième temps, en quoi la liberté n'a de sens que confrontée à des peurs et des menaces qu'elle sait appréhender et réguler pour tenter de les contenir et de les juguler. **[Annonce du plan]**

Si nous nous reportons à la définition du *Larousse*, une « menace » est un signe, un indice qui laisse prévoir quelque chose de dangereux, de nuisible. En ce sens, la menace est un élément extérieur qui peut venir porter atteinte à mon intégrité tant physique que psychique.

Cette menace peut être portée par des éléments naturels (volcans, raz de marée, pandémies, canicules, tempêtes...) ou par nos semblables. Ainsi, l'acte même de « menacer » implique une parole, un comportement par lesquels on indique à quelqu'un qu'on a l'intention de lui nuire, de lui faire du mal, de le contraindre à agir contre son gré. Il existe des gestes de menace, on peut écrire sous la menace...

La menace est alors perçue comme un danger. Face à celui-ci, nous pouvons nous voir tétanisés, paralysés. Le cas des femmes battues atteste bien de cette réalité : confrontées à la peur, au risque de leur vie, beaucoup d'entre elles ne parviennent plus à réagir, ne parviennent plus à partir. Un grand nombre se disent même être sous emprise. Des rapports de domination déterminent ainsi le comportement des dominés. Loin d'être choisis, les comportements sont imposés par les situations vécues. Vivre sous une menace extrême retire donc au sujet toute liberté d'action.

La crise du Covid que nous traversons actuellement paraît bien donner raison au fait que la menace est ce qui nuit à notre liberté. En effet, face au danger que représente la pandémie du Covid-19, nos libertés de mouvement et d'action se sont vues soudain fortement réduites : pour répondre à la crise sanitaire provoquée par le coronavirus en mars 2020, la loi d'urgence du 23 mars 2020 a introduit, dans le code de la santé publique, la possibilité d'instaurer un état d'urgence en cas de catastrophe sanitaire. Celui-ci autorise le Premier ministre à prendre par décret des mesures limitant la liberté d'aller et venir, la liberté d'entreprendre et la liberté de réunion (y compris des mesures d'interdiction de déplacement hors du domicile) ; des mesures de réquisition de tous biens et services nécessaires pour mettre fin à la catastrophe sanitaire ; et même des mesures temporaires de contrôle des prix.

Cependant, il nous faut reconnaître que la menace n'est pas que le danger. Si ce dernier est ce qui me fait face et dont je ne peux me soustraire, tel n'est pas le cas de la menace. Celle-ci est à penser comme un évènement qui peut probablement advenir, se situant dans un futur pas nécessairement tangible. D'où la possibilité qui est toujours nôtre de la nier, d'exercer à son encontre une forme de déni, et d'affirmer ainsi la liberté qui est la nôtre de ne pas en tenir compte. Mais pourtant, ce refus de la menace suffit-il à la rendre inoffensive ? Il semble qu'il serait bien plus efficace de la considérer pour ce qu'elle est – à savoir un signal d'alarme à prendre avec sérieux – afin de décider librement de se donner à soi-même, ainsi qu'à l'humanité, une vie sécurisée et de qualité.

Que ce soit sur le plan individuel, collectif ou économique, la pandémie que nous vivons n'est pas la seule à venir interagir avec nos libertés. Que ce soit la crise climatique, la menace terroriste, celle du chômage ou encore celle de la légionellose, etc. toutes ces menaces, paraissent bien mettre en péril nos libertés. Dès lors, être libre ne peut se faire qu'en les combattant, qu'en cherchant à les éradiquer, à les supprimer.

Cette lutte contre la menace, dans laquelle toute l'ingéniosité humaine peut se manifester, a été la caractéristique du siècle des Lumières et a donné naissance à l'idéologie du progrès.

C'est bien parce que l'humanité a su dépasser les menaces qui la mettaient en péril qu'elle a pu se développer, prospérer, évoluer. Cependant, les progrès qui ont été fait, notamment technologiques, s'ils ont permis de protéger l'espèce d'un certain nombre de maux, paraissent bien aujourd'hui se retourner contre elle. Prenons l'exemple des centrales nucléaires. Si la maîtrise de la fission nucléaire assure à l'humanité l'accès à l'énergie, et se présente ainsi comme le socle de notre civilisation moderne, il n'empêche que l'explosion d'un réacteur nucléaire à Tchernobyl[1] a montré en quoi notre puissance technique est, en même temps, ce qui peut générer les plus grandes catastrophes.

La menace, en ce sens, paraît bien avoir changé de visage. Si elle se présentait comme une réalité objective, indépendante de l'humain, qui pouvait se voir anticipée et combattue, elle semble aujourd'hui résider au cœur même des sociétés que nous élaborons et des techniques que nous nous donnons et que nous utilisons. Nous découvrons que la puissance de la société industrielle est marquée par une impuissance de principe. Les risques, loin de se réduire, se multiplient. Ils changent d'échelle : désormais, notre partenaire dans le risque, ce n'est plus l'accident, ce sont les catastrophes collectives, les atteintes majeures à la nature et à l'environnement. Ils touchent aussi des domaines inédits : le corps humain, par exemple, dans les transformations que nous pourrons de plus en plus lui faire subir. Nous nous découvrons titulaires d'un pouvoir considérable. La menace ne réside plus tant dans ce dont nous avons le pouvoir de nous prémunir, que dans ce que nous créons nous-mêmes, par le déploiement de notre puissance technique. Elle devient, dès lors, danger. En ce sens, pour reprendre les termes de Paul Virilio[2], nous sommes rentrés dans une « civilisation de la catastrophe ». Ou encore, pour se référer à Ulrich Beck[3], nous évoluons aujourd'hui dans une « société du risque ». Cela implique que la peur est devenue le premier principe de l'action.

Cette illimitation du pouvoir que nous avons sur la nature et sur nous-mêmes étend de manière tout à fait inédite le champ de notre responsabilité. Comment prendre en charge ce nouveau pouvoir que nous offre la science ? Comment gérer ce rapport à la peur ?

Cette ère nouvelle dans laquelle nous sommes entrés nous demande l'usage d'une nouvelle méthode pour nos délibérations. Confrontés aux dangers potentiels ouverts par notre puissance technologique, nous nous devons de prendre en compte les risques éventuels, probables, incertains, que ces nouvelles technologies peuvent générer. Le principe de précaution demande alors à être ici appliqué.

Doit-on cependant voir dans la précaution un principe qui viendrait restreindre nos libertés en venant les limiter ? Si une analyse rapide peut bien nous conduire à une telle conclusion, il nous faut aussi reconnaître que celui-ci fait appel à notre liberté de penser, d'anticiper, de choisir, d'assumer la responsabilité qui est nôtre en tant que membre de l'espèce humaine. Hans Jonas[4] formule bien cette nouvelle forme de liberté qui émerge avec le danger que recèle toute société contemporaine : face à une menace qui n'est plus simplement contingente, mais qui devient

1. La catastrophe nucléaire de Tchernobyl est un accident nucléaire majeur survenu dans la nuit du 25 au 26 avril 1986 à la centrale nucléaire de Tchernobyl, située à 100 kilomètres au nord de. Il s'agit de la plus grave catastrophe nucléaire du xxe siècle, classée au niveau 7 (le plus élevé) de l'échelle internationale des événements nucléaires (INES), surpassant, par ses impacts environnementaux immédiats l'accident nucléaire de Fukushima de 2011, classé au même niveau.
2. Paul Virilio, *L'université du désastre*, Galilée, 2007.
3. Ulrich Beck, *La Société du risque*, Flammarion, 2008.
4. Hans Jonas, *Le principe responsabilité*, Champs Essais, 2013.

consubstantielle à notre développement civilisationnel, la certitude ne peut plus guider nos décisions. Nous nous devons donc de juger, de penser ce que nous voulons comme monde, tant pour nous-mêmes que pour nos enfants.

En ce sens, il devient difficile de scinder les libertés individuelles des libertés collectives. Être libre ne peut, en effet, se penser en dehors d'une référence à la règle, à la loi, qui vient donner une ligne de conduite – qui vient poser un frein à la possibilité d'un agir pouvant mettre en péril la survie de tous. Cette liberté, capable de s'autolimiter, se comprend dans le cadre d'une menace potentiellement catastrophique, mais vaut-elle encore dans des conditions où les risques encourus sont moindres ? Pourquoi rouler à 30 km/h devant une école tard le soir ? Seul, je peux faire ce que je veux quand je veux. Mais dès qu'il y a un groupe, des règles vont s'instaurer. La liberté de l'individu en dépend. La règle ne fluctue pas, elle structure le groupe. Il est certes vrai que je peux aller contre la règle, parce que je considère la règle comme mauvaise. Mais, comment bien vivre en société si tout le monde ne suit pas la règle ? Si je ne me soumets pas à la règle, il y a le risque que la vie en collectivité devienne impossible. Pour vivre en communauté, je peux accepter de respecter des règles que je n'approuve pas. Mais jusqu'à quel point ? La question fondamentale est : dans quel collectif je veux vivre ? Si on trouve que la loi n'est pas juste, comment fait-on pour la changer ?

Certes, il y a la logique démocratique, qui passe par le débat et la représentation politiques. Mais la liberté peut s'exprimer encore plus distinctement face à une loi que l'on peut juger menaçante pour la démocratie elle-même. Henry David Thoreau propose ainsi la notion de « désobéissance civile ». Celle-ci implique la prise en considération des sanctions qui lui sont inévitablement liées. Ce qui veut dire qu'il ne peut y avoir de liberté sans prise de risque, sans courage. Mais c'est ce courage dans les choix qui sont les nôtres, par le fait même d'en assumer les conséquences, qui crée aussi des émules. Celui qui agit donne du courage aux autres. Et le mouvement qui se crée alors peut venir radicalement modifier les sociétés dans lesquelles nous vivons. Les révolutions se sont faites ainsi, de même que les mouvements de lutte pour la défense des droits sociaux du XXe siècle. Aujourd'hui les décrocheurs des portraits d'Emmanuel Macron sont des exemples de désobéissance civile, ainsi que tous les jeunes qui posent les questions que soulève la crise écologique que nous traversons. Cela entraîne un questionnement sur le lien entre liberté et radicalité. C'est dans l'engagement, dans la lutte politique, que la notion de liberté prend consistance. Or, pour qu'une telle action puisse avoir lieu, encore faut-il que nous soyons bien informés. D'où l'importance de la communication, du dialogue, qui permet aussi de hiérarchiser les menaces afin de pouvoir les traiter selon l'importance qui est la leur.

On peut dès lors affirmer que non seulement la menace ne va pas à l'encontre de la liberté, mais qu'elle est même plutôt ce qui incite à l'activer, à en donner la preuve. On retrouve là le sens de la célèbre formule sartrienne : « les Français n'ont jamais été aussi libres que sous l'occupation allemande ». En effet, confrontés à l'invasion de la France par les Allemands, chacun se devait de choisir entre le fait de collaborer ou de résister. De même, les menaces nous contraignent à nous déterminer :

allons-nous agir en vue de nous en protéger ou bien faire comme si celles-ci n'existaient pas ? Et si nous nous décidons à agir, que faire et comment faire ? La liberté ne consiste pas qu'à prendre une décision. Comme nous le rappelle Descartes[1], toute liberté ne vaut que si elle est éclairée par l'entendement, c'est-à-dire si elle sait ce qu'elle choisit, et pourquoi elle le choisit. En d'autres termes, parce que la menace nous contraint à la penser, à la connaître et à s'informer, elle nous force à prendre en charge la responsabilité que nous avons tant de nous-mêmes que du monde.

Penser la menace nous contraint donc à quitter notre sphère privée pour prendre en charge la dimension collective de notre vie en commun. La peur provoque, par conséquent, une prise de conscience qui ouvre notre regard : qu'est-ce qui est essentiel ? Qu'est-ce que je peux abandonner ? Lorsque la raison sait reconnaître la nécessité interne d'un certain nombre de contraintes, celles-ci ne peuvent plus se voir posées comme contraire à la liberté. Bien au contraire, c'est librement que nous les choisissons, car c'est librement que nous en reconnaissons le bien-fondé. Nous pouvons donc nous-mêmes les vouloir pour ce qu'elles sont. Cependant, il ne suffit pas juste de se soumettre volontairement à la contrainte, encore faut-il pouvoir faire évoluer ce monde qui vit sous la menace. Or, cela demande de bouger, de changer, d'inventer. Pour oser prendre la direction que nous indique en creux la menace, il faut donc du courage. Mais il faut aussi penser le monde, et notre rapport au monde, tout autrement. Pour cela, un changement de langage semble nécessaire. Plutôt que de parler de « menace », de « peur », de « catastrophe », pourquoi ne pas utiliser les termes de « défi », de « challenge », de « solidarité » ? On peut d'ores et déjà remarquer que lors de la COP 26[2], les pays du tiers-monde ont demandé de la solidarité. La crise climatique nous force donc à prendre conscience de la globalisation en nous contraignant à agir en commun en vue de nous prémunir des menaces qui nous entourent.

Conclusion

La menace est d'autant plus prégnante qu'elle est plus rapprochée. Mais, si elle est très près, elle perd son statut de menace et devient une violence qui met en danger la vie d'un individu. Dans ce cas, il paraît clairement que notre liberté est abolie. Nous ne pouvons que subir le danger et réagir à sa menace de manière immédiate et spontanée. Aucune réflexion n'a le temps de voir le jour. En ce sens, il y a absence de liberté. Pour qu'il y ait liberté, encore faut-il que la menace ne soit que ce qui rôde autour de nous. Dès lors, deux attitudes sont possibles : soit celle du déni, soit celle de la lucidité. Dans ce second cas, la menace va faire appel à ma liberté afin que je la dompte et que je la surmonte. Elle va aussi faire appel à mon intelligence afin que cette dernière hiérarchise les différents types de menace et leur accorde l'importance que leur dangerosité demande. **[Réponse à la problématique et**

1. Descartes, *Lettre au Père Mesland*, 9 février 1645.
2. La conférence des Nations Unies sur les changements climatiques qui s'est tenue à Glasgow (COP26) a réuni 120 dirigeants mondiaux et plus de 40 000 participants inscrits.

résumé des enjeux] Mais la menace va aussi venir susciter notre vigilance au sens où, si notre technologie ne peut faire face à tous les types de menace, l'application du principe de précaution doit, lui, nous en protéger. La menace est donc ce qui nous maintient en éveil, tant du point de vue de la conscience théorique que de la conscience morale. En dernière instance, elle est ce qui nous contraint à prendre soin de l'humanité. Là réside très certainement la dimension morale la plus haute de la liberté humaine. **[Ouverture]**

Partie 3

L'alimentation

- La place de l'alimentation
- L'alimentation en fiches
- L'alimentation en dissertations

La place de l'alimentation

Ce sont des scènes que nous pensions ne jamais plus connaître : des rayons de supermarché vides, des files d'attente devant les lieux de vente alimentaire, des restrictions imposées sur certains produits ou encore une inflation galopante sur des produits de consommation courante. La crise sanitaire que nous traversons depuis la fin de l'année 2019 a eu des répercussions très lourdes sur les circuits logistiques mais également sur les modes de consommation des produits alimentaires. Les tensions géopolitiques et plus particulièrement l'invasion de l'Ukraine par la Russie depuis février 2022 entraînent à leur tour de nouveaux dérèglements.

Pourtant, il ne faut pas remonter si loin pour que l'alimentation s'impose au centre de l'actualité. La crise financière de 2007 avait provoqué des « émeutes de la faim » dans plus d'une vingtaine de pays pauvres, rappelons au passage que la sous-alimentation touchait encore 850 millions de personnes dans le monde ; ils sont désormais 768 millions à souffrir de la faim d'après *L'état de la sécurité alimentaire et de la nutrition dans le monde 2021*, publié en juillet 2022 par L'organisation des Nations unies pour l'agriculture et l'alimentation (voir la **fiche n° 1 : Nourrir les hommes**).

En tant qu'action de se nourrir, l'alimentation est une donnée vitale. Elle concerne une série d'actions individuelles essentiellement réalisées au sein de l'espace domestique. Elle est donc au départ une donnée privée destinée à subvenir à ses propres besoins.

Elle met cependant en jeu des aspects beaucoup plus larges puisqu'elle dépend des capacités de production de l'homme. L'alimentation est donc étroitement liée à la capacité de production des nourritures et donc à l'agriculture et à l'élevage. Ces productions accèdent ensuite dans les assiettes après avoir été commercialisées mais également transformées. Elles parcourent parfois le monde entier dans le cadre d'une intégration économique de plus en plus étroite. La nourriture revêt enfin une dimension beaucoup plus culturelle puisqu'elle dépend d'usages notamment guidés par la tradition ou les religions.

1 Les productions alimentaires

Le premier enjeu pour les sociétés reste bien de produire suffisamment de nourriture de qualité pour subvenir aux besoins de l'ensemble de l'humanité. En dépit d'une très forte croissance de la population sur la période récente, l'agriculture est parvenue à remplir cette mission.

a. Une grande réussite agricole à ne pas occulter

Même s'il est aujourd'hui de bon ton de critiquer l'agriculture productiviste pour ses méfaits environnementaux ou sociaux, force est de reconnaître que le tournant pris par les capacités de productions alimentaires au cours du XXe siècle a permis de répondre aux défis de la croissance démographique. Pourtant, cette dernière a été fulgurante puisque la population mondiale est passée de 2,6 milliards de personnes en 1950 à 7,7 milliards aujourd'hui et qu'elle devrait encore augmenter pour atteindre plus de 9 milliards en 2050.

La réussite se mesure notamment en termes de disponibilité alimentaire moyenne puisqu'elle atteint désormais plus de 2 800 kcal par personne et par jour alors que 2 500 kcal par personne et par jour sont jugées nécessaires pour satisfaire les besoins élémentaires des individus (voir la **fiche n° 1 : Nourrir les hommes**). Ce défi a été relevé grâce aux transformations d'une agriculture qui a été profondément modifiée et n'est désormais plus qu'une composante d'un vaste secteur agroalimentaire.

Cette réussite agricole ne doit pas occulter une partie de l'humanité n'a pas accès aux ressources vitales pour se nourrir. La sous-alimentation chronique touche encore 20 % de la population africaine ou 9 % de la population asiatique. Mais l'approche de l'économiste Amarty Sen (voir la **fiche n° 13 : Comment expliquer les famines ?**) a mis en évidence les limites d'une réflexion fondée uniquement sur la disponibilité alimentaire. Les famines s'expliquent essentiellement par la pauvreté ou par une instrumentalisation géopolitique des ressources alimentaires.

b. Un défi politique et économique

L'augmentation des capacités de production alimentaire a été directement impulsée par les pouvoirs politiques, à la fois pour répondre aux besoins de leur population au nom de la souveraineté alimentaire mais également pour peser sur les marchés mondiaux et alimenter leur capacité de puissance. L'alimentation est même pensée comme une arme géopolitique, notamment dans le contexte de la guerre froide, où les États-Unis ont usé de leurs exportations comme une arme (voir la **fiche n° 14 : Le *food power***).

L'Europe de son côté a érigé l'agriculture en fondement de sa construction unitaire. La Politique agricole commune est en effet l'une des premières politiques communes mises en place par les États d'Europe de l'Ouest après la Seconde Guerre mondiale. Initiée en 1962, la PAC a joué un rôle central dans la construction européenne, même si plusieurs réformes ont été nécessaires notamment pour prendre en compte les exigences environnementales grandissantes (voir la **fiche n° 4 : La Politique agricole commune**).

Les pays du Sud ont également relevé ce défi à l'instar du Brésil ou de l'Inde. Les deux États ont en commun d'avoir été en grande partie construit sur un modèle exportateur du fait de leur colonisation par des puissances européennes. Le Brésil reste régulièrement qualifié de « ferme du monde » du fait de sa puissance agricole même si celle-ci est entachée par un bilan environnemental néfaste et par une structure sociale fortement inégalitaire (voir la **fiche n° 2 : Le Brésil, un géant agricole**). En Inde, le succès a été permis grâce à la révolution verte, même si, là encore, les conséquences environnementales de ces nouvelles manières de produire l'alimentation ont été très lourdes (voir la **fiche n° 3 : Le modèle alimentaire indien**).

c. Une volonté de rupture avec ce modèle de production

Pourtant, les dégradations environnementales et les conséquences sociales de l'agriculture productiviste amènent à sa remise en cause. Il s'agit à la fois de produire plus pour accompagner la poursuite de la croissance démographique mais également de produire mieux pour répondre aux défis de durabilité (voir la **fiche n° 6 : La soutenabilité de notre modèle alimentaire**). L'agroécologie est présentée comme l'une des pistes pour sortir de ce système à bout de souffle. Repenser la production et la consommation alimentaire en fonction des cycles naturels figure ainsi parmi les idées mises en avant pour permettre à l'agriculture de devenir durable.

Une partie des agriculteurs est au cœur de cette transition, comme en témoigne notamment l'essor de la filière biologique. Cependant, les agriculteurs des pays développés restent profondément marqués par la culture productiviste. Leur métier a été profondément bouleversé par le progrès technique ; ce dernier a provoqué la disparition d'un savoir-faire, le changement de nature du rapport à la terre, voire plus généralement « la fin des paysans », si l'on en croit la fameuse expression d'Henri Mendras. La très forte dépendance vis-à-vis de l'agro-industrie est l'un des facteurs d'un « malaise paysan » ; les agriculteurs ont parfois l'impression d'avoir rompu avec la nature et de n'être plus que des agents au service de puissances économiques qui les dépassent (voir la **fiche n° 5 : Le métier d'agriculteur**).

L'exigence de durabilité peut cependant être contre-productive lorsqu'elle entre en concurrence avec les productions alimentaires ; c'est notamment le cas des agrocarburants développés au nom de la lutte contre les émissions de gaz à effet de serre. Non seulement, les agrocarburants de première génération peuvent avoir un impact négatif sur les équilibres climatiques. Plus encore, ils peuvent peser sur les équilibres alimentaires en renforçant encore la concurrence déjà très forte sur le contrôle des terres arables (voir la **fiche n° 7 : Les terres arables, une ressource sous pression**).

2 Les marchés de l'alimentation

La réduction progressive de la part des agriculteurs au sein de la population active dans l'histoire du monde a donné naissance à un marché alimentaire de plus en plus vaste est désormais de plus en plus internationalisé. L'agriculture n'est finalement plus qu'une donnée mineure des circuits alimentaires, tant l'évolution des modes de consommation tend à éloigner « la fourche de la fourchette », pour reprendre l'expression de Pierre Raffard, dans sa *Géopolitique de l'alimentation et de la gastronomie*.

a. Une alimentation de plus en plus mondialisée

Les échanges alimentaires sur de très longues distances sont loin d'être nouveaux. Cependant, leur ampleur a pris une autre dimension au cours du XVIe siècle, après la découverte de l'Amérique et la mise en place progressive du commerce triangulaire. L'essor du capitalisme industriel au XIXe siècle a provoqué une deuxième phase d'extension des circuits alimentaires. Désormais, le monde est à portée de nos assiettes (voir la **fiche n° 8 : Mondialisation et alimentation**).

Certains pays se sont spécialisés dans ces exportations sur de longues distances. On trouve ainsi dans les supermarchés européens du jus d'orange, du café ou même de la viande originaires des grandes puissances agricoles du sud (voir la **fiche n° 2 : Le Brésil, un géant agricole**). Les grandes surfaces regorgent de ces produits lointains ; la majorité des achats alimentaires sont en effet réalisés au sein de ces circuits de distribution, même si leur position hégémonique tend à se réduire (voir la **fiche n° 10 : Le marché français de l'alimentation**).

En effet, d'autres formes de consommation progressent, à l'instar du localisme alimentaire. Les circuits courts figurent depuis plusieurs années parmi les modes d'approvisionnement privilégié des consommateurs responsables. La crise sanitaire a été paradoxalement favorable à ce mouvement porté notamment par le « *slow food* » venu d'Italie (voir la **fiche n° 8 : Mondialisation et alimentation** et la fiche **n° 15 : Alimentation et engagement**).

Ces consommateurs responsables cherchent également à rompre avec des modes de consommation peu durable. Les conditionnements alimentaires sont ainsi à l'origine de nombreuses pollutions. Le plastique occupe désormais la troisième place du classement des matériaux les plus fabriqués par l'homme, derrière le ciment et l'acier, mais sa durée de vie est beaucoup plus courte. L'alimentation elle-même est au cœur d'un cycle de gaspillage puisque selon les données de la FAO, 1,3 milliard de tonnes d'aliments est gaspillée chaque année, soit 30 % de la production alimentaire globale (voir la **fiche n° 9 : Le gaspillage alimentaire**).

b. Des systèmes alimentaires de plus en plus intégrés

L'internationalisation des circuits alimentaires est donc loin d'avoir fait disparaître les différences régionales. Les chercheurs en sciences sociales distinguent ainsi différents modèles alimentaires en fonction de ces environnements locaux, même si tous mettent en évidence une intégration de plus en plus grande des systèmes alimentaires de la production à la consommation.

Si l'on considère les travaux de l'économiste Jean-Louis Rastoin, les différentes sociétés passent globalement par quatre stades d'évolution des systèmes alimentaires. Ce modèle nécessite évidemment d'être adapté aux situations observées mais il a le mérite de théoriser le rapport à l'alimentation des différentes sociétés :

- Lors du stade rural et agricole, la production alimentaire est consommée sur place et la quasi-totalité de la population vit dans les campagnes et travaille dans l'agriculture. La consommation se fait donc essentiellement à l'échelle locale et l'alimentation reste largement à l'écart des réseaux commerciaux internationaux. Dans le système traditionnel, l'alimentation est donc peu variée et repose essentiellement sur des produits agricoles non transformés.

- Au cours du stade artisanal, l'autoconsommation familiale demeure prégnante mais une partie des productions sont destinées à être vendue en particulier vers les villes. L'alimentation commence à se diversifier même si elle repose toujours essentiellement sur une consommation locale.
- Lors du stade agro-industriel, les productions sont de plus en plus pilotées par des filières agroalimentaires plus complexes qui participent à la déconnexion entre la production et la vente, cette dernière profitant de l'essentiel de la plus-value engendrée par les productions alimentaires et leurs transformations ; les produits alimentaires consommés sont de plus en plus diversifiés et l'intégration des circuits commerciaux permet de dépasser les cycles des saisons (voir la **fiche n° 10 : Le marché français de l'alimentation**). Le rapport à l'alimentation est lui aussi modifié. Il ne s'agit plus uniquement de se nourrir mais l'alimentation devient un acte politique conceptualisé.
- Enfin, lors du stade agrotertiaire, ce sont des grandes multinationales qui contrôlent l'essentiel des filières agroalimentaires, une grande partie des productions sont donc transportées sur de très longues distances et la déconnexion est encore plus grande entre les consommations alimentaires et les productions agricoles. Lors de ce dernier stade, les populations sont essentiellement urbaines et l'agriculture n'occupe plus qu'une place très minoritaire parmi les activités économiques. Désormais libéré du risque de manque, il s'agit d'affirmer des valeurs à travers la consommation alimentaire (voir la **fiche n° 15 : Alimentation et engagement**).

Le passage d'un stade à l'autre n'est que purement théorique et la plupart du temps ces différentes dimensions cohabitent ou entrent en concurrence.

c. La fragmentation alimentaire

Si l'essentiel de l'humanité vit désormais dans les stades agro-industriel ou agrotertiaire, la sous-alimentation est loin d'avoir disparu. L'insécurité alimentaire connaît même un cycle de croissance depuis 2015, tant au niveau de la sous-alimentation (le déficit de la disponibilité alimentaire) qu'au niveau de la malnutrition (les déséquilibres en termes de consommation, qu'il s'agisse d'un déficit, de carences ou d'excès). Les conséquences de ces dérèglements sur la santé humaine peuvent être très lourdes (voir la **fiche n° 1 : Nourrir les hommes** et la **fiche n° 16 : Le poids des normes**). Conséquence d'une pauvreté persistante et de crises géopolitiques sans cesse renouvelées, les famines continuent de frapper plusieurs millions de personnes chaque année (voir la **fiche n° 13 : Comment expliquer les famines ?**).

Au cœur même des sociétés des pays développés, la précarité alimentaire demeure. 3 % de la population française reste sous-alimentée et 5 millions de Français ont recours à l'aide alimentaire. Parallèlement, une part croissante de la population subit les conséquences de la malnutrition, notamment le surpoids et l'obésité. L'insécurité alimentaire figure plus généralement parmi les facteurs de l'isolement social (voir la **fiche n° 11 : La précarité alimentaire**).

Le rapport à l'alimentation reste un profond marqueur social, ce qui remet en partie en cause l'idée d'une moyennisation de la société avancée depuis les années 1980. Les manières de table, les produits consommés ou même plus largement les goûts demeurent de puissants révélateurs des appartenances sociales (voir la **fiche n° 12: Un marqueur social**). L'exemple du barbecue est ici éclairant ; s'il s'est imposé dans l'ensemble de la société, les produits consommés ou les manières de les faire cuire restent différents en fonction des ménages puisque l'alimentation est avant toute une affaire de culture.

3 Des cultures alimentaires

En dépit de la mondialisation des systèmes alimentaires, les traditions locales ont la vie dure. L'alimentation demeure un profond marqueur identitaire, qu'il s'agisse d'affirmer l'appartenance à une nation, le choix d'une religion ou plus largement la croyance en certaines valeurs.

a. Une arme géopolitique

S'alimenter demeure un acte éminemment politique. Les manières de manger tout comme les produits consommés ont dépassé le stade du simple acte nourricier. L'alimentation est mobilisée comme une arme lors des conflits anciens comme ceux d'aujourd'hui. Elle constitue plus généralement l'un des outils du soft power des États ou des grandes multinationales. Le choix de certaines grandes entreprises de quitter la Russie après l'invasion de l'Ukraine est ici révélateur de ce poids (voir la **fiche n° 14 : Le *food power***).

La pratique du boycott illustre parfaitement le levier de puissance que peut constituer la consommation des produits alimentaires. Celui-ci peut prendre la forme d'une politique impulsée depuis le sommet de l'État lorsqu'il s'agit de punir un rival. Il consiste surtout en un engagement citoyen destiné à ériger la consommation en arme politique. Les mouvements de boycott des produits israéliens constituent ici un parfait exemple de cette association étroite entre alimentation et politique (voir la **fiche n° 15 : Alimentation et engagement**).

La gastronomie elle-même peut participer au rayonnement des États. Elle contribue à élever l'alimentation à la dimension d'un art culinaire. Les premiers critiques gastronomiques français, au même titre que les grands chefs de « la nouvelle cuisine française » ont contribué au rayonnement de la gastronomie hexagonale (voir la **fiche n° 20 : S'alimenter peut-il devenir un art**). Symbole de ce rayonnement international, la gastronomie française a même été inscrite au patrimoine culturel immatériel de l'humanité, au même titre que d'autres traditions culinaires.

b. Un vecteur d'engagement et de différenciation

Au sein des sociétés contemporaines, les questions alimentaires sont l'objet de débats et de conflits. Elles constituent en effet, au même titre que d'autres aspects de la vie quotidienne, un moyen de témoigner d'un engagement personnel. Le refus d'une partie des citoyens de manger de la viande est ici révélateur de ce statut de l'alimentation.

L'interrogation autour de la consommation de viande est loin d'être nouvelle. La Révolution française elle-même s'est saisie de la question et la première loi de protection animale dans le droit français est adoptée dès 1850. Les actions spectaculaires et parfois violentes des associations de protection des animaux témoignent cependant des conditions indignes dont souffrent les animaux d'élevage considérés comme des objets au service de l'alimentation humaine (voir la **fiche n° 15 : Alimentation et engagement**).

La consommation de la viande s'impose ainsi comme un sujet clivant par excellence puisqu'il remet en cause des traditions mais également une vision économique de l'animal à travers l'élevage ; or, cette activité économique est l'une des composantes de la révolution du néolithique. Les antispécistes prônent le refus de la consommation de viande au nom des intérêts des animaux, tandis que les welfaristes défendent la nécessité d'une amélioration du bien-être animal, sans pour autant rompre avec la consommation de leur chair (voir la **fiche n° 17 : Faut-il arrêter de manger des animaux ?**).

c. Un acte essentiellement culturel

Libre cependant à chacun de se construire son avis sur la nécessité ou non de consommer une alimentation carnée. Force est cependant de constater que l'acte de s'alimenter constitue l'un des marqueurs d'une différence entre l'homme et l'animal. Là où l'animal mange pour se nourrir, l'homme a développé des cultures alimentaires. Surtout, il a choisi de cuire son alimentation, un acte a priori anodin au centre d'une théorie bien connue de l'anthropologue Claude Lévi-Strauss (voir la **fiche n° 20 : Le cru et le cuit**).

La consommation de poisson est elle aussi largement culturelle. Les ressources halieutiques passent largement au second plan, du fait d'une place très mineure dans l'alimentation humaine, même si certaines sociétés ont érigé le poisson en éléments de base de leur alimentation. La consommation de poisson dépend également des religions puisque le christianisme par exemple a contribué à la dépréciation de cet aliment en l'associant aux jours maigres (voir la **fiche n° 18 : Les ressources halieutiques**).

Chaque religion s'est ainsi saisi des questions alimentaires, du fait de leur place centrale dans la vie quotidienne. Les interdits alimentaires constituent de puissants révélateurs de ce rôle culturel que peut jouer l'alimentation. Le refus de consommer de la viande de vache ou plus généralement le rapport à l'animal demeurent un puissant levier de différenciation des régimes alimentaires indiens (voir la **fiche n° 3 : Le modèle alimentaire indien**). Le refus de consommer de la viande de porc ou la nécessité d'un abattage rituel dans les traditions juives et musulmanes mériteraient également un regard attentif, au même titre que toutes les lois édictées par les monothéismes dans le rapport à l'alimentation.

SOUS-PARTIE 1

L'alimentation en fiches

- Nourrir les hommes
- Le Brésil, un géant agricole
- Le modèle alimentaire indien
- La Politique agricole commune
- Le métier d'agriculteur
- La soutenabilité de notre modèle alimentaire
- Les terres arables, une ressource sous pression
- Mondialisation et alimentation
- Le gaspillage alimentaire
- Le marché français de l'alimentation
- La précarité alimentaire
- Un marqueur social
- Comment expliquer les famines ?
- Le *food power*

- Alimentation et engagement
- Le poids des normes
- Faut-il arrêter de manger des animaux ?
- Les ressources halieutiques
- Le cru et le cuit
- S'alimenter peut-il devenir un art ?

1 Nourrir les hommes

D'un point de vue théorique et statistique, la sécurité alimentaire mondiale est assurée. Les disponibilités alimentaires ont en effet connu depuis le début du XXe siècle une croissance plus forte que celle de la population mondiale. Les besoins alimentaires mondiaux sont donc théoriquement couverts. En effet, on estime la disponibilité théorique moyenne en apport énergétique à plus de 2 800 kilocalories par personne et par jour alors que les nutritionnistes considèrent que 2 500 kilocalories par personne et par jour suffisent à satisfaire les besoins élémentaires d'un individu.

Ces disponibilités théoriques moyennes ont même tendance à s'accroître ces dernières années puisqu'elles n'étaient que de 2 550 kilocalories par jour et par personne à la fin des années 1970. Mais ces moyennes cachent en réalité de très fortes disparités à l'échelle mondiale et posent également de nouveaux enjeux en matière de qualité de consommation alimentaire.

En effet, la question de la sécurité alimentaire englobe deux aspects très différents que les anglophones distinguent par les concepts de « *food security* » pour désigner la quantité alimentaire disponible et de « *food safety* » pour qualifier les aspects qualitatifs de ces disponibilités alimentaires. La sécurité alimentaire se définit donc selon l'organisation des Nations unies pour l'alimentation et l'agriculture (FAO) comme une situation dans laquelle les habitants ont un accès physique et économique à une nourriture suffisante, saine et nutritive, pour leur permettre de satisfaire leurs besoins énergétiques.

1 Les systèmes agroalimentaires des pays du Nord

Dans les pays du Nord, les quantités alimentaires disponibles et le niveau de vie globale des populations permettent de fournir une nourriture suffisante à 840 des 850 millions de personnes qui ont la chance de vivre dans un pays développé. Les aspects quantitatifs de la sécurité alimentaire sont donc largement atteints. Les consommations énergétiques moyennes sont ainsi de 3 750 kilocalories par personne et par jour aux États-Unis, de 3 600 en France, de 3 500 en Allemagne ou au Royaume-Uni.

Le succès d'un modèle agricole aujourd'hui remis en cause

Cette forte augmentation des disponibilités alimentaires a été permise par le développement d'une agriculture productiviste. L'augmentation de la surface des parcelles, l'accroissement des superficies cultivées, l'utilisation massive d'intrants et de produits phytosanitaires, la sélection des semences ou encore les progrès techniques des engins agricoles constituent différents leviers de cette agriculture productiviste largement soutenue par les États et institutions internationales.

L'encadrement par les grandes entreprises du secteur agroalimentaire a également joué un rôle notable dans cette métamorphose de l'agriculture des pays du Nord en encourageant le tournant de la chimie. L'industrialisation alimentaire a atteint un tel niveau qu'elle rompt le lien entre aliment et nature. Le produit alimentaire doit désormais être fabriqué de la manière la plus rapide possible et au prix le plus bas. Les animaux d'élevage sont ainsi parfois élevés dans des espaces hors-sol et confinés. Leurs conditions d'abattage témoignent en dernier lieu de leur statut de simples marchandises. Les produits agricoles ne sont plus qu'une composante d'un secteur agroalimentaire bien plus large. Si les progrès en termes de disponibilité sont indéniables, les conséquences environnementales et sociales ne manquent pas d'interroger.

2 Le nouveau visage de la malnutrition

Pour autant, tous les aspects de la sécurité alimentaire ne sont pas garantis. La malnutrition concerne en effet la moitié de l'humanité ; deux milliards de personnes dans le monde sont touchées par des carences tandis qu'un milliard consomme une nourriture excessive en graisse et en sucre, provoquant des situations de surpoids et d'obésité. Le phénomène est bien connu ; la surconsommation d'une nourriture industrielle liée à une sédentarité accrue dans les modes de vie contemporains provoque du surpoids qui peut conduire à l'obésité. Il concerne 25 % de la population adulte des pays du Nord contre moins de 20 % en l'an 2000. Cette surconsommation de nourriture a un poids social de plus en plus conséquent puisqu'elle provoque des maladies cardio-vasculaires, du diabète, de l'hypertension ou encourage le développement de certains cancers.

Les maladies de carence se sont donc taries mais ont été remplacées par d'autres pathologies liées à une alimentation trop riche. D'après l'OMS, le nombre de cas d'obésité a été multiplié par trois depuis 1975. 40% de la population mondiale peut être considérée comme en surpoids en vertu de l'indice de masse corporelle (IMC), parmi lesquelles 13% sont en situation d'obésité. L'historien Georges Vigarello, dans *Les métamorphoses du gras. Histoire de l'obésité*, rappelle le coût social de l'obésité et estime qu'une personne obèse représente une dépense sanitaire deux fois plus importante qu'un individu à la corpulence moyenne.

Si ces situations demeurent en partie liées à un niveau de richesse, Pierre Raffard met en garde au sein de sa *Géopolitique de l'alimentation et de la gastronomie* contre l'opposition caricaturale entre un Nord sur-nourri et un sud sous-nourri. Les problèmes de surpoids touchent en effet l'ensemble des pays de la planète, même si les écarts restent importants en fonction de critères culturels. L'Asie du Sud reste largement préservé avec un taux d'obésité de 6 %, mais celui-ci connaît néanmoins une croissance ; l'obésité est ainsi passée de 3% à 7 % en Indonésie entre 1996 et 2016 d'après les données de l'OCDE. À l'inverse, certaines régions du monde continuent à valoriser l'obésité comme un symbole de réussite sociale

3 Des pays émergents entre transition alimentaire et exportation

Dans les pays du Sud, les disponibilités alimentaires semblent également suffisantes ; elles atteignent en effet une moyenne de 2 600 kilocalories par personne et par jour, même si elles sont plus contrastées que dans les pays développés. Elles dépassent en effet les 3 000 kilocalories par personne et par jour au Brésil ou en Chine, contre environ 2 500 kilocalories par personne et par jour en Inde.

Ce sont là encore les progrès de l'agriculture productiviste qui ont permis d'accompagner cette très forte croissance de la population. En Chine, le pouvoir communiste a rapidement mis en place une politique de souveraineté alimentaire afin de limiter la dépendance aux importations venues de l'étranger. Cette politique a pu provoquer des catastrophes comme la Grande famine chinoise consécutive à la tentative de Grand bond en avant impulsée à partir de 1958. Néanmoins, si elle est aujourd'hui critiquée pour ses conséquences environnementales, l'intensification agricole a permis de subvenir aux besoins de la population tout en assurant des exportations très compétitives grâce au soutien de l'État, en particulier le riz chinois qui inonde les marchés mondiaux.

La transition alimentaire, un changement de modèle

L'augmentation des disponibilités alimentaires s'accompagne également d'évolutions en termes de consommation. Les pays émergents traversent depuis le tournant des années 2000 ce que les géographes qualifient de transition alimentaire ou nutritionnelle. Le développement s'accompagne dans un premier temps d'une croissance de la ration calorique quotidienne moyenne qui repose essentiellement sur une consommation accrue de céréales. Dans un deuxième temps, l'apport calorique est plus diversifié et passe notamment par la consommation de fruits et de légumes, de viande mais également de nourriture transformée. Cette diversification peut donc avoir des conséquences très différentes en fonction des stratégies adoptées.

La transition alimentaire a pour conséquence une augmentation très forte des besoins en productions agricoles. La consommation accrue de protéines d'origine animale nécessite en effet des quantités importantes de céréales. Selon les données disponibles dans *L'Atlas de la viande* réalisé par la Fondation allemande Heinrich-Böll, la consommation de viande en Chine a doublé entre 1998 et 2018, du fait de la hausse de la population et des niveaux de vie. La Chine est désormais le premier marché mondial de la viande, même si les Chinois sont encore loin des niveaux de consommation atteints aux États-Unis ; ils consomment en effet en moyenne 60 kilogrammes de viande par an et par personne contre plus de 100 kg aux États-Unis.

Pour autant, la sous-alimentation n'a pas disparu des pays émergents. Si l'on s'appuie sur les taux de prévalence de la sous-alimentation de la Banque mondiale, elle concerne toujours 42 millions de Chinois, 207 millions d'Indiens et plus de 6 millions de Brésiliens en dépit des très fortes exportations agricoles de cet État du sud. Des poches de pauvreté demeurent donc dans les pays émergents, comme dans les pays riches.

Ils sont de surcroît confrontés aux mêmes problèmes que les pays riches, notamment l'obésité et le surpoids. Le décollage économique de la Chine a contribué à l'adoption de nouveaux modèles alimentaires, en grande partie responsables d'un surpoids qui concerne désormais 50,7 % de la population adulte contre 29,9 % en 2002, d'après « le rapport 2020 sur la nutrition et les maladies chroniques » publié par le ministère de la Santé chinois. Ce sont ainsi plus de 34 % de la population qui sont en surcharge pondérale et plus de 16 % qui sont obèses. Cette étude met également en évidence une augmentation notable du poids moyen des Chinois passé de 66,2 à 69,6 kg pour les hommes et de 57,3 à 59 kg pour les femmes entre 2002 et 2020.

4 La persistance de l'insécurité alimentaire

Une partie de l'humanité reste cependant exclue des systèmes alimentaires mondiaux du fait de la pauvreté. La faim dans le monde concerne toujours 768 millions de personnes en 2020 d'après *L'état de la sécurité alimentaire et de la nutrition dans le monde 2021* réalisé par la FAO. Globalement, depuis le début des années 1970, le nombre de personnes sous-alimentées a diminué puisqu'il atteignait alors plus de 950 millions de personnes.

La faim avait même reculé de façon notable depuis 2014, avant que la pandémie ne remette en cause cette dynamique vertueuse. La crise sanitaire a en effet eu des conséquences négatives sur ces chiffres puisque les chercheurs de l'organisation onusienne considèrent que 161 millions de personnes de plus qu'en 2019 sont désormais touchées par la faim.

Le manque de disponibilité alimentaire reste essentiellement concentré dans deux continents. En Afrique, 21 % de la population est concernée par la faim, soit un tiers des personnes sous-alimentées dans le monde (282 millions). En Asie, la faim ne concerne que 9 % de la population mais du fait de son poids démographique, plus de la moitié des personnes sous-alimentées dans le monde se trouvent en Asie (418 millions). C'est également dans ces deux continents que la croissance de l'insécurité alimentaire est la plus forte ; entre 2019 et 2020, 57 millions d'Asiatiques et 46 millions d'Africains en plus sont touchés par la faim.

Le manque de disponibilité alimentaire s'explique pour partie par une agriculture demeurée essentiellement vivrière. Le manque d'intrants, la faible motorisation ou encore la forte dépendance vis-à-vis des aléas climatiques entraînent toujours des chutes brutales de la production. Mais ce manque de disponibilité s'explique surtout par l'exclusion vis-à-vis des circuits internationaux du fait de la pauvreté persistante.

La malnutrition peut avoir des conséquences graves sur la santé humaine. Selon la FAO, 22 % des enfants de moins de cinq ans sont touchés par un retard de croissance, soit 149,2 millions de personnes. Les retards de croissance se traduisent par des conséquences physiques et intellectuelles et ils augmentent les risques de mourir d'une infection. La plupart de ces enfants vivent en Afrique et en Asie. L'anémie, conséquence d'une carence en fer, est également régulièrement mise en évidence comme une conséquence directe de la malnutrition. Elle concerne plus de 30 % des femmes africaines et asiatiques contre moins de 15 % en Amérique du Nord et en Europe.

2 Le Brésil, un géant agricole

« Géant par ta propre nature, tu es beau, tu es fort » proclame l'hymne national brésilien. Les ressources naturelles occupent une grande part dans la construction identitaire de cet État continent dont la superficie correspond à 17 fois celle de la France. Le nom lui-même du pays vient de l'une de ses ressources, le bois (*pau Brasil*) exploité dès la colonisation portugaise.

Le Brésil a donc construit une partie de son histoire sur l'exploitation et l'exportation de ses ressources agricoles. Il est désormais souvent qualifié de « ferme du monde » et prend place sur le podium de la plupart des classements des productions alimentaires mondiales.

Pourtant, de nombreuses ombres planent sur cette puissance agricole. Les très grandes inégalités foncières, l'importance de la déforestation ou encore les tensions liées au contrôle de la terre ternissent en effet l'image d'un modèle agricole capable de subvenir aux besoins du reste du monde.

1 Une ferme du monde

Dès son exploitation par les Portugais au début du XVIe siècle, le Brésil est mis en valeur par un modèle économique qui repose sur les exportations. Le développement brésilien passe d'abord par l'exploitation de la canne à sucre sur les littoraux du Nordeste, avant que le sucre des Antilles ne prenne le relais au XVIIe siècle. Au XIXe siècle, le Brésil s'impose ensuite comme l'un des principaux exportateurs mondiaux de café. Il domine désormais les classements de nombreuses ressources agricoles.

Le Brésil est le premier producteur mondial de café, de canne à sucre, d'orange, de haricots, de maté ou encore de papaye. Aux côtés des productions tropicales traditionnelles, les haricots sont quant à eux exploités au sein de champs irrigués en pivot.

Le Brésil occupe également la deuxième place mondiale pour la production de viande de bœuf, de viande de poulet, de soja, de bananes ou de manioc. Enfin, il est le troisième producteur mondial de maïs, noix de cajou, de ricin, de poivre ou encore de mandarine. Ces quelques exemples témoignent de l'extrême diversité des productions brésiliennes, conséquence directe de l'étalement du pays en latitude et en longitude et donc de la diversité de ses climats. On y trouve donc naturellement les plantes caractéristiques du monde tempéré mais également celles des climats tropicaux et subtropicaux.

L'élevage constitue également un point fort de l'agriculture brésilienne, même si la spécialisation de certains de ses voisins comme l'Argentine occulte parfois ces productions brésiliennes. Les vaches sont implantées au Brésil au début du XXe siècle, en provenance d'Inde, à l'initiative d'hommes d'affaires britanniques. La Nélore, vache originaire de la région de Nellore en Andhra Pradesh, a conquis le continent, à tel point que 60 % des bovins brésiliens sont issus de cette race. Le Brésil compte désormais le deuxième cheptel bovin derrière l'Inde mais il est loin devant en terme d'exploitation de l'animal et donc d'exportation de viande bovine. Le Brésil se distingue également comme un grand producteur de poulets, de chèvres, de moutons et de porcs.

Même si elle n'occupe plus la même importance qu'avant la Seconde Guerre mondiale, l'agriculture représente toujours le quart des exportations du pays, si l'on inclut les produits agroalimentaires transformés. Grâce à ses conditions naturelles, à son complexe agro-industriel ou encore à sa main-d'œuvre abondante, le Brésil a construit une grande partie de sa puissance sur la production de denrées agricoles.

2 Front pionnier et déforestation

Du fait d'un développement économique impulsé de l'extérieur et construit en fonction de ses relations avec le reste du monde, le Brésil accuse dès le XVIe siècle un écart important entre un littoral développé et mis en valeur et un intérieur largement délaissé. L'État brésilien s'est construit sur une logique de front pionnier, c'est-à-dire d'exploitation progressive des vastes espaces de l'intérieur, l'Amazonie au nord et le Cerrado au centre du pays.

Un mouvement continu d'expansion pionnière

Dans la seconde moitié du XXe siècle, l'État brésilien intensifie encore cette politique d'intégration de l'intérieur comme en témoignent notamment l'aménagement de Brasilia au cours des années 1950 ou encore la construction de grandes infrastructures routières à destination de l'Amazonie. Cette politique connaît une accélération au cours des années 1970 à travers notamment l'instauration d'incitation fiscale accordée en échange de la mise en valeur des terres de l'intérieur. Associées à une faible présence de l'État au sein de ces territoires marginaux, ces mesures contribuent à une déforestation massive. Sur les cinquante dernières années, 20 % de la surface de l'Amazonie a disparu.

Afin de soigner sa réputation internationale, l'État brésilien adopte des mesures de protection des espaces forestiers au tournant des années 2000. Il est l'un des premiers pays des BRICS à s'engager à réduire ses émissions de gaz à effet de serre. En 2012, le Brésil adopte par ailleurs un nouveau Code forestier destiné à lutter contre le déboisement et à encourager la reforestation de terres déboisées illégalement. Au cours des années 2000, ce tournant environnemental a permis de réduire de près de 80 % l'ampleur de la déforestation entre 2005 et 2015, par rapport à la décennie précédente. Ces mesures commençaient donc à porter leurs fruits avant que n'accède au pouvoir Jair Bolsonaro en 2019.

À compter de cette date, le nouveau chef d'État, soutenu par les puissants lobbys de l'agrobusiness, adopte une série de mesures pour encourager le développement de l'agriculture au détriment de la protection des milieux forestiers. Symboliquement, il a profité d'une réduction drastique du nombre de ministères pour fusionner celui de l'agriculture et de l'environnement.

Il s'est également attaché à dénoncer l'expression de « poumon de la planète » régulièrement utilisée pour qualifier l'Amazonie, en dénonçant une tentative d'ingérence des pays du Nord dans les affaires internes du Brésil. Attaché à la dérégulation de l'économie, le nouveau gouvernement a également réduit les moyens des organismes de lutte contre la déforestation. Il a par ailleurs encouragé l'exploitation des ressources dans les territoires indigènes.

Selon les données de l'Institut national de recherche spatiale (INPE), entre août 2020 et juillet 2021, plus de 13 000 km² de forêts tropicales ont été détruites, un niveau de déforestation qui n'avait pas été atteint depuis 2005.

Le Brésil est l'un des États du monde qui dispose du plus de réserves foncières. Ces vastes espaces disponibles attisent les convoitises et suscitent l'espoir d'une mise en valeur pour les puissants lobbys agricoles. Seul 41 % du territoire national est mis en valeur par l'agriculture et moins de 7 % des terres sont effectivement cultivées, conséquence d'un modèle agricole très inégalitaire.

3 *Latifundia* vs *minifundia*

Avant la réduction du nombre des ministères instaurée par Jair Bolsonaro, le Brésil avait la particularité de compter deux ministères de l'agriculture : l'un consacré à l'agriculture productiviste, le ministère de l'Agriculture, de l'Élevage du ravitaillement, l'autre en charge de l'agriculture vivrière et familiale, le ministère du Développement agraire. Cette particularité institutionnelle souligne la dualité de l'agriculture brésilienne.

Héritage d'un État qui s'est construit sur une logique esclavagiste, le Brésil possède deux types d'exploitations agricoles : les *latifundia*, vastes propriétés foncières destinées à l'agriculture intensive et commerciale et les *minifundia*, micro-exploitations essentiellement mises en valeur pour une autoconsommation familiale non intégrée aux marchés agricoles. L'influence des grands propriétaires a été si forte dans l'histoire du pays que la Première République (1889-1930) a été surnommée la république « café au lait », du fait de l'influence des lobbys du café et du lait.

La taille de l'exploitation agricole détermine globalement la destination de ses productions. Même si cette opposition est quelque peu schématique, les grandes exploitations de l'agro-business du Nord et du centre du pays produisent pour l'exportation tandis que les petites exploitations que l'on trouve essentiellement sur le littoral se chargent de subvenir aux besoins du pays. Les statistiques officielles confirment cette opposition ; 70 % des aliments consommés au Brésil sont produits par l'agriculture familiale. Agrobusiness et agriculture familiale semblent donc se partager les tâches et les cultures mais les deux modèles rivalisent pour le contrôle des terres.

4 Un partage des terres sous haute tension

En dépit de plusieurs réformes agraires entreprises par l'État brésilien, les tensions pour le contrôle des terres restent vives. Dans les régions les plus pauvres, en particulier dans le Nordeste, les meilleures terres sont la propriété de grands propriétaires. Or, il arrive fréquemment que ces grands propriétaires ne les exploitent pas, ce qui crée des tensions avec les paysans locaux. Ces rivalités sont particulièrement incarnées par le mouvement des sans terre, le MST.

Le Mouvement les sans-terres et la réforme agraire

Cette organisation paysanne brésilienne milite pour obtenir une répartition plus équitable des terres. 300 grands propriétaires terriens possèdent 57 % des terres arables du pays. Dans le même temps, des millions de brésiliens sont exclus de l'accès au foncier. Le mouvement les sans-terres préconise depuis 1984 d'occuper les terres qui ne sont pas exploitées par ces grands propriétaires, afin d'encourager une politique de redistribution. Ces occupations illégales ont été massives sous la présidence de Lula (2003-2011). Depuis l'accession au pouvoir de Jair Bolsonaro, le MST est considéré comme une organisation terroriste. Les enjeux sont tels que des centaines d'homicides sont commis chaque année en raison de ces rivalités foncières. Le MST compte beaucoup sur l'espoir d'un retour de Lula au pouvoir pour donner un nouvel essor à ces campagnes de colonisation des *assentamentos*.

Face à la menace, les populations amérindiennes tentent également de s'organiser. Les Amérindiens représentent environ 700 000 personnes et ils vivent sur 100 millions d'hectares, soit 12 % du territoire brésilien. Une partie des Brésiliens dénoncent le fait d'accorder de tels espaces à moins de 0,4 % de la population et luttent contre ce qu'ils considèrent être un privilège. Certaines tribus amérindiennes ont fait de la défense de l'environnement un combat plus large au service de leur droit à l'existence. Elles dénoncent régulièrement les projets d'exploitation et de mises en valeur de leurs réserves. Certaines tribus ont même créé des milices pour lutter contre les auteurs de coupes illégales, à l'instar des Guajajara qui se sont érigés en « gardiens de la forêt ».

3 Le modèle alimentaire indien

Alors qu'elle subissait encore des famines dévastatrices dans la première moitié du XXe siècle, l'Inde parvient désormais à exporter une partie de ses surplus agricoles. Cette réussite fulgurante est la conséquence de la révolution verte, aujourd'hui critiquée pour les dégâts environnementaux qu'elle a engendrés.

Cette puissance agricole tente désormais d'imaginer de nouveaux modèles de production. Les partisans de l'agroécologie affrontent les lobbys de l'agroindustrie. Les spécificités du modèle agricole indien demeurent vives, à l'instar d'un modèle alimentaire qui lui aussi ne correspond pas aux canons occidentaux, du fait du poids de la religion dans la société.

L'agriculture indienne passe parfois au second plan au détriment de certaines puissances exportatrices du Sud comme le Brésil. Pourtant, un quart des agriculteurs du monde sont Indiens. La ruralité et l'agriculture demeurent le cadre de vie d'une grande majorité des Indiens puisque plus des deux tiers des habitants de ce sous-continent vivent à la campagne.

1 La révolution verte : un succès alimentaire

D'après les données avancées par le professeur de géographie Frédéric Landy, spécialiste de l'Inde et plus particulièrement de ses modèles agricoles, l'Inde occupe le deuxième rang mondial de la production de riz, de blé et de canne à sucre et le premier rang mondial pour la production de lait et de légumineuses. Elle peut donc être considérée comme une puissance agricole, loin des famines qui ont sévi au cours de la période coloniale. Entre 1850 et 1900, 20 millions d'Indiens sont morts lors de ces différents épisodes de famine. En 1943, une famine a emporté 4 millions de personnes au Bengale.

Si dans les premières années après l'indépendance, ce sont les importations qui ont permis d'éviter de nouvelles famines, en particulier du blé venu des États-Unis, l'Inde est devenue autosuffisante depuis la fin des années 1960. Ce « miracle », selon le terme utilisé par Frédéric Landy, est la conséquence de la révolution verte. Elle a permis des gains de production très conséquents. En 1995, l'Inde produit quatre fois plus de riz, dix fois plus de blé, cinq fois plus de canne à sucre et quatre fois plus de coton qu'en 1950.

Les VHR, symboles de la révolution verte

Cette révolution verte correspond un changement profond de logique de production agricole. Elle repose notamment sur le recours à des variétés à haut rendement (VHR), destinées à augmenter leur capacité de production, tout en limitant la période de maturation. Les nouvelles semences de riz ont ainsi permis d'augmenter les rendements à l'hectare tout en multipliant le nombre de cultures par an sur un même sol. Associées à l'irrigation et à l'utilisation accrue d'engrais chimiques, ces nouvelles variétés ont permis l'essor d'une agriculture productiviste.

La révolution verte repose également sur d'autres moteurs, comme la facilitation de l'accès au crédit pour permettre l'achat de tracteurs pour les labours ou des politiques de remembrement afin d'augmenter les superficies des champs cultivés et donc de gagner en productivité. De même, l'État a mis en place plusieurs commissions publiques pour garantir les prix des produits de première nécessité. Aux côtés d'un circuit privé traditionnel, subsistent encore des achats publics à prix garantis destinés non seulement à soutenir les petits agriculteurs mais encore à limiter le risque de famine en alimentant un circuit d'approvisionnement dans des boutiques à prix réduits.

2 Les dégâts d'une agriculture productiviste

Ce modèle est aujourd'hui remis en cause, notamment pour ses conséquences environnementales. 83 % des ressources en eau disponibles sont consommées par le secteur agricole. Cette irrigation excessive a pu localement provoquer une salinisation des sols, les rendant impropres à la production. Dans les régions côtières, certaines nappes phréatiques sont devenues salées, tant la consommation en eau a pris le dessus sur la capacité de régénération de ces ressources. Plus généralement, le recours massif à des engrais chimiques a produit les mêmes conséquences que le modèle agricole productiviste des pays riches en détruisant les sols et les écosystèmes.

La révolution verte est également critiquée pour ses conséquences sociales. Les variétés à haut rendement sont la plupart stériles, ce qui nécessite des achats de semences par les producteurs plus réguliers et interdit l'autoproduction. Les crédits ont pu provoquer des logiques de surendettement. Une partie des agriculteurs a de surcroît délaissé les productions vivrières au profit d'une agriculture productiviste, ce qui a pu également déstabiliser les logiques d'autosubsistance.

D'un point de vue alimentaire, ce changement de mode de production a provoqué des carences. La consommation de légumineuses a diminué au profit de celle de céréales. Le blé et le riz étant moins riches en protéines que les légumineuses, des carences sont apparues et n'ont pas été compensées par une consommation de viande accrue.

3 Vers une nouvelle révolution verte ?

Le médecin indien Monkombu Swaminathan, souvent présenté comme le « père de la Révolution verte », défend depuis les années 2000 la nécessité d'une seconde révolution verte. Sans rompre avec ce qui a fait la force de la première révolution verte, il s'agit désormais d'ajouter une dimension sociale et environnementale à ce modèle de développement économique. Parmi les innovations proposées par cette nouvelle révolution verte, figurent notamment le développement de la pisciculture dans les étangs destinés à l'irrigation ; cette deuxième activité peut améliorer la fertilisation naturelle des sols mais également permettre aux femmes d'avoir une activité donc une source de revenus nouvelles pour les ménages.

À une autre échelle, un État indien tente depuis plusieurs années de rompre avec ce modèle de développement hérité des années 1960.

L'Andhra Pradesh, modèle d'agroécologie

En Andhra Pradesh, un État du sud-est de l'Inde, les responsables politiques misent sur l'agroécologie. Les 6 millions d'agriculteurs locaux sont invités à renoncer aux engrais chimiques et aux pesticides et à ne mobiliser que des méthodes naturelles pour protéger les cultures. De la même manière, les agriculteurs doivent rompre avec la monoculture et associer les différentes espèces végétales pour protéger les sols et lutter naturellement contre les maladies et les insectes ravageurs. À travers un programme mené à l'échelle de cet État et soutenu par l'Organisation pour l'alimentation à l'agriculture (FAO), 700 000 agriculteurs se sont déjà convertis à l'agroécologie et ont renoncé à l'agriculture conventionnelle.

Mais ces initiatives doivent lutter contre un profond courant de modernisation impulsé par le gouvernement de Narendra Modi et porté par les lobbys agroalimentaires. Le gouvernement nationaliste hindou a dû finalement renoncer à la réforme agricole initiée en 2020. Elle prévoyait notamment de libéraliser le commerce des produits agricoles et de renoncer au système des marchés régulés par l'État. Le plus vaste mouvement social qu'a dû affronter le premier ministre depuis son accession au pouvoir en 2014 a pour l'instant triomphé sur ce vent de modernisation mais les partisans de l'agriculture industrielle n'ont pas dit leur dernier mot.

4 Interdits et transition alimentaires

L'Inde résiste par ailleurs au modèle occidental de la transition alimentaire. Construit sur l'exemple de la transition démographique, ce modèle schématique postule le passage d'une alimentation reposant essentiellement sur les céréales à une alimentation plus diversifiée et riche en viande, lors de son développement. Cette transition alimentaire se réalise elle-même en deux étapes ; elle se manifeste d'abord par une augmentation de la consommation de céréales puis par une baisse de cette consommation, les céréales étant progressivement remplacées par des calories plus chères, la viande ou les fruits et légumes.

En Inde, ce modèle paraît peu efficient. Le repas traditionnel indien demeure largement fondé sur la consommation de céréales. Elles sont notamment consommées sous la forme de galettes de maïs ou de blé (*chapati*) ou par le biais du riz cuit. Ces céréales sont souvent accompagnées d'une sauce à base de lentilles ou de pois, le *dal*.

Si la consommation de viande a bien augmenté, elle reste beaucoup plus faible que dans d'autres pays au niveau de développement comparable. Les interdits alimentaires expliquent pour partie cette spécificité indienne. D'après Frédéric Landy, les Indiens consomment 4,3 kg de viande par an, soit dix fois moins que les Chinois. Le végétarisme demeure fortement répandu pour des motivations essentiellement religieuses.

Le véganisme des jains

Certaines minorités religieuses comme les jains peuvent même être qualifiées de végan. Ces derniers poussent le concept de non-violence à son extrême et refusent d'imposer de la douleur à toute forme de vie, au risque de nuire à son karma. Cette philosophie a des conséquences alimentaires inattendues puisque les jains refusent même de consommer les aliments produits dans le sol au risque de menacer la vie des insectes qui pourraient s'y loger ; la seule exception concerne les cacahuètes qui peuvent être ouvertes avant d'être consommées.

Chez les hindous, la consommation de viande est peu valorisée voire interdite en fonction des castes, conséquence notamment de la croyance en la réincarnation. De plus, selon des croyances locales, la viande doit être consommée avec modération car elle peut provoquer des dérèglements intestinaux, en tant qu'aliment « chaud » si l'on en croit la théorie des trois humeurs (*tridosha*). Enfin, la consommation de certaines viandes est purement taboue. C'est le cas en particulier de la viande bovine dont l'abattage est interdit dans une grande partie du pays, le corps de la vache abritant selon les hindous le panthéon des dieux.

4 La Politique agricole commune

Envisagée dès 1957 dans le traité de Rome instituant la Communauté économique européenne (CEE) constituée de six pays (Allemagne, Belgique, France, Italie, Luxembourg, Pays-Bas) et mise en œuvre en 1962, la Politique agricole commune (PAC) est une politique emblématique de l'Union européenne. Elle illustre à la fois la présence d'une ambition politique supranationale et la volonté de constituer un vaste marché commun pour l'agriculture. Cette fiche permet d'explorer les principes économiques qui ont guidé la création et les évolutions de la PAC. Il apparaîtra également que la dimension environnementale a pris au cours du temps de l'ampleur. Enfin, les évolutions de la PAC seront étudiées au regard des enjeux politiques entourant la construction européenne.

1 Un enjeu économique

L'article 39 du traité de Rome (1957) présente les objectifs assignés à la politique agricole commune (PAC). Il s'agit d'augmenter la production en réalisant des gains de productivité, de garantir des revenus suffisamment élevés pour les agriculteurs et d'approvisionner les consommateurs à des prix raisonnables. Ces différents éléments doivent finalement permettre de connaître une sécurité alimentaire pour l'Europe. La PAC entre véritablement en action en 1962 et s'organise autour de plusieurs principes. Il s'agit d'une part de la création d'un marché unique à l'échelle des six pays membres de la CEE. Cela implique la levée des droits de douane à l'intérieur de la zone et la libre circulation des produits agricoles. Le second principe est celui de la préférence communautaire : les approvisionnements des différents pays doivent provenir principalement de la CEE. Cela passe ainsi par l'instauration de droits de douane vis-à-vis des pays extérieurs. La garantie de prix stables et suffisamment élevés pour les agriculteurs passe par un système d'intervention dans les prix. Ainsi, dans le cas où les prix sur le marché européen baisseraient trop fortement, les instances communautaires rachètent aux agriculteurs une partie de la production. En retirant du marché européen les productions excédentaires, la Commission européenne permettait une baisse des quantités offertes sur le marché et soutenait ainsi les cours. Les produits étaient ensuite stockés, détruits ou encore exportés vers l'étranger.

La PAC permit globalement d'atteindre les objectifs visés. La productivité augmenta rapidement, assurant une croissance de la production sur cette période. Les prix étant stables et prévisibles, ils permettaient aux agriculteurs de réaliser des investissements importants. Le système d'intervention se heurtait cependant à de nombreuses critiques. Tout d'abord, il n'incitait pas les agriculteurs à réduire les quantités offertes par eux-mêmes, au contraire. Ce système conduisait dès lors à la présence quasi structurelle de productions excédentaires. En outre, la gestion de ces produits rachetés entraînait des coûts très importants. Si cette gestion devait initialement être financée par les droits de douane sur les importations, le système s'avéra rapidement déséquilibré financièrement. Le stockage des produits était ainsi particulièrement coûteux et, en cas d'exportation des produits, les instances communautaires étaient contraintes de subventionner les produits afin de baisser leurs prix et les rendre ainsi compétitifs sur le marché international. Ce système entraînait enfin des crispations avec les pays extérieurs, en faisant passer la CEE comme une « forteresse » impénétrable en raison de la présence de droits de douane.

À partir des années 1980, plusieurs réformes furent mises en œuvre afin de répondre aux différentes limites. L'instauration de quotas laitiers en 1984 fut une première étape importante. En effet, l'imposition de quotas de production aux agriculteurs permettait d'éviter le rachat massif de productions. Cette réforme produisit les effets attendus en termes de dépenses. Alors que secteur laitier représentait 40 % des dépenses de garantie du Fonds européen chargé de la gestion du système (Feoga) en 1984, il ne représentait plus que 6 % vingt ans plus tard[1]. En 1992, une seconde réforme d'ampleur intervint en baissant très fortement les prix d'intervention. L'objectif était de laisser le marché fixer plus librement les prix, la Commission européenne intervenant ensuite pour verser des aides directement aux agriculteurs pour soutenir leurs revenus. Cette réforme eut d'abord pour effet de faire baisser les prix sur les marchés. Les produits européens devenant plus compétitifs, cette baisse des prix permit également une hausse des exportations. Elle permit également la diminution des dépenses en matière de stockage et de subventions aux exportations, ces dernières passant de 10 milliards d'euros en 1992 à 3,7 milliards en 2001[2]. En 2003, la baisse des prix d'intervention est accentuée. La réforme met également en œuvre un découplage entre les aides et le niveau de production avec la mise en œuvre des droits de paiement unique (DPU). Alors que les aides versées aux agriculteurs dépendaient auparavant des types de production et de leur quantité produite, elles sont désormais liées à la possession de DPU. Tout agriculteur possédant des DPU peut ainsi obtenir le versement d'aides, sans obligation de produire. La valeur de ces DPU est fixée en fonction des aides perçues dans le passé et du nombre d'hectares possédés par l'agriculteur. Cette réforme visait ainsi à la fois à garantir les revenus des agriculteurs et à les inciter à choisir leur production en fonction des prix de marché. En 2008, la fin des quotas laitiers est annoncée pour 2015 et les derniers mécanismes d'intervention sur les prix sont supprimés.

2 Une meilleure prise en compte de l'environnement

Les principales réformes de la PAC évoquées précédemment concernent ce que l'on nomme depuis 2000 « le premier pilier » de la PAC. En effet, en mars 1999 l'*Agenda 2000* est adopté et met en œuvre une réforme de la PAC qui élargit ses

1. Jean-Christophe Bureau et Sophie Thoyer. *La politique agricole commune*, La Découverte, 2014.
2. *Idem*.

missions. Le premier pilier correspond ainsi aux missions initiales de la politique agricole, tandis qu'un second pilier vise à mettre en œuvre une nouvelle politique de développement rural. On retrouve derrière ce terme une grande diversité d'objectifs, tels que la préservation de l'emploi, l'aménagement du territoire ou encore la prise en compte des enjeux environnementaux. La réforme de 1999 constitue en cela une véritable inflexion dans la politique agricole commune[1]. Si ce second pilier reste bien moins important que le premier d'un point de vue budgétaire, il n'a cessé de prendre l'importance depuis 20 ans.

Mais la prise en compte de l'enjeu environnemental ne se limite pas à la progression du second pilier de la PAC. Le premier pilier a également connu un verdissement depuis les années 1990. La réforme de 1992 met en œuvre des aides environnementales, et une réforme en 2014 marque un nouveau tournant en mettant en œuvre un système de « paiements verts » additionnels – complétant les paiements de base – à destination des agriculteurs respectant des objectifs en matière de diversification des cultures, de maintien de prairies permanentes (afin d'éviter que l'ensemble des terres soit exploité en même temps) et de préservation de surfaces d'intérêt écologique[2]. Enfin, la réforme de la PAC votée en 2021 et prévoyant la politique sur la période 2023-2027 vise à accentuer les efforts en matière environnementale. Ainsi, 25 % des aides du premier pilier devront être consacrés aux « éco-régimes » qui se substituent aux paiements verts[3]. Ces éco-régimes correspondent à une série de critères définis par chaque État membre et doivent inciter les agriculteurs à adopter des pratiques plus vertueuses d'un point de vue environnemental.

Quelques réformes marquantes de la PAC

- 1962 : Mise en œuvre de la PAC. Dans le prolongement du traité de Rome (1957) créant la Communauté économique européenne, les 6 pays membres décident d'instaurer une politique agricole commune.
- 1984 : Mise en œuvre de quotas laitiers. Afin de limiter les interventions sur les marchés, des quotas laitiers sont instaurés pour limiter en amont la production de lait.
- 1992 : Réforme des prix garantis. Réforme d'envergure impliquant un changement de stratégie dans le soutien aux agriculteurs. Les prix d'intervention diminuent fortement et des aides sont directement versées aux agriculteurs.
- 1999 : L'agenda 2000. Création d'un « second pilier » visant à favoriser le développement rural en parallèle des objectifs initiaux de la PAC.

1. Marielle Berriet-Solliec, Bertrand B. Schmitt, Aurélie Trouve, Francis Aubert, « Deuxième pilier de la PAC et développement rural : le RDR est-il vraiment rural ? », *Politiques agricoles et territoires*, Éditions Quae, 2009.
2. Jean-Christophe Bureau et Sophie Thoyer, *La politique agricole commune*, La Découverte, 2014.
3. « Le Parlement européen adopte une nouvelle PAC, après de longs débats », *Le Monde*, 23/11/2021.

- 2003 : Découplage dans les aides. Les aides versées aux agriculteurs ne dépendent plus de leur niveau de production.
- 2014 : Les paiements verts. Dans une volonté de « verdir » la PAC, des aides additionnelles sont versées aux agriculteurs respectant des critères environnementaux.
- 2015 : Fin des quotas laitiers. Les quotas laitiers sont supprimés ainsi que les prix d'intervention.
- 2021 : Les éco-régimes. Chaque État membre détermine à travers un plan stratégique national les contours de ces éco-régimes qui conditionneront le versement des aides aux agriculteurs. L'objectif est d'accélérer le verdissement du premier pilier de la PAC.

Malgré le développement du second pilier et le verdissement du premier, la PAC fait encore l'objet de critiques récurrentes concernant les enjeux climatiques. Tout d'abord, les critères associés au verdissement des aides sont parfois accusés de manquer d'ambition. Ainsi, les paiements verts introduits en 2014 étaient certes soumis à des conditions, mais ces dernières étaient très peu contraignantes, à tel point que la quasi-totalité des producteurs pouvaient en bénéficier et que seuls 5 % des exploitations ont opéré un véritable changement de pratique selon la Cour des comptes européenne[1]. De même, la définition des « éco-régimes » est au cœur des discussions actuellement. En effet, le gouvernement français prévoyait de faire entrer le label « HVE » (haute valeur environnementale) dans les éco-régimes, au même titre que l'agriculture biologique. Or, ce label s'avère être insuffisamment contraignant et ambitieux selon les associations écologistes et la Commission européenne. Le choix de laisser chaque État membre définir les critères associés aux éco-régimes semble rendre plus complexe la définition de critères clairs et communs à l'ensemble des pays membres, ce qui soulève dès lors des enjeux plus politiques associés à la PAC.

3 Un rôle central dans la construction européenne

La PAC a joué un rôle important dans la construction européenne. Prévue dès 1957 dans le traité de Rome, elle constitue la première politique communautaire. Cela explique dès lors le poids de la PAC dans le budget européen bien qu'il ait continuellement diminué depuis sa création. Ainsi, elle représentait 70 % du budget européen en 1970 contre 38 % dans la programmation 2014-2020.

La PAC a cependant été au cœur de plusieurs crises politiques et les évolutions de la politique agricole ne peuvent être comprises sans considérer les évolutions de la construction européenne. Événement majeur des premières années de la Communauté économique européenne, la politique de la chaise vide menée par le Général

1. « La PAC n'a toujours pas pris le bon cap », *Alternatives économiques*, 04/01/2021

de Gaulle entre le 30 juin 1965 et le 30 janvier 1966 est en partie liée à la PAC. En effet, le financement envisagé par le président de la Commission Walter Hallstein doit passer par les droits de douane industriels et des taxes sur les importations agricoles. Mais la gestion de ces ressources échapperait au contrôle des parlements nationaux, ce que refuse le Général de Gaulle, craignant que cela ouvre la voie à une Europe fédérale.

Dans les années 1980, une nouvelle crise au sein de la Communauté économique européenne éclate autour du Royaume-Uni. Entré en 1973, le pays est un contributeur net de la CEE mais bénéficie peu de la PAC dans la mesure où l'agriculture occupe une faible place dans son économie. La politique agricole commune conduit, en outre, à la fixation de prix agricoles élevés qui pénalisent le Royaume-Uni. Margaret Thatcher obtient ainsi un rabais en 1984 dans la participation au budget. La PAC, qui fut jusqu'alors un pilier de la construction européenne, devient avec cette crise « un facteur de blocage »[1].

On observe finalement une tendance à la « décommunautarisation » de la PAC depuis sa création. Depuis le traité de Lisbonne, la PAC est d'ailleurs officiellement une compétence partagée entre la Commission européenne et les États membres. La mise en œuvre et le financement du second pilier sont d'ailleurs largement le fait des États membres. Mais le 1er pilier est également concerné par cette tendance à laisser de plus grandes marges de manœuvre aux États membres comme l'illustre la dernière réforme. Dans ce cadre, chaque État membre élabore un Plan stratégique national et détermine les modalités associées aux éco-régimes. En cela, cette réforme s'inscrit dans la continuité des précédentes réformes, faisant de la PAC une politique de moins en moins commune.

1. Jean-Christophe Bureau et Sophie Thoyer. *La politique agricole commune*, La Découverte, 2014.

5 Le métier d'agriculteur

En 2017, le film *Petit Paysan*, réalisé par Hubert Charuel décrit les difficultés d'un éleveur de vaches laitières infectées par une épidémie, mais aussi les enjeux familiaux entourant le personnage, ses difficultés économiques et son attachement au métier. Le terme « paysan » paraît cependant désuet et ne semble plus vraiment correspondre au métier d'agriculteur. Comment est-on ainsi passé du « paysan » à « l'agriculteur » ? Cette catégorie est-elle aussi homogène qu'on pourrait le croire ? Quels sont, enfin, les enjeux contemporains associés à la profession ?

1 La fin des paysans

L'agriculture française connaît de profondes transformations au lendemain de la Seconde Guerre mondiale. Encouragé par les politiques publiques ainsi que les aides versées dans le cadre du plan Marshall en 1948, le progrès technique bouleverse les pratiques agricoles. L'usage du tracteur se généralise, le parc français passant de 37 000 en 1945 à 830 000 en 1962. Ce progrès technique permet ainsi une très forte croissance de la production. Alors que la surface cultivée reste constante entre 1955 et 1970, la production de blé augmente de près de 40 %, la production d'orge est multipliée par plus de trois et celle de maïs par cinq. Les gains de productivité sont particulièrement importants sur la période et le besoin de main-d'œuvre agricole diminue. Le nombre d'actifs travaillant dans l'agriculture connaît ainsi une diminution continue à partir des années 1950. Alors que 6,2 millions de personnes travaillaient dans le secteur agricole en 1955, soit 31 % de l'emploi total en France, elles n'étaient plus que 1,3 million en 2000.

Cette diminution du nombre de travailleurs dans l'agriculture s'inscrit dans ce que le sociologue Henri Mendras nomme « la fin des paysans ». Cependant, le constat qu'il dresse va bien au-delà de ces indicateurs statistiques. Dans son ouvrage *La fin des paysans,* publié en 1967, Henri Mendras décrit une véritable remise en cause d'un mode de vie. Il décrit ainsi la diffusion du maïs hybride dans un canton des Basse-Pyrénées, au détriment de la variété locale, le « grand roux basque », obligeant à acheter semences, engrais et nouveaux matériels agricoles. Les nouvelles exigences du métier poussent progressivement les paysans à devenir de véritables innovateurs, ce qui s'avère « difficile, sinon impossible, pour un paysan inséré dans une société traditionnelle autarcique ou semi-autarcique ». En cela, les innovations et le progrès technique à l'œuvre dans le secteur agricole ne se font pas sans résistance d'une partie du monde paysan.

Progressivement, le paysan a laissé place à « l'agriculteur ». Le politiste Pierre Muller décrit ainsi la promotion d'un référentiel modernisateur dans les années 1960 aussi bien par les pouvoirs publics que par les nouvelles générations. Le syndicat de la

Jeunesse agricole catholique joue un rôle particulièrement important dans le développement de nouveaux principes d'action. Désormais, le système de références des agriculteurs s'articule autour de trois points[1]. Ce référentiel comporte d'abord une composante technique puisque l'agriculteur doit maîtriser les nouveaux matériels se développant. La seconde dimension est sociale : la sortie du modèle autarcique et local des paysans laisse place à l'entrée dans la société globale. Cette évolution participe à conférer une nouvelle identité sociale à l'agriculteur, celle d'un technicien de l'agriculture. Enfin, le troisième aspect est celui de la solidarité professionnelle. Le rejet de l'agriculteur isolé passe par la mise en commun des connaissances et du matériel, ce qui permet en outre d'amortir le coût des investissements. Le développement des CUMA (coopératives d'utilisation du matériel agricole) permet par exemple l'acquisition de tracteurs pour de nombreux agriculteurs.

La formation scolaire des agriculteurs

Le développement de nouvelles compétences techniques s'est accompagné de l'allongement du niveau d'études des agriculteurs. Créé en 1848, l'enseignement agricole a été renforcé en 1960 et 1962 avec la création de quatre cents collèges et cent lycées en l'espace de quinze ans afin de faire de « la formation une des pièces maîtresses du grand projet politique de modernisation de l'agriculture française »[2]. Aujourd'hui, 73 % des actifs agricoles de moins de 40 ans sont titulaires au minimum du baccalauréat et 17 % des chefs d'exploitation sont diplômés d'études supérieures. Le niveau de diplôme varie cependant selon la taille des exploitations (les plus diplômés étant sur-représentés dans les grandes exploitations) révélant l'hétérogénéité du groupe « agriculteurs ».

2 Un groupe hétérogène

La PCS (profession et catégorie socioprofessionnelle) « Agriculteurs exploitants » est aujourd'hui la plus faible en termes d'effectifs, représentant, en 2021, 1,5 % de la population active. Pourtant, cette catégorie est aujourd'hui très hétérogène. On retrouve d'abord cette hétérogénéité dans le mode de classement des agriculteurs exploitants réalisé par l'INSEE qui distingue les agriculteurs selon la taille de leur exploitation ainsi que le type d'activité. Sur le premier point, on peut remarquer une tendance lourde qui est celle de l'augmentation de leur taille. Pour autant, les petites exploitations représentent encore 30 % des exploitations en 2016, contre 26 % pour les moyennes exploitations et 43 % pour les grandes exploitations. Sur le second point, on peut distinguer les activités de culture de céréales, le maraîchage, la viticulture et l'élevage. Une spécialisation croissante des activités agricoles s'observe à la fois géographiquement mais aussi à l'échelle des exploitations : les exploitations ont tendance à se concentrer sur un nombre réduit d'activités. Ainsi,

1. Bertrand Hervieu, François Purseigle, *Sociologie des mondes agricoles*. Armand Colin, « Collection U », 2013
2. Idem.

57 % des effectifs porcins en France se situent en Bretagne. Leur élevage se fait d'ailleurs dans l'écrasante majorité des cas au sein d'exploitations de moyenne ou de grande taille.

L'hétérogénéité au sein du groupe « agriculteurs » s'observe également dans leurs revenus. Si le niveau de vie médian des ménages agricoles - c'est-à-dire des ménages composés d'au moins un agriculteur exploitant - est comparable à celui des ménages français, on observe cependant de grandes disparités. Ainsi, les 10 % des ménages agricoles les plus riches ont un revenu 4,7 fois plus élevé que celui des 10 % des ménages agricoles les plus pauvres alors que ce rapport n'atteint que 3,4 chez les ménages français. En outre, le taux de pauvreté est plus élevé parmi les ménages agricoles que dans le reste de la population, atteignant 18 % contre 13 % dans la population générale. Des écarts de revenus s'observent selon le type d'activité. Ainsi, les producteurs de viande bovine affichent en France les revenus les plus faibles tandis que les revenus agricoles les plus élevés concernent les activités de grande culture ainsi que la viticulture.

Des revenus aux sources diverses

Aujourd'hui, un agriculteur sur cinq est bi-actif, cumulant une activité agricole avec d'autres activités (vente de produits artisanaux, tourisme…). Il convient dès lors de distinguer les « revenus agricoles » des revenus en général dont disposent les ménages agricoles, ce qui laisse apparaître certains paradoxes. Ainsi, si les ménages dont l'activité dominante est le maraîchage et l'horticulture disposent du revenu le plus élevé en moyenne (68 602 € en 2018 contre 52 398 € pour les ménages agricoles en général), ils possèdent cependant des revenus beaucoup plus faibles que de nombreux autres secteurs lorsqu'on se concentre sur les seuls revenus agricoles.

Enfin, un dernier critère de distinction peut être opéré entre les agriculteurs adoptant une production conventionnelle et ceux exerçant une activité biologique. Si l'agriculture biologique est en croissance depuis le début des années 2000, elle reste largement minoritaire. En 2018, 9,5 % des exploitations agricoles étaient biologiques. Largement minoritaires, les agriculteurs biologiques constituent eux-mêmes une catégorie relativement hétérogène. Des disparités importantes apparaissent par exemple entre les agriculteurs s'étant très tôt engagés dans des modes de production alternatifs et des agriculteurs conventionnels engagés plus récemment dans l'agriculture biologique. En outre, on observe que la demande sociale pousse les agriculteurs conventionnels à faire évoluer leurs pratiques, par exemple en diminuant l'usage des intrants.

3 Quelques enjeux contemporains

L'activité agricole est profondément attachée à la famille. En cela, « famille » et « exploitation agricole » ont été longtemps deux institutions profondément liées.

L'activité agricole a traditionnellement été en France une activité familiale, et ce modèle de l'exploitation familiale s'observe notamment dans la transmission de l'activité vers les enfants. Ainsi, la PCS « agriculteur exploitant » reste encore aujourd'hui celle qui connaît le plus fort taux de reproduction sociale. En 2015, 84 % des agriculteurs exploitants étaient encore enfants d'agriculteurs. Ainsi, « devenir agriculteur, c'est encore aujourd'hui hériter d'un patrimoine, d'un métier, d'un ethos entrepreneurial, au sein de familles agricoles »[1]. Malgré cette forte reproduction sociale, cette PCS est également celle que l'on quitte le plus. En effet, la diminution constante du nombre d'agriculteurs oblige structurellement les enfants d'agriculteurs à se diriger vers d'autres PCS. On observe par ailleurs un affaiblissement du modèle de l'activité agricole comme activité de couple, les conjointes ayant de plus en plus une autre activité professionnelle. L'homogamie tend elle aussi à s'affaiblir : depuis les années 1990, les agriculteurs ont de moins en moins tendance se mettre en couple avec des personnes issues du monde agricole.

L'activité des conjointes pose d'ailleurs la question de la féminisation du métier d'agriculteur. Les statistiques semblent accréditer l'idée d'une féminisation. Ainsi, en 1970, seules 8 % des chefs exploitants étaient des femmes, contre 27 % en 2019. Cette féminisation renvoie en réalité avant tout à une évolution des statistiques. Cette féminisation statistique apparente rejoint le constat réalisé par la sociologue Sylvie Schweitzer dans *Les femmes ont toujours travaillé* (2002). Pendant très longtemps, les femmes ont été largement absentes des statistiques de l'emploi, car lorsqu'une activité professionnelle était réalisée en couple, seul le mari apparaissait dans les statistiques. Ainsi, jusque dans les années 1980, les catégories statistiques de l'INSEE n'admettaient qu'un seul chef d'exploitation et les épouses étaient classées parmi les « aides familiales ». Progressivement reconnues comme chefs exploitants, les femmes sont ainsi apparues dans les statistiques et, en 1982, on comptait 39 % de femmes parmi les exploitants agricoles. Dès lors, c'est davantage un recul de la place des femmes parmi les agriculteurs exploitants que l'on observe depuis les années 1980. Cela s'explique principalement par le fait que l'activité agricole est de moins en moins une affaire de couple, les hommes agriculteurs ayant davantage tendance à avoir des conjointes exerçant d'autres professions.

Le « monde agricole », aussi hétérogène soit-il, serait aujourd'hui en crise. L'idée d'un « malaise agricole » fait ainsi régulièrement l'objet d'un traitement à la fois artistique (on peut penser au film *Au nom de la Terre*), médiatique ou politique. Mais que recouvre exactement cette expression ? Ce « malaise agricole » désigne parfois une stigmatisation du métier d'agriculteur, comme le témoigne l'expression « *agribashing* » utilisée pour décrire la mauvaise image qui serait construite autour des pratiques des agriculteurs. Le modèle productiviste, alors promu au lendemain de la seconde guerre mondiale, serait aujourd'hui socialement discrédité. L'expression « *agribashing* » est notamment portée par le syndicat majoritaire dans

1. Céline Bessière, Ivan Bruneau, Gilles Laferté, « Les agriculteurs dans la France d'aujourd'hui », *Sociétés contemporaines*, 2014.

la profession agricole, la FNSEA. La pression des organisations syndicales a ainsi conduit à la création en 2019 de la « Cellule nationale de suivi des atteintes au monde agricole », chargée de lutter contre les « violences à l'encontre des agriculteurs ». Ces dernières recouvrent à la fois à des actes de vandalisme (vol de matériel par exemple) mais aussi à des attaques plus idéologiques. Cette cellule a cependant fait l'objet d'un jugement par le Tribunal administratif, qui a considéré qu'elle pouvait conduire les gendarmes à opérer des missions de surveillance de militants écologistes. Mais le « malaise agricole » est également une expression régulièrement utilisée pour décrire les difficultés économiques des agriculteurs et leur isolement. Le taux de suicide des agriculteurs peut ainsi permettre d'illustrer ce malaise. La sur-tendance des agriculteurs n'est cependant pas tant conjoncturelle que structurelle : depuis 1945, les agriculteurs ont davantage tendance à se suicider que les autres professions. Les difficultés économiques peuvent cependant être une cause s'additionnant à des difficultés propres à l'exercice de l'activité agricole (isolement, imbrication des enjeux économiques et de liens familiaux...). Cet autre aspect du malaise agricole a ainsi fait l'objet d'un traitement politique particulier. À la suite du rapport réalisé par le député Olivier Damaisin sur la prévention des suicides des agriculteurs en 2020, une feuille de route a été dressée, comprenant notamment la création de comités locaux chargés de détecter et prévenir les difficultés des agriculteurs.

6 La soutenabilité de notre modèle alimentaire

Dans les pays développés, le système alimentaire s'appuie sur une industrie agroalimentaire, elle-même fondée sur une logique productiviste qui nécessite une utilisation massive et croissante de ressources naturelles non renouvelables et qui produit une importante quantité de déchets. En France, par exemple, 80 % de la surface agricole concerne la production de viande et de produits laitiers.

Aujourd'hui, de façon directe ou indirecte, ce système est au cœur de grandes problématiques à la fois environnementales et socio-économiques, directement et indirectement liées à la logique productiviste de l'agroalimentaire.

1 Le productivisme agricole en question

L'expression « productivisme agricole » désigne une manière d'augmenter la production de produits agricoles fondée sur la recherche du rendement de la culture et de l'élevage. Cet objectif de productivité a été mis en place au cours du XXe siècle et s'est largement appuyé sur l'utilisation massive d'énergies fossiles, d'engrais, de pesticides et de machines.

Mais le productivisme agricole est aussi un fait social plus large. En effet ce système est aussi caractérisé par le fait que sa logique a longtemps semblé légitime et perçue comme un signe du progrès social. Elle ne faisait donc pas l'objet d'une réflexion sur les conséquences que peuvent générer les pratiques agricoles, et ce jusqu'à ces dernières années. Produire toujours plus a semblé aller dans le sens du bien-être et les campagnes françaises ont donc été vouées à devenir une énorme usine produisant une masse toujours plus importante de matières premières pour l'industrie agro-alimentaire.

Pourtant, le bilan de l'agriculture productiviste est mitigé. Si elle a permis une sécurité alimentaire certaine, elle est aussi responsable de nombreuses crises environnementales (pollution), sociales et sanitaires (aliments contaminés) ou culturelles (standardisation de l'alimentation à l'échelle mondiale).

2 Un système à bout de souffle

D'une part, ce système d'agriculture intensive favorise les émissions de gaz à effet de serre, la pollution de l'air, l'érosion de la biodiversité, la dégradation des sols et de la ressource en eau, l'épuisement des ressources énergétiques. Notre système alimentaire est responsable de près du tiers des émissions mondiales de gaz à effet de serre et, du fait de la généralisation de l'irrigation, il représente aujourd'hui 70 % de la consommation d'eau douce mondiale. Il est également à l'origine d'une déforestation massive. C'est également un système qui génère des gaspillages. On sait qu'au niveau mondial, 30 % des superficies agricoles du monde produisent de la nourriture qui sera perdue ou gaspillée.

La responsabilité de l'agriculture dans le réchauffement climatique

L'agriculture a, à l'évidence, un lien avec la crise climatique : elle en subit les effets mais elle en est aussi l'une des causes. En effet, les régions du monde dont la population souffre déjà de la faim seront aussi les plus touchées par le réchauffement climatique. Il s'agit des régions tropicales et subtropicales dont le potentiel agricole sera atteint par les sécheresses et les incidents climatiques de plus en plus fréquents. D'un autre côté, on ne peut ignorer la responsabilité du modèle agricole intensif et industriel des pays du nord et du modèle alimentaire qu'il induit.

Dans certaines régions du monde, l'Asie par exemple, les rendements agricoles stagnent ce qui signe la crise du modèle intensif du fait notamment de l'épuisement des sols et des ressources en eau. Même sur les cultures OGM en Argentine, on a constaté des baisses de rendements agricoles du fait d'une moins bonne résistance des plantes aux maladies. L'agriculture intensive est également extrêmement dépendante des ressources fossiles en cours d'épuisement.

D'autre part, il est à l'origine d'inégalités économiques et sociales, d'insécurité alimentaire sans oublier les impacts sur la santé humaine et le bien-être animal. Notre modèle alimentaire occidental est très riche en produits transformés, gras, salés et sucrés, et en protéines d'origine animale. Il contribue donc à une altération de la santé humaine. En France le taux d'obésité est passé de 6 % de la population en 1980 à plus de 17 % en 2019. Les pathologies liées au diabète et les maladies cardiovasculaires progressent.

Le modèle de consommation alimentaire des pays du Nord n'est pas soutenable à une échelle mondiale. Si toute la population mondiale se nourrissait comme un Américain du Nord, seuls 2 milliards de personnes pourraient être nourris au lieu des 6 milliards.

3 Vers une alimentation durable ?

Des organisations non gouvernementales telles que WWF (*World Wide Fund for Nature*) incitent les consommateurs à se tourner vers une alimentation plus durable à la fois pour leur santé et pour la planète. Une alimentation plus durable passe par des aliments moins carnés et une place plus importante au végétal (fruits, légumes, céréales, légumes secs). Il s'agit aussi de limiter le gaspillage et de favoriser la consommation de produits locaux et de saison. Les produits à faible empreinte écologique doivent donc être remis au centre de l'assiette. L'alimentation durable est celle qui favorise un mode de production agricole, mais aussi de transformation, de distribution et de consommation, qui protège la biodiversité et les écosystèmes. Elle nécessite donc une transition agricole vers l'agroécologie tout en permettant l'accès à une alimentation durable à tous.

Différentes études, qu'il s'agisse de celles des ONG Greenpeace ou WWF, montrent les bénéfices socio-économiques, environnementaux et nutritionnels des régimes alimentaires plus durables et flexitariens moins carnés tant au niveau du coût que de l'impact carbone et de la qualité nutritionnelle.

Eat4Change, un outil pour la transition alimentaire

Le projet européen Eat4Change mené par WWF encourage les jeunes à adopter des régimes alimentaires plus durables, via une expérimentation menée dans la restauration collective, dans le cadre du CROUS. L'enjeu citoyen est de faire comprendre aux jeunes combien leurs choix de vie individuels ont un impact direct sur la planète et d'en faire des acteurs voire des promoteurs d'une transition alimentaire vers un régime alimentaire sain et durable. Ce projet a débuté en mai 2020 et se poursuit jusqu'en avril 2024.

Cette philosophie d'agriculture durable est une déclinaison des principes du développement durable tels qu'ils ont été définis à la conférence de Rio en 1992. Les objectifs de l'agriculture durable s'insèrent donc dans une volonté de limiter le réchauffement climatique à 1,5 °C.

Adoptés en 2015 par l'ONU, les « 17 objectifs pour sauver le monde » concrétisent la notion de développement durable. Ces objectifs sont : 1/ Pas de pauvreté, 2/ Faim « Zéro », 3/ Bonne santé et bien-être, 4/ Éducation de qualité, 5/ Égalité entre les sexes, 6/ Eau propre et assainissement, 7/ Énergie propre et d'un coût abordable, 8/ Travail décent et croissance économique, 9/ Industrie, innovation et infrastructure, 10/ Inégalités réduites, 11/ Villes et communautés durables, 12/ Consommation et production responsables, 13/ Mesures relatives à la lutte contre le changement climatique, 14/ Vie aquatique, 15/ Vie terrestre, 16/ Paix, justice et institutions efficaces, 17/ Partenariats pour la réalisation des objectifs. Si une partie de ces objectifs ne concernent pas l'agriculture et l'alimentation, tous sont évidemment profondément liés.

4 Une agriculture durable est possible

Il s'agit donc de développer un système agricole permettant une production pérenne de nourriture. L'agriculture durable vise à réduire l'impact environnemental de l'agriculture, à protéger la biodoversité, à limiter l'usage de l'eau. Les systèmes agricoles durables sont ceux qui émettent peu de gaz à effet de serre responsables du réchauffement climatique.

Il s'agit donc de privilégier des ressources naturelles, notamment au niveau de l'eau, et les approvisionnements locaux moins consommateurs d'énergie. Cette agriculture durable repose sur les processus naturels de régénération des sols, le recours aux ennemis naturels des ravageurs ou la pollinisation naturelle. Elle réduit les déchets non réutilisés en favorisant l'utilisation des sous-produits de l'activité agricole par d'autres activités agricoles. Elle a recours à des techniques qui limitent l'érosion des sols. Elle limite l'usage de pesticides naturels ou de synthèse qui peuvent nuire à la santé des agricultures. Elle veille au maintien de la biodiversité.

L'agriculture durable peut donc être définie comme une agriculture économiquement viable, écologiquement saine, socialement juste et humaine. Sa logique renvoie à une démarche socialement responsable.

5 Le modèle agroécologique

Autour de l'ONU et de la Banque mondiale, un certain nombre d'organismes internationaux œuvrent pour aller vers cette transition agricole. C'est le cas de l'IAASTD (*International Assessment of Agricultural Knowledge, Science and Technology for Development*), qui a mené des études d'évaluation et de prospective sur l'adaptation de la recherche agronomique et des technologies agricoles aux objectifs du Millénaire pour le développement. En ce sens, l'IAASTD est un peu l'équivalent pour l'agriculture du GIEC pour le climat.

Ce type de travaux témoigne d'un véritable changement de paradigme, c'est-à-dire de point de vue sur l'agriculture dans le sens où elle n'est plus pensée comme devant être organisée autour de logiques universelles. Au contraire, il s'agit de tenir compte de son contexte local et de mettre en avant une agroécologie qui s'appuie sur des connaissances locales et qui relie la production et les connaissances agricoles avec le fonctionnement des écosystèmes.

L'Organisation des Nations unies pour l'alimentation et l'agriculture a, plusieurs années de suite, promu l'agriculture familiale comme modèle durable. En 2017, l'Assemblée générale des Nations unies proclame la période 2019-2028 « décennies des Nations unies pour l'agriculture familiale ». Elle décide de soutenir plus activement ce modèle qui semble le mieux répondre aux objectifs du millénaire pour le développement. Il faut bien sûr qu'ensuite les acteurs du secteur s'approprient cette logique d'action.

7 Les terres arables, une ressource sous pression

La Terre compte environ 510 millions de kilomètres carrés ; sur cette surface globale, seuls 33 millions de kilomètres carrés sont cultivables et environ 13 millions sont effectivement cultivés. C'est un truisme de le rappeler mais les terres arables ne sont pas infinies.

Bien au contraire, elles sont l'objet d'une concurrence accrue et donc d'une spéculation qui en fait augmenter le coût. Les surfaces agricoles sont parfois grignotées par d'autres usages du sol, en particulier l'urbanisation et le développement des activités économiques.

Les États ainsi que les grandes entreprises souhaitent trouver de nouvelles surfaces de production par l'acquisition de terres à l'étranger. Mais ces terres tout comme d'autres surfaces agricoles ne sont pas toujours mises au service d'une production alimentaire.

1 L'artificialisation des sols, une menace rampante

Dans son numéro spécial « Halte à la France moche » publié en février 2010, *Télérama* a souhaité dénoncer cette uniformisation des paysages dont souffre la France depuis les années 1960. À travers le développement de la voiture individuelle, les campagnes françaises ont été progressivement dévorées par l'urbanisation à travers la construction de centres commerciaux, de routes ou encore de lotissements pavillonnaires.

En France, on estime ainsi que tous les dix ans l'équivalent de la surface d'un département français disparaîtrait, victime de l'anthropisation. Les sols artificialisés représentent ainsi 9,4 % du territoire en 2015, contre 8,3 % en 2006. Ce sont autant de surfaces naturelles ou agricoles qui ont disparu pour laisser place à d'autres activités humaines.

Ce phénomène est pourtant pris très au sérieux par les pouvoirs publics. Le Grenelle de l'environnement de 2007 puis le plan biodiversité de 2018 ont clairement exprimé l'objectif de limiter l'artificialisation des sols. Ce dernier a même fixé l'objectif « zéro artificialisation nette » (ZAN) qui interdit en théorie la construction sur de nouvelles terres sans compensation. Le département de Loire-Atlantique a ainsi mis en place une politique de rachat de terres artificialisées pour les rendre à un usage agricole.

Cette prise de conscience est également le fait des citoyens qui partout en France et à des échelles diverses se mobilisent contre des projets de développements jugés trop gourmands en terres agricoles.

Des luttes citoyennes parfois victorieuses

On se souvient notamment des paysans du Larzac en guerre contre l'extension d'un camp militaire dans les années 1970 ou encore de l'arrêt du projet d'extension de l'aéroport de Notre-Dame-des-Landes entre Nantes et Rennes. Ces combats se poursuivent. Au nord de Paris, dans le triangle de Gonesse, le projet d'aménagement d'un vaste complexe de loisirs et de commerces, EuropaCity, a ainsi été abandonné du fait d'une mobilisation de collectifs citoyens, qui ont dénoncé l'impact de ces aménagements sur des terres arables particulièrement fertiles.

2 L'accaparement des terres à l'étranger

« Achetez des terres, on n'en fabrique plus » ; cet adage prêté à l'écrivain américain Mark Twain, résume à lui seul la logique du *land grabbing*, qui consiste à prendre le contrôle de terres arables à l'étranger. Cette logique d'accaparement des terres se fait au détriment des populations locales et assure le triomphe de l'agriculture exportatrice sur l'agriculture vivrière. Elle a de beaux jours devant elle si l'on considère que 60 % des terres arables ne sont pas encore cultivées.

L'augmentation annoncée de la population mondiale a achevé de convaincre les investisseurs. La terre est non seulement limitée mais elle va subir une pression de plus en plus grande, ce qui soutiendra les cours du foncier mais également ceux des productions agricoles. Un véritable marché international des ressources foncières disponibles s'est donc instauré entre des États pauvres à la recherche de financement extérieurs et des investisseurs étrangers étatiques ou privés.

Cette logique qui consiste à considérer les terres arables comme une valeur refuge est loin d'être nouvelle. Dès la fin du XIXe siècle, les grandes entreprises agroalimentaires américaines ont investi en Amérique du Sud en vertu de la doctrine Monroe ; la United Fruit Company a ainsi mis en place à partir de 1899 une république bananière au profit des États-Unis. Ces terres sont acquises sous la forme de location, de concession voire d'achat. Dans une grande partie des cas, les petits propriétaires sont dépossédés au profit de grandes firmes étrangères.

La crise financière de 2007-2008 a mis en évidence le lien entre investissements financiers et potentialité accrue de crise alimentaire. Depuis 2009, l'ONG Land Matrix tente d'alerter les opinions publiques sur ces politiques d'achat de terres à l'étranger. Elle recense ces transactions financières internationales réalisées par des États ou des acteurs privés au détriment des populations locales. Selon un rapport rendu public par cette association au printemps 2022, les règles internationales de transparence et de consultation des populations ne sont que très rarement respectées.

Des populations locales souvent spoliées

Le problème est tel que le Comité sur la sécurité alimentaire de l'Organisation pour l'alimentation et l'agriculture des Nations unies (FAO) a émis des directives en 2012 dans le but de garantir les droits des populations locales dans ces processus d'acquisition. Les accords étant souvent négociés à des échelles globales, le droit coutumier est souvent mis à mal. En effet, dans de nombreuses régions de la planète, les propriétés foncières sont largement informelles et les propriétaires sont parfois bien en peine pour faire reconnaître leurs droits.

Les exemples sont nombreux. Parmi les pays qui reçoivent les investissements étrangers, on peut citer le Soudan dont les terres fertiles le long du Nil attirent des investissements des pays de la péninsule arabique, du Liban ou encore de la Chine. L'Afrique n'est pas le seul eldorado pour les investisseurs ; au Cambodge, plus de la moitié des terres arables sont contrôlées par des entreprises privées étrangères.

À l'inverse, parmi les pays sources d'investissement à l'étranger, on peut penser à l'Arabie Saoudite qui en a fait un pilier de son développement depuis les années 2000. Lors de la guerre du Kippour en 1973, la Communauté économique européenne (CEE) avait menacé d'utiliser les exportations alimentaires comme une arme en représailles de l'augmentation des prix du pétrole. L'État saoudien a donc défini depuis cette date comme une priorité nationale l'acquisition de sa souveraineté alimentaire. Depuis 2008, des subventions sont accordées par l'État aux firmes saoudiennes produisant des denrées alimentaires à l'étranger.

Ces logiques d'accaparement des terres vont souvent à l'encontre des circuits alimentaires. Tout d'abord, ces achats à l'étranger bouleversent les circuits alimentaires locaux en privilégiant les monocultures d'exportation. La quasi-totalité de la production échappe aux marchés locaux pour être exportée. Plus généralement, les terres sont parfois détournées des usages alimentaires. En effet, près du quart des terres arables achetées par ces circuits servent à cultiver des agrocarburants.

3 Les agrocarburants, une fausse bonne idée ?

La consommation d'énergie fossile pour assurer le fonctionnement de l'économie et plus particulièrement du secteur des transports n'a pas le vent en poupe. Depuis le début des années 2000, on présente même les agrocarburants comme une alternative durable pour les remplacer. Le secteur est largement soutenu par des politiques fiscales avantageuses ; l'E85, reposant sur une incorporation de 15 % d'éthanol s'est ainsi imposé en France comme le carburant le moins cher du marché et a supplanté l'essence traditionnelle. Pourtant, les études scientifiques reprises par les ONG mettent en garde contre les effets néfastes sur les prix alimentaires de ces productions agricoles destinées à la fabrication de carburant.

On distingue ainsi trois générations d'agrocarburants. La première qui demeure la plus utilisée est dite de première génération. Les agrocarburants sont dans ce cas élaborés grâce à des productions agricoles : le colza, le tournesol, le soja ou l'huile de palme pour le biodiesel ; la betterave, le blé, la canne à sucre ou le maïs pour le bioéthanol destiné aux véhicules roulant à l'essence. Du fait de leurs effets négatifs, une deuxième génération repose sur l'utilisation de lignocellulose notamment produite grâce aux résidus forestiers. Une troisième génération, les algocarburants, mise quant à elle sur les algues et les bactéries mais les espoirs placés en son développement ne se sont pas encore concrétisés.

Les agrocarburants de première génération demeurent donc les plus utilisés dans le monde. En France, 800 000 hectares sont consacrés à leur production. Pourtant, les deux tiers de l'éthanol incorporés dans les carburants vendus dans l'hexagone sont d'origine étrangère. La demande croissante est largement encouragée par une politique fiscale volontariste qui pourrait encore soutenir cet élan.

Les effets pervers des agrocarburants de première génération ne manquent pas. Ils sont accusés de concurrencer les denrées alimentaires et donc d'encourager la volatilité des prix et la potentialité des crises agricoles. Dans les pays les moins avancés, jusqu'à 75 % des budgets des ménages sont destinés à l'alimentation. Une légère variation des coûts de l'alimentation peut donc engendrer des privations et des famines. Plus généralement, les agrocarburants cultivés dans les pays en développement sont souvent produits au détriment de l'agriculture vivrière.

Des agrocarburants nocifs pour les équilibres climatiques ?

Contrairement aux messages délivrés par leurs thuriféraires, les agrocarburants sont également accusés de porter atteinte au climat. Ils encouragent indirectement la déforestation et sont donc responsables d'émissions de gaz à effet de serre souvent supérieures aux gains qu'ils sont censés représentés. D'après l'ONG Oxfam, le biodiesel émet en moyenne 80 % de gaz à effet de serre en plus que le diesel traditionnel, du fait de ses effets indirects sur l'utilisation des terres. Cette association s'appuie notamment sur les données de la Commission européenne qui a mis en évidence dans plusieurs rapports le risque du déplacement des cultures alimentaires sur d'autres terres gagnées sur des espaces naturels.

8 Mondialisation et alimentation

En tant que mise en relation des différentes parties du monde, la mondialisation affecte en profondeur les traditions alimentaires. Les relations commerciales lointaines sont en réalité très anciennes en ce qui concerne les produits alimentaires. Cependant, elles prennent une nouvelle ampleur à l'époque moderne.

En effet, à partir du XVIe siècle, l'Europe connaît une ouverture au monde qui lui permet d'avoir accès à de nouvelles denrées. Cette intégration des produits agricoles aux circuits commerciaux mondiaux acquiert encore davantage d'importance au cours du XXe siècle. La diffusion d'une culture alimentaire mondiale a même un temps fait craindre l'uniformisation des régimes alimentaires.

Cependant, la mondialisation n'empêche pas la persistance des traditions alimentaires. Elle semble même encourager le localisme alimentaire puisqu'elle s'accompagne souvent d'un phénomène de démondialisation, c'est-à-dire de réaffirmation des particularismes culturels.

1 Modernité et échanges alimentaires

Les échanges alimentaires sur de longues distances sont anciens. Dès l'Antiquité, des circuits commerciaux structurent les différentes régions et permettent à certaines productions locales de s'exporter.

On peut prendre l'exemple de ce condiment élaboré à base de poisson, le garum, une sauce originaire du Moyen-Orient, adoptée par les Grecs, reprise par les Romains puis diffusée dans tout l'Empire. Le sud de l'Espagne devient même une grande région productrice de garum après la colonisation romaine et l'on a retrouvé des amphores contenant des traces de cette sauce jusque dans la province de Bretagne, l'actuelle Angleterre. Les Grecs et les Romains transportaient également de l'huile, du vin ou du blé dans des jarres et amphores à travers tout l'espace méditerranéen.

Au Moyen Âge, ces circuits alimentaires se poursuivent. Les bouchers vont eux-mêmes chercher le bétail dans des régions éloignées des villes afin de les abattre devant leurs étals pour en garantir la fraîcheur. Les bouchers parisiens vont jusqu'en Suisse pour s'approvisionner en viande. Les poissons sont quant à eux transportés par des chasse-marées, des mareyeurs qui acheminent les produits de la pêche en charrette vers les lieux de consommation. L'exemple le plus révélateur de ces échanges lointains de produits alimentaires médiévaux demeure cependant celui des épices qui parviennent en Occident depuis l'Inde et la Chine en passant la plupart du temps par Venise qui s'impose comme la grande plate-forme commerciale du Moyen Âge. Depuis l'Orient, l'Europe importe également dès le Moyen Âge de nouvelles espèces comme l'aubergine, l'abricotier, le péché ou encore le thé. La mondialisation des produits alimentaires n'attend donc pas le XVIe siècle pour se développer.

Pourtant, c'est à l'époque moderne qu'elle prend une ampleur plus importante avec la diffusion de produits emblématiques en lien avec la colonisation de territoires lointains par les Européens. Les XVe et XVIe siècles représentent en effet un basculement dans l'ampleur des circuits commerciaux et des apports inédits de produits agricoles. Après la découverte de l'Amérique puis sa colonisation, l'Europe découvre le cacao, le café, la pomme de terre, le maïs ou encore la tomate. Ces produits exotiques se diffusent très progressivement depuis les tables aristocratiques vers la bourgeoisie, tandis que l'essentiel des populations conservent les traditions alimentaires fondées sur des apports locaux.

Le sucre, symbole de ces échanges lointains en matière d'alimentation

La production de sucre est emblématique de ce commerce international fondé sur la colonisation. Originaire d'Asie puis découvert par les Européens au Moyen-Orient à l'occasion des croisades, le sucre tient son étymologie du sanscrit sarkara puis de l'arabe sukkar. Il est ensuite implanté en Amérique et plus particulièrement dans les îles antillaises pour être produit à grande échelle par le biais d'une économie esclavagiste. Au cours du XVIIIe siècle, apogée du commerce triangulaire, l'Europe multiplie par trois ses importations de sucre. Des distilleries sont implantées dans tous les grands ports de la façade occidentale de l'Atlantique. Il a été étudié dès 1985 par l'historien Sidney Mintz qui montre dans son *Sweetness and Power* comment cette substance alimentaire a contribué à modifier en profondeur les organisations politiques, économiques et sociales des deux côtés de l'Atlantique.

2 Un mouvement encouragé par l'industrialisation

L'industrialisation favorise encore cette exportation à grande échelle de produits alimentaires. Créée en 1846 à Nantes, la biscuiterie Lu produit des gâteaux secs destinés à être transportés sur les navires transatlantiques. Mais c'est la révolution des moyens de transport dans la seconde moitié du XIXe siècle, à travers la diffusion à grande échelle du train et des navires à vapeur, qui permet cette industrialisation des produits alimentaires. D'après Jean-Pierre Williot, dans son *Histoire de l'alimentation*, 86 % de la marée et 88 % du beurre arrivent à Paris en 1838 par le chemin de fer.

Le XIXe siècle voit également se développer les conserveries qui facilitent la conservation et donc l'exportation de produits alimentaires sur de très longues distances. Mise au point au cours du XVIIIe siècle dans différents pays européens, la boîte de conserve prend une échelle industrielle au début du XIXe siècle grâce à un procédé que l'on doit au Français Nicolas Appert qui consiste à chauffer le récipient à plus de 100 °C pour éliminer les bactéries. À la même période, en Angleterre, Peter Durand reçoit des mains de George III un brevet de fabrication de récipient en métal pour préserver les aliments. Cette nouvelle méthode de conservation est ensuite utilisée pour les fruits, les produits laitiers, les sardines puis la viande.

L'industrie du froid facilite également cette exportation à l'échelle mondiale. Dès 1882, le premier convoi de moutons congelés quitte l'Australie à destination du Royaume-Uni. L'ampleur de l'empire britannique a largement encouragé le déclin de l'agriculture en Grande-Bretagne, les Britanniques ayant fait le choix d'exporter leurs productions alimentaires dans des territoires lointains. C'est aux Britanniques que l'ont doit l'origine de l'élevage intensif dans une grande partie des pays des Suds, notamment en Argentine, qui figurait alors au sein de leur empire informel.

3 L'uniformisation des régimes alimentaires

Avec l'industrialisation, de grandes multinationales se forment alors avec pour objectif d'uniformiser les régimes alimentaires afin d'accroître leur capacité de vente à l'échelle planétaire.

Nestlé, une multinationale de l'agroalimentaire

Créée en 1866 par un pharmacien allemand du nom d'Henri Nestlé, l'entreprise éponyme devient le modèle type de ces multinationales. La firme profite de l'expansion du commerce international grâce aux voies ferrées et aux bateaux à vapeur pour exporter dans le monde entier ses farines lactées en boîte de conserve destinées à nourrir les nouveau-nés à une époque où la mortalité infantile était encore très forte. Dès 1804, Nestlé diversifie ses productions en commercialisant également du chocolat au lait. Elle acquiert ensuite d'autres marques stratégiques telles que Nescafé, Nestea, Maggi, Buitoni, Vittel, Herta, Findus ou Friskies et figure désormais parmi les cinquante premières firmes transnationales.

Les grandes multinationales encouragent donc cette uniformisation des régimes alimentaires à grand renfort de publicité. Elles recomposent les marchés mondiaux de l'alimentation et facilitent la diffusion à l'échelle mondiale de produits identiques qui contribuent à une certaine uniformisation des goûts. Le marché alimentaire mondial est dominé par une dizaine de multinationales qui possèdent plusieurs centaines de marques.

Les grandes chaînes de restauration rapide sont par ailleurs souvent pointées du doigt comme des acteurs responsables de cette uniformisation des régimes alimentaires, à l'instar des firmes américaines McDonald's ou Subway. Si la diffusion planétaire de leurs points de vente a bien contribué au succès de quelques plats emblématiques de cette nourriture mondialisée, la prudence est de mise puisque ces entreprises ont bien compris la nécessité de s'adapter aux traditions locales afin d'assurer leur succès. Présente en Inde dès 1996, McDonald n'y commercialise pas de viande de bœuf mais le remplace par du poulet dans ses équivalents du Big Mac afin de respecter les interdits religieux. De la même manière, en France comme sur la plupart de ses marchés, les restaurants de la marque mettent régulièrement en avant l'origine locale de leur production afin de séduire le consommateur.

Le succès de produits alimentaires lointains dépend également des migrations contemporaines. Les grandes métropoles mondiales regorgent de restaurants révélateurs de ces échanges. La plupart témoignent par ailleurs du métissage caractéristique de ces traditions alimentaires.

4 Le localisme alimentaire

Loin de l'idée d'une uniformisation triomphante, la mondialisation préserve les différences culinaires. Le reportage mené par les journalistes californiens Peter Menzel et Faith d'Aluisio en 2005, *Hungry Planet : what the world eats*, en constitue une parfaite illustration. En allant à la rencontre de trente familles vivant dans vingt-quatre pays différents, les deux journalistes ont tenu à immortaliser les consommations alimentaires sur les différents continents. Leur travail révèle la persistance d'une très grande diversité des régimes alimentaires. Si les consommations des pays riches sont dominées par des produits transformés issus de l'agroalimentaire, le reportage photographique témoigne de la survie des grandes aires culturelles de consommation alimentaire.

Nouvelle illustration de l'adage « *small is beautiful* », le localisme alimentaire promeut la défense des traditions culturelles et la relocalisation des productions agricoles. La mise en avant des circuits courts ou encore la multiplication des labels valorisant les productions locales sont autant de témoignages de cette tendance.

Les acteurs agroalimentaires en ont fait un élément marketing. La chaîne de supermarché Leclerc met en avant « les alliances locales ». Des producteurs se sont organisés pour créer ou obtenir des certifications régionales, à l'instar de Saveurs en 'Or qui promeut depuis 2004 les produits alimentaires issus ou transformés au sein de la région Hauts de France. Ailleurs, cette réaffirmation du localisme passe notamment par des marques aux accents locaux qui commercialisent pourtant des produits phares de la mondialisation ; on pense notamment au Breizh Cola commercialisé depuis 2002 par une entreprise bretonne et largement imité depuis par d'autres colas régionaux.

Une gastronomie désormais inscrite au patrimoine mondial

Depuis 2003, l'Unesco a saisi l'importance de protéger ces traditions à travers la création du patrimoine culturel immatériel. Sont ainsi reconnus la gastronomie française, la cuisine traditionnelle mexicaine, le régime méditerranéen ou encore le washoku, célébration japonaise du nouvel an. Certains plats sont même inscrits au sein de cette liste parmi lesquels le pain d'épice croate, la pizza napolitaine, le dolmas (des feuilles de vigne farcie de légumes ou de riz originaire du Moyen-Orient), le Nshima (un plat africain à base de maïs) ou encore la bière belge.

9 Le gaspillage alimentaire

Le gaspillage est officiellement défini par la FAO (Food and Agriculture Organization) qui le distingue des pertes. Les pertes désignent « une modification de la disponibilité, de la comestibilité ou de la qualité d'un aliment qui le rend impropre à la consommation humaine » tandis que le gaspillage désigne, lui, « l'action de trier et de mettre au rebut délibérément ou consciemment une ressource alimentaire, alors qu'elle est parfaitement comestible ».

Les contours incertains du gaspillage

Derrière l'apparente clarté des définitions, il convient pourtant de souligner qu'il n'est pas toujours aisé d'identifier ce qui relève ou non du gaspillage. Ainsi, « le son de blé peut être incorporé dans les pains spéciaux, les amandes des noyaux d'abricot utilisées dans les confitures et celles des pruneaux servent à fabriquer une huile aromatique ». Dès lors, ce qui est traditionnellement considéré comme déchet pourrait finalement être considéré d'un certain point de vue comme un gaspillage.

Après avoir identifié les chiffres et les enjeux associés au gaspillage alimentaire, la progressive mise à l'agenda politique de cette question sera étudiée. Enfin, on considérera le gaspillage de plastique qui est souvent associé à l'alimentation.

1 Chiffres et enjeux

Selon les calculs de la FAO, environ 1,3 milliard de tonnes d'aliments est gaspillé, perdu ou jeté chaque année, ce qui représente près de 30 % de la production alimentaire. Dans le détail, 14 % de la production alimentaire est perdue tandis que 17 % est gaspillée.

Les pertes s'observent davantage dans les pays en développement. En effet, les difficultés en matière de respect de la chaîne du froid, de stockage, de transports ainsi que les conditions climatiques favorisent les pertes. À titre d'exemple, 33 % des tomates produites au Rwanda font l'objet de pertes au moment de la production, du stockage ou du transport[1].

À l'inverse, les pays plus développés sont davantage concernés par l'enjeu du gaspillage. En Grande-Bretagne, le taux de perte ou de gaspillage en ce qui concerne la production de poulet atteint 58 % ; et 38 % de ces pertes et gaspillages se font

1. « Addressing Food Loss and Waste: A Global Problem with Local Solutions », *World Bank Document*, 2020.

au moment de la consommation. Aux États-Unis, on estime que 40 % de la nourriture produite n'est pas consommée et que les ménages jettent 25 % de ce qu'ils achètent. Dans l'Union européenne, les pertes et gaspillages représentaient 173 kg par habitant et par an en 2012. On estime que 53 % de ces déchets proviennent du comportement des ménages. La France se situe à un niveau élevé bien qu'inférieur à la moyenne européenne, avec une moyenne de 136 kg par personne de déchets alimentaires perdus ou gaspillés.

Derrière ces chiffres, quels sont les enjeux associés à la réduction des pertes et gaspillages ? Le premier concerne celui de la sécurité alimentaire, définie comme la possibilité pour chacun d'avoir accès physiquement et financièrement à une quantité et une qualité suffisante de nourriture pour garantir une vie saine et active. En 2021, 45 millions de personnes souffraient de faim dans le monde, l'insécurité alimentaire aiguë concernant 43 pays. Face à la raréfaction des ressources et l'augmentation de la population mondiale, la première ressource alimentaire disponible réside donc dans ces pertes et gaspillages alimentaires.

Le deuxième enjeu est d'ordre climatique. En effet, les productions alimentaires non consommées représentent des émissions de gaz à effet de serre (GES) évitables. La décomposition des matières organiques ajoute des émissions supplémentaires. Dès lors, environ 8 % des émissions mondiales de GES proviennent aujourd'hui des pertes et gaspillages alimentaires.

La question environnementale porte également sur la gestion de l'eau. J. Gustavsson et J. Cederberg, auteurs d'un rapport en 2012 pour la FAO (« Pertes et gaspillages alimentaires dans le monde »), indiquent ainsi que « jeter de la nourriture c'est jeter de l'eau ». En effet, 1 000 litres d'eau sont nécessaires pour produire un kilogramme de farine ou de blé, le chiffre est quinze fois plus élevé pour la production d'un kilogramme de viande rouge. Enfin, le dernier enjeu est économique. La réduction des pertes constitue pour les entreprises une opportunité d'augmenter leur volume de vente. Pour les ménages, une réduction du gaspillage s'accompagnerait d'une amélioration du pouvoir d'achat. En effet, chaque français jette en moyenne 29 kg de nourriture chaque année, ce qui représente 108 € par personne.

2 Une progressive mise à l'agenda politique

Les premières attentions portées sur la question des pertes et gaspillages alimentaires apparaissent au cours des années 1970. Elles se dirigent en premier lieu sur la question des pertes dans les pays en développement, à travers le programme *Prevention of food losses* lancé en 1978 par la FAO. La question du gaspillage dans les pays développés émerge plus tardivement. En 2011, la FAO publie un rapport qui alerte sur l'étendue du gaspillage dans le monde, et la même année un rapport britannique (« *The Future of Food and Farming : challenges and choices for global sustainability* ») insiste sur la nécessité de réduire les pertes et gaspillages pour affronter les enjeux futurs en matière d'alimentation. L'année 2014 est déclarée par le Parlement européen « Année européenne de lutte contre le gaspillage ».

Plus récemment, le Pacte Vert permet à la Commission européenne de réaffirmer des objectifs en matière de réduction du gaspillage en s'engageant à réduire le gaspillage alimentaire de moitié entre 2019 et 2030. Elle développe la stratégie « de la ferme à la fourchette » (*Farm to Fork*) pour dresser une feuille de route générale pour l'agriculture et l'alimentation afin d'atteindre ces objectifs. Des mesures devraient prochainement être décidées notamment sur les dates limites de consommation, sources de confusions chez les ménages lorsqu'il s'agit de distinguer les « dates à consommer jusqu'au » et les « à consommer de préférence ».

Le gaspillage alimentaire a également fait l'objet de lois récentes à l'échelle nationale. En 2013, la France lance un Pacte national de lutte contre le gaspillage alimentaire. L'objectif de réduction de moitié du gaspillage alimentaire d'ici 2025 est alors fixé. En 2016, le Parlement adopte une loi qui prévoit une hiérarchie des actions en matière de lutte contre le gaspillage alimentaire : les différents acteurs de l'alimentation doivent en premier lieu favoriser la prévention du gaspillage. En cas d'invendus, la loi rend obligatoire le recours aux dons aux associations caritatives. Toute destruction volontaire de denrées alimentaires fait ainsi l'objet de sanctions. En 2020, la loi anti-gaspillage pour une économie circulaire vient renforcer ce dispositif juridique. Elle fixe de nouveau des objectifs de réduction du gaspillage à la fois pour la distribution alimentaire, la restauration collective (réduction de moitié en 2025 par rapport à 2015) ou encore la restauration commerciale (réduction de moitié en 2030 par rapport à 2015).

3 Autour de l'alimentation, un autre gaspillage

La question du gaspillage en matière d'alimentation peut enfin être étendue aux emballages des aliments. Dans l'article « Et bien maintenant recyclez ! » publié dans *Le Monde Diplomatique* en février 2019, le philosophe Grégoire Chamayou revient sur le développement de la canette aux États-Unis. Jusque dans les années 1930, le système de consommation de boissons repose sur la consigne : les consommateurs sont incités à retourner des bouteilles en verre pour retrouver leur consigne. L'invention de la canette jetable marque cependant un tournant. Alors qu'en 1947, 100 % des sodas et 85 % des bières étaient vendus dans des bouteilles réutilisables, en 1971, ces parts tombent respectivement à 50 % et 25 %. Le développement de la canette permettait ainsi aux industriels de « supprimer les coûts de collecte et de reconditionnement, éliminer les intermédiaires, concentrer la production tout en étendant la diffusion sur de grandes distances ». Face à l'augmentation des déchets induite par la généralisation de ces canettes jetables, les industriels ont poussé le discours sur le recyclage. Pour le philosophe, alors que le système de la consigne reposait sur une logique économique d'incitation, le recyclage repose finalement sur la seule « éthique » du consommateur et participe à effacer la responsabilité des industriels.

L'explosion de l'usage du plastique pour l'alimentation

La généralisation du jetable va bien au-delà des canettes. L'explosion de la production de plastique concerne en premier lieu les emballages, notamment des aliments. Ainsi, sur plus de 400 millions de tonnes de plastiques produites dans le monde chaque année, près de 40 % concerne les emballages, le plus souvent à usage unique. La production de plastique s'est particulièrement accrue à partir du début des années 2000 : en vingt ans, plus de plastiques ont été produits que sur les cinquante années précédentes, d'après les données mises en évidence dans un article des *Échos* du 4 mars 2020, « La crise du plastique en 10 graphiques ».

Des mesures ont récemment été prises, notamment en France, pour chercher à réduire l'usage du plastique. La loi anti-gaspillage pour une économie circulaire prévoit une série d'interdictions en matière d'emballage. À titre d'exemple, le suremballage des fruits et légumes frais de moins de 1,5 kg est interdit depuis le 1er janvier 2022. À partir du 1er janvier 2023, les secteurs de la restauration rapide ainsi que de la livraison de repas ne pourront plus utiliser de vaisselle jetable. La loi fixe l'objectif général de la disparition du plastique jetable à horizon 2040.

10 Le marché français de l'alimentation

La diversité de l'offre de produits alimentaires s'est historiquement installée dans la vie de la plupart des ménages français durant les trente glorieuses. Cette abondance repose sur une offre alimentaire issue d'une filière qui va de l'agriculteur au distributeur. Sur ce marché, certains types d'acteurs ont largement façonné le consommateur.

1 Le poids de la filière agroalimentaire

La filière agroalimentaire regroupe toutes les entreprises allant de l'agriculture à la distribution, en passant par les industries, les coopératives mais aussi les entreprises de négoce, le commerce de détail et la restauration. Le cœur de la filière est constitué des entreprises de transformation alimentaire (coopératives, industries, artisanat) qui se fournissent auprès des agriculteurs et vendent leurs produits transformés au commerce de bouche. Les circuits de distribution des produits alimentaires sont organisés pour permettre l'accès à l'alimentation.

La filière française de l'agroalimentaire en chiffre

Cette filière alimentaire représente une part importante du PIB français (environ 15 %) et des exportations (environ 10 %). Le chiffre d'affaires cumulé des industries agroalimentaires est d'environ 200 milliards d'euros. En 2020, ce secteur dégageait un excédent commercial d'environ 6 milliards d'euros (un peu moins que les années précédentes qui tournaient autour de 7 à 8 milliards d'euros d'excédent commercial). La filière alimentaire regroupe près 835 000 entreprises et c'est donc un gros employeur en France (presque 2,5 millions d'emplois directs).

Les plus gros acteurs de la filière sont en France, Danone, Lactalis, Pernod Ricard, Nestlé ne venant que largement derrière en termes de parts de marché. Certains de ces groupes sont des leaders mondiaux (Moët-Hennessy pour les champagnes et spiritueux, Danone pour les produits laitiers et les eaux par exemple). Mais, la filière agroalimentaire est largement composée de petites entreprises et de coopératives situées à proximité des lieux de production agricole. Cette filière largement industrialisée s'est constituée il y a quelques décennies et a profondément modifié le rapport à l'alimentation des Français.

2 Une mutation de l'alimentation au xxe siècle

L'offre alimentaire s'est profondément transformée depuis les années soixante. Les aliments sont peu à peu passés du statut de simples produits agricoles non transformés à celui de produits de consommation standardisés. Là où, autrefois, les hommes se nourrissaient, ils consomment. Une véritable industrie agroalimentaire, animée de logiques de rendements et de baisses des coûts, s'est développée et a permis une baisse des prix d'un certain nombre de biens produits à la chaîne.

Ce nouveau marché de consommation de masse a entraîné le développement de la grande distribution. Les supermarchés s'étaient développés plus tôt aux États-Unis (dans les années trente). En France, c'est seulement au cours des années soixante et soixante-dix que l'essor de la grande distribution s'est réalisé. Ce développement s'est accompagné de nombreuses innovations telles que la réfrigération, de nouvelles techniques d'emballage sans oublier le développement de la logistique que le modèle de la grande distribution nécessite. Cette industrialisation de l'alimentation s'est traduite aussi par des produits nouveaux : les yaourts, l'eau minérale, des produits cuisinés, etc. Le caddie hebdomadaire a remplacé le cabas quasi quotidien.

La société de consommation a donc pris place dans l'alimentation des individus. Les produits sont transformés, conditionnés, vendus par lots. Ils font l'objet de stratégie de marketing et de campagnes de publicité coûteuses. Mais la recherche de coûts de production faibles permettant des prix bas a altéré la qualité de nombreux produits transformés, riches en sels ou en sucre.

Les industries agroalimentaires ont également multiplié les stratégies de différenciation pour limiter la concurrence entre leurs produits et s'assurer des sortes de rentes de monopole. En parvenant à distinguer un produit, une entreprise parvient à fidéliser une clientèle et à échapper à la mise en concurrence de son produit. Les secteurs des pâtes à tartiner, des chocolats, ou de nombreux autres aliments ont largement mobilisé ce type de stratégie.

3 Un recul des grandes surfaces

Le commerce alimentaire représente un tiers des lieux de commerce avec environ 100 000 points de vente. Les lieux de commercialisation de l'alimentaire spécialisé, notamment l'artisanat de bouche (boucheries, boulangeries, poissonneries, traiteurs, etc.), représentent 24 % des points de vente mais 18,5 % du marché en 2018. En revanche, les espaces non spécialisés (supermarchés, supérettes, hypermarchés) ont vendu 64,5 % des produits alimentaires. Certains achats alimentaires restent associés à des artisans, le pain et la pâtisserie en particulier. Des produits comme le poisson, les primeurs et surtout les produits bio se vendent largement dans des petites structures commerciales. Pour d'autres produits, en revanche, les artisans ont plus de difficultés face à la concurrence de la grande distribution ; c'est le cas de la viande.

La vente à distance, un secteur secondaire en progression

Si la vente à distance concerne relativement peu les produits alimentaires, sa part dans ce secteur progresse (les ventes par ce canal ont augmenté de presque 68 % entre 2010 et 2018) mais son importance reste marginale (environ 5 % du marché alimentaire en 2018). Parallèlement, les sites de e-commerce, qu'il s'agisse de drives ou de sites de livraison à domicile, accroissent peu à peu leur part de marché. Aujourd'hui trois ventes à distance sur dix portent sur un achat de produits alimentaires, en particulier de l'épicerie.

La tendance générale est à la baisse de la fréquentation des grandes surfaces. Mais si le modèle de l'hypermarché semble en partie remis en cause, c'est en réalité peu sur les achats de produits alimentaires que l'évolution se dessine. Les ventes de biens alimentaires continuent d'augmenter. Entre 2010 et 2018, l'INSEE estime cette progression à 11,9 %. Avec 16,8 % de parts de marché, les hypermarchés constituent le principal espace d'achats de nourriture pour les ménages français. Leur activité reste très liée à l'alimentation avec 69,4 % de leur chiffre d'affaires. Sur l'ensemble des ventes alimentaires dans les hypermarchés, 20 % sont des produits d'épicerie, 16, 5 % sont des produits carnés et 9,1 % sont des fruits et des légumes. Les deux principaux acteurs de ce marché sont Leclerc et Carrefour avec respectivement 22 % et 19,5 % de parts de marché.

Les pratiques de la grande distribution font débat depuis plusieurs années. D'une part, les hypermarchés illustrent un modèle de consommation de masse standardisée aujourd'hui remis en cause. Ces hypermarchés sont également caractérisés par une guerre des prix permanente, au risque de fragiliser un certain nombre d'acteurs de la filière agroalimentaire, à commencer par les agriculteurs. Un simple indicateur donne à voir de la pression sur les prix que subissent les producteurs : depuis le milieu des années 1970, les prix alimentaires ont diminué de 10 % alors que les prix agricoles ont baissé de 40 %. Les marges des intermédiaires, notamment la grande distribution, se sont donc consolidées contre le revenu des agriculteurs.

4 De nouveaux marchés

Le marché de l'alimentation a évolué ces dernières années tant au niveau des produits, avec l'émergence d'un marché de produits bio, qu'au niveau des modes d'accès aux produits avec de nouveaux circuits.

Le bio, un secteur en plein essor

En France, les ventes de produits bio progressent nettement. Leur chiffre d'affaires représente plus de 13 milliards d'euros en 2020 et le rythme de croissance de la vente de ces produits est net (plus de 10 % de hausse entre 2019 et 2020). La consommation de produits bio concerne à la fois la restauration collective et la consommation à domicile des ménages. La filière bio représente aujourd'hui en France presque 70 000 emplois directs à la fois dans la transformation et dans la distribution.

Les épisodes récurrents de crises sanitaires ayant touché l'industrie agroalimentaire ont certainement participé au développement de la demande de ce type de produits. L'épidémie d'encéphalite bovine spongiforme, la contamination par la dioxine de viandes, poissons et œufs, l'affaire des canettes de soda contaminées, et plus récemment la présence de la bactérie *Escherichia coli* (*E. coli*) dans des pizzas : la liste des accidents alimentaires ayant parfois eu des conséquences dramatiques est longue. La confiance dans la capacité du système industriel à maîtriser le risque sanitaire est évidemment largement altérée et cela peut expliquer la préférence pour les produits bio par un certain nombre de consommateurs. Notons que la défiance à l'égard des additifs, des colorants, des conservateurs a très tôt ébranlé la perception de l'industrie agroalimentaire. Dans sa chanson La montagne, Jean Ferrat évoquait déjà la malbouffe urbaine et le « poulet aux hormones » dans les années soixante.

Dans la même logique, certains consommateurs se rassurent en choisissant des labels de qualité, c'est-à-dire des produits plus chers. Ces labels informent le consommateur sur des critères de qualité de la production. Citons le label rouge, qui désigne des produits de qualité supérieure à celle des produits similaires, et le label AOC (appellation d'origine contrôlée) qui certifie la provenance et le respect d'un cahier des charges.

Par ailleurs, de nouveaux circuits de distribution se sont mis en place ces dernières années. Il s'agit d'ailleurs souvent d'un retour à des pratiques anciennes, de proximité en particulier. Cette réactivation de lieux de ventes directes, éventuellement modernisés par le biais d'applications numériques, montre que l'alimentation reste au cœur des pratiques sociales et de leur évolution. En l'occurrence, s'organisent autour des produits alimentaires des espaces de relations plus directes entre les producteurs (agriculteurs, maraîchers, pêcheurs...) et les consommateurs. Ces circuits passent aussi par des acteurs associatifs et s'inscrivent dans une volonté de retrouver du sens à l'acte de se nourrir, de redonner de la valeur au travail agricole et, à l'évidence, réactiver une confiance perdue dans la filière alimentaire.

On mesure à travers ces évolutions à quel point la nourriture est au cœur des interactions entre les hommes d'une part, et entre l'homme et la nature d'autre part. La question de la responsabilité sociale et environnementale est évidemment centrale ici.

11 La précarité alimentaire

« Toute personne a droit à un niveau de vie suffisant pour assurer sa santé, son bien-être et ceux de sa famille, notamment pour l'alimentation [...] », proclame la Déclaration universelle des droits de l'homme et du citoyen de 1948, dans son article 25.

Le Comité de la sécurité alimentaire mondiale (CSA, de l'anglais *Committee on World Food Security*), organisation internationale émanant de l'ONU, définit la situation d'une personne en situation de sécurité alimentaire par le fait qu'elle a « la possibilité physique, sociale et économique de se procurer une nourriture suffisante, saine et nutritive lui permettant de satisfaire ses besoins et préférences alimentaires pour mener une vie saine et active ».

La sécurité alimentaire est composée de quatre composantes : l'accès à la nourriture, sa disponibilité (des quantités suffisantes), sa qualité à la fois nutritionnelle et sanitaire et sa régularité. Or, la fréquence de l'accès à l'alimentation suppose des prix et un pouvoir d'achat relativement stable à court terme. L'insécurité alimentaire est donc caractérisée par l'absence d'un ou plusieurs de ces critères, absence qui met les individus et les familles en situation de risque et d'instabilité quant à leur possibilité de se nourrir correctement. C'est ce dont le terme de précarité alimentaire rend compte.

1 Un enjeu global

Cette notion de précarité alimentaire est relativement récente puisqu'elle apparaît dans la sociologie française, à la fin des années 1980. Dans la lignée des travaux de Serge Paugam, la précarité est définie à partir de l'absence d'un ou plusieurs critères de sécurité. Ces analyses montrent, comme dans le cas du travail précaire, que la perte de la sécurité engendre une série de conséquences qui aggravent la situation des individus qui se retrouvent dans une spirale de la pauvreté, de l'exclusion et deviennent dépendants de l'assistance.

La notion de précarité alimentaire vise donc à replacer l'enjeu qu'est le fait de se nourrir correctement ou non au cœur des processus sociaux et de ne pas laisser la question de l'alimentation dans une logique réductrice et isolée des autres mécanismes de la précarité. Les différentes formes de précarité sont donc, le plus souvent, cumulatives : la précarité alimentaire est, en général, liée à la précarité de l'emploi, à la précarité énergétique et à la précarité en matière de logement. Parler des différentes formes de précarité permet donc d'entrer réellement dans les mécanismes de la pauvreté.

2 État des lieux

Même dans les pays développés, dont le niveau de vie moyen est élevé, une partie non négligeable de la population vit dans la pauvreté et connaît des privations alimentaires.

Des situations très inégales mais un problème global

En France, en 2019, 3 % de la population était nettement sous-alimentée. C'est bien sûr beaucoup moins que dans des pays d'Afrique, des Caraïbes ou du Pacifique. En Haïti, au Rwanda et en Éthiopie, la moitié de la population ne mange pas à sa faim. Mais, la question de l'accès à un régime alimentaire satisfaisant ne peut être balayée d'un revers de main dans les pays riches où une partie de la population est sous-nourrie et une autre mal nourrie. La montée de l'obésité en témoigne.

En 2019, selon l'INSEE, 9,2 millions de personnes vivent, en France métropolitaine, sous le seuil de pauvreté monétaire, ce qui correspond à un taux de pauvreté de 14,6 % de la population. Ce seuil de pauvreté est défini par convention à 60 % du niveau de vie médian de la population, ce qui représente un revenu disponible de 1 102 euros par mois pour une personne vivant seule et 2 314 euros par mois pour un ménage composé d'un couple et deux enfants en bas âge. Certains enfants ont aujourd'hui pour unique repas celui qui est fourni à midi par la cantine scolaire. Ces données situent la France en dessous de la moyenne européenne dont le taux de pauvreté est de 16,8 %.

Mais la pauvreté n'est pas seulement une difficulté à finir le mois avec un revenu modeste. Pour une partie de ces 9 millions de personnes, notamment des enfants, le manque d'argent est permanent et la contrainte sur les besoins de première nécessité (logement et alimentation) est très forte. Le mal logement et l'insécurité alimentaire vont souvent de pair et participent d'un mécanisme de cumul des formes de misère.

Selon l'Observatoire des inégalités, association indépendante fondée par des sociologues, des philosophes, des économistes et des juristes, au début des années 2000, dans le but de mener un état des lieux des inégalités en France, plus de cinq millions de personnes ont eu recours à l'aide alimentaire en 2017. Il s'agit de l'agrégation de données fournies par différentes associations qui fournissent des aliments et des repas aux personnes dans le besoin : les Restos du Cœur, la Croix-Rouge, le Secours populaire français, la Fédération française des banques alimentaires.

Une précarité alimentaire loin d'être marginale, en France

Selon le quinzième baromètre Ipsos-secours populaire, réalisé en 2021, 32 % des personnes interrogées déclarent ne pas pouvoir consommer des fruits et des légumes frais tous les jours et 30 % sont dans l'impossibilité de se procurer une alimentation saine en quantité suffisante pour faire trois repas par jour. 20 % déclarent devoir sauter des repas, et il s'agirait en particulier de jeunes (moins de 35 ans). Quant aux enquêtes de l'INSEE, elles estiment que 3,8 % de la population n'avait pas pris de repas complet durant une journée entière au cours des deux dernières semaines précédant l'enquête menée en 2019.

La privation de nourriture étant autant un fait objectivable qu'un ressenti subjectif, selon les méthodes d'investigation les indicateurs sont divers et leurs résultats de ce fait nécessairement différents, mais la précarité alimentaire est un fait incontestable pour une part de la population d'un pays pourtant riche.

3 L'insécurité alimentaire : une peur quotidienne

Le constat frappant est que les personnes qui se trouvent aujourd'hui face à une incapacité à se nourrir de façon saine ne sont pas nécessairement sans revenu. Une partie d'entre elles disposent d'un travail et d'un revenu modeste qui ne suffisent pas. Compte tenu du poids des dépenses contraintes, ces personnes font de l'alimentation une variable d'ajustement. Le besoin primaire qu'est la survie physique n'est donc satisfait que dans le cas où cela est possible.

Ces dépenses contraintes caractérisent le fonctionnement du budget des ménages dans nos sociétés modernes de services. Il s'agit du logement, du transport, du chauffage et des abonnements en matière de communications, autant de dépenses pré-engagées qui font de l'alimentation une variable d'ajustement. Les dépenses alimentaires sont donc pour un certain nombre de familles, celles qui sont « rognées » voire « sacrifiées ».

La norme de trois repas par jour n'est donc la norme de tout le monde. C'est ce qui justifie l'utilisation de l'expression de « précarité alimentaire » ou d'« insécurité alimentaire ». Ce rapport insécure à la nourriture concerne des étudiants, des personnes âgées à faibles revenus, des femmes seules, le plus souvent avec enfant... Cette population qui rogne sur l'alimentation est évidemment celle qui consomme le moins de fruits et de légumes, de viande ou de poisson et le plus de produits transformés par l'industrie agroalimentaire. L'irrégularité des repas s'accompagne donc le plus souvent de la médiocrité du bol alimentaire.

4 Face à la précarité alimentaire : la solidarité

Un certain nombre d'acteurs agissant contre la pauvreté (ATD Quart Monde, Emmaüs, Secours Populaire, les Banques alimentaires, etc.) mettent en place des actions visant directement l'alimentation. En 2019, huit millions de personnes ont eu recours, en France à l'aide alimentaire. Il semble que ce chiffre a doublé entre 2009 et 2019.

Avec la pandémie de Covid-19, beaucoup d'étudiants, ne pouvant avoir les emplois étudiants sur lesquels ils s'appuient en temps normal, ont également bénéficié de l'aide alimentaire. Des initiatives tentent d'associer combat contre la précarité alimentaire et lutte contre le gaspillage : c'est le cas de l'association Moissons Solidaires qui a mis en place le glanage de marchandises invendues sur des marchés parisiens pour les redistribuer ensuite aux plus modestes.

5 Insécurité alimentaire et isolement social

Au-delà de ces actions nécessaires mais ponctuelles du secteur associatif, la précarité alimentaire, compte tenu de son imbrication avec les autres formes de précarité, ne peut être traitée sans s'attaquer aux cercles vicieux de la pauvreté.

Les situations de précarité alimentaire témoignent des mécanismes cumulatifs de l'exclusion. L'accès limité, pour certains ménages, aux ressources alimentaires renvoie à des mécanismes économiques, sociaux, culturels voire citoyens. L'accessibilité économique passe évidemment par la question du prix et du pouvoir d'achat des personnes. C'est assurément le premier facteur des inégalités d'accès à une alimentation de qualité. Ici, les solutions renvoient à des politiques étatiques en matière de revenu (niveau du SMIC) et de prestations sociales (RSA, prestations diverses). C'est donc à la pauvreté monétaire qu'il faut s'attaquer d'abord. C'est l'enjeu des politiques d'assistance, en particulier.

Mais il ne faut pas oublier que se nourrir est aussi une pratique sociale et culturelle liée à l'identité de l'individu, à ses valeurs et à son rapport aux autres. C'est la capacité d'avoir accès à une alimentation en accord avec ses traditions et pratiques qui est en jeu. De ce point de vue, avoir recours à l'aide alimentaire est évidemment stigmatisant. Quant à l'accessibilité citoyenne, elle renvoie à la nécessité d'avoir une bonne connaissance du système alimentaire, à la capacité de s'organiser collectivement et participer à toute initiative citoyenne liée à l'alimentation : l'engagement associatif et la consommation responsable sont évidemment inaccessibles lorsqu'on a faim.

Être en situation de précarité alimentaire, c'est perdre toutes ces normes sociales. Les personnes en situation de précarité alimentaire sont justement celles qui cumulent des freins dans plusieurs voire la totalité de ces dimensions : contraintes budgétaires, stigmatisation et culpabilisation face aux injonctions du « mieux manger », auto-exclusion de la participation citoyenne jugée comme une contrainte supplémentaire, secondaire par rapport à la situation de survie des personnes. L'analyse de la précarité alimentaire est donc une voie pertinente pour comprendre la précarité sociale dans sa globalité.

12 Un marqueur social

Il n'est pas innocent que le repas soit bien souvent l'occasion dans les œuvres de fiction de présenter le milieu social de leurs personnages. Ainsi, la gêne ressentie par le personnage éponyme du roman *Martin Eden* devient immense lorsque le marin assiste à un dîner mondain :

« Le déploiement de couteaux et de fourchettes l'effraya et lui parut hérissé d'embûches. Il les regarda, fasciné, si bien que leur miroitement devint le fond sur lequel se mouvait une succession d'images. Il se revit dans l'entrepont d'un schooner : lui et ses compagnons mangeaient du bœuf salé avec leurs doigts et des couteaux à cran d'arrêt, ou puisaient avec des cuillers de fer toutes bosselées, une épaisse soupe aux pois dans de grossières gamelles ».

Véritables marqueurs sociaux, les goûts alimentaires et les manières de se comporter à table révèlent l'appartenance à des classes sociales. Les études traditionnelles portant sur les classes sociales ont cependant été remises en cause depuis la deuxième moitié du XXe siècle, questionnant dès lors le lien entre alimentation et milieu social. Il s'agira, dans un troisième temps, de souligner l'intérêt de croiser l'approche en termes de classe sociale et de genre pour analyser les attitudes en matière d'alimentation.

1 Les goûts, révélateurs d'une appartenance sociale

Le statisticien allemand Ernst Engel fut le premier en 1857 à identifier statistiquement un lien entre niveau de vie et consommation alimentaire. L'étude des coefficients budgétaires des postes d'alimentation le conduisait ainsi au constat suivant : plus le niveau de vie s'élevait, plus la part du budget consacrée à l'alimentation diminuait. Engel interprétait cette « loi » en faisant du niveau de vie l'élément causal. En effet, disposer de faibles revenus conduisait à privilégier la satisfaction des besoins les plus élémentaires et l'augmentation du niveau de richesses permettait de consacrer une part de plus en plus élevée du budget aux autres postes de dépenses moins essentiels.

Ces interprétations furent cependant remises en question par le sociologue Maurice Halbwachs pour qui l'interprétation uniquement fondée sur un critère économique ne permettait pas d'expliquer l'ensemble des comportements en matière d'alimentation. Il montrait ainsi qu'à niveaux de revenus équivalents, les employés et les ouvriers n'avaient pas les mêmes pratiques en matière d'alimentation. M. Halbwachs faisait ainsi de la consommation un véritable élément de définition des classes sociales puisqu'elle révélait des différences de styles de vie.

Des goûts déterminés par un habitus propre à chaque classe

L'identification de styles de vie propres aux classes sociales fut particulièrement travaillée par Pierre Bourdieu dans son ouvrage *La Distinction. Critique sociale du jugement.* Dans son ouvrage, le sociologue s'attache à montrer que les différences de classes sont aussi des différences de goûts. Il analyse également la production sociale du goût. Bien loin d'être innés, les goûts et dégoûts (alimentaires) sont le résultat de « l'*habitus* » propre à chaque classe sociale. L'individu intériorise ainsi des manières d'être, d'agir et de penser qui vont ensuite participer à structurer ses propres valeurs, comportements et attitudes. En cela, l'habitus fonctionne comme une « structure structurante », il est un « principe générateur et organisateur de pratiques et de représentations ».

La description des pratiques alimentaires des catégories populaires et des catégories bourgeoises permet à Bourdieu de distinguer le « goût de la nécessité » du « goût du luxe ». Les pratiques alimentaires des ouvriers ne reposent pas seulement sur des déterminants économiques (les ouvriers mangent des haricots parce qu'ils sont bon marché) mais aussi sur des goûts. Or, ces goûts sont largement définis par les conditions de vie. En cela, les catégories populaires « font de nécessité vertu » : les individus « ont le goût de ce à quoi ils sont de toute façon condamnés. (...) Le goût est *amor fati,* choix du destin mais un choix forcé, produit par les conditions d'existence qui, en excluant comme pure rêverie tout autre possible, ne laissent d'autre choix que le goût du nécessaire ».

La description des *habitus* de classes conduit Bourdieu à relever à la fois des différences en matière de consommation alimentaire mais aussi de manières d'être et de se comporter à table, en les associant à des valeurs propres à chaque milieu. Les catégories populaires vont ainsi valoriser un « franc-manger » qui s'observe dans les aliments servis (il faut des plats qui « tiennent au corps », on privilégie ainsi les plats en sauce, les pommes de terre, etc.) et dans les façons d'amener les plats (tout peut être servi en même temps) ou dans l'usage de la vaisselle (une même cuillère pourra être transmise au voisin pour mélanger le sucre dans le café). À l'inverse, la bourgeoisie valorise un « souci de manger dans les formes ». Le service des plats est opéré successivement et l'on doit afficher une certaine retenue dans la façon de manger. Les différentes pratiques culturelles propres à une classe sociale sont cohérentes car elles s'inscrivent dans un même rapport au monde, un même système de valeurs. Ainsi, la structuration des repas au sein de la bourgeoisie s'inscrit dans un « *habitus* d'ordre, de tenue et de retenue » que l'on trouve dans d'autres pratiques culturelles, telles que la musique classique.

2 Des habitudes sociales qui restent marquées

Les pratiques alimentaires ne sont pas figées dans le temps et l'on observe ainsi une circulation des comportements entre les classes sociales. Cette idée se trouve déjà présente chez Pierre Bourdieu qui montrait le caractère hiérarchisé des pratiques culturelles, dans le sens où les pratiques des classes dominantes sont les plus valorisées. Elles tendent ainsi à être imitées par les autres classes sociales.

Cette idée peut être reprise pour comprendre comment la consommation de viande est passée d'une consommation principalement présente au sein des classes supérieures à une consommation aujourd'hui plus importante chez les classes populaires. Cependant, la circulation des pratiques alimentaires ne se fait pas uniquement du haut vers le bas. Ainsi, alors que la consommation de vin était auparavant plus forte au sein des catégories populaires, elle est aujourd'hui davantage présente dans les classes supérieures : « 61 % des cadres et professions libérales en buvaient régulièrement pendant la semaine en 2007, alors que ce n'était le cas que de 40 % des employés et 46 % des ouvriers », comme le révèle Céline Laisney dans « Les différences sociales en matière d'alimentation » publié en 2013 au sein de la *Lettre du centre d'études et de prospectives.*

Cette circulation verticale des pratiques alimentaires pourrait dès lors accréditer l'idée d'une réduction des écarts entre les pratiques alimentaires selon les classes sociales.

Le barbecue, symptôme d'une « moyennisation de la société » ?

L'idée d'une réduction des écarts entre les classes sociales s'inscrit plus largement dans la remise en cause des théories des classes sociales. Le sociologue Henri Mendras a ainsi popularisé le concept de « moyennisation de la société » dans les années 1980. En effet, la réduction des inégalités économiques, la hausse du niveau d'éducation des individus et le développement des loisirs de masse auraient participé à affaiblir les distinctions entre les classes. Henri Mendras illustre ainsi cette moyennisation avec l'exemple du barbecue, dans son livre paru en 1994, *La seconde révolution française*. Le barbecue se pratique dans l'ensemble des couches sociales : « du haut en bas de l'échelle sociale le rite est le même : au bord de la piscine de la luxueuse villa de la Côté d'Azur comme dans le pavillon de banlieue, sur la pelouse de la résidence secondaire ou dans la cour de la ferme voisine. ».

Cependant cette thèse de la moyennisation et de l'uniformisation des pratiques doit être largement nuancée. En effet, les pratiques en matière d'alimentation restent socialement différenciées. A titre d'exemple, des aliments tels que l'açaï, les baies de goji ou la spiruline sont aujourd'hui l'apanage des catégories supérieures, comme le montre Céline Laisney dans l'article pré-cité, de même que les régimes fondés sur l'absence de gluten, ce qui laisse entrevoir des logiques de distinction déjà identifiées par Pierre Bourdieu. Enfin, la réduction des inégalités décrite par Henri Mendras n'a pas fait disparaître la pauvreté. Or, les conditions économiques restent encore déterminantes dans les consommations alimentaires des catégories les plus pauvres.

L'ouvrage du sociologue Denis Colombi *Où va l'argent des pauvres ?* publié en 2020 s'intéresse aux effets de la pauvreté en matière d'épargne et de consommation. Le sociologue montre que l'exposition à l'éventuelle pénurie, au manque dans le futur, peut pousser les individus à consommer - notamment dans l'alimentaire - plutôt qu'épargner. Le congélateur joue alors un rôle important en permettant la conservation de produits permettant de prévenir le manque dans le futur : « La « peur de manquer » est structurante. C'est moins le manque d'argent qui est craint - il arrivera de toute façon - que le manque de nourriture ou d'autres produits essentiels. La monnaie, elle, « glisse entre les doigts », elle pourra être emportée par la prochaine facture ou n'importe quel autre aléa. Au contraire, les stocks, une fois constitués, ne peuvent plus disparaître du jour au lendemain ».

3 Le genre, un déterminant puissant

Les études portant sur les différences de pratiques alimentaires selon les classes sociales ont souvent été amenées à intégrer la question des différences entre les sexes, tant ces deux logiques semblent imbriquées. Ainsi Pierre Bourdieu décrit dans *La Distinction* le lien entre les stéréotypes associés aux sexes et les pratiques alimentaires, en particulier dans les catégories populaires. La nécessité de « prendre des forces », d'avoir des plats « qui tiennent au corps » conduisent les hommes à consommer davantage de charcuterie, de viande ou de fromage, et dans des quantités plus importantes. Ces différences dans les choix d'aliments restent encore perceptibles aujourd'hui : les hommes ont tendance à valoriser les pratiques hédonistes et à ne moins prêter attention aux messages de prévention en matière d'alimentation, comme le montre Anne Dupuy dans « La division du travail alimentaire : qu'est-ce qui change ? » publié en 2017 dans *Que manger ?*.

Au-delà des comportements alimentaires, l'analyse en termes de rapports sociaux de genre renvoie à la répartition des tâches domestiques entourant les repas. Les études menées par l'INSEE révèlent une très faible réduction des écarts de temps consacrés aux courses ou encore à la préparation des repas. Bien que l'écart entre hommes et femmes concernant le temps moyen consacré à la cuisine ait diminué de 15 % entre 1999 et 2010, les femmes y consacrent toujours plus de temps (70 minutes contre 24 minutes par jour en 2010), comme le souligne Angèle Fouquet dans son article « Quand les hommes cuisinent au quotidien. Vers la masculinisation d'une pratique domestique » publié en 2019 dans *Terrains et travaux*. En outre, lorsque la masculinisation de ces tâches s'opère cela ne se traduit pas par la disparition des frontières de genre. Ainsi, la sociologue Angèle Fouquet relève que, lorsque les hommes participent à la cuisine, ils tendent à réinvestir des codes plus masculins, par exemple en reprenant des éléments valorisés dans la cuisine professionnelle comme la présentation des plats.

Il convient enfin de souligner que le partage plus ou moins égalitaire dans les tâches domestiques reste lié au milieu social. Dans l'article « Qui débarrasse la table ? », Martine Court *et al.* montrent ainsi que les classes populaires sont encore attachées à la division sexuée du travail domestique. Les familles tendent alors à biologiser ces inégalités, les filles étant souvent réputées naturellement plus « douées » pour les tâches domestiques que les garçons. Dans les catégories moyennes et supérieures, l'idéal du partage égalitaire des tâches domestiques est plus prégnant mais il n'est pas systématique. En outre, le rééquilibrage dans les tâches domestiques est souvent rendu possible par un capital économique permettant d'avoir recours à du personnel de ménage.

13 Comment expliquer les famines ?

Les famines sont, le plus souvent, analysées spontanément par le prisme des catastrophes naturelles, ouragans, pluies diluviennes, tornades, sécheresse, ou encore celui de l'incapacité de certains pays à mettre en place une agriculture vivrière. Le sens commun ne va, en général, pas plus loin.

Cette approche naturaliste et « quantitative » des famines s'est largement ancrée dans les perceptions collectives via l'analyse de Robert Thomas Malthus, pasteur et économiste classique qui, dès la fin du XVIIIe siècle, a posé le cadre d'une approche de la démographie au regard des disponibilités alimentaires.

Aujourd'hui, d'autres analyses élargissent l'approche de cette question des famines en intégrant un point de vue à la fois socioéconomique et institutionnaliste. C'est le cas en particulier des travaux de l'économiste indien Amartya Sen.

1 Un problème de disponibilité alimentaire

L'approche des famines en termes de défaut de la disponibilité alimentaire s'inscrit dans le prolongement de l'analyse malthusienne de la croissance démographique.

La théorie malthusienne, un raisonnement pseudo-scientifique

Thomas Robert Malthus (1766-1834) a réfléchi aux liens entre la démographie et les richesses produites. Sa « loi de la population » pose le principe selon lequel, en l'absence d'obstacle à sa croissance, la population obéit à une progression géométrique de raison deux tous les vingt-cinq ans (elle double donc tous les 25 ans), tandis que la production des denrées agricoles suit une progression arithmétique de raison deux elle-aussi (mais cette fois la croissance est donc lente). En établissant ce constat, Malthus met l'accent sur la trop forte croissance démographique compte tenu de la croissance « naturelle » de la production de denrées agricoles. Il postule que la production agricole est contrainte par la « loi des rendements décroissants » selon laquelle plus on utilise de nouvelles terres agricoles, pour nourrir la population supplémentaire, plus on est amené à mobiliser des terres dont le rendement est moins bon. Ces terres moins fertiles permettent de produire plus mais de façon moins efficace. Petit à petit, les rendements agricoles sont donc voués à chuter.

Thomas Robert Malthus rejette ainsi toute perspective d'aide sociale aux plus pauvres, leur permettant de se nourrir, car elle nuirait à la régulation démographique. La sélection naturelle est donc le plus sûr moyen d'enrayer l'augmentation trop rapide de la population.

Dans son *Essai sur le principe de population* (1798), Malthus développe l'idée selon laquelle les famines sont la conséquence de l'excès de la croissance démographique par rapport à la croissance de la production agricole. Les famines interviendraient alors comme un régulateur naturel de la croissance démographique. Dans la lignée de cette approche, les famines sont donc vues comme la conséquence d'un déclin brutal de la disponibilité alimentaire, à la suite d'un ou de plusieurs chocs exogènes et compte tenu du volume de la population.

2 Les difficultés d'accès à l'alimentation

« Tout projet pour éliminer la faim dans le monde moderne implique, en premier lieu, de comprendre les causes du phénomène et de ne pas simplement le réduire à un mécanisme d'équilibre entre nourriture et population » a écrit Amartya Sen, dans son ouvrage *Un nouveau modèle économique*, publié en 2000.

Amartya Sen ouvre ici le champ d'une analyse socioéconomique selon laquelle l'organisation sociale prend un poids particulier dans l'explication de la survenue des famines.

Dans son ouvrage, *Povery and famine, un essay of deprivation*, publié en 1981, Amartya Sen analyse les famines de manière socioéconomique à partir d'une approche en termes d'*entitlements* c'est-à-dire de droits d'accès. Ce ne sont donc pas seulement les problèmes de disponibilité de nourriture qui sont en jeu, selon l'économiste indien, mais leur accessibilité.

L'inégal accès à l'alimentation

L'analyse de Sen repose sur trois notions clés : les ressources (*endowments*), les droits d'accès à ces ressources (*entitlements*) et la « carte des droits » (*entitlement mapping*). Les ressources incluent toutes les dotations en biens tangibles (terres, bâtiments et machines, animaux, etc.) et intangibles (facteur travail, connaissances et compétences, etc.). Les droits d'accès représentent l'ensemble des combinaisons possibles de biens et services qu'un individu peut obtenir de façon légale, par le biais de la production, de l'échange ou encore de transferts ou de donations. Quant au concept de « carte des droits », il désigne la relation entre les dotations et les droits d'accès. La carte des droits à l'échange d'un individu dépend de l'organisation sociale, politique, économique et juridique propre à une société ainsi que de la position de l'individu dans cette société. Dans une économie de marché fondée sur la propriété privée, les règles ne sont les mêmes que dans une économie où les moyens de production sont collectifs. Cette approche de Sen vise donc à mettre l'accent sur l'inégale aptitude des individus à maîtriser l'accès à la nourriture par l'intermédiaire des institutions et des moyens légaux présents dans la société.

En se fondant sur ces concepts, Amartya Sen montre que le défaut d'accès à la ressource alimentaire peut exister sans qu'il y ait nécessairement une catastrophe naturelle et, de là, une chute de la production agricole. En s'appuyant, en particulier sur l'exemple de la grande famine qui a touché le Bengale en 1943 et a tué entre 2 et 4 millions de personnes, Amartya Sen constate que la survenue des famines n'est pas nécessairement liée à de mauvaises récoltes et à une pénurie alimentaire.

Dans *Un nouveau modèle économique* (2000), il écrit : « L'analyse de la faim doit partir des libertés substantielles dont disposent les personnes et les familles pour s'approprier des ressources suffisantes de nourriture, en les cultivant elles-mêmes (c'est le cas des paysans) ou bien en se les procurant sur le marché. Il n'est pas rare que des individus soient réduits à la famine alors que les ressources abondent autour d'eux, tout simplement parce qu'ils ne peuvent plus les acheter, à la suite d'une perte de revenus »

L'accès à la nourriture, pour un individu dépend donc de la quantité de ressources dont il dispose. Un défaut de ressources le conduit nécessairement à la privation. Lorsqu'un grand nombre d'individus d'une même communauté est dans cette situation, on parlera de famine.

Deux types de facteurs peuvent expliquer ce manque de ressources. Soit il s'agit d'une perte de dotations sous la forme de pertes de terres agricoles, de destruction de champs ou de disparitions de troupeaux, notamment du fait d'épidémies. Soit, une modification de la carte des droits d'accès conduit à des changements dans les conditions de production, d'échange ou de transferts. Dans ce cas, c'est donc l'organisation économique et sociale qui est en jeu, selon Sen, dans l'analyse des famines. Alors que dans les économies de marché, les conditions d'échange concernent à la fois le marché du travail et les marchés des biens et services, dans les pays en développement, la situation des individus dépend quasi exclusivement de leur situation sur le marché du travail.

Et c'est là ce niveau que réside l'explication de la survenue des famines : un individu sans travail, dans une société où aucun filet de sécurité n'existe, ne peut compenser la perte de revenu inhérente au chômage. Un chômage de masse peut donc facilement déboucher sur le développement d'une incapacité à se nourrir. Sen montre que la famine qui a touché la population du Bangladesh, en 1974, a débuté par des inondations qui ont déclenché une crise de l'emploi dans le secteur agricole avec une chute des opportunités d'emploi dans l'activité de repiquage du riz notamment. Or, ce ne sont pas les inondations, dont les effets sont plus tardifs, qui déclenchent la famine mais bien le chômage car la famine commence bien avant que la production alimentaire ne diminue à la saison des moissons. En effet, les inondations ayant massivement réduit les opportunités d'emploi pour les ouvriers agricoles, ces derniers se sont retrouvés sans salaire et, ainsi, sans accès à la nourriture.

La modification des conditions d'échange se traduit également, selon Sen, dans la structure des prix relatifs (prix d'un bien ou un service par rapport à un autre bien et service). En effet, le « droit d'accès » à la nourriture dépend de la capacité à vendre sa propre production. Ainsi le rapport entre le prix de biens alimentaires et le prix de biens non alimentaires joue un rôle dans la survenue des famines. Sen cite le cas des coiffeurs qui, lors de la grande famine au Bengale en 1943, ont vu le prix relatif de la coupe de cheveux fortement chuter par rapport aux biens alimentaires. La perte de revenu pour les coiffeurs condamne leur accès à la nourriture. Sen prend aussi l'exemple des pasteurs africains (bergers) dont l'accès à la nourriture (autre que la viande) dépend de la vente de leur viande (bien alimentaire à forte valeur dans les sociétés africaines). Or, en période de crise, la demande de viande tend à diminuer significativement, son prix relatif par rapport aux céréales se réduisant donc.

3 Une question politique

Ainsi, selon A. Sen, la persistance de la faim dans une grande partie du monde aujourd'hui est davantage liée à la pauvreté qu'aux aléas de la production alimentaire. En effet, l'économiste constate que les prix relatifs des denrées de base que sont le riz et le blé ont baissé depuis une vingtaine d'années par rapport aux bien non alimentaires. La malnutrition est donc liée à la pauvreté et non aux prix agricoles ou à l'insuffisance de denrées (si les denrées viennent à manquer, leur prix augmente). A. Sen rappelle donc combien la question est politique.

Le caractère démocratique ou non du cadre politique est directement articulé à la malnutrition et aux famines dans certains pays. Dans un système démocratique, les formes aiguës de problèmes de la faim n'existent pas car le gouvernement serait sanctionné lors de scrutins. Mais dans les États non démocratiques, l'absence de sanctions électorales fait que la pérennité du gouvernement n'est pas liée à la question sociale.

En Inde, les famines ont été éliminées dès 1947, année de l'indépendance et la mise en place d'un gouvernement démocratique. Mais une sous-alimentation endémique perdure. Ses enjeux sont graves eux aussi et vont d'une réduction de l'espérance de vie à des carences générant un moindre développement des enfants.

Le 15 juin 2013, à l'occasion d'une conférence de la FAO à Rome, Amartya Sen résumait sa pensée ainsi : « Si le monde veut vaincre la faim, il doit s'attaquer à toutes ses causes simultanément, en particulier à la pauvreté, et sans se focaliser simplement sur l'augmentation de la production alimentaire. »

14 Le *food power*

Les guerres contemporaines et notamment celles déclenchées par la Russie en Ukraine rappellent à quel point l'alimentation revêt des enjeux géopolitiques. Du fait de leur importance vitale, les ressources alimentaires constituent le support d'enjeux politiques.

Si l'utilisation de l'alimentation comme une arme politique est aussi ancienne que l'humanité, elle a notamment été théorisée au milieu des années 1970 par le diplomate américain Henry Kissinger. Dans le contexte de guerre froide, de choc pétrolier et de croissance très forte de la population des pays émergents, Il imagine le *food power* pour transformer les surplus alimentaires américains en une arme géopolitique. Citée par Pierre Raffard dans sa *Géopolitique de l'alimentation et de la gastronomie*, la formule du secrétaire d'État à l'agriculture Earl Butz peut résumer ces enjeux : « les hommes affamés écoutent uniquement ceux qui ont un morceau de pain ».

À travers le contrôle des ressources, le premier objectif reste de contrôler sa propre population en lui fournissant suffisamment de vivres. La capacité à produire davantage permet d'exporter et de transformer l'alimentation en un outil de contrôle et de domination des autres peuples par le hard et le soft power. L'alimentation peut également être le support d'une diplomatie lorsqu'il s'agit d'organiser des dîners internationaux ou de faire rayonner sa culture culinaire.

1 Le contrôle des ressources, un enjeu ancien

Le ravitaillement des populations en nourriture constitue un élément primordial pour toutes les sociétés. Dès le néolithique, les préhistoriens postulent l'idée d'un échange de bons procédés entre les premières concentrations urbaines et les campagnes, les secondes étant chargées de fournir de l'alimentation en quantité suffisante aux premières en échange de leur protection.

Dans l'Égypte des pharaons, l'alimentation demeure largement politique. Le pharaon reste théoriquement propriétaire du sol. L'administration impériale prend en main l'organisation globale de l'irrigation, le stockage ou la redistribution des récoltes. Elle impose des corvées pour la culture. Elle recense et collecte les productions agricoles, notamment dans l'objectif de lutter contre les famines.

Chez les Grecs, le sacrifice témoigne de cette dimension collective et étatique de l'alimentation. Actes religieux mais également politiques, ces sacrifices offrent l'occasion d'organiser de grands banquets. À Athènes, ces banquets permettent de mettre en scène la démocratie, notamment à l'occasion des fêtes des Panathénées au cours desquelles sont organisés des sacrifices de masse, notamment les hécatombes qui consistent littéralement à sacrifier cent bœufs. Ces banquets permettent à la population de bénéficier d'une alimentation carnée, tout en mettant en scène l'unité de la cité par-delà les différences sociales.

Une alimentation stratégique pour les Romains

À Rome, l'adage « du pain et des jeux » témoigne déjà de l'importance alimentaire. L'administration de l'Empire et à une autre échelle celle de la ville de Rome cherchent à préserver la population du risque de famine. L'État intervient par le biais de plusieurs lois afin de prendre en main le commerce des produits agricoles. Le blé est ainsi l'objet de toutes les attentions lorsqu'il s'agit de distribuer un boisseau mensuel à prix réduit aux paysans pauvres ou de redistribuer une partie des terres pour la production de céréales. L'approvisionnement de la ville de Rome est directement pris en main par l'administration et les stocks sont gérés par l'État. Le contrôle de ce dernier ne s'arrête pas aux céréales comme en témoigne l'édit du Maximum adopté en 301 par l'Empereur Dioclétien qui détermine les prix de vente des productions agricoles essentielles.

Au cours du Moyen Âge, l'Église a bien compris l'importance de l'alimentation pour l'encadrement des populations. Elle établit des règles calendaires en introduisant des jours maigres, le vendredi, au cours du Carême et au moment de l'Avent. Elle subvient aux besoins des plus pauvres à travers les ordres mendiants puis le réseau hospitalier. Elle pèse également de toute son influence dans la production agricole en organisant notamment des manifestations collectives de bénédiction des champs lors de la cérémonie des rogations.

Les États se construisent eux-aussi sur le contrôle de certaines ressources alimentaires. En France, l'État établit notamment des impôts sur les produits stratégiques comme la gabelle pour le sel. L'historien Jean-Claude Hoquet a étudié l'importance politique du sel. À travers sa thèse publiée sous le titre *Le sel et la fortune de Venise*, il a notamment montré comment la cité des doges avait construit une partie de sa puissance sur l'achat, la revente et le transport du sel de l'Adriatique.

2 L'arme alimentaire, un outil au service du *hard power*

Les affrontements militaires mobilisent l'arme alimentaire comme un moyen d'affaiblir l'ennemi. À l'occasion des sièges des villes notamment il s'agit de priver une population de ravitaillement afin de la contraindre de se rendre. L'alimentation est également un enjeu primordial du ravitaillement des troupes et des populations ou encore un outil pour affaiblir l'ennemi en provoquant chez lui des famines.

Au cours de la Seconde Guerre mondiale, les cadres du troisième Reich imaginent le *Hungerplan*, littéralement « le plan de la faim ». Après l'opération Barbarossa et l'invasion du territoire soviétique, il est prévu que toutes les ressources produites dans les régions occupées de l'Est soient mises au service du ravitaillement de l'armée et de la population allemandes. Cette politique participe de surcroît à l'affaiblissement de l'ennemi en provoquant une famine massive. Le *Hungerplan* est ainsi accusé d'avoir provoqué la mort de 30 millions de personnes. L'arme alimentaire répond donc ici à un double objectif, celui de s'assurer du soutien de sa population tout en affaiblissant l'ennemi.

L'arme alimentaire continue d'être utilisée malgré les condamnations des organisations interétatiques et de la justice internationale. Depuis son entrée en vigueur en 2002, l'article huit du statut de Rome de la Cour pénale internationale établit comme crime de guerre « le fait d'affamer délibérément des civils comme méthode de guerre, en les privant des biens indispensables à leur survie, y compris en empêchant intentionnellement l'envoi des secours prévus par les conventions de Genève ».

Les conflits contemporains témoignent malgré tout de la persistance de l'arme alimentaire. Au Yémen, les troupes gouvernementales soutenues par l'Arabie Saoudite bombardent régulièrement les lieux de stockage des ressources agricoles dans les régions contrôlées par les rebelles houthistes. De la même manière, en dépit des conventions internationales, l'aide alimentaire est détournée, quitte à provoquer des famines et encourager les épidémies notamment le choléra.

C'est la même stratégie qui est utilisée au Sud-Soudan et qui est dénoncée par l'ONU. L'aide internationale du Programme alimentaire mondial y est en réalité détournée par le nouvel État sud-Soudanais dans le but de récompenser les populations fidèles au régime et de punir les groupes ethniques considérés comme rebelles.

Plus proche de nous, en Ukraine, l'alimentation est également érigée comme une arme.

Le blé ukrainien et le risque de crise alimentaire

L'invasion russe de l'Ukraine témoigne une nouvelle fois de l'importance de l'arme alimentaire. Les deux États figurent parmi les premiers pays exportateurs de blé, la Russie occupant la première place et l'Ukraine la quatrième. La Russie est non seulement accusée de profiter de l'occupation de certaines régions pour mettre la main sur les stocks de blé. Elle en aurait même exporté une partie si l'on en croit l'interception d'un navire russe transportant du blé ukrainien par l'armée turque. Elle utilise surtout le blé comme une arme diplomatique en bloquant toutes les exportations ukrainiennes. Ce moyen d'action pèse lourdement sur les cours mondiaux du blé et pourrait avoir des conséquences lourdes en matière de sécurité alimentaire pour les pays fortement dépendants des importations, notamment l'Égypte premier acheteur mondial de blé.

3 Un enjeu de *soft power*

Les ressources alimentaires constituent de puissants leviers d'influence aux mains des États. Plus encore que les autres leviers économiques, l'alimentation représente un outil particulier d'influence du fait de son importance culturelle. Pierre Raffard qualifie ainsi dans son ouvrage précité l'assiette d'« arme de séduction massive ».

Les États exportateurs peuvent ainsi influencer le comportement des autres acteurs à travers leurs puissantes multinationales qui ont tout intérêt à la diffusion de ces cultures. Depuis sa création en 1952, la chaîne de restauration rapide McDonald's est devenue le symbole de cette conquête culturelle mondiale de l'*American Way of Life* avec ses plus de 35 000 lieux de vente à travers le monde. C'est au nom de la résistance à cette emprise américaine de la malbouffe que la Confédération paysanne a organisé le 12 août 1999 le démontage du McDonald's de Millau. Les agriculteurs de l'Aveyron menés par José Bové entendaient dénoncer l'hégémonie culturelle américaine au travers de cette action symbolique.

Les acheteurs disposent également d'un puissant outil, le boycott. Afin d'obtenir davantage de souplesse dans la guerre commerciale qui l'oppose à l'Occident depuis 2019, la Chine mobilise régulièrement la menace de se passer de certaines productions agricoles. Des restrictions pèsent ainsi sur certaines productions phares de l'agriculture française, notamment le vin. Les États du Moyen-Orient, importateur de viande française, notamment de poulets bretons, ont à plusieurs reprises menacé de boycotter ces productions en fonction des prises de position internationale de la France.

Les pays importateurs peuvent également imposer des sanctions économiques. Cette arme a régulièrement été utilisée par les États-Unis pour punir ses ennemis mais également ses partenaires récalcitrants. L'Iran a ainsi été affaiblie, après la révolution islamique de 1979, par de sévères mesures économiques qui l'empêchent notamment d'exporter ses productions agricoles, en particulier ses pistaches. Après le refus de la France de participer à la guerre en Irak en 2003, les États-Unis avaient imposé des mesures de rétorsion en augmentant les droits de douane sur les produits alimentaires français. Cette menace est également régulièrement mobilisée par la Russie ou la Chine.

4 La diplomatie gastronomique

Les repas diplomatiques constituent également des éléments importants de la mise en scène symbolique d'un État. Ils permettent non seulement de témoigner de la richesse culturelle d'un État mais également de mettre à l'aise ses hôtes en leur manifestant des attentions particulières.

En dépit de la défaite française contre l'Europe coalisée, le représentant de la France au congrès de Vienne, Charles-Maurice de Talleyrand a utilisé la puissance de la gastronomie française pour tenter d'obtenir le retour des Bourbons au pouvoir et limiter le dépeçage territorial imposé par ses rivaux. Il organise alors de somptueux dîners au sein du palais Kaunitz qui abrite la délégation française. De ces échanges, persiste encore aujourd'hui l'adage prêté à Talleyrand : « le meilleur auxiliaire d'un diplomate, c'est bien son cuisinier ».

Depuis, l'importance de ces réceptions demeure. Le rapprochement entre la Chine et les États-Unis au début des années 1970 a non seulement été facilité par la diplomatie du ping-pong mais également par les repas officiels entre Nixon et

Mao Zedong. Les images des deux chefs d'État partageant la même table ont en effet parcouru le monde pour symboliser le rapprochement diplomatique entre les deux puissances et la marche vers la reconnaissance de la République populaire de Chine comme un État souverain.

Plus proche de nous, la diplomatie culinaire demeure un puissant levier d'influence pour les États. À chaque réception de représentants de pays étrangers, des dîners d'État sont organisés dans les principaux lieux du pouvoir. S'ils sont pratiqués à différents endroits de la planète, les responsables politiques français se font un honneur de perpétuer cette tradition afin de promouvoir la culture culinaire française à travers le monde.

Ces dîners gastronomiques d'État sont parfois détournés de leur usage premier et mis au service de réceptions privées. Les accusations portées contre François de Rugy lorsqu'il occupait la fonction de président de l'Assemblée nationale l'ont conduit à démissionner du Ministère de la transition écologique et solidaire qu'il avait rejoint entre-temps. Ses somptueux dîners privés organisés à l'hôtel de Lassay, résidence du président de l'Assemblée nationale, avec des journalistes, des intellectuels ou des hommes de médias, sont en effet apparus comme déplacés en pleine crise des gilets jaunes.

15 Alimentation et engagement

L'engagement politique renvoie à toutes les formes d'actions menées par les citoyens. Ces mobilisations individuelles ou collectives visent, en général, à interpeller les pouvoirs publics et à mettre un enjeu à l'agenda politique. Si les formes de l'engagement politique ont évolué au fil du temps, ses objets se sont eux aussi déplacés vers des enjeux plus sociétaux liés aux libertés individuelles, à l'égalité mais aussi à la qualité de vie. Les questions alimentaires sont donc devenues des objets de débats, de luttes, de résistances et de conflits.

1 Différentes formes d'engagement

Comme dans d'autres domaines politiques et sociaux, l'engagement face aux enjeux alimentaires peut adopter plusieurs formes. Dans son ouvrage, *La France conteste, de 1600 à nos jours* (1986), le sociologue et politologue américain Charles Tilly a élaboré une typologie des répertoires de l'action collective qui permet d'identifier différents niveaux d'engagement et de participation à des mobilisations. Il entend par répertoire d'action collective un ensemble de types d'actions considérées comme légitimes par les acteurs de mouvements sociaux et auxquelles ils peuvent avoir recours pour se faire entendre sur une problématique donnée. Ces répertoires se transforment en même temps que la société change. Les contextes historiques, économiques et sociaux transforment les formes d'action collective. Dans la société contemporaine, les « nouveaux mouvements sociaux » portent sur des revendications « post-matérialistes », en ce sens qu'ils visent des valeurs et non des progrès strictement matériels.

Certaines formes de participations sont conventionnelles, d'autres sont non-conventionnelles. Ainsi, de façon conventionnelle, certains s'engageront dans un militantisme traditionnel, ancré dans des organisations associatives voire mêmes politiques et ils s'adonneront donc à un certain nombre de pratiques associées à ce type d'engagement : réunions, meetings, tractations, etc. L'implication dans des associations de consommateurs telles qu'UFC-Que choisir relève de ce mode de participation à une sorte de veille alimentaire.

L'engagement sur les causes alimentaires peut aussi se manifester par une participation à des actions collectives. Sur ces enjeux de nourriture de la population, les actions menées se traduiront par des manifestations ou encore des signatures de pétitions.

L'implication citoyenne peut aussi se mener par des actions plus individuelles. Ainsi, consommer de manière engagée certains types de produits issus de filières courtes, faire le choix des produits en vrac, dénoncer certaines pratiques marchandes par un boycott, mettre en place des stratégies zéro déchet en cuisinant autrement, etc. sont autant de manières de militer pour une transition des modes alimentaires.

Ces différentes formes d'engagement ont en commun de permettre aux citoyens de faire de la question alimentaire un champ d'action politique et citoyenne dans le sens où les consommateurs engagés orientent les stratégies de la filière agroalimentaire et, *in fine*, les décisions politiques.

2 Le véganisme : une forme d'objection de conscience

Être végan, c'est adopter mode de vie engagé dans le sens où, en général, il s'inscrit dans la durée et touche à de nombreuses sphères de la vie quotidienne : la personne végan doit savoir s'adapter lors de repas dont elle ne maîtrise pas la composition, ses rapports sociaux peuvent être compliqués par la norme sociale érigeant la consommation de produits carnés comme une évidence voire une nécessité. C'est donc d'un véritable engagement qu'il s'agit. Mais, au-delà de ce choix de vie personnel, certaines associations organisent de véritables actions collectives fondées sur la revendication du véganisme et la critique de la production, de la transformation et de la consommation de produits carnés.

Les actions menées par ces militants se revendiquant du véganisme sont en général assez visibles. On connaissait les actions menées par l'association L214 qui a fait le choix de ce nom énigmatique en référence à la loi sur la protection animale L214, promulguée en 1976, qui déclare, dans son article 1 : « Tout animal étant un être sensible doit être placé par son propriétaire dans des conditions compatibles avec les impératifs biologiques de son espèce. »

Depuis 2017, des actions plus radicales ont été menées, notamment par l'association 269 Libération Animale, militant pour la cause animale, en particulier des saccages de boucheries par des tags sur les devantures, des libérations d'animaux d'élevage, des jets de pierres ou de peinture sur des façades de boucheries.

Ces militants inscrivent leurs actions dans une véritable bataille idéologique fondée sur une philosophie antispéciste. L'antispécisme est un courant de pensée philosophique, forgé, dans les années 1970 par le psychologue Richard D. Ryder et le philosophe Peter Singer, qui ont mis en avant l'idée que l'appartenance des animaux à leur espèce ne donne pas le droit aux hommes de décider de leur sort. Le concept « antispécisme » est donc opposé au « spécisme », terme qui met à jour une forme de discrimination à l'égard de l'espèce animale, cette discrimination étant présentée comme un type domination du même type que le sexisme et le racisme. Les militants antispécistes sont donc des militants de la cause animale, fustigeant les expérimentations sur les animaux mais aussi la consommation d'animaux pour l'alimentation humaine. Ces militants de la cause animale sont très radicaux et militent pour abolir toute hiérarchie entre les êtres vivants, humains ou animaux, disant rechercher l'abolition de ce qu'il nomme la « société carniste ».

En comparaison, les méthodes de l'association L 214 sont moins radicales. Depuis 2008, année de sa création, l'association est régulièrement au cœur de l'actualité et ce, essentiellement pour la publication de vidéos réalisées dans des abattoirs pour dénoncer les méthodes de l'industrie de la viande en particulier au moment de l'abattage des animaux. Il s'agit donc de sensibiliser l'opinion publique aux souffrances des animaux.

L'action collective dans la sphère du véganisme va donc de la végétalisation de la cuisine, les défenseurs de la cause animale et du climat s'associant d'une même voie pour remplacer la consommation animale dans les recettes par des équivalents céréaliers ou légumineux, à l'entrée en force dans un abattoir ou un élevage, en passant par le remplacement du cuir par des tanneries végétales. Autant dire que ces mouvements sociaux sont pour le moins diversifiés. En ce sens, le véganisme va plus loin que le végétalisme car il ne porte pas que sur l'alimentation et concerne aussi l'habillement et les loisirs. Dans tous les cas, il s'agit de véritables mouvements citoyens recherchant une société plus juste à l'égard des animaux.

3 Le boycott : une action individuelle

Boycotter un produit consiste à refuser de l'acheter, et ce pour des raisons économiques, politiques ou environnementales. Il y a quelques années, par exemple, des associations incitaient les individus à boycotter les produits qui entretenaient des liens avec Monsanto de façon à sanctionner ce géant de la chimie de façon indirecte, faute de pouvoir le faire directement.

Si dans de cas précédent, il s'agissait, via les non-achats de produits alimentaires, d'agir sur la sphère économique, dans d'autres cas, c'est la sphère politique qui est visée. Ainsi, le mouvement BDS (Boycott, désinvestissement, sanctions), né en Palestine et relayé dans les pays occidentaux, appelle au boycott des biens alimentaires produits en Israël puis exportés afin de faire pression sur les dirigeants israéliens et leur politique d'occupation des territoires palestiniens menée par l'État depuis 1967.

Certains boycotts ont une motivation environnementale et il s'agira alors d'actions de long terme. Citons le boycott de certains produits comme les fruits et les légumes qui ne sont pas de saison ou de ceux qui sont beaucoup trop gourmands en eau, comme les avocats par exemple. Ici, c'est donc l'écoresponsabilité qui détermine l'engagement et le choix alimentaire. Le boycott de la viande relève de cette même logique mais l'analyse de ces mouvements sociaux montre que ces changements, qui sont au départ le fait de militants, sont ensuite adoptés par une génération. De ce point de vue, on peut voir une certaine efficacité à ces logiques militantes.

4 Manger local : un acte politique

Manger local peut s'analyser comme une simple forme de boycott mais c'est aussi une forme d'engagement politique. Depuis une vingtaine d'années, on voit se déployer en villes un engagement autour d'une recherche de simplicité.

Slow food vs fast food

Ainsi, la « *slow food* » est un mouvement international, né en Italie, pour l'alimentation de qualité et la biodiversité. Les engagements sont le respect des producteurs par une juste rémunération de leur travail, le respect de la nature et l'environnement et la protection de la biodiversité ainsi que la valorisation des saveurs et des traditions locales. En réaction à la restauration rapide (le logo du mouvement est un escargot) et à la standardisation de la consommation alimentaire, le mouvement, créé en 1986 par un Italien, Carlo Petrini, vise à remettre le terroir au centre de l'alimentation. « Manger local » est donc le mot d'ordre !

La volonté d'ancrer l'alimentation dans un territoire s'est aussi traduite par le développement des jardins partagés. Les personnes impliquées dans ce type d'action y voient à la fois un moyen de verdir l'espace urbain, de recréer des nouveaux lieux de sociabilité et de développer la biodiversité dans des espaces le plus souvent inusités de la ville.

Tout cela signifie-t-il que cuisiner et jardiner sont des actions politiques ou citoyennes ? Il est clair que les acteurs y voient une manière de militer pour monde plus rassurant et un chemin vers une transition écologique. Ces actions constituent, de façon plus ou moins consciente, des tremplins à une implication dans la cité. Cette implication peut aussi prendre des formes inattendues : c'est le cas de l'appel lancé le 30 avril 2022 par de jeunes ingénieurs agro. Analysant leur formation comme profondément inadaptée à la transition écologique, ils décident de « déserter le système », posant ainsi la question de l'éthique professionnelle.

16 Le poids des normes

Les individus sont soumis à une série de normes parmi lesquelles on retrouve des normes corporelles. Or, ces normes corporelles sont bien souvent associées à des normes alimentaires. Il s'agira d'étudier quels sont les acteurs qui prescrivent ces normes et les valeurs qui leur correspondent. On s'intéressera également à la réception de ces normes. Enfin, la sociologie peut offrir un regard sur certaines maladies, dans la mesure où les individus s'écartent de normes corporelles et alimentaires.

1 Corps sain et corps esthétique

Dans son ouvrage *Grossophobie* publié en 2021, la sociologue Solenne Carof revient sur l'évolution du rapport au corps et à l'obésité dans l'histoire. Le XIXe siècle est marqué par une montée en puissance du discours médical sur l'obésité avec l'identification des liens entre surcharge pondérale et développement de maladies. L'obésité devient alors progressivement elle-même une maladie au regard de la médecine.

L'indice de masse corporelle

C'est au XIXe siècle que l'on voit se développer des outils de mesure du surpoids et de l'obésité. Le statisticien Adolphe Quételet développe l'indice de masse corporel (IMC). Ce dernier se calcule en divisant le poids d'une personne par le carré de sa taille. Cet indicateur s'est progressivement imposé au point de devenir l'outil utilisé par l'Organisation mondiale de la santé pour réaliser des comparaisons internationales en matière d'obésité. Des seuils ont ainsi été fixés pour distinguer différentes catégories de poids. Un IMC inférieur à 16 kg/m^2 signifie ainsi une situation de maigreur extrême, tandis que le surpoids débute avec un IMC supérieur à 25 kg/m^2, l'obésité morbide correspondant, elle, à un IMC supérieur à 40 kg/m^2. Si cet indice est aujourd'hui le principal outil de mesure de l'obésité, il possède cependant plusieurs limites, notamment en réalisant ce calcul quel que soit l'âge ou le sexe des individus, et en ne prenant pas en compte certains éléments tels que la répartition de la masse graisseuse et musculaire dans le corps.

Au niveau politique, l'obésité s'est imposée dans les agendas à la fin des années 1990 et les pouvoirs publics ont développé des campagnes de sensibilisation en matière de nutrition pour prévenir le surpoids[1]. Ainsi, en France, le PNNS (Plan national nutrition-santé) est mis en place en 2001. Définissant des objectifs en termes de réduction du surpoids et de l'obésité, ce plan comporte un volet com-

1. Solenne Carof, « Des femmes corpulentes sous contrainte : acquisition et négociation des normes nutritionnelles en France, en Allemagne et en Angleterre », *L'Année sociologique*, vol. 67, n° 1, 2017, p. 107-130.

municationnel visant à désigner les pratiques alimentaires à éviter et, à l'inverse, à prescrire une série de « bons comportements ». L'obésité est ainsi traitée comme une affaire de comportement alimentaire. C'est dans ce cadre que la campagne sur la consommation de 5 fruits et légumes par jour a été développée.

La prescription de normes corporelles ne s'inscrit cependant pas seulement dans un registre médical, et le culte de la minceur possède également une dimension esthétique. Les discours d'ordre esthétique et médical apparaissent concomitamment au XIXe siècle, dans un contexte d'entrée dans l'ère de l'opulence alimentaire, et se développent au XXe siècle. Dans son article « Le corps féminin entre science et culpabilisation », la sociologue Rossella Ghigi prend l'exemple de la cellulite pour montrer l'émergence simultanée des discours médicaux et esthétiques sur le corps dans les médias. Ainsi, la période de l'entre-deux-guerres voit s'installer dans la littérature médicale le phénomène de « cellulite » : « Entre la fin des années vingt et le début des années trente, les publications se multiplièrent et la cellulite devint « une maladie à la mode » : n'importe quel médecin voulait donner son propre jugement, sa propre posologie, sa propre conception de ce sujet. Au cours de cette période, on a commencé à la définir comme une pathologie spécifiquement féminine. » Les magazines féminins font l'écho de ces discours médicaux et participent à convertir ce phénomène en caractéristique inesthétique. La stigmatisation de la cellulite s'inscrit plus généralement dans l'évolution du rapport des sociétés occidentales à la graisse. Comme le soulève la sociologue Solenne Carof, « tout au long du XIXe et XXe siècle, les sociétés deviennent de plus en plus « lipophobes », rejetant la graisse des corps mais également celle qui se trouve dans les assiettes ». Prescripteurs de normes corporelles, les médias appuient également le discours associant l'obésité à l'alimentation. Solenne Carof indique ainsi que « par le choix des sujets, des photographies et des titres accrocheurs, les médias accentuent certaines croyances, sur l'association entre grosseur et mauvaise alimentation par exemple ».

L'invisibilisation des personnes corpulentes dans les médias

Dès les années 1980, les études montrent une surreprésentation des corps minces – en particulier féminins – dans les médias. Cette invisibilisation des personnes corpulentes participe dès lors à construire la minceur comme un standard alors même qu'elle n'est pas la plus répandue dans la population. En outre, lorsque les médias montrent et évoquent des corps obèses ou en surpoids, ils tendent à les traiter sous l'angle de la laideur ou de la pathologie. Solenne Carof souligne également que ces corps sont d'ailleurs souvent présentés de façon stéréotypée, par exemple en les représentant en train de manger ou en ne montrant que leur corps sur les photographies.

2 La réception des normes corporelles

L'étude des normes corporelles révèle de grandes inégalités selon les sexes, le culte de la minceur pesant particulièrement sur les femmes. Ces dernières se trouvent dès lors beaucoup plus soucieuses de leur apparence. Elles ont également beaucoup plus tendance à chercher à perdre du poids. Une enquête menée sur plusieurs milliers de filles et de garçons âgés de 17 ans permet de mettre en évidence ces différences de rapport au corps. L'IMC « idéal » déclaré par les filles est de 18, ce qui correspond en réalité au seuil de la maigreur. En outre, alors que 64 % des garçons considèrent disposer du « bon poids », ce chiffre n'atteint que 51 % chez les filles et, lorsqu'elles ne se considèrent pas comme étant au « bon poids », 90 % d'entre elles se trouvent « un peu ou beaucoup trop grosses ». À l'inverse, pour les garçons insatisfaits de leur poids, la proportion est équilibrée entre ceux se trouvant trop maigres ou trop gros[1].

Par ailleurs, la réception des normes nutritionnelles se révèle être inégalement distribuée dans l'espace social. Les femmes ont ainsi davantage tendance à veiller à l'équilibre alimentaire que les hommes. En outre, les communications gouvernementales relatives à la consommation de fruits, légumes et de produits gras ou sucrés, sont inégalement réceptionnées. Alors que les classes supérieures se montrent soucieuses de respecter les recommandations alimentaires, les catégories populaires ont un rapport plus distant vis-à-vis de ces messages.

3 Un regard sociologique sur la maladie

La boulimie, l'anorexie ou l'obésité sont avant tout des catégories médicales. Elles peuvent faire également l'objet d'études psychologiques pour comprendre comment l'on peut développer des troubles du comportement alimentaire. Mais la sociologie peut-elle se saisir de tels sujets ? Les développements précédents ont montré la présence de normes sociales relatives au corps. Dès lors, l'obésité ou encore l'anorexie sont à appréhender d'un point de vue sociologique comme des « déviances ». Loin d'être péjoratif, ce terme désigne l'écart à la norme. La sociologie de la déviance permet notamment de comprendre l'entrée dans la déviance mais aussi les effets produits par l'écart à la norme et la réprobation sociale dont elle fait l'objet.

On peut d'abord s'intéresser à l'entrée dans un corps déviant. La sociologue Muriel Darmon étudie ainsi l'anorexie sous l'angle sociologique pour montrer que la trajectoire des jeunes filles s'inscrit dans une « carrière déviante ». Ce terme développé par le sociologue Howard Becker permet de souligner le fait que l'entrée dans la déviance, quelle qu'elle soit, se fait par étapes, via une série de rencontres et d'apprentissages. M. Darmon retrace ainsi les étapes conduisant des jeunes filles dans l'anorexie. Paradoxalement, l'entrée dans l'anorexie passe très souvent par une volonté de se conformer aux normes. Ainsi, le régime se trouve être souvent le point d'entrée dans l'anorexie. Mais cette carrière déviante se poursuit et ce qui ne devait être que provisoire s'intensifie et s'accompagne de l'acquisition d'une série de techniques et d'habitudes permettant à la fois de mesurer l'évolution du poids

1. Claire Scodellar, Jean-Louis Pan Ké Shon, et Stéphane Legleye. « Troubles dans les rapports sociaux : le cas de l'anorexie et de la boulimie », *Revue française de sociologie*, vol. 58, n° 1, 2017, p. 7-40.

(balance, taille des vêtements...) et de réduire la consommation d'aliments. Il s'agit également de réaliser un travail de dissimulation (maintenir les trois repas par jour mais chercher à moins manger, aller au restaurant mais l'anticiper en ne mangeant pas au préalable...) et d'appréhender les sensations de la faim. Les comportements deviennent ensuite déviants aux yeux de l'entourage et l'étiquetage de l'anorexie apparaît, conduisant finalement à la dernière étape qui est l'hospitalisation.

Enfin, étudier la déviance renvoie à l'analyse de la réprobation sociale liée à l'écart aux normes. Les travaux de Solenne Carof sur la grossophobie montrent ainsi les réactions sociales suscitées par le surpoids ou l'obésité. La sociologue distingue deux types d'interaction que les individus peuvent alors subir. En tant que « stigmate », c'est-à-dire « attribut qui jette un discrédit profond » comme le définit le sociologue américain Erving Goffman, l'obésité expose à la stigmatisation. Cette dernière peut prendre la forme de regards, d'insultes ou de remarques qui peuvent paraître bienveillantes mais constituent en réalité une véritable stigmatisation. Le stigmate du surpoids ou de l'obésité peut également conduire à des situations de discriminations, c'est-à-dire des traitements inégalitaires et illégaux basés sur une caractéristique sociale donnée. Ces discriminations peuvent s'observer en particulier dans le monde du travail avec des discriminations à l'embauche ou au travail. Ces stigmatisations et discriminations touchent, une nouvelle fois, davantage les femmes. Ainsi, une étude menée par le Défenseur des droits et publiée en 2016 indiquait que « toutes choses égales par ailleurs, les femmes obèses rapportent 8 fois plus souvent que les femmes d'IMC "normal" avoir été discriminées à cause de leur apparence physique. Les hommes obèses le déclarent trois fois plus que les hommes d'IMC "normal" ».

17 Faut-il arrêter de manger des animaux ?

Le contact le plus direct que la plupart des êtres humains, surtout ceux de sociétés urbaines et industrielles, ont avec les membres d'autres espèces, a lieu au moment des repas : nous les mangeons. Or, d'où nous nous vient un tel droit, une telle prérogative ? N'aurions-nous pas quelque devoir de justice envers ces milliards d'êtres qui peuplent l'univers avec nous ? Ne sont-ils que des moyens pour nos fins ? Comment prendre en compte leurs intérêts ?

1 La conception spéciste : les animaux sont à notre service

On peut caractériser l'animal par l'instinct (comportement inné, commun à une espèce). Par opposition, l'homme se définit alors par l'intelligence (animal doué de raison), le langage, la sociabilité (animal politique), par la liberté ou le travail.

Descartes porte cette opposition de l'homme et de l'animal à son comble, en faisant de l'animal un pur mécanisme. Pour lui, il n'y a pas de différence fondamentale entre un automate et un animal. D'où sa fameuse théorie des « animaux-machines » qui se trouve explicitée dans *La Lettre au Marquis de Newcastle* (23 novembre 1646) où il compare explicitement l'animal à une horloge, composé de pièces mécaniques et de ressorts :

> « Je sais bien que les bêtes font beaucoup de choses mieux que nous, mais je ne m'en étonne pas car cela même sert à prouver qu'elles agissent naturellement et par ressorts, ainsi qu'une horloge, laquelle montre bien mieux l'heure qu'il est, que notre jugement ne nous l'enseigne. »

Cette distinction absolue que Descartes met en place est l'expression d'un anthropocentrisme qui a des conséquences très lourdes pour l'éthique animale : si les animaux sont de pures machines dépourvues de conscience, ils sont dépourvus de sensibilité, et ne peuvent donc pas souffrir. Dès lors, nous pouvons non seulement les manger, mais les traiter comme bon nous semble. L'élevage et l'abattage industriels sont ainsi justifiés.

Alimentation animale et abattage en chiffres

En France, selon l'Office de l'élevage et le ministère de l'Agriculture, environ 3,2 millions d'animaux issus d'élevages sont, chaque jour, abattus pour l'alimentation humaine. Parmi eux, 68 % sont des poulets. Ce qui donne, pour l'année 2020, les chiffres suivants : 786 millions de poulets, 60 millions de canards, 65 millions de truites d'élevage, 46 millions de dindes, 37 millions de cailles d'élevage, 41 millions de poules pondeuses, 27 millions de lapins, 21 millions de pintades, 23 millions de cochons, 5 millions de moutons, agneaux et brebis, 4 millions de vaches, veaux et bœufs, 2 millions de crevettes d'élevage, 2 millions de bars d'élevage, 2 millions de daurades d'élevage, 1 million de chèvres et chevreaux, 488 000 oies, 300 000 esturgeons d'élevage, 17 000 chevaux.

Ces chiffres ne comptabilisent pas les 15 milliards d'œufs produits, ni les poissons dont la pêche se dénombre en tonnes, ni les millions d'escargots et de grenouilles. Ils ne tiennent pas compte non plus des 1 à 10 % d'animaux morts de maladie, de privation ou de stress pendant l'élevage ou le transport, ni non plus les poussins mâles des races pondeuses (220 millions) ou les poussins femelles des races de canards destinées au gavage (30 millions) « éliminés » à la naissance.

2 « La question n'est pas : peuvent-ils raisonner ? ni : peuvent-ils parler ? mais : peuvent-ils souffrir ? » (Jérémy Bentham, 1748-1832)

« Ça crie mais ça ne sent pas », affirmait au XVIIe siècle le philosophe Nicolas Malebranche, tenant d'une conception cartésienne, mécaniste, de « l'animal-machine », à propos d'une chienne qu'il avait battue. Si la souffrance animale n'a pas toujours fait l'objet d'attention de la part des hommes, la compassion à l'égard des bêtes est de plus en plus marquée dans les sociétés contemporaines.

La cruauté à l'égard des autres formes de vie est devenue, pour beaucoup, franchement insupportable. Immorale, même. La philosophie n'a pas échappé à cette prise de conscience progressive. Ainsi, Rousseau dans le *Discours sur l'origine et les fondements de l'inégalité parmi les hommes* (1755) défend le droit, pour les bêtes, à ne pas se voir maltraitées :

> « Il semble, en effet, que si je suis obligé de ne faire aucun mal à mon semblable, c'est moins parce qu'il est un être raisonnable que parce qu'il est un être sensible ; qualité qui, étant commune à la bête et à l'homme, doit au moins donner à l'une le droit de n'être point maltraitée inutilement par l'autre. »

Comme le montre Peter Singer dans *La libération animale* (1975), la souffrance apparaît ainsi comme le seul critère pertinent pour rendre compte d'un comportement moral :

« Si un être souffre, il n'y a aucune justification morale qui permette de refuser de prendre en considération cette souffrance. Quelle que soit la nature d'un être, le principe d'égalité exige que sa souffrance soit prise en compte de façon égale avec toute souffrance semblable – dans la mesure où des comparaisons approximatives sont possibles – de n'importe quel autre être. Si un être n'a pas la capacité de souffrir, ni de ressentir du plaisir ou du bonheur, alors il n'existe rien à prendre en compte. »

3 L'antispécisme

Cette prise en considération de la capacité à souffrir de l'animal, humain ou non humain, fonde la théorie antispéciste défendue notamment par Peter Singer.

L'antispécisme, essai de définition

L'antispécisme est l'idée selon laquelle l'espèce n'est pas un critère pertinent de considération morale. Il faut prendre en compte l'intérêt (ou les droits) des individus, quelle que soit leur espèce. Par exemple, un poisson, une poule, un cochon et une vache, pour se limiter aux animaux les plus consommés, ont un intérêt à ne pas souffrir et à ne pas se faire tuer. Leur bien-être et leur vie leur importent. Aussi faut-il essayer, dans la mesure du possible, de ne pas aller à l'encontre de cet intérêt. Pour cette raison, un antispéciste s'oppose à leur capture, à leur enfermement, à leur mutilation et à leur mise à mort, que ce soit dans les mers et rivières ou dans les élevages et abattoirs.

Cela ne veut pas dire qu'il voudrait donner des droits équivalents aux animaux qui ont des intérêts, c'est-à-dire à ceux qui sont sentients. La sentience (du latin sentiens, de sentiere « percevoir par les sens ») désigne la capacité d'éprouver des choses subjectivement, d'avoir des expériences vécues. Les philosophes du XVIIIe siècle utilisaient ce concept pour distinguer la capacité de penser (la raison) de la capacité de ressentir (sentience). Dans les philosophies orientales (comme la philosophie bouddhiste), la sentience est une qualité métaphysique qui implique respect et sollicitude. Le concept de sentience est central en éthique animale car un être sentient ressent la douleur, le plaisir, et diverses émotions ; ce qui lui arrive lui importe. Selon cette philosophie, ce fait lui confère une perspective sur sa propre vie, des intérêts (à éviter la souffrance, à vivre une vie satisfaisante, etc.), voire des droits (à la vie, au respect...). Ces intérêts et ces droits impliquent l'existence des devoirs moraux de notre part envers les autres êtres sentients.

De fait, un cochon n'aurait que faire du droit au mariage. Ne sachant pas en user, il n'est pas dans son intérêt qu'on le lui accorde. Ainsi l'antispécisme n'implique pas une **égalité de traitement** de tous les animaux puisque cela n'aurait aucun sens, mais une **égalité de considération**. Celle-ci signifie que deux intérêts semblables doivent compter autant, quels que soient les êtres qui ont ces intérêts. Par exemple, deux douleurs égales comptent autant quelle que soit l'espèce ou le sexe de ceux qui souffrent. C'est ce que Peter Singer nomme, dans son livre *La Libération animale*, « l'égalité de considération des intérêts ».

4 Cause animale et juridiction

Peter Singer dénonce l'élevage intensif et ses cruautés, dont attestent aujourd'hui les vidéos filmées en caméra cachée dans les abattoirs d'Alès, du Vigan - certifié bio - et de Mauléon. Vaches égorgées et agneaux écartelés vivants, porcelets mal étourdis, poussins broyés, moutons jetés violemment contre des rambardes et des murs, lapins mutilés agonisants dans des fosses à déjections... Les preuves de la violence réservée à la condition animale se multiplient, mettant en question les pratiques des 263 abattoirs français. Une commission d'enquête parlementaire « sur les conditions d'abattage des animaux de boucherie dans les abattoirs » a d'ailleurs été instituée le 22 mars 2016, à l'Assemblée nationale, qui a abouti, le 14 décembre, à une proposition de loi relative au respect de l'animal en abattoir.

L'adoption de la première loi de protection animale dans le droit français date du 2 juillet 1850. Il s'agit de la loi Grammont :

> « Seront punis d'une amende de cinq à quinze francs, et pourront l'être d'un à cinq jours de prison, ceux qui auront exercé publiquement et abusivement des mauvais traitements envers les animaux domestiques. »

Dans le domaine du droit animalier, l'année 1976 apparaît en France comme une année charnière. En effet, l'article 9 de la loi du 10 juillet 1976 affirme un principe de protection des animaux dont la formulation est à la fois très générale et - pour la première fois - centrée sur le ressenti des animaux eux-mêmes :

> « Tout animal étant un être sensible doit être placé par son propriétaire dans des conditions compatibles avec les impératifs biologiques de son espèce. »

Cet article intègre le Code rural et de la pêche maritime sous le nom de l'article L214-1. Le mercredi 28 janvier 2015, l'Assemblée nationale a voté en lecture définitive le projet de loi relatif à la modernisation du droit. L'animal est désormais reconnu comme un « être vivant doué de sensibilité » dans le Code civil (nouvel article 515-14) et n'est plus considéré comme un bien meuble (article 528).

5 Faut-il être abolitionniste ?

L'abolitionnisme ou le veganisme est une théorie morale selon laquelle on ne doit consommer ni viande, ni œufs, ni produits laitiers.

Florence Burgat a signé *La Cause des animaux* en 2015 (Buchet-Chastel) - dans lequel elle analyse la froide indifférence dont le sacrifice des animaux fait l'objet et dont elle déconstruit les justifications -, ainsi que *Le Droit animalier*, paru en mars 2016 (PUF). Cette directrice de recherches à l'Inra écrit ainsi dans une tribune parue dans *Libération* le 3 avril 2016, « il n'y a rien d'étonnant dans ces scènes effroyables [que l'on trouve dans les abattoirs], car le privilège exorbitant de se voir, au point du jour, confier par milliers, dizaines de milliers, des animaux à écorcher ne saurait se faire sans "dérive". Ce qui est en cause, c'est l'existence de la boucherie elle-même, qui trouve son origine dans le "sacrifice" et s'en réclame. Non, ce n'est pas l'abattage industriel qui est d'abord et seul coupable, c'est la consommation de la viande. ».

Cesser de manger de la viande, est-ce la solution ? Assurément, pour l'américain Tom Regan, auteur d'un essai sur *Les Droit des animaux*[1]. Mieux, c'est un devoir. Car ce dernier avance que les animaux ont un « droit moral fondamental à un traitement respectueux » en tant que « sujets-d'une-vie ». Il réclame l'élimination de toutes les formes d'exploitation animale, de l'élevage à l'abattage en passant par la recherche en laboratoire.

6 Le welfarisme

Le welfarisme (de l'anglais, welfare, bien-être) a notamment séduit de nombreux végétariens parce qu'ils abhorrent la maltraitance des animaux dans les élevages industriels et leur abattage à la chaîne.

Pour Dominique Lestel, éthologue enseignant la philosophie à l'École normale supérieure à Paris, et auteur d'une *Apologie du carnivore*, condamner la consommation de viande comme un mal absolu, présente une contradiction intellectuelle car c'est placer l'homme dans une position de supériorité et d'extériorité par rapport à la nature où, pourtant, des bêtes s'entre-tuent. « Manger de la viande doit être vu comme une façon de réaffirmer son animalité », écrit Dominique Lestel. Il rappelle cependant dans une tribune parue dans *Libération* le 3 avril 2016, en réaction aux révélations des violences commises dans les abattoirs, la nécessité de « penser sérieusement le statut de la violence faite à l'animal dans nos sociétés et replacer le problème des abattoirs dans un contexte plus large, celui de la violence exercée contre le vivant, qui est au cœur même de notre culture contemporaine ». Car nous serions « sortis de la prédation pour entrer dans l'extermination, le zoocide[2] et la barbarie interspécifique ».

L'avenir de notre consommation de viande se trouve peut-être dans ce qu'envisage alors le welfariste Peter Singer :

1. Tom Regan, *Les Droit des animaux*, Hermann, 2013.
2. Zoocide : Mise à mort massive d'animaux.

« Si la société en venait, petit à petit, à reconnaître des droits aux animaux, cela conduirait à des changements drastiques. Certaines personnes continueraient à consommer de la viande d'élevage, des œufs et des produits laitiers, à condition que les animaux aient eu de bonnes conditions de vie, en extérieur, dans des groupes sociaux de taille compatible avec leur espèce particulière. Mais cela ne serait probablement qu'une étape : face à la diminution de la demande de produits animaux, l'industrie de la viande serait contrainte d'élever moins de volailles, de cochons et de bétail. À terme, il ne resterait plus que des petits troupeaux, qui seraient préservés pour montrer à nos petits-enfants ce à quoi ressemblaient ces animaux autrefois si abondants. Les industries fermières produisant du lait, des œufs et de la viande disparaîtraient à leur tour. Et pour ceux qui voudraient continuer à consommer de la viande, il faudrait compter sur les scientifiques, qui tentent de faire croître de la viande artificielle en cuve. Lorsqu'ils y parviendront, il ne s'agira pas d'un succédané, mais d'une viande authentique, issue de cellules animales, et probablement impossible à distinguer, au goût, de la viande que nous consommons à l'heure actuelle. Sauf qu'il n'y aura plus aucune objection éthique à cette consommation, puisque nul animal n'aura eu à souffrir ni à être abattu lors de ce processus. »

18 Les ressources halieutiques

Même si les océans recouvrent l'essentiel de la planète, les produits de la mer n'ont jamais représenté qu'une infime proportion de l'alimentation mondiale. Les spécialistes actuels de la mer continuent en effet de citer les chiffres présents dans *Les ressources biologiques de l'océan* publié en 1989 sous la direction de P.A. Moiseev. Si l'on en croit ces données, les produits aquatiques représenteraient moins de 2 % de l'ensemble des besoins alimentaires mondiaux et moins de 6 % des protéines consommées dans le monde.

Les produits de la mer subissent néanmoins depuis la seconde moitié du XXe siècle la pression de la pêche industrielle qui a provoqué chez de nombreuses espèces de poissons un effondrement des stocks disponibles. L'empreinte écologique de cette pêche industrielle a conduit à l'adoption de législations pour protéger les écosystèmes marins, mais la pression demeure très forte dans certains espaces aquatiques.

1 Les produits de la pêche, une nourriture secondaire

Rares sont les sociétés qui peuvent être qualifiées d'ichtyophages, c'est-à-dire celles qui ont érigé le poisson en éléments de base de leur alimentation. Il ne fait pourtant aucun doute que la consommation de produits aquatiques est très ancienne. Selon l'historien Jean-Pierre Williot, co-auteur de l'*Histoire de l'alimentation* aux éditions *Que sais-je*, les premières captures de poissons remontraient à 38 000 ans avant notre ère. De la même manière, on retrouve dans des tombes de l'antiquité égyptienne, grecque ou romaine des traces d'arêtes et d'écailles.

Le poisson demeure cependant une composante mineure des régimes alimentaires. Dans plusieurs civilisations, il est l'objet de préjugés négatifs. Chez les chrétiens, il est associé aux jours maigres du vendredi, car sa chair est moins bien considérée que la viande. Chez les musulmans, la consommation de poissons à écailles est déconseillée.

Ces préjugés ont la vie dure. Dans le célèbre traité de gastronomie que l'on doit au magistrat Jean Anthelme Brillat-Savarin, *Physiologie du goût, ou méditations de gastronomie transcendante* de 1825, on peut ainsi lire que les peuples consommant du poisson « sont pâles » et ont « moins de courage que ceux consommant de la chair ». Plus proche de nous, le poisson a longtemps été associé à un plat de pauvre, que l'on pense au *fish and chips* anglais ou à la soupe de poisson en Méditerranée.

Il n'est dès lors pas étonnant que la disponibilité brute par habitant (DBH) soit restée longtemps très faible. La quantité de produits aquatiques consommée par les hommes est ainsi estimée à l'échelle mondiale à 1,3 kg par an et par habitant en 1800 et à 2,4 kg par an et par habitant en 1900, avant de connaître un essor quantitatif dans la seconde moitié du XXe siècle pour atteindre 24 kg par an et par habitant en 2005. Cette estimation a pour autant ses limites puisqu'elle inclut les produits de la mer destinés à un usage industriel, notamment les poissons capturés pour être transformés en farine animale destinée à être consommée par les poissons d'élevage.

2 L'essor de la pêche industrielle

Au cours du XXe siècle, la pêche a connu plusieurs révolutions. Les pêches artisanales ont été supplantées par de nouvelles techniques industrielles, transformant en profondeur la géographie mondiale de la pêche.

Une empreinte quatre fois supérieure à celle de l'agriculture

La revue scientifique américaine *Science* a publié une étude alarmante en février 2018 qui a mis en évidence que les surfaces de pêche étaient quatre fois plus grandes que les surfaces agricoles. En exploitant des données satellitaires issues de plus de 70 000 navires, les chercheurs ont montré que la pêche industrielle exploitait plus de 200 millions de kilomètres carrés, soit plus de 55 % de la superficie totale des océans. Ils ont également pu établir que les déplacements cumulés des navires de pêche industrielle représentaient l'équivalent de 600 fois l'aller-retour entre la Terre et la Lune chaque année.

Le changement de mode de propulsion des navires associé à la mise au point de nouvelles techniques de réfrigération et de congélation des poissons ont permis de faire de l'océan mondial tout entier une zone de capture. Les pêches côtières ont progressivement été supplantées par les campagnes hauturières menées par des chaluts parcourant plusieurs milliers de kilomètres avant de revenir au port les cales chargées de poissons congelés plusieurs semaines plus tard. Ces révolutions se poursuivent ; alors que l'on pêchait jusqu'à 100 mètres de profondeur en 1960, les filets des chaluts atteignent désormais les 300 mètres de profondeur.

Les progrès des moyens de transport terrestre et aérien achevaient de rendre possible cette mondialisation des produits de la pêche. Certaines ressources halieutiques traversent ainsi la planète avant d'être consommées, à l'instar des crevettes tropicales produites dans les pays du Sud avant d'être consommées dans les pays développés ou des thons pêchés dans la zone intertropicale avant d'être consommés dans les pays du Nord.

En dépit d'une rapide augmentation de la population, la disponibilité brute par habitant de produits aquatiques était multipliée par dix en un siècle. D'après les données de l'organisation des Nations unies pour l'alimentation et l'agriculture (FAO), le pic de la pêche mondiale a été atteint en 1996, avec 86 millions de tonnes de poissons capturés. Depuis, les produits de la pêche sont en recul régulier, conséquence de la surexploitation des ressources.

3 Le développement d'un droit de la mer

Conséquence de cette pression toujours plus grande sur les océans, le droit international s'est saisi de la question des océans. Il s'agissait à la fois de réglementer les circulations maritimes mais également le contrôle des ressources. La construction du droit de la mer marque dès lors une rupture par rapport aux principes de liberté des mers qui prévalait depuis les débuts de l'humanité, avant d'être inscrit dans le droit au XVIIIe siècle par un juriste néerlandais, Hugo Grotius.

Dès 1956, l'ONU organise une conférence à Genève pour réguler le droit de la mer. Les premières conventions internationales sur les océans sont adoptées dans les années 1960. En 1982, la Convention de Montego Bay marque une avancée importante puisqu'elle délimite des frontières maritimes ; c'est cet accord qui est à l'origine de la création des zones économiques exclusives (ZEE), une surface maritime de 200 milles à partir des côtes, soit 370 km, au sein de laquelle l'État riverain a la gestion exclusive des ressources sous-marines et donc de la pêche.

Pourtant, dans de nombreux espaces maritimes, ce droit de la mer n'est pas respecté. Les pêcheurs africains dénoncent régulièrement les chaluts asiatiques qui viennent piller leurs ressources au sein de leur zone côtière. Durant l'été 2022, l'ONG Global Fishing Watch a ainsi dénoncé les campagnes de pêche au calamar menées par des chaluts chinois au large des côtes africaines, du fait de la destruction des ressources locales. En Europe, la question de la pêche a bien failli faire échouer les négociations entre le Royaume-Uni et l'Union européenne.

Les zones de pêche de la discorde

La question de la pêche a été centrale dans les négociations du Brexit. Le gouvernement britannique a longtemps refusé la délivrance de licences de pêche dans ses eaux territoriales pour les bateaux français. Ce contentieux s'est même étendu plusieurs mois après la signature de l'accord global sur le départ du Royaume-Uni de l'Union européenne. Les pêcheurs français refusaient en effet de renoncer à des zones de pêche qu'ils fréquentaient depuis plusieurs dizaines d'années et ont finalement obtenu gain de cause.

4 La surexploitation des ressources

La pêche industrielle est à l'origine d'un déclin des ressources aquatiques. Les captures sont désormais tellement massives que les ressources n'ont pas le temps de se reconstituer. Un tiers des stocks mondiaux de poissons sont victimes de la surpêche. Ces statistiques sont plus alarmantes encore pour les populations de grands poissons dont 90 % ont déjà disparu.

Face à ce constat alarmant, certaines techniques de pêche ont été réglementées voire interdites.

L'interdiction de la pêche électrique

Depuis le 1er juillet 2021, le chalutage électrique est interdit dans les eaux de l'Union européenne, conséquence d'une lutte remportée par le lobby français de la pêche contre le secteur de la pêche industrielle néerlandaise. Là-bas, l'utilisation de filets à impulsion électrique pour pêcher les poissons plats réfugiés sur le sol des océans était présentée comme écologique du fait du carburant économisé par rapport au chalutage traditionnel. C'est ce même argument qui leur avait permis de développer cette méthode de pêche, après une première interdiction en 1998. Les pêcheurs néerlandais ne s'avouent d'ailleurs pas vaincus et ont obtenu des dérogations pour poursuivre cette technique de manière expérimentale dans les eaux de la mer du Nord.

L'épuisement de certaines ressources a provoqué un déclin global de la pêche industrielle et nécessité une réinvention des circuits de production alimentaire. Alors qu'en 1990, 27 millions de tonnes de crevettes étaient pêchées par chalutage, il n'y en avait plus que 7 millions en l'an 2000 ; près de la moitié des crevettes consommées dans le monde sont désormais produites par l'aquaculture.

5 Le développement de l'aquaculture

Face à cet épuisement des ressources naturelles, l'augmentation de l'offre de produits aquatiques a été portée par le développement de l'aquaculture. La domestication des poissons est très ancienne ; les premières carpes ont été élevées 2 500 ans av. J.-C., en Chine et en Égypte. Au même titre que la pêche, l'aquaculture a changé de nature au cours des années 1970.

Certains géographes ont alors imaginé « une révolution aquacole » sur le modèle de la révolution du néolithique reposant sur la domestication de l'animal, à l'instar de François Doumenge qui a publié un article éponyme en 1986. L'aquaculture représente désormais environ 40 % de la production totale de produits aquatiques, en tonnage, après une période de très forte croissance. L'aquaculture représente ainsi 3,5 millions de tonnes en 1970 contre 63 millions de tonnes en 2005, si l'on inclut les poissons, les coquillages, les crustacés et les algues. La carpe continue de dominer en tonnage cette production aquacole largement plus développée en Asie que dans les autres continents.

L'aquaculture est largement critiquée pour ses effets néfastes sur l'environnement. Elle contribue elle aussi paradoxalement à la surpêche puisque ses productions reposent largement sur la pêche de « poissons fourrages », des poissons bon marché pêchés (des anchois notamment), transformés en huile et nourriture animale pour produire des espèces à plus haute valeur ajoutée (le saumon par exemple). On estime ainsi que le tiers de la nourriture consommée par les poissons d'élevage est le fait de farines de poisson.

19 Le cru et le cuit

1 Manger n'est pas un acte naturel mais culturel

Ce texte de Maurice Merleau-Ponty, extrait de la *Phénoménologie de la perception* (1945), analyse le rapport entre la nature et la culture et souligne la dimension culturelle de l'homme. Maurice Merleau-Ponty reprend une vieille interrogation : « qu'est-ce qui caractérise l'homme ? Comment le définir ? » Il propose ici une réponse paradoxale, centrée sur le caractère contradictoire de l'homme : rien en lui n'est seulement biologique, tout est acquis, culturel.

> « Il est impossible de superposer chez l'homme une première couche de comportement que l'on appellerait « naturels » et un monde culturel ou spirituel fabriqué. Tout est fabriqué et tout est naturel chez l'homme, comme on voudra dire, en ce sens qu'il n'est pas un mot, pas une conduite qui ne doive quelque chose à l'être simplement biologique - et qui en même temps ne se dérobe à la simplicité de la vie animale, ne détourne de leur sens les conduites vitales, par une sorte d'échappement et par un génie de l'équivoque qui pourraient servir à définir l'homme. »

Cette dimension culturelle se retrouve tout particulièrement dans le rapport que l'humain entretient à son alimentation. Si se nourrir est un besoin du corps, l'acte de manger se doit, quant à lui, de révéler notre humanité.

La différence entre l'homme et l'animal

Nous ne nous alimentons pas à la manière des animaux. Il est vrai que cette distinction apparaît peu dans la langue française : « manger » est issu du latin manducare qui signifie « mâcher » et « avaler » un aliment dans le but de se nourrir. En ce sens, ce terme s'applique aussi bien pour les humains que pour les animaux. L'allemand est en cela plus explicite car il possède, pour indiquer l'acte de se nourrir, un verbe pour les bêtes (« *fressen* ») clairement distinct de celui utilisé pour les hommes (« *essen* »). Le repas humain est apprêté, cuisiné, élaboré, préparé, tandis que l'animal se nourrit de ce qu'il trouve immédiatement dans la nature.

On parle alors de « culture alimentaire » pour souligner le fait que l'alimentation est une partie constitutive de la culture d'un groupe. Les pratiques culinaires et les goûts deviennent ainsi des supports importants de nos sentiments d'appartenance à une nation, un pays ou un peuple.

2 Une leçon d'anthropologie : le triangle culinaire de Claude Lévi-Strauss

Le besoin de se nourrir (besoin naturel) est organisé par une convention (culturelle) : la cuisson des aliments. D'où le verbe « cuisiner », issu du latin *coquere* qui signifie « faire cuire des aliments », les « apprêter ». Claude Lévi-Strauss montre dans *Le cru et le cuit* qu'il n'existe aucune société humaine qui ne fasse cuire en totalité ou en partie sa nourriture, la cuisson est le signe du passage de la nature à la culture :

> « [La cuisine] constitue une forme d'activité humaine véritablement universelle : pas plus qu'il n'existe de société sans langage, il n'en existe aucune qui d'une façon ou d'une autre ne fasse cuire certains au moins de ses aliments. »

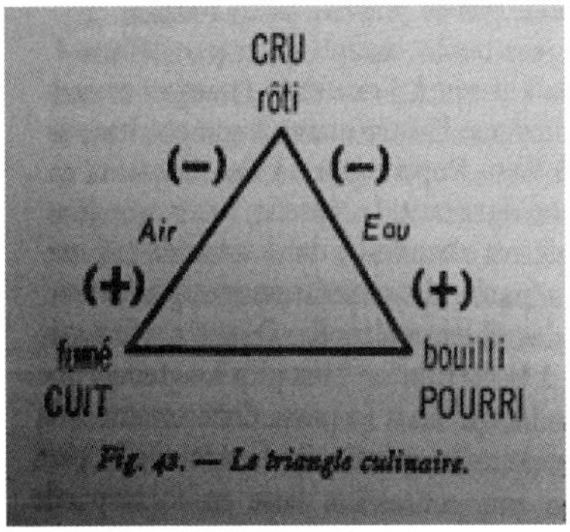

Le triangle culinaire : Cru, Cuit, Pourri, in *L'Origine des manières de table.*

Activité universelle donc, mais jamais uniforme, « la cuisine d'une société est un langage dans lequel elle traduit inconsciemment sa structure[1]. » Pour comprendre celle-ci, Claude Lévi-Strauss met en place, dans *L'Origine des manières de table,* et plus particulièrement dans le chapitre intitulé « Petit traité d'ethnologie culinaire », **le triangle culinaire** qui s'ordonne autour des axes cru-cuit-pourri.

Ce triangle a pour fonction de nous permettre de saisir les grands schèmes qui structurent la manière par laquelle les différentes cultures humaines élaborent leurs aliments. Sans doute ces notions constituent-elles des formes vides : elles ne nous apprennent rien de la cuisine de telle ou telle société particulière, puisque seule l'observation peut nous dire ce que chacune entend par « cru », « cuit » et « pourri ».

1. Claude Lévi-Strauss, *L'Origine des manières de table,* « Petit traité d'ethnologie culinaire », Mythologies, t. III, Plon, 1968.

Des cultures nationales culinaires

Ainsi, la cuisine italienne nous a récemment enseigné à consommer les crudités plus « crues » que ne faisait la cuisine française traditionnelle, déterminant ainsi un élargissement de notre catégorie du cru. Et l'on sait, par quelques incidents qui ont suivi le débarquement des Alliés en 1944, que les militaires américains concevaient la catégorie du pourri de façon beaucoup plus large que la nôtre puisque l'odeur - pour eux de cadavre - qu'exhalaient les fromageries normandes (camembert au lait cru) les a parfois incités à les détruire. Mais elles nous permettent de saisir la manière par laquelle les humains se rapportent à leurs aliments et conçoivent la signification de leur préparation.

Ainsi, si on considère de plus près les modes par lesquels l'humanité cuit ses aliments, on remarque, à la suite de Claude Lévi-Strauss, que ceux-ci se distinguent en deux catégories : le rôti et le bouilli. En quoi consistent leurs différences ? La nourriture rôtie est directement exposée au feu, elle réalise avec celui-ci une conjonction non médiatisée, tandis que la nourriture bouillie est doublement médiatisée : par l'eau d'une part, dans laquelle on l'immerge ; et par le récipient d'autre part, qui les contient l'une et l'autre. Claude Lévi-Strauss remarque alors que le bouilli est pensé comme étant la marque même de la culture, alors que le rôti s'apparente plus étroitement à la nature. Et de fait, le bouilli requiert l'usage d'un récipient qui symbolise la médiation culturelle que l'humain met en place entre lui et la nature. Les indigènes de la Nouvelle-Calédonie, qui ignoraient la poterie jusqu'à l'arrivée des Français au XIXe siècle, ressentent ce contraste avec une particulière vivacité :

« Auparavant, on ne faisait que griller et rôtir, que « brûler » comme disent aujourd'hui les autochtones. L'usage de la marmite et la consommation de tubercules bouillis sont considérés avec fierté ... comme une preuve de civilisation ! » [1]

L'observation met donc en évidence une affinité du cru et du rôti, au sens où l'aliment est, pour Claude Lévi-Strauss, non-élaboré ; et du bouilli avec le pourri qui est un mode d'élaboration de l'aliment. L'affinité du rôti avec le cru provient de ce qu'il n'est jamais également cuit, soit de tous les côtés à la fois, soit en dehors et en dedans. Nous pouvons illustrer ce point par la fameuse description faite par Roland Barthes, dans *Mythologies* (1957), du steak-frites :

« Le prestige du bifteck tient à sa quasi-crudité : le sang y est visible, naturel, dense, compact et sécable à la fois ; on imagine bien l'ambroisie antique sous cette espèce de matière lourde qui diminue sous la dent de façon à bien faire sentir dans le même temps sa force d'origine et sa plasticité à s'épancher dans le sang même de l'homme. Le sanguin est la raison d'être du bifteck. »

1. Citation de J.-J. Burrau faite par Claude Lévi-Strauss in *L'Origine des manières de table.*

Quant au bouilli, son affinité avec le pourri est attestée dans de nombreuses langues européennes, par des locutions telles que « pot-pourri » désignant différentes sortes de viandes assaisonnées et cuites ensemble avec des légumes ; ce que l'allemand explicite très clairement par la locution zu *Brei zerkochtes Fleisch* « une viande pourrie de cuire ».

Claude Lévi-Strauss remarque que le bouilli relève le plus souvent de ce qu'on pourrait appeler une « endo-cuisine », faite pour l'usage intime et destinée à un petit groupe clos, tandis que le rôti relève de l'« exo-cuisine », celle que l'on offre à des invités. Dans l'ancienne France, la poule au pot était pour le souper de famille, la viande rôtie pour le banquet (dont elle marquait même le point culminant : servie obligatoirement après les viandes bouillies et les herbes du début et accompagnée des « fruits extraordinaires », tels que melons, oranges, olives et câpres). Claude Lévi-Strauss suppose, qu'en suivant cette piste, on pourrait inférer que le cannibalisme adopte plus volontiers la technique du bouilli que celle du rôti, et que les cas de rôtissage du cadavre, attestés par la littérature ethnographique, doivent être plus fréquents pour l'exo-cannibalisme (consommation du corps d'un ennemi) que pour l'endo-cannibalisme (consommation d'un parent).

Ces différences d'estimation du bouilli et du rôti s'observent aussi dans la tradition occidentale. *L'Encyclopédie* de Diderot et d'Alembert se livre à une véritable apologie du bouilli :

> « Le bouilli est un des aliments de l'homme le plus succulent et le plus nourrissant... On pourrait dire que le bouilli est par rapport aux autres mets ce que le pain est par rapport aux autres sortes de nourriture... !) » (article « bouilli »).

À l'intérieur du triangle culinaire formé par les catégories du cru, du cuit et du pourri, Claude Lévi-Strauss a donc inscrit deux termes qui se situent, l'un, le rôti, dans le voisinage du cru, l'autre, le bouilli, dans le voisinage du pourri. Il manque un troisième terme, illustrant la forme concrète de cuisson des aliments présentant au plus haut point une affinité avec la catégorie abstraite du cuit. Cette forme est le fumage qui, comme le rôtissage, implique une opération non médiatisée (sans récipient et sans eau), mais qui, à sa différence, et cette fois comme l'ébullition, est une forme de cuisson lente donc profonde et régulière à la fois.

3 Évolution possible du triangle culinaire vers une grille de lecture structuraliste

Le structuralisme est un courant de pensée des années 1960, visant à privilégier d'une part la totalité par rapport à l'individu, d'autre part la synchronicité des faits plutôt que leur évolution, et enfin les relations qui unissent ces faits plutôt que les faits eux-mêmes dans leur caractère hétérogène et anecdotique.

Une transformation plus complexe sera nécessaire pour introduire la catégorie du frit. Au triangle des recettes, on substituera alors un tétraèdre rendant possible d'élever un troisième axe : celui de l'huile, en plus de ceux de l'air et de l'eau.

Le schéma sera encore développé, s'il est besoin, par adjonction de l'opposition entre nourriture animale et nourriture végétale (puisque l'une et l'autre comportent des modes de cuisson différents), et par la distinction de la nourriture végétale entre céréales et légumineuses, puisque, à la différence des premières (qu'on peut se contenter de griller), les secondes ne sauraient être cuites sans eau ou sans matière grasse.

Après que le schéma aura été ainsi élaboré pour y intégrer toutes les caractéristiques d'un système culinaire déterminé (et sans doute y a-t-il d'autres critères, intéressant la diachronie (évolution dans le temps) par exemple, et non plus simplement la synchronie (simultanéité), comme ceux qui concernent l'ordre, la présentation et les gestes du repas), il conviendra de chercher la façon la plus efficace de le faire fonctionner comme une grille de lecture structuraliste, en le rendant superposable à d'autres contrastes de nature sociologique, économique, esthétique ou religieuse, comme, par exemple, les oppositions entre hommes et femmes, famille et société, village et brousse, économie et prodigalité, noblesse et bas peuple, sacré et profane, etc.

> « Ainsi peut-on espérer découvrir, pour chaque cas particulier, en quoi la cuisine d'une société est un langage dans lequel elle traduit inconsciemment sa structure, à moins qu'elle ne se résigne, toujours inconsciemment, à y dévoiler ses contradictions. »[1]

1. Claude Lévi-Strauss, *L'Origine des manières de table*, « Petit traité d'ethnologie culinaire », *Mythologies*, t. III, Plon, 1968.

20 S'alimenter peut-il devenir un art ?

Le mot « art » a un sens général, celui d'une manière d'être ou de faire (l'art de plaire). Cependant, si on considère l'histoire du mot « art », nous pouvons noter que le sens esthétique de ce terme est d'origine très récente ; « *ars* » en latin et « *tekhnê* » [τέχνη] en grec, que nous traduisons régulièrement par « art », signifient un métier ou une forme spécialisée de technique. C'est dans cette optique sémantique que l'acte de s'alimenter va peu à peu s'élever à la dimension d'un « art culinaire ».

1 Alimentation et médecine : la diététique

Au travers du **régime alimentaire**, la cuisine peut devenir un art. Celui-ci trouve son origine dans le traité hippocratique *De l'ancienne médecine*[1]. Ce texte montre comment la cuisine et la médecine sont étroitement mêlées et naissent l'une de l'autre. Remontant aux origines de l'humanité, Hippocrate souligne que la cuisson des aliments est ce qui distingue fondamentalement l'homme de l'animal. Une alimentation spécifiquement humaine se constitue donc, qui va s'élaborer en deux moments : tout d'abord, par la découverte de la cuisine, qui est ce qui convient aux gens en bonne santé ; puis, par celle de la médecine, qui est ce qui convient aux malades. La **diététique** (du grec « *diaitêtikê* » qui signifie « hygiène de vie ») provient donc d'un savoir culinaire qui se caractérise par la maîtrise des vertus et propriétés des aliments convenant à l'humain.

> « J'estime pour ma part que le régime et la nourriture des gens bien portants dont on use actuellement n'auraient pas été découverts s'il avait été tout à fait suffisant pour l'homme de manger et de boire les mêmes choses que le bœuf, le cheval, et tous les animaux, comme par exemple, les produits de la terre, fruits, broussailles et fourrages ; car, grâce à ces produits, ils se nourrissent, s'accroissent et vivent à l'abri des souffrances sans nul besoin d'un autre régime. Et à vrai dire, je crois pour ma part qu'à l'origine, l'homme aussi a usé d'une telle nourriture. Quant au régime actuellement découvert et *élaboré avec art*[2], il a fallu une longue période de temps, à mon avis, pour qu'il soit ce qu'il est. En effet, comme les gens éprouvaient bien des souffrances terribles par suite d'un régime fort et bestial, du fait qu'ils ingéraient des aliments crus, intempérés et dotés de qualités fortes (...), dès lors, pressés par ce besoin, ces gens-là, à mon avis, cherchèrent une nourriture adaptée à leur nature et découvrirent celle dont nous usons actuellement (...) Or, à cette découverte et à cette enquête, quel nom plus juste ou plus adéquat pourrait-on donner que celui de médecine, puisqu'il s'agit d'une découverte faite pour la santé, le salut et la nourriture de l'homme, en remplacement de ce régime-là qui était à l'origine des souffrances, des maladies et de la mort ? »

1. Hippocrate, *L'Art de la médecine*, (traduction et présentation par Jacques Jouanna et Caroline Magdelaine), GF Flammarion, 1999.
2. C'est nous qui soulignons.

De l'Ancienne médecine envisage la maladie comme une sanction représentée par une souffrance. Au début, l'homme mangeait comme les animaux, et c'est en souffrant de manger comme eux, en découvrant sa nature humaine, que l'homme a inventé la cuisine. La cuisine est une nécessité créée par un besoin. L'acte de manger est acculturation : l'homme se définit par rapport à ce qu'il mange. La cuisine et la médecine introduisent des différences équivalentes entre l'animal et l'homme (préparation des aliments), et entre l'homme sain et l'homme malade (préparation des remèdes).

La médecine est donc bien une *technê* qui doit être causale et vérifiable. L'auteur le démontre en prenant l'exemple du fromage :

> « Il ne suffit pas de dire simplement ceci : « le fromage est une nourriture mauvaise, car il cause du mal à qui s'en est rempli «, mais quel mal il cause, pour quelle raison et quelle est, parmi les substances contenues dans l'homme, celle par laquelle il est inapproprié. »

Par observations et confrontations de cas, la médecine peut prescrire le régime le plus approprié (permission ou interdit du fromage) à chaque malade, en prenant en compte sa sensibilité particulière ou la réaction de son corps. Ainsi, la pertinence du régime alimentaire prescrit se vérifie par son résultat : la douleur ou le bien-être de l'individu. Cependant, s'il apparaît clairement que la médecine est un art, peut-on en dire autant pour la cuisine ?

Pour Hippocrate, toutes deux sont des arts car il les pense comme détentrices d'un savoir rationnel qui s'exerce tout aussi bien dans le régime alimentaire de l'homme sain (cuisine) que dans celui qui adapte la « force » des aliments à la nature du malade (médecine). Cependant, si tout individu n'est pas médecin, tout un chacun peut se mettre à cuisiner. Que vaut dès lors un art pratiqué par tous ? C'est cette polémique que lance Platon dans le *Gorgias*, en opposant frontalement et explicitement la « cuisine » à la « médecine », car si cette dernière relève très clairement d'une technê, la première ne s'acquiert que par simple expérience ou routine. Il utilise pour ce faire la distinction, qu'il a mise en place dans le *Protagoras*, entre la simple expérience ou pratique empirique (« *empeiria* » [ἐμπειρία]) et la science (« *epistêmê* » [ἐπιστήμη]) :

> « Si [la cuisine] ne passe pas communément pour un art, ce n'est pas sans raison ; car dans un domaine où personne n'est profane, mais où tout le monde est savant par le fait de l'usage et de la nécessité, dans un tel domaine, personne ne mérite le nom de spécialiste de l'art. »

2 Cuisine et jugement de goût

Mais est-il si vrai que la cuisine ne relève pas de l'art ? N'y a-t-il pas, dans notre manière même d'apprécier un plat, un savoir-faire qui élève l'amateur culinaire au niveau de l'expert ? C'est cette idée que défend Hume, dans son ouvrage *La règle du goût*, à l'occasion d'une référence au *Don Quichotte* de Cervantès, en démontrant qu'il existe bien une norme du goût :

« Ce n'est pas à tort, dit Sancho à l'écuyer au grand nez, que je prétends me connaître en vin ; ce talent est héréditaire dans ma famille. Un jour, deux de mes parents furent requis de dire leur sentiment sur une barrique de vin : ce vin, étant vieux et d'une bonne année, devait être exquis. Le premier le goûte, le considère, et après mûre réflexion prononce que le vin est très bon ; à cela près qu'il lui trouve un petit goût de cuir. Le second, après avoir usé des mêmes précautions, décide aussi en faveur du vin, à la réserve d'un goût de fer, qui lui paraît très sensible. Vous ne croirez jamais combien on se moqua d'eux ; mais qui fut le dernier à rire : la barrique étant vidée, on trouve au fond une vieille clef, attachée à une courroie en cuir. »

Les deux parents de Sancho Pança sont donc experts en vin. Lorsqu'ils goûtent le contenu d'un fût, s'ils s'accordent sur la qualité du vin, leurs avis diffèrent cependant sur la note de fond de celui-ci, l'un percevant un goût de fer, l'autre de cuir. Si cette divergence fait rire le profane, elle s'avère finalement vraie quand on trouve au fond du tonneau une vieille clef attachée à une lanière de cuir. Le goût n'est donc pas si subjectif que cela ; il porte en lui une part d'objectivité, car les qualités senties par les experts doivent se trouver dans les choses.

Il y a donc des hommes dont le jugement a davantage de valeur que celui des autres qui ont un goût moins délicat, moins expérimenté en somme. Cette qualité de jugement s'acquiert car le goût s'éduque par la pratique, la fréquentation d'un art particulier, par la maîtrise d'une certaine habitude. Selon Hume, un tel expert est capable de juger sans préjuger, indépendamment de ses conditions particulières d'existence, en se considérant plutôt comme un « homme en général ». C'est ainsi que se justifie le critique gastronomique, ou critique culinaire.

Les premiers critiques gastronomiques français

En France, Grimod de La Reynière fut le premier, au XIXe siècle, à réunir un jury culinaire, le « jury dégustateur », qui se retrouvait tous les mardis à son domicile des Champs-Élysées, et dont les appréciations sur les mets présentés, appelées « légitimations », étaient ensuite publiées dans l'*Almanach des Gourmands* (1803-1812). Mais le plus connu d'entre eux reste, incontestablement, Jean Anthelme Brillat-Savarin (1755-1826), dont la *Physiologie du goût, ouvrage théorique, historique et à l'ordre du jour, dédié aux Gastronomes parisiens, par un Professeur, membre de plusieurs sociétés littéraires et savantes*, eut un immense succès. « Livre divin, écrivait le critique Hoffmann, qui a porté à l'art de manger le flambeau du génie. »

La critique gastronomique est donc reconnue dans sa valeur et fait de ses experts des hommes de pouvoir. En effet, les critiques culinaires peuvent faire et défaire la réputation des restaurants et la notoriété de leurs chefs. Aujourd'hui, les cinq journalistes gastronomiques français les plus influents sont : François Simon, Emmanuel Rubin, Estérelle Payany, François-Régis Gaudry et Raphaële Marchal.

3 La nouvelle cuisine ou le cuisinier comme artiste

Passionné de gastronomie, d'œnologie, Jean-Paul Jouary est un grand ami de Ferran Adrià. Ce dernier est un cuisinier espagnol. Considéré comme un des meilleurs chefs du monde, il est le célèbre chef du restaurant El Bulli à la plage de Montjoi, près de Roses, située non loin de Gérone sur la Costa Brava. Ferran Adrià commence à s'intéresser à la cuisine en 1980, alors qu'il travaille comme plongeur dans un hôtel d'Ibiza. Après une formation basée sur la cuisine catalane, Adrià devient un des tenants de la cuisine moléculaire, expérimentant sans cesse de nouvelles technologies et des textures en gardant les saveurs de la cuisine catalane traditionnelle.

Jean-Paul Jouary[1] se demande si la cuisine dans son aspect créatif et processif peut devenir l'un des beaux-arts.

> « L'art inclut (...) nécessairement certaines règles, mais ces règles sont créées en même temps que l'œuvre elle-même, en devenir perpétuel d'œuvre en œuvre, sans préméditation possible car il n'est pas de recette possible pour réaliser ce qui est sans précédent. C'est ainsi que se construit un style : pas dans la pensée avant d'être dans l'œuvre mais inventé avec l'œuvre et découvert par l'artiste lui-même, qui en est l'acteur et le spectateur. »

Le point de départ du critère d'originalité, c'est le mot « recette ». Il intéresse Jean-Paul Jouary qui rappelle très justement l'usage qu'en fait Kant pour caractériser la technique en général. Sans technique, il n'y a pas d'art (au sens de techné) : les règles qui s'insèrent dans cette technique permettent de produire un résultat escompté. On dit d'un cuisinier qu'il est « bon » lorsqu'il est fort dans sa technicité (on parle de « grand technicien » dans la profession), mais dit-on aussi qu'il est « bon cuisinier » lorsqu'il est à même de créer ses propres plats ? Pour Jean-Paul Jouary, il est clair que le cuisiner créatif diffère du cuisinier technicien. Le créatif se distingue par ce qu'il produit, indépendamment d'un historique existant, indépendamment de règles préexistant à sa création. Ces règles sont même plutôt perçues comme des freins qui empêchent d'épanouir la créativité artistique du cuisinier : « tout art qui repose sur des règles a priori, des règles qui existent avant l'acte de production, demeure ainsi un art technique, et pas encore artistique », ajoute l'auteur. C'est aussi là que nous sommes en mesure de distinguer le cuisinier passionné du cuisinier-artiste, la cuisine quotidienne de la cuisine artistique ou de l'art culinaire.

1. Jean-Paul Jouary, *Ferran Adrià, l'art des mets : un philosophe à El Bulli*, « un Artiste en cuisine ? », Bruxelles, Les impressions nouvelles, coll. Réflexions faites, 2011.

Cette rupture culinaire s'est particulièrement manifestée dans les années 1960, lors de l'éclosion de ce qu'il est aujourd'hui convenu d'appeler la « nouvelle cuisine ». La haute cuisine d'alors était restée figée depuis le XIXe siècle. La codification d'Escoffier était si parfaite que personne (ou presque) n'osait faire autre chose que cette cuisine classique, qui, non dépoussiérée, devenait beaucoup trop lourde, grasse et prétentieuse pour une époque qui aspirait à de la légèreté, à la liberté.

Auguste Escoffier (1846-1935) est un chef cuisinier, restaurateur et auteur culinaire français. Il a été qualifié de « roi des cuisiniers, cuisiniers des rois », comme l'avait été avant lui Marie-Antoine Carême et Édouard Nignon. Il a codifié, modernisé et professionnalisé la cuisine raffinée des palaces hôteliers. Créant dans des établissements de prestige de nombreuses recettes, reprises ensuite par d'autres chefs, il a fait connaître internationalement la cuisine française. Il a fait œuvre d'écrivain culinaire et a influencé les générations suivantes.

C'est en 1964 qu'eut lieu une véritable révolution dans les casseroles. En effet, Henri Gault et Christian Millau, deux jeunes journalistes, s'en vont diner chez un certain Paul Bocuse[1]. Ils sont alors subjugués par une salade de haricots verts *al dente*, suivie de petits rougets de roche très peu cuits. Une cuisine toute en simplicité, à des années-lumière de ce qu'ils avaient l'habitude de manger. Bocuse leur recommanda alors de visiter les frères Troisgros à Roanne chez qui ils retrouvèrent le même esprit : simplicité, raffinement, légèreté, audace. En parcourant la France, ils découvrirent sans cesse des cuisiniers qui, sans forcément se connaître, partageaient cette même vision d'une cuisine émancipée de ses carcans.

Le manifeste de « la nouvelle cuisine française »

Devant l'émergence simultanée de talents qui fissuraient de toutes parts l'édifice d'Escoffier, Henri Gault et Christian Millau proclamèrent pour la première fois l'avènement de la « nouvelle cuisine française » dans leur mythique numéro 54 d'octobre 1973 du mensuel *Gault et Millau*. Le manifeste qui s'y trouve prône un véritable putsch des fourneaux, renversant l'ère culinaire du XIXe siècle, et annonçant les dix commandements de la cuisine nouvelle : réduction des temps de cuisson, nouvelle utilisation des produits (cuisine du marché), diminution du choix des cartes, ne pas être systématiquement moderniste, employer et s'adapter aux techniques d'avant-garde, arrêter le faisandage, alléger les plats, ne pas ignorer la diététique, et être inventif à tout prix. Tout est désormais permis !

Il y a chez le cuisinier créateur la volonté de pousser sa production au-delà d'un confort, d'un classique revisité. Le créateur ne cherche pas à se donner des règles du jeu pour circonscrire sa production, il cherche à doter sa créativité d'**originalité**. Une œuvre originale est une œuvre qui n'a pas d'équivalent historique, elle

1. Paul Bocuse (1926-2018) possédait l'*Auberge du Pont de Collonges*, à Collonges-au-Mont-d'Or, près de Lyon. C'était un chef cuisinier français.

est différente de ce qui existe déjà. Jean-Paul Jouary investit littéralement la figure du « génie» kantien (comme il l'expose dans le § 46 de la *Critique de la faculté de juger*) pour profiler son critère d'originalité. En effet, l'originalité d'un génie ne réside pas dans le fait de produire des œuvres qu'on imitera aisément, mais plutôt dans l'art de produire des œuvres qui inspireront d'autres démarches originales.

En clair, l'original ne doit pas être une source d'imitation, mais une source de créativité permanente qui amène à la réinvestir : l'originalité est source d'elle-même, elle est cyclique et donc intemporelle. Pour Jean-Paul Jouary la cuisine de Ferran Adrià répond parfaitement à ce critère, notamment lorsqu'il souligne que les règles instituées par l'artiste sont en « devenir perpétuel d'œuvre en œuvre ». Du reste, dès la fermeture de son restaurant en 2011, Ferran Adrià a créé une fondation[1] ayant pour but de retracer l'évolution culinaire d'*El Bulli*, et ce pour les générations futures, non pour être imité mais pour inspirer ces dernières à entrer dans ce processus culinaire qui fait de la cuisine un art à part entière.

1. Le célèbre chef espagnol Ferran Adria a ouvert, en 2014, sa Fondation *El Bulli* dans son ancien restaurant, triplement étoilé, qui est à la fois un musée et un laboratoire gastronomique.

SOUS-PARTIE

2

L'alimentation en dissertations

- Comment assurer la sécurité alimentaire ?
- L'alimentation, une affaire de politique agricole ?
- Notre modèle alimentaire est-il écologiquement durable ?
- Le repas.
- Qui décide de ce que l'on mange ?

Sujet 1

Comment assurer la sécurité alimentaire ?

Le dernier rapport sur la sécurité alimentaire mondiale publié en juillet 2022 par l'Organisation des Nations unies pour l'agriculture et l'alimentation alerte contre l'échec des politiques internationales de lutte contre la faim. La sous-alimentation concerne en 2021, 9,8 % de la population mondiale contre 8 % en 2019, conséquence néfaste de la mise à l'arrêt d'une partie des économies mondiales en raison de la crise sanitaire. Si depuis les années 1970, la sécurité alimentaire avait largement progressé, la tendance s'est inversée depuis 2014. L'objectif « faim zéro », pourtant placé à la deuxième position des 17 objectifs mondiaux de développement durable fixé en 2015 au sein de l'agenda 2030 semble désormais inatteignable. [**Accroche**] La définition de la sécurité alimentaire a largement évolué depuis les années 1970. Si elle pouvait se résumer au départ à une question de disponibilité alimentaire, son acception est désormais bien plus large. Depuis 1996, l'Organisation des Nations unies pour l'alimentation et l'agriculture a adopté à l'occasion du Sommet mondial de l'alimentation une nouvelle définition de la sécurité alimentaire ; celle-ci « existe lorsque tous les êtres humains ont, à tout moment, un accès physique et économique à une nourriture suffisante, saine et nutritive, leur permettant de satisfaire leurs besoins énergétiques et leurs préférences alimentaires pour mener une vie saine et active ». La sécurité alimentaire renvoie donc à différents besoins. Elle n'est atteinte que lorsque les besoins des hommes en alimentation sont couverts en quantité mais aussi en qualité. Elle recouvre donc deux dimensions que les anglophones distinguent à travers les concepts de « *food security* », pour désigner les aspects quantitatifs de la disponibilité alimentaire, et de « *food safety* », renvoyant cette fois aux aspects plus qualitatifs. Les enjeux liés à la sécurité alimentaire sont donc bien plus larges. Il ne suffit plus simplement d'assurer à l'ensemble de l'humanité un accès à l'alimentation. Il convient plus largement de s'interroger sur les excédents alimentaires, théoriquement incompatibles avec la persistance de la sous-alimentation. [**Analyse du sujet**] Alors que les disponibilités théoriques moyennes sont largement suffisantes pour couvrir les besoins de l'intégralité des individus qui vivent sur la Terre, comment expliquer que l'insécurité alimentaire concerne toujours plus de la moitié de l'humanité ? [**Problématique**] Le défi est immense, du fait de la croissance de la population mondiale mais également des changements des modes de vie. Il convient à la fois de lutter contre la sous-alimentation mais aussi plus largement contre la malnutrition. La question de la faim est donc bien un problème global qui se doit de dépasser les simples enjeux de disponibilités alimentaires. [**Anonce du plan**]

1. Un défi : l'augmentation des besoins alimentaires

1.1. La bombe humaine

Dès la fin du XVIIIe siècle, l'économiste britannique Thomas Malthus mettait en avant le risque que pouvait faire peser une trop forte croissance de la population mondiale sur les ressources alimentaires. Si l'on sait aujourd'hui que ce constat dressé dans son *Essai sur le principe de la population* de 1798 est largement erroné du fait de la croissance des productions agricoles, les interrogations autour de la sécurité alimentaire face à la croissance démographique demeurent. Alors que la population mondiale n'est estimée qu'à environ 2,6 milliards de personnes en 1950, elle atteignait 5 milliards en 1987 puis 7 milliards en 2011. Nous sommes aujourd'hui environ 7,7 milliards d'êtres humains à vivre sur Terre et la population mondiale devrait encore augmenter pour atteindre 9,7 milliards d'individus en 2050, voire 11 milliards en 2100, d'après les études prospectives. Cette croissance effrénée de la population est la conséquence de la transition démographique ; celle-ci désigne le passage d'une situation d'ancien régime démographique, marquée par une natalité et une mortalité élevées, un nouveau régime démographique, au sein duquel la natalité et la mortalité sont basses. Entre ces deux situations, les sociétés passent par un stade de forte croissance de la population car la mortalité diminue beaucoup plus rapidement que la natalité. Ce changement de régime démographique s'explique par l'amélioration du niveau de vie ou encore par les progrès de l'hygiène et de la médecine. La croissance de la population s'opère donc par le haut, grâce à un allongement de l'espérance de vie à la naissance, mais aussi par le bas, en raison d'une très forte fécondité qui demeure, avant un changement des habitudes familiales qui peut prendre plusieurs générations. Si chaque société de la planète vit un processus proche, celles-ci ne le traversent pas à la même époque. Alors que l'Europe a connu sa transition démographique au XIXe siècle, c'est l'Asie et ses géants démographiques qui l'ont vécu dans la seconde moitié du XXe siècle, expliquant cette très forte croissance de la population mondiale. Cette transition démographique est en voie d'achèvement en Inde mais elle se poursuit dans une partie du monde, notamment en Afrique subsaharienne, espace en très forte croissance démographique au cours de cette première moitié du XXIe siècle. De ce fait, plus de la moitié de la croissance démographique que connaîtra le monde d'ici à 2050 aura lieu en Afrique. La population d'Afrique subsaharienne devrait doubler d'ici cette date, alors qu'elle subit déjà une insécurité alimentaire d'ampleur.

1.2. La transition alimentaire

Cette croissance de la population mondiale s'accompagne de surcroît d'un changement dans les modes de vie et d'une augmentation encore plus forte de la consommation de produits alimentaires. La croissance démographique est largement absorbée par les villes. Les géographes évoquent cette fois une transition urbaine, afin de désigner le passage d'une société majoritairement rurale à une société majoritairement urbaine. Si cette évolution était connue par la France en 1930, le basculement a eu lieu en 2007 à l'échelle mondiale. Plus de la moitié de l'humanité vit désormais en ville, dans des espaces largement déconnectés des productions vivrières traditionnelles et nécessitant donc une intégration aux circuits commerciaux pour subvenir aux besoins alimentaires. Le cadre de vie de la population a donc des conséquences sur ses approvisionnements et sur ses modes de consommation. Le concept de transition alimentaire permet de rendre compte de cette modification du rapport à l'aliment. Il a touché les pays du Nord au cours du xxe siècle et concerne désormais les pays émergents. Le nutritionniste américain Michael Popkin a théorisé cette transition en distinguant trois phases, notamment dans un article publié en 1993 dans la *Population and Development Review*, « *Nutritional Patterns and Transitions* ». La première phase permet de réduire la sous-alimentation grâce à l'augmentation des revenus. Elle se manifeste par une augmentation de la consommation de céréales. La deuxième phase correspond à une diversification alimentaire ; tandis que la consommation de céréales se réduit, celles de sucre, de graisses ou de protéines d'origine animale augmentent. Enfin, la troisième phase voit se multiplier des régimes alimentaires allégés en calories, en graisses alimentaires et en sucre afin de leur substituer des produits de qualité. Ce modèle de la transition alimentaire est parfois critiqué pour son caractère schématique puisqu'il ne prend pas en compte les spécificités culturelles ; en Inde, ce modèle de la transition alimentaire ne fonctionne que très imparfaitement comme l'a montré le géographe Frédéric Landy, du fait des nombreux interdits culturels pesant sur la consommation de viande et compliquant donc la mise en évidence d'une deuxième phase. Cette transition alimentaire s'accompagne également de changement dans les lieux de consommation de l'alimentation, comme l'a montré François Ascher dans un livre de 2005, *Le mangeur hypermoderne* ; la hausse du niveau de vie et l'urbanisation provoquent d'une augmentation de la consommation alimentaire en dehors du foyer. Elle peut également contribuer à faciliter l'accès à une nourriture trop riche et trop grasse, contribuant ainsi au deuxième volet de l'insécurité alimentaire.

2. Offrir une alimentation de qualité pour tous

Alors que les défis sont immenses, la conquête de la sécurité alimentaire à l'échelle mondiale passe par une lutte contre la sous-alimentation mais également contre la malnutrition.

2.1. Une sous-alimentation persistante

La sous-alimentation concerne donc, en 2021, 9,8 % de la population mondiale, soit 800 millions de personnes. Ces chiffres s'aggravent depuis 2015 et plus encore depuis 2019. D'après les données de l'Organisation des Nations unies pour l'agriculture et l'alimentation, la faim a concerné 103 millions de personnes en plus en 2020 et 46 millions en 2021. L'agence onusienne reconnaît elle-même que cette aggravation de la situation complique la réalisation de l'objectif « faim zéro » d'ici à 2030. D'après les projections des agences internationales, la faim concernerait encore 670 millions de personnes en 2030, soit 8 % de la population mondiale et donc autant qu'en 2015, année de la définition de l'agenda 2030 de développement durable. Cette sous-alimentation est principalement concentrée dans les pays du Sud. Elle concerne 21 % de la population africaine, 9,1 % de la population d'Amérique latine et 9 % des Asiatiques. Les manques alimentaires sont essentiellement le fait de petits paysans ou d'anciens ruraux réfugiés dans les bidonvilles des grandes métropoles. Ces problèmes d'insécurité alimentaire chronique peuvent toujours engendrer des situations graves à l'échelle locale et constituer un risque de déstabilisation politique. Les données de la FAO nous apprennent également que la moitié des 2,37 milliards de personnes en situation d'insécurité alimentaire modérée ou grave, vit en Asie, soit environ 25 % de la population du continent tandis que plus de 56 % des Africains sont affectés par une situation d'insécurité alimentaire grave ou chronique. La sous-alimentation peut avoir des conséquences sociales très lourdes. Les enfants victimes de sous-alimentation ont un risque plus élevé de mourir prématurément ou de présenter un retard de croissance et de développement intellectuel. S'ils parviennent à l'âge adulte, ils sont davantage exposés que les autres à des maladies chroniques. Un septième des enfants nés en 2015 souffre d'une insuffisance pondérale, soit plus de 20 millions de personnes. 22 % des enfants de moins de cinq ans présentent un retard de croissance, soit environ 150 millions d'individus. La sous-alimentation a donc des conséquences sociales et économiques très lourdes.

2.2. Une malnutrition en hausse

La malnutrition est un problème encore plus vaste puisqu'elle concerne près de la moitié de l'humanité. Selon les données de l'Organisation des Nations unies pour l'alimentation et l'agriculture, plus de 3,5 milliards de personnes souffrent de malnutrition, celle-ci incluant la sous-alimentation, les problèmes de carence ou encore la suralimentation. Plus de 2 milliards d'individus souffrent ainsi de carence en micronutriments tandis que plus d'un milliard est victime de différentes pathologies liées à un excès de graisse et de sucre. La surnutrition conduit ainsi à des situations de surpoids voire d'obésité. Elle est souvent comparée à une épidémie du fait de sa très large diffusion dans le monde. Loin des clichés qui l'associent uniquement aux pays riches, la suralimentation est désormais une donnée mondiale et concerne même parfois les espaces traditionnels de la sous-alimentation. Symptômes d'une amélioration des revenus dans les pays émergents, des modifications des modes de vie et plus particulièrement de l'augmentation de la sédentarité, le surpoids et l'obésité constituent des maux du XXIe siècle principalement dans les pays anciennement industrialisés mais aussi dans les pays émergents. L'Organisation mondiale de la santé distingue ainsi le surpoids qui correspond un indice de masse corporelle entre 25 et 30 et l'obésité pour laquelle l'IMC est supérieur à 30. Surpoids et obésité constituent des facteurs d'aggravation des risques de maladies chroniques et de maladies cardio-vasculaires. D'après l'OMS, la prévalence du diabète a doublé entre 1990 et 2020. L'enquête internationale *Food in the Anthropocene* établit ainsi un lien direct entre les régimes alimentaires hypercaloriques et la diffusion toujours plus large de ces maladies. Le recours à des nourritures toujours plus transformées issues des systèmes agroalimentaires contribue à faire émerger ces nouveaux enjeux de santé publique. L'historien Georges Vigarello avance ainsi l'idée qu'une personne obèse a un coût sanitaire deux fois plus lourd qu'un individu à la corpulence moyenne, dans son livre *Les métamorphoses du gras. Histoire de l'obésité.* L'obésité concerne ainsi 13,1 % de la population mondiale, avec de gros écarts en fonction des régions du monde puisqu'elle concerne 40 % de la population des États-Unis contre 4,2 % de celle du Japon. La suralimentation est donc largement culturelle ; elle dépend à la fois d'une surnutrition et des modes de vie. Elle est parfois genrée. Si le surpoids est essentiellement masculin en Grèce, il est largement féminin dans les pays d'Afrique du Nord et du Moyen-Orient. Dans certaines cultures, le surpoids demeure même valorisé socialement, tandis que dans les pays du Nord, il est largement associé est une alimentation peu qualitative caractéristique des populations les moins favorisées.

3. Un problème global

Les deux volets de la sécurité alimentaire sont donc en augmentation, en dépit de disponibilités alimentaires moyennes toujours plus grandes et d'un niveau de vie global en hausse, ce qui témoigne bien du fait que la sécurité alimentaire est un problème bien plus large.

3.1. La dimension géopolitique

La conquête de la sécurité alimentaire est d'abord un enjeu politique. Plusieurs chercheurs ont mis en évidence ce lien ténu entre sécurité alimentaire et persistance des guerres et des conflits, notamment la géographe Sylvie Brunel. Elle affirme ainsi que « la carte des famines se superpose à celle des guerres » et que « le risque alimentaire majeur est aujourd'hui lié à la guerre et aux conflits », notamment dans *L'Afrique – un continent en réserve de développement* publié en 2010. Ce constat permet notamment de lutter contre les clichés qui consistent à associer les densités de peuplement ou le climat à la survenue des famines. Des logiques de prédation et une instrumentalisation politique sont la plupart du temps à l'origine des crises alimentaires graves. Les guerres récentes offrent de nombreux exemples pour illustrer ces propos. En dépit de leur interdiction par les conventions internationales de la guerre, les sièges urbains fournissent encore l'occasion de priver directement des populations d'approvisionnement en alimentation. Au début des années 1990, le siège de Sarajevo entrepris par l'armée serbe a une nouvelle fois permis d'entrevoir ces logiques de privation, avant l'instauration de circuits d'approvisionnement parallèle, notamment grâce à des tunnels creusés à proximité de l'aéroport. Plus proche de nous, les grandes villes syriennes ont été coupées des circuits classiques d'approvisionnement mais aussi de l'aide alimentaire par l'armée gouvernementale soutenue par l'aviation russe. L'alimentation demeure également un enjeu stratégique du conflit yéménite lorsque les troupes gouvernementales bombardent les réserves dans les régions contrôlées par les rebelles.

Les famines sont donc instrumentalisées à des fins politiques et l'aide alimentaire est parfois détournée de ses objectifs premiers. L'accaparement de ces ressources par le gouvernement sud-soudanais en fournit un cas d'école. La sécurité alimentaire dépend donc largement des conditions politiques, tandis que les ressources agricoles demeurent plus largement une arme géopolitique mobilisée par les puissances pour imposer leurs fins. Les sanctions économiques internationales, notamment imposées à la Corée du Nord, à l'Iran ou plus proche de nous à la Russie, peuvent avoir pour objectif d'éloigner les populations de la sécurité alimentaire afin de favoriser un soulèvement politique est donc un changement de régime. À plus d'un titre, l'alimentation est donc une arme et la faim un corollaire instrumentalisé pour des objectifs politiques.

3.2. Une question essentiellement économique

L'alimentation n'est désormais plus qu'une composante mineure de vastes circuits productifs et commerciaux qui parcourent le monde, à tel point qu'un véritable fossé s'est creusé entre « la fourche et la fourchette », comme le montre Pierre Raffard, dans sa *Géopolitique de l'alimentation et de la gastronomie* publiée en 2021. Cette globalisation des circuits de production a contribué à une perte de repères, tout en maintenant à l'écart des circuits commerciaux internationaux une partie de l'humanité. Si la faim dans le monde a largement reculé depuis des années 1970, elle persiste à une échelle loin d'être négligeable, du fait de l'exclusion dont souffre une partie de l'humanité victime d'une extrême pauvreté. L'économiste indien Amartya Sen a mis en évidence, notamment dans son livre publié en l'an 2000, *Un nouveau modèle économique*, l'importance des données socio-économiques dans l'explication de la faim. La persistance de la sous-alimentation ne peut se résumer à la question des ressources mais doit être envisagée sous l'angle des revenus. C'est la pauvreté qui est à l'origine de cette persistance de la sous-alimentation, encore aggravée par la financiarisation des cours des produits alimentaires ou encore par la concurrence des agricultures exportatrices au détriment des cultures vivrières. Fort de ce constat, on comprend mieux pourquoi plus de 10 millions de Brésiliens souffrent encore de sous-alimentation dans un pays régulièrement qualifié de ferme du monde du fait de sa position dominante sur les circuits alimentaires mondiaux. Dans les pays du Nord, le lien entre pauvreté et sous-alimentation a atteint des niveaux très faibles. Cependant, la pauvreté peut être associée dans des proportions bien plus grandes à des logiques de malnutrition. À l'inverse, pour une partie de la population, la conquête d'une alimentation de qualité est devenue prégnante. Celle-ci tente de rompre avec la nourriture industrielle et privilégie des produits locaux ou d'autres dont la qualité est garantie par des labels. Il faut bien reconnaître que les scandales alimentaires sont surtout liés à des productions agroalimentaires. Il peut s'agir de véritables risques sanitaires à l'instar de l'encéphalopathie spongiforme bovine ou maladie de la vache folle ayant affecté entre 1982 et le début des années 2000 des viandes bovines nourries à partir de farines animales. Si la sécurité alimentaire n'est pas systématiquement menacée, le manque de traçabilité des productions industrielles a pu également contribuer à son discrédit. Même si elles ne remettent pas en cause la santé humaine, la consommation de viande de cheval présentée comme de la viande bovine dans des plats industriels a pu provoquer le scandale du *horsegate*. Une nourriture de qualité représente cependant un coût non négligeable, à tel point que certains ménages des pays riches demeurent nécessairement à l'écart de cette tendance.

Conclusion

La sécurité alimentaire n'est donc pas un problème de disponibilité mais d'accès à la nourriture. C'est l'inégale répartition des ressources qui expliquent la persistance d'une sous-alimentation chronique. Le développement demeure donc la meilleure arme contre la faim, même si l'augmentation du niveau de vie peut être un temps responsable d'un creusement de l'insécurité alimentaire, entendue cette fois dans sa dimension qualitative. La lutte contre la faim est donc intrinsèquement liée aux questions de richesse mais également à des enjeux géopolitiques. [**Résumé des enjeux et réponse à la problématique**] Alors que les données des agences onusiennes témoignent d'un creusement des difficultés, les analystes mettent en avant le risque d'une nouvelle crise alimentaire globale, conséquence de l'invasion militaire de l'Ukraine par la Russie menée depuis février 2022. La déstabilisation de ces deux grands pays exportateurs de céréales mais également d'oléoprotéagineux et de fertilisants a provoqué des ruptures d'approvisionnement sur les marchés mondialisés et entraîné une hausse des prix alimentaires dont on ne mesure pas encore les conséquences en terme d'insécurité alimentaire. [**Ouverture**]

Sujet 2

L'alimentation, une affaire de politique agricole ?

En 2018, le Parlement français adoptait la loi Alimentation. Votée dans le prolongement des états généraux de l'alimentation qui ont eu lieu en 2017, cette loi poursuit une série d'objectifs telle que l'indépendance alimentaire pour la France. Également nommé loi Agriculture et alimentation ce texte démontre l'imbrication entre les enjeux alimentaires et la politique agricole. [**Accroche**] On peut définir celle-ci comme l'ensemble des politiques publiques concernant la production agricole. Pour la France aujourd'hui, s'intéresser à la production agricole conduit à étudier la production sur le territoire national mais également sur le territoire européen dans la mesure où la politique agricole des États membres de l'Union européenne est profondément liée à la politique agricole commune (PAC). Cependant, la production agricole peut également intervenir dans d'autres zones économiques et il s'agira dès lors de les importer sur le territoire national. En cela, la politique agricole possède également une dimension commerciale. Si nous pouvons aisément dire que la politique agricole traite de la question alimentaire, il convient de préciser plus finement les différents enjeux que l'on retrouve en matière d'alimentation. Il est possible, pour ce faire, de s'appuyer sur les conclusions issues des états généraux de l'alimentation et des objectifs assignés à la loi Alimentation. Quatre grands enjeux furent ainsi distingués en matière d'alimentation : la question de l'indépendance alimentaire, l'enjeu de la santé, du respect de l'environnement et enfin des inégalités d'accès à une alimentation de qualité. [**Analyse du sujet**] Dès lors nous proposerons la problématique suivante : dans quelle mesure la politique agricole peut-elle permettre de répondre aux enjeux associés à l'alimentation ? [**Problématique**] Nous montrerons qu'une politique agricole est nécessaire pour répondre aux enjeux associés à l'alimentation mais qu'elle peut se révéler insuffisante. [**Annonce du plan**]

1. Une politique publique portée sur la production agricole pour répondre aux enjeux alimentaires

Les principaux enjeux associés à l'alimentation doivent nécessairement conduire les pouvoirs publics à s'intéresser à la production agricole. Cela doit d'abord permettre d'obtenir un approvisionnement suffisant en nourriture mais aussi de répondre à d'autres enjeux, en particulier en matière d'environnement et de santé.

1.1. Garantir l'accès à une quantité de nourritures suffisante grâce à la politique agricole

La politique agricole peut en premier lieu permettre d'atteindre un objectif d'indépendance alimentaire, définie comme la capacité d'une nation à disposer d'une quantité suffisante de nourritures pour répondre aux besoins des citoyens. Depuis 1958 et la création de la Communauté économique européenne, l'indépendance alimentaire a été envisagée à l'échelle européenne plutôt que nationale. En créant la politique agricole commune (PAC), la CEE a ainsi poursuivi l'objectif de garantir un approvisionnement alimentaire pour l'Europe. En accompagnant le progrès technique, source d'une augmentation des rendements et donc de la production, et en instaurant une préférence communautaire, la PAC a ainsi rempli ses objectifs. La France a été, et reste encore, le premier pays bénéficiaire de cette politique, recevant 10,21 milliards d'euros d'aides en 2021.

La question de l'indépendance alimentaire a cependant progressivement laissé place à la notion de sécurité alimentaire. Cette dernière est une notion plus large, puisqu'elle désigne une situation qui garantit l'accès pour la population à une nourriture suffisante à la fois quantitativement et qualitativement. La sécurité alimentaire se distingue de l'indépendance alimentaire en ce qu'elle peut impliquer une insertion plus forte dans la mondialisation. L'approvisionnement peut ainsi provenir de la production nationale mais aussi des importations. Les évolutions de la PAC montrent bien cette évolution : les institutions européennes ont progressivement limité les interventions dans les marchés européens et ont cherché à faire rapprocher les prix européens des cours mondiaux. Ces évolutions ont dès lors permis d'augmenter le pouvoir d'achat des consommateurs, d'augmenter les exportations agricoles mais ont également entraîné davantage d'importations. Plusieurs accords commerciaux ont ainsi été réalisés par l'Union européenne avec d'autres États ou zones économiques. L'Union européenne a par exemple signé en 2022 un accord de libre-échange avec la Nouvelle-Zélande, permettant à ce pays de pénétrer plus facilement les marchés européens, notamment dans le secteur du vin, des fruits ou de la viande. Il apparaît ainsi qu'une politique agricole visant à poursuivre un objectif de sécurité alimentaire passe non seulement par le soutien des agriculteurs nationaux (ou régionaux, à l'échelle de l'UE) mais aussi par la négociation d'accords de libre-échange pour faciliter l'approvisionnement alimentaire.

Si nous avons jusqu'à maintenant principalement insisté sur des aspects quantitatifs, il convient de souligner que la sécurité alimentaire implique également des aspects qualitatifs afin de poursuivre des enjeux de santé publique. En outre, les aspects environnementaux associés à l'alimentation tendent de plus en plus à s'imposer dans les politiques agricoles.

1.2. Une politique agricole qui répond à des enjeux plus vastes : qualité de l'alimentation et enjeux environnementaux

L'enjeu de la sécurité alimentaire ne se limite pas à la question de la quantité de la nourriture mais également à celle de la qualité. La politique agricole vise ainsi à prendre en compte cet aspect en cherchant à ce que des aliments de qualité soient produits et vendus à un prix accessible pour le plus grand nombre. La « qualité » des produits recouvre une très grande diversité de situations. Cela peut d'abord renvoyer à la consommation de produits sains pour la santé, en particulier les fruits et légumes. Permettre un accès à ces produits passe ainsi par une politique agricole visant à assurer des produits à des prix accessibles. En cela, la politique agricole commune, qui a eu pour but de faire baisser les prix des produits agricoles peut s'inscrire dans cette démarche. La qualité renvoie également à la question sanitaire : absence de résidus de pesticides, contrôle de la nourriture donnée aux bêtes d'élevage, etc. Il existe par exemple un règlement européen fixant, depuis 2005, des limites maximales de résidus (LMR) pour chaque type de produits agricoles à ne pas dépasser. Un « paquet qualité » a également été développé en 2010 par la Commission européenne pour renforcer la communication auprès des consommateurs. Le label « Appellation d'origine protégée » offre par exemple une certification relative au lieu de production ainsi qu'au savoir-faire des producteurs. Les agriculteurs obtenant ces certifications doivent ainsi suivre un certain cahier des charges pour les obtenir.

Les aspects qualitatifs rejoignent dans une certaine mesure des aspects environnementaux. Ainsi, la promotion de l'agriculture biologique peut permettre de poursuivre ces deux objectifs. Le « verdissement » de la politique agricole commune dans l'Union européenne a contribué à faire évoluer les pratiques des agriculteurs conventionnels et à inciter au développement de l'agriculture biologique. L'évolution des pratiques des agriculteurs passe notamment par la conditionnalité de certaines aides versées dans le cadre de la politique agricole commune, notamment après l'instauration en 2014 des « paiements verts » : à côté des aides habituelles dont ils disposent, les agriculteurs peuvent obtenir des aides supplémentaires dans le cas où ils respectent certains critères environnementaux. La dernière réforme de la PAC doit permettre d'accélérer la mise en œuvre de comportements vertueux d'un point de vue environnemental en créant des « éco-régimes » qui donneront droit au versement d'aides. Les agriculteurs faisant le choix de produire de façon biologique disposent également d'aides, et l'agriculture biologique a connu un essor important en France. En 2021, 9,1 % de la surface agricole était consacrée à l'agriculture biologique contre 2,9 % en 2010.

Il apparaît donc à l'issue de cette première partie qu'une politique agricole, c'est-à-dire une politique s'intéressant à la production et au commerce des produits agricoles, est indispensable pour répondre aux enjeux contemporains associés à l'alimentation. Cependant, bien qu'indispensable, la politique agricole se révèle être aujourd'hui insuffisante.

2. La politique agricole ne suffit pas à répondre aux enjeux alimentaires

La politique agricole peut s'avérer être insuffisante pour atteindre les différents objectifs en matière d'alimentation, d'une part parce qu'elle comporte actuellement plusieurs faiblesses et d'autre part parce qu'elle ne peut, à elle seule, permettre de remplir pleinement les objectifs.

2.1. Une politique agricole qui possède actuellement des limites

Tout d'abord, les politiques agricoles actuellement en vigueur sont critiquées pour leur manque d'ambition en matière environnementale. Les paiements verts instaurés en 2014 furent par exemple critiqués dans la mesure où ils n'auraient pas été suffisamment incitatifs. Un rapport de la Cour des comptes européenne évaluait ainsi que seules 5 % des exploitations avaient véritablement changé de pratique à la suite de cette mesure. Les « éco-régimes » qui doivent se substituer au modèle actuel d'aides aux agriculteurs est encore en discussion, mais les critères actuellement envisagés par la France ont été jugés trop peu ambitieux par la Commission européenne. La question des normes environnementales est également régulièrement soulevée en ce qui concerne les accords commerciaux entre l'Union européenne et les autres zones économiques. La question du « dumping environnemental », c'est-à-dire la présence de normes environnementales moins contraignantes dans les autres pays, soulève des crispations récurrentes. Cela explique notamment le blocage par la France de l'accord de libre-échange entre l'Union européenne et le Mercosur.

Par ailleurs, le modèle actuel de production agricole à l'échelle mondiale est aujourd'hui critiqué. La spécialisation croissante des territoires et des États, couplée à leur plus forte intégration dans le commerce international, peut être source de difficulté en matière d'approvisionnement. Ainsi, des pénuries alimentaires ont été observées en 2022, par exemple sur l'huile de tournesol ou encore les grains de moutarde. Cette pénurie de moutarde s'explique par la conjonction de difficultés pour les principaux producteurs mondiaux. La guerre menée par la Russie en Ukraine a eu un impact majeur sur les cours agricoles – les graines de moutarde mais également les céréales – dans la mesure où ces deux pays constituent de grands producteurs et exportateurs agricoles. À cela s'ajoutent les difficultés climatiques rencontrées par les agriculteurs canadiens, autre grand producteur de graines de moutarde. La France, qui avait connu un déclin de sa production de graines de moutarde depuis plusieurs dizaines d'années, n'a ainsi pas été en mesure de pallier ces difficultés d'approvisionnements. Au-delà des pénuries, on observe une explosion de certains cours mondiaux à la suite du conflit armé en Ukraine, révélant la fragilité du système mondial de production agricole.

Il apparaît donc que les politiques agricoles menées depuis plusieurs décennies souffrent de limites, rendant difficile l'atteinte des objectifs associés à l'alimentation. Il convient, enfin, de souligner que la politique agricole ne peut répondre seule à tous ces enjeux.

2.2. La nécessité de compléter la politique agricole par d'autres politiques publiques

Une politique agricole se doit d'être couplée à d'autres types de politiques publiques pour répondre aux nombreux enjeux associés à l'alimentation. Ainsi, la question de la qualité des aliments renvoie plus généralement à l'équilibre dans l'alimentation. Or, l'amélioration de l'équilibre des repas passe également par une politique d'information et de prévention menée auprès des ménages. Ainsi, en 2001, le PNNS (Plan national nutrition-santé) a été créé afin de communiquer autour des pratiques alimentaires à éviter ou à recommander. Plus récemment, la Commission européenne a mis en place un « nutri-score » afin d'améliorer l'information transmise aux consommateurs sur la qualité nutritionnelle des produits alimentaires. L'information et la prévention concernent aussi bien la question sanitaire qu'environnementale comme le montre la mise à l'agenda de la question du gaspillage alimentaire. En effet, le gaspillage ou les pertes alimentaires représentaient 136 kg par personne en moyenne en 2012. Si la question des pertes renvoie davantage aux étapes de production, de stockage ou d'approvisionnement, le gaspillage correspond lui aux phases de distribution et de consommation. Les études évaluent que chaque français jette, en moyenne, 29 kg de nourriture par an, ce qui représente 108 € par personne. Face à ces constats, les pouvoirs publics ont mis en œuvre une série de mesures, à l'échelle européenne ou à l'échelle nationale, afin de lutter contre le gaspillage alimentaire. Parmi les mesures emblématiques, peut être citée l'obligation donnée aux distributeurs de réaliser des dons en cas d'invendus. La question de l'information est également au cœur des préoccupations et la Commission européenne a annoncé envisager une réforme des dates de péremption afin d'aider les consommateurs à diminuer leurs gaspillages.

Si la politique agricole doit nécessairement être reliée à une politique d'information et de prévention, il convient également d'insister sur des dimensions plus économiques. En effet, les différentes réformes de la Politique agricole commune ont entraîné une baisse des prix agricoles, permettant des gains de pouvoir d'achat pour les consommateurs. Cependant, une pression constante à la baisse sur les prix peut également se traduire par des difficultés économiques pour les agriculteurs. Ainsi, l'amélioration du pouvoir d'achat doit non seulement être envisagée sous l'angle des prix mais également sous l'angle des revenus des ménages. Dans un contexte d'inflation, et plus spécifiquement d'augmentation des prix de nombreuses denrées alimentaires (+4,8 % en avril 2022 par rapport à l'année précédente), la question du pouvoir d'achat a ainsi été au cœur des débats présidentiels et l'une des premières lois discutées à l'Assemblée nationale concerne le pouvoir d'achat et notamment la mise en place d'un « chèque alimentaire ». Ce dispositif, qui provient des propositions de la Convention citoyenne sur le climat, pourrait permettre aux revenus modestes d'avoir un meilleur accès aux produits sains et durables. La question du chèque alimentaire montre ainsi que la question alimentaire est aussi une question de pauvreté.

Conclusion

Il convient donc de souligner le rôle majeur que joue la politique agricole pour répondre aux principaux enjeux alimentaires. L'accès à une quantité et une qualité satisfaisante d'aliments et la réponse aux enjeux environnementaux ont ainsi été des préoccupations majeures pour les pouvoirs publics. À l'échelle européenne ou nationale, des mesures à destination des agriculteurs ou des accords commerciaux se sont inscrits dans ces objectifs. Ces politiques agricoles demeurent cependant limitées, d'une part parce qu'elles possèdent plusieurs limites et d'autre part parce qu'elles doivent nécessairement être complétées par d'autres types de politique publique. Une politique d'information et de prévention des ménages est, par exemple, indispensable pour répondre aux divers enjeux alimentaires. La question des revenus est également au centre des enjeux alimentaires puisqu'elle soulève la question des inégalités d'accès à l'alimentation saine et durable. L'alimentation n'est donc pas qu'une affaire de politique agricole. **[Résumé des enjeux et réponse à la problématique]** Notons, d'ailleurs, que la politique agricole ne traite pas seulement d'enjeux alimentaires, comme le montre le second pilier de la PAC qui traite de la question du développement rural. **[Ouverture]**

Sujet 3

Notre modèle alimentaire est-il écologiquement durable ?

Chaque année, la firme multinationale McDonald's vend près de 2 milliards de hamburgers à travers le monde. Production standardisée, aliment largement carné, emballage individuel, ce symbole de la culture alimentaire mondialisée soulève un certain nombre d'interrogations et ce, d'autant que dans le même temps, l'OCDE constate, depuis plusieurs années, que l'obésité progresse de manière alarmante dans un grand nombre de pays. Le développement d'une industrie alimentaire autour de quelques grands groupes tels que McDonald's mais aussi Coca cola, Danone, et de grandes chaînes d'hypermarchés, cathédrales de l'offre d'aliments de plus en plus abondante, caractérise l'évolution économique et sociale des 60 ou 70 dernières années. Peu de pays ont échappé à l'extension de ce qu'on peut appeler un modèle alimentaire dans le sens où les normes de produits et les valeurs qui leur sont articulées ont fait système, ne soulevant que relativement peu de remises en cause. **[Accroche]**

Mais l'acuité des enjeux environnementaux et climatiques a peu à peu bouleversé la donne. Peut-on réellement aujourd'hui encore nourrir la population à partir d'un système qui semble largement participer à la crise environnementale et climatique ? Le modèle historique et le fait social, que représente notre système agroalimentaire, ne semblent plus pouvoir fonder l'avenir de notre alimentation. C'est donc un modèle économique mais aussi un modèle social et culturel qui est aujourd'hui remis en cause autour d'une question centrale, celle de sa soutenabilité, c'est-à-dire de sa capacité à assurer la nourriture à la population d'aujourd'hui sans altérer la possibilité donnée aux générations suivantes de se nourrir à leur tour. **[Analyse du sujet]**

Le problème posé est clair : doit-on envisager une révolution alimentaire et sous quel angle l'aborder ? **[Problématique]**

La question suppose de bien comprendre d'abord que notre système alimentaire industrialisé actuel est le fruit d'une construction historique marquée par le développement économique, pour ensuite mieux mesurer les limites auxquelles ce modèle est aujourd'hui confronté et ouvrir la diversité des pistes de transition alimentaire indispensables. **[Annonce du plan]**

1. Le modèle alimentaire industrialisé, fruit du développement économique

1.1. La fin de la faim : un marqueur de la croissance du xxᵉ siècle

Au cours du xxᵉ siècle, les progrès techniques ont conduit à une hausse de la production agricole et surtout de sa productivité. Les rendements atteints, jamais vus jusque-là, sont le résultat du recours au machinisme : la moissonneuse-batteuse, qui règne sur les plaines céréalières, le semoir, l'ensileuse, etc. L'agriculture du xxᵉ siècle passe par un convoi d'engins, tous plus imposants les uns que les autres. La chimie, à travers les engrais, les pesticides, la sélection des variétés de céréales, a également largement contribué à la hausse de la productivité agricole dès le début du xxᵉ siècle et, en particulier pendant les Trente Glorieuses. La spécialisation des cultures sur de plus vastes exploitations contribue également à la hausse de la productivité agricole. Ce processus caractérisé par le « productivisme agricole » repose sur une culture agricole nouvelle fondée sur la recherche du rendement de la culture et de l'élevage. Cet objectif de productivité s'est également largement appuyé sur l'utilisation massive d'énergies fossiles, ce qui, dans les années 1950 et 1960, est la norme industrielle. Cette agriculture intensive n'a également pu progresser ainsi qu'à partir d'une forte consommation d'eau. Ainsi, dans *La productivité,* ouvrage publié en 1992, l'économiste Jean Fourastié montrait que le volume de la production agricole a été multiplié par 2,7 entre 1896 et 1998, alors même que la main-d'œuvre agricole passait de 8,2 millions à 1,1 million de personnes. Ses calculs débouchent sur une multiplication de la production agricole par heure de travail de l'ordre de 28 en un siècle.

Avec les Trente Glorieuses, l'agriculture, longtemps à part, s'insère donc dans une filière plus globale, la filière agroalimentaire. Les agriculteurs, qui pour une large part d'entre eux, vendaient directement leur production sur des marchés, deviennent des fournisseurs pour les chaînes de transformation industrielles. Pour ceux dont le produit n'est pas intégré à cette production à la chaîne, la grande distribution devient le débouché principal : arboriculteurs fruitiers, maraîchers, etc. Produire toujours plus semble aller de pair avec le bien-être et les campagnes françaises sont devenues une antichambre de l'industrie agro-alimentaire.

1.2. La production alimentaire : un fait social global

Au-delà de ces mutations économiques, les conséquences du productivisme agricole sont aussi sociales. Les progrès agricoles, sur le plan quantitatif, sont vécus, dans la période qui suit la seconde guerre mondiale, comme un progrès économique et social et accompagnent le développement de valeurs fondées sur le progrès matériel.

Les nouvelles classes moyennes urbaines, qui ne veulent pas vivre comme leurs parents dans les campagnes, voient dans les normes de consommation alimentaires qui s'imposent à eux et leur mode de distribution, un signal de mieux-être. L'abondance est associée à la sécurité alimentaire : aliments emballés, fromages reconstitués, purée en poudre, lait concentré en tube, plats préparés, voilà les signes de la modernité dans le domaine alimentaire. Un véritable modèle alimentaire industriel est posé peu à peu comme norme de consommation et la télévision et la publicité relaient cette norme du repas. Dans son roman *Les choses*, Georges Pérec décrit cette consommation de masse, standardisée et portées par « ces objets si parfaitement domestiqués qu'ils auraient fini par les croire de tout temps créés à leur unique usage. » Mais ce modèle occidental, américanisé pour une partie, ne reste pas aux frontières de l'occident. Il pénètre aussi une large partie de la planète.

Parler de l'alimentation moderne comme un modèle renvoie donc à sa genèse et son articulation à la « civilisation du progrès » issue des Trente glorieuses. Or, ce modèle exige aujourd'hui d'être interrogé tant il repose sur des bases qui font question.

2. Un modèle qui débouche sur une impasse

Le bilan de la filière alimentaire est contradictoire : si elle a permis une sécurité alimentaire pendant plusieurs décennies, elle est aussi responsable de nombreuses crises environnementales, sociales, sanitaires et culturelles.

2.1. Les limites environnementales

Compte tenu des ingrédients de la « réussite agricole » des Trente Glorieuses, les limites écologiques de ce système d'agriculture intensive sautent aux yeux aujourd'hui. Le procès à charge est large : ce modèle agricole favorise à la fois les émissions de gaz à effet de serre, la pollution de l'air, l'érosion de la biodiversité, la dégradation des sols et de la ressource en eau, l'épuisement des ressources énergétiques, etc.

Notre système alimentaire est responsable de près du tiers des émissions mondiales de gaz à effet de serre et, du fait de la généralisation de l'irrigation, il représente aujourd'hui 70 % de la consommation d'eau douce mondiale. Il est également à l'origine d'une déforestation massive. C'est également un système qui génère des gaspillages. On sait qu'au niveau mondial, 30 % des superficies agricoles du monde produisent de la nourriture qui sera perdue ou gaspillée.

L'agriculture semble à la fois cause et conséquence de la crise climatique. En effet, les régions du monde dont la population souffre déjà de la faim seront aussi les plus touchées par le réchauffement climatique. Il s'agit des régions tropicales et subtropicales dont le potentiel agricole sera atteint (dans un certain nombre de régions du monde il l'est est déjà) par les sécheresses et les incidents climatiques de plus en plus fréquents. D'un autre côté, on ne peut ignorer la responsabilité du modèle agricole intensif des pays du nord et du modèle alimentaire qu'il induit.

C'est donc à un véritable problème de soutenabilité que notre modèle agricole est confronté : l'accroissement des rendements agricoles demande toujours plus d'eau et met en concurrence les usages de l'eau. Les prélèvements sur les rivières, les lacs et les nappes phréatiques épuisent les réserves naturelles qui deviennent une ressource de plus en plus rare. Ainsi, plus de 40 % de la population mondiale rurale vit aujourd'hui dans des zones en pénurie d'eau. Les modes de cultures des terres et les pratiques d'élevage, en produisant la déforestation ont provoqué des dégâts au niveau de l'érosion et de la pollution des sols du fait notamment de l'usage massif d'engrais chimiques et de pesticides. Selon les experts, 25 % des superficies cultivées seraient dégradées. Or, selon les Nations unies, à partir de 2030, les surfaces totales consacrées aux cultures auront atteint leur limite.

2.2. La sécurité alimentaire : une illusion ?

Du point de vue de son efficacité, le modèle des rendements agricoles élevés s'essouffle. Ainsi, dans certaines régions du monde, l'Asie par exemple, les rendements agricoles stagnent, ce qui signe les limites de la logique intensive du fait notamment de l'épuisement des sols et des ressources en eau. Même sur les cultures OGM (organismes génétiquement modifiés dont l'ADN a été amélioré pour, en principe, être plus résistants) en Argentine, on a constaté des baisses de rendements agricoles du fait d'une moins bonne résistance des plantes aux maladies. L'agriculture intensive est également extrêmement dépendante des ressources fossiles en cours d'épuisement. Les accidents climatiques, de plus en plus fréquents, conduisent à des pertes de production après récolte qui sont estimées à environ 15 % en moyenne au niveau mondial, avec cependant de fortes disparités régionales. Ce sont les pays les moins riches qui sont les plus concernés.

D'autre part, malgré l'abondance qui le caractérise, le modèle alimentaire moderne produit aussi des formes d'insécurité alimentaire.

Notre modèle alimentaire occidental est très riche en produits transformés, gras, salés et sucrés, et en protéines d'origine animale. Il contribue donc à une altération de la santé humaine. En France le taux d'obésité est passé de 6 % de la population en 1980 à plus de 17 % en 2019. Les pathologies liées au diabète et les maladies cardiovasculaires progressent.

Étant donné à la fois les volumes et les modes de production coûteux en intrants de toute sorte, le modèle de consommation alimentaire des pays du nord n'est pas absolument pas soutenable à une échelle mondiale. Une simple comparaison fixe cette impasse : si toute la population mondiale se nourrissait comme un Américain du Nord, seuls 2 milliards de personnes pourraient être nourris au lieu des 6 milliards.

Quant aux risques inhérents à l'agro-industrie, il est clair que les épisodes de crises sanitaires sont récurrents. L'épidémie d'encéphalite bovine spongiforme, la contamination par la dioxine de viandes, de poissons et d'œufs, l'affaire des canettes de soda contaminées, et plus récemment la présence de la bactérie *Escherichia coli (E. coli*) dans des pizzas : la liste des accidents alimentaires ayant parfois eu des conséquences dramatiques est longue. Ce sont de grandes entreprises telles que Ferrero,

Coca cola, Nestlé, Lactalis ou Buitoni qui sont donc à l'origine de la défiance d'une partie des consommateurs.

Les principes sur lesquels est fondé notre système alimentaire sont donc confrontés à une crise de légitimité. Comment sortir d'un modèle qui structure largement la nourriture des hommes ? Comment le rendre durable ?

3. Sortir de ce modèle insoutenable

À l'image des enjeux climatiques, les réponses à la problématique alimentaire sont évidemment très variées et appellent de nombreux acteurs : agriculteurs, entreprises, pouvoirs publics, consommateurs, etc.

3.1. Vers des innovations de procédés

La question de la soutenabilité d'un modèle de production appelle deux types de réponses pour les économistes du développement durable. Soit, on adapte le modèle grâce à des progrès techniques, soit on change de modèle pour aller vers la « décroissance », pour les uns, ou la sobriété, terme choisi par d'autres. On parle de « soutenabilité faible » dans le premier cas et de « soutenabilité forte » dans le second.

On peut considérer que des innovations de procédés peuvent permettre de produire plus sainement et de façon plus durable. C'est la logique de l'agroécologie que de modifier les pratiques agricoles en misant sur une utilisation optimale des ressources de la nature tout en maintenant ses capacités de renouvellement. Instaurer une logique de biocontrôle, en restreignant drastiquement l'usage des pesticides, est une voie possible. Des techniques innovantes telles que l'agrivoltaïque (système associant une production d'électricité photovoltaïque par des panneaux solaires et une production agricole en dessous de cette surface) tentent de combiner agriculture et production d'énergie solaire, notamment dans le cadre de l'élevage et de la production de fruits et légumes, voire de vignes. Évidemment, l'innovation porte aussi sur le recyclage des matériaux agricoles et des déchets de l'industrie agroalimentaire.

La question des agro-carburants de deuxième génération à partir de sous-produits agricoles comme la récupération d'huiles consiste à développer des bioressources agricoles ou encore la biomasse, ce qui consiste à recycler la matière organique d'origine végétale, animale ou bactérienne dans la production énergétique, et qui pourrait être ainsi amenée à jouer un rôle important dans la couverture de nos besoins énergétiques.

La notion de « ferme verticale » (série de bacs de culture superposés) est pour certains une piste pour limiter l'emprise au sol de certaines activités maraîchères et leur besoin en eau.

3.2. Nouvelles pratiques et nouveaux produits alimentaires

De nouveaux aliments ou de nouveaux ingrédients alimentaires d'origine végétale, animale ou issus de la recherche scientifique sont développés pour proposer une alternative à la consommation de viande. Il s'agit pour l'industrie agroalimentaire de répondre aux besoins nutritionnels en utilisant nettement moins d'énergie et d'eau pour leur production. Microalgues, phytoplanctons, farines d'insectes ou graines de chia entrent par exemple dans cette catégorie. La remise en cause de l'alimentation gagne du terrain, en particulier chez les plus jeunes. Porte-parole de cette critique de la consommation de viande, et se situant en dehors de tout jugement moral, Jonathan Safran Sfoer, écrivain américain, décrit dans son essai *Faut-il manger les animaux ?* publié en 2011, la façon dont sont traitées les bêtes que nous mangeons : des hangars ultra-sécurisés sans lumière du jour, des systèmes de bain électrique dans les abattoirs, etc. Pour les militants spécistes, défenseurs de la cause animale comme pour les mouvements du véganisme mais aussi pour un certain nombre d'analystes des enjeux environnementaux, limiter la consommation de viande, voire sortir complètement du régime carné, aurait des effets positifs en chaîne. Jean-Marc Jancovici, président du *Shift Project, think tank* visant la sortie de l'économie carbonée, explique que réduire la consommation de viande permet le passage à la « sobriété » dans la mesure où la partie des céréales qui sert à nourrir les animaux d'élevage servira directement à l'usage de l'alimentation des hommes, notamment le maïs largement cultivé aujourd'hui essentiellement pour nourrir les animaux et produire de la viande. Par ailleurs, ne plus produire de viande économiserait beaucoup d'énergie (transport, production et fonctionnement de machines, etc.). La question alimentaire est donc au cœur de la transition écologique. Selon Jancovici, il faut diviser la production de lait et de viande bovine, de porc et volailles d'un tiers.

Beaucoup d'ONG, le WWF par exemple, tentent d'orienter les consommateurs à se tourner vers une alimentation plus durable à la fois pour leur santé et pour la planète. Moins d'aliments carnés et plus de végétaux (fruits, légumes, céréales, légumes secs), une limitation du gaspillage et plus de produits locaux et de saison : l'alimentation à faible empreinte écologique doit donc être remise au centre de l'assiette, comme cela a pu être le cas dans les sociétés d'avant la révolution industrielle. C'est celle qui favorise un mode de production agricole, mais aussi de transformation, de distribution et de consommation, qui protège la biodiversité et les écosystèmes. Elle nécessite donc une transition agricole vers l'agroécologie tout en permettant l'accès à une alimentation durable à tous. L'agriculture durable peut donc être définie comme une agriculture économiquement viable, écologiquement saine, socialement juste et humaine. Sa logique renvoie à une démarche socialement responsable.

Les pouvoirs publics s'engagent, de façon plus ou moins convaincante, en ce sens. Au niveau international, autour de l'ONU et de la Banque mondiale, un certain nombre d'organismes internationaux œuvrent pour aller vers cette transition agricole. Ainsi, l'IAASTD (*International Assessment of Agricultural Knowledge, Science and Technology for Development*), sorte d'équivalent du GIEC, a mené des enquêtes d'évaluation et de prospective sur l'adaptation de la recherche agronomique et des technologies agricoles aux objectifs du Millénaire pour le développement. Ces orientations témoignent d'un véritable changement de paradigme sur la conception de l'agriculture qui n'est plus pensée comme devant être organisée autour de logiques universelles mais des contextes territoriaux. Il s'agit bien de favoriser une agroécologie qui s'appuie sur des connaissances locales et qui relie la production et les connaissances agricoles avec le fonctionnement des écosystèmes. L'Organisation des Nations unies pour l'alimentation et l'agriculture a, plusieurs années de suite, promu l'agriculture familiale comme modèle durable. En déclarant que la décennie 2019-2028 sera celle de « l'agriculture familiale », l'Assemblée générale des Nations unies a explicitement mis l'accent sur des modèles d'agricultures plus raisonnés. Elle promeut des modes d'alimentation plus adaptée et soutient activement des modèles qui semblent le mieux répondre aux objectifs du millénaire pour le développement et aux enjeux du développement durable.

Conclusion

L'alimentation de demain est à l'évidence un véritable défi. Les individus, en particulier dans les pays développés, ont intégré une norme alimentaire, produit de l'industrialisation, sur laquelle un consensus se dessine aujourd'hui pour admettre qu'elle est incompatible avec un développement durable. Il s'agit donc de muter vers un système agricole permettant une production pérenne de nourriture mais aussi de mettre en place ou de remettre à sa place une agriculture capable de protéger la biodiversité. Cette philosophie d'agriculture durable est une déclinaison des principes du développement durable tels qu'ils ont été définis à la conférence de Rio en 1992. Les objectifs de l'agriculture durable s'insèrent donc dans une volonté de limiter le réchauffement climatique à 1,5 °C. Verdir nos modes de production et notre accès à l'alimentation, basculer vers un modèle de production plus sobre et soutenable, c'est l'enjeu pour tous les niveaux de la décision publique. [**Résumé des enjeux et réponse à la problématique**] La mobilisation des citoyens en ce sens s'affirme peu à peu mais reste encore peu coordonnée. Or, seule une pression forte des opinions publiques incitera les gouvernements à mettre véritablement le problème environnemental et climatique au cœur de leur politique. Notre régime alimentaire engage aussi l'avenir de la planète. [**Ouverture**]

Sujet 4
Le repas

La Grande Bouffe est un film franco-italien, réalisé par Marco Ferreri en 1973, qui relate l'histoire de quatre hommes au beau milieu de l'hiver. Fatigués de leurs vies ennuyeuses et de leurs désirs inassouvis, ils décident de s'enfermer dans une villa pour réaliser ce qu'ils nomment un « séminaire gastronomique». En fait, ils se livrent à un suicide collectif en mangeant jusqu'à ce que mort s'ensuive. Présenté en compétition au 26e festival de Cannes, le film fit scandale mais remporta le prix FIPRESCI, récompense cinématographique remise depuis 1946 lors du Festival de Cannes par un jury constitué de critiques de cinéma internationaux par l'intermédiaire de la Fédération internationale de la presse cinématographique (FIPRESCI) afin de promouvoir l'art cinématographique et d'encourager le cinéma nouveau et jeune. [**Accroche**]

Cependant, trouve-t-on réellement dans ce film la description d'un « repas » ? Ne serions-nous pas plutôt ici confrontés à un « festin » surabondant, nuisible tant au désir, qu'à la santé et, au final, à la vie ? Manger consiste-t-il simplement à se nourrir, s'alimenter en vue de satisfaire les besoins vitaux et primordiaux de notre corps, ou bien cette activité a-t-elle pour fonction d'élaborer les produits de la nature afin de les transformer pour donner ordre et structure au monde humain qui est le nôtre ? [**Analyse du sujet**] En d'autres termes, en quoi l'alimentation est-elle, pour l'humain, la ligne de démarcation entre la nature et la culture ? [**Problématique**]

Pour répondre à cette question, nous verrons tout d'abord en quoi la transformation des aliments en vue de constituer des mets singuliers, des plats qui se dégustent et se savourent, éloigne irrémédiablement l'humain de toute forme d'animalité, et fait de l'alimentation des hommes un pur produit de la culture. Nous pourrons alors, dans un second temps, nous intéresser plus particulièrement au goût et à la manière par laquelle celui-ci prend forme autour de la table : si la nourriture donne bien lieu à une appréciation gustative, il est vrai aussi que la convivialité qui se crée entre les commensaux au cours d'un repas métaphorise celui-ci en nourriture spirituelle. Manger n'est donc pas, pour l'humain, un acte anodin. Il implique le corps humain dans toutes ses dimensions tant biologique, psychique que sociale. C'est la raison pour laquelle nous analyserons, dans un dernier moment, le rapport étroit qu'entretient notre alimentation à l'éthique et au politique. Nous montrerons ainsi que bien manger implique de se soucier tout autant de soi, des autres que du monde. [**Annonce du plan**]

Le repas est chose humaine. Le terme « repas » est issu du latin *pastus* qui signifie « pâture, nourriture des animaux ou de l'homme », lui-même dérivé du verbe *pascere* signifiant « faire paître, nourrir, alimenter ». Le sens originel du repas réside donc dans le fait de se nourrir de ce qu'offre la nature, immédiatement et sans préparation. Est-ce pour autant que l'humain se nourrit de la même manière que l'animal ?

Hegel pose une distinction très claire entre le mode d'alimentation humain et celui de l'animal dans *La Phénoménologie de l'esprit*. Les animaux dévorent la nature « puisqu'ils ne restent pas en arrêt devant les choses sensibles (...) mais s'en servent sans autres manières, et les dévorent. » En effet, l'animal ne s'arrête pas devant ce qui se présente à lui ; il ressent le besoin de manger et ingurgite de ce qui se donne à lui, ici et maintenant. L'assouvissement de ses besoins se fait de manière instinctive et immédiate. Tandis que l'homme a, quant à lui, une manière toute particulière de se rapporter à la nature : il s'arrête devant elle, il l'observe, et peut ainsi choisir ce qu'il désire manger. L'aliment n'est pas consommé tel quel chez les humains. Il est cuisiné, élaboré, transformé.

Le besoin de se nourrir (besoin naturel) est donc organisé, chez les humains, par une convention (culturelle) : la cuisson des aliments. D'où le verbe « cuisiner », issu du latin *coquere* qui signifie « faire cuire des aliments », les « apprêter ». Claude Lévi-Strauss montre ainsi dans *Le triangle culinaire* qu'il n'existe aucune société humaine qui ne fasse pas cuire en totalité ou en partie sa nourriture : « [La cuisine] constitue une forme d'activité humaine véritablement universelle : pas plus qu'il n'existe de société sans langage, il n'en existe aucune qui d'une façon ou d'une autre ne fasse cuire certains au moins de ses aliments. »

Si le cru est le propre de l'animal, le cuit est donc ce qui caractérise un mode d'alimentation proprement humain. C'est cette différence qui assure le passage de la nature à la culture. Celle-ci s'atteste du fait même que l'on parle de « culture alimentaire » pour souligner l'idée que l'alimentation est une partie constitutive de la culture d'un groupe. Les pratiques culinaires et les goûts deviennent ainsi des supports importants des sentiments d'appartenance à une nation, un pays ou un peuple.

Le repas est donc ce qui caractérise notre humanité en se distinguant de manière incontestable du mode d'alimentation de l'animalité. Cependant, si le repas prend tout son sens par le temps de préparation qui lui est nécessaire, il ne s'y réduit pourtant pas. Il y a un art de la table. Quel est-il ?

Marquant le quotidien, le repas scande le rythme des journées. La préparation de la nourriture met en œuvre un savoir-faire, il transforme ainsi le sens et la manière par laquelle l'humain se nourrit. Saisir l'essence du repas demande donc de le penser au travers des arts de la table.

Le repas ouvre le temps du plaisir dû à la réplétion qui transcende le simple cycle mécanique de l'ingestion et de la digestion, ce que décrit fort justement Rousseau tant dans *La Nouvelle Héloïse* que dans *L'Émile ou De l'éducation*. Si on le connaissait déjà comme botaniste et défenseur de la nature, on découvre dans nombre de ses textes quel visionnaire il fut en matière d'alimentation : il prônait, en effet, la consommation de produits locaux suivant le rythme des saisons et faisait l'apologie d'une agriculture que l'on dirait aujourd'hui « raisonnée ». En matière de saveurs, il se fiait à ses sens et appréciait les repas rustiques : « Je ne connaissais pas, et je ne connais pas encore, de meilleure chère que celle d'un repas rustique. Avec du laitage, des œufs, des herbes, du fromage, du pain bis et du vin passable, on est toujours sûr de me bien régaler », écrit-il dans le Livre II de ses *Confessions*. Cependant, ce plaisir que lui offre la nourriture, Rousseau le ressent souvent seul. Or, un repas est-il réellement fait pour être vécu dans la solitude ? N'y a-t-il pas, dans l'acte même de manger, l'idée même du partage, de la discussion, de la communion ? En d'autres termes, le repas n'est-il pas, par excellence, le lieu de la convivialité ?

Dans *L'Anthropologie d'un point de vue pragmatique*, Kant se fait le défenseur de cette alliance du goût et de l'esprit. Appréciant le bon vin, il aime à le partager avec les amis de toujours, et ceux de passage. Car rien ne fait mieux « l'union de la sensibilité et de l'entendement »[1] que le plaisir prolongé d'un bon repas en bonne compagnie. La réflexion philosophique n'y est pas nécessairement reine. Le repas est le lieu où naît le badinage plaisant de la discussion gratuite. Le repas devient ainsi le temps des échanges, du partage, où se déploie une parole anodine et légère. Or, pour ce faire, un élément se révèle essentiel : c'est la table. En effet, celle-ci, issue du latin *tabŭla* (planche, planchette), est une surface plane de bois, de pierre ou de marbre, etc., posée sur un ou plusieurs pieds et autour de laquelle peuvent se réunir les convives. La « table ronde », célèbre dans la légende du roi Arthur, favorise la visibilité de chacun et l'échange de paroles. Autour de la table, les différences hiérarchiques s'estompent. Nous sommes, en effet, de connivence autour d'une table. Jouant le jeu de la convivialité, nous optons pour une mise en scène, une esthétisation, de nos appétits. Sans doute, il se peut que la table vienne à manquer, comme lors d'un pique-nique à même l'herbe. Mais, même en son absence, l'ordre géométrique de celle-ci continue d'exister. Lorsque nous nous asseyons au sol, nous nous ordonnons les uns par rapport aux autres autour d'une table imaginaire.

Primo Lévi, dans *Si c'est un homme*, raconte comment les prisonniers du Lager avaient été réduits à « manger debout, goulûment, en se brûlant la bouche et la gorge, sans prendre le temps de respirer » comme des animaux. Manger pour l'humain ne se dit du reste pas de la même manière que pour les bêtes : l'acte de s'alimenter pour les animaux se dit *fressen*, par opposition à *essen*, qui s'applique aux hommes, au repas pris autour d'une table, religieusement. Au camp de concentration, *Fressen* est le mot, nous dit Primo Lévi, « que nous employons couramment entre nous ».

Le repas le plus frugal requiert donc, pour être humain, la présence de la table. Il exige une mise en scène, tant spatiale que gustative, de la manière par laquelle nous nous alimentons. Il demande que du temps lui soit consacré tant pour sa préparation que pour sa dégustation. Or, le mode de vie contemporain semble bien mettre à mal la possibilité pour le repas de perdurer en tant que tel. La nécessité de gagner toujours plus de temps fait que nous réduisons celui que nous accordions traditionnellement au repas. « Manger sur le pouce » est une expression qui signifie « manger sans s'attabler », donc debout, avec les mains, le pouce servant alors d'appui pour couper un morceau de pain, une rondelle de saucisson. Elle désigne

1. Entendement : terme qui trouve son origine au début du XIIe siècle pour signifier l'intelligence. C'est un dérivé du verbe « entendre » au sens de « comprendre ».

aussi l'idée de manger rapidement, avec un lance-pierre. Le temps d'échange et de partage n'a plus lieu d'être, et souvent aussi la qualité de ce que nous mangeons disparaît. En effet, si on ne prend pas le temps de manger, on ne prend pas non plus le temps de se préparer à manger. L'alimentation industrielle, qui tourne essentiellement autour du *fast food*, devient aujourd'hui majoritaire, et a des effets néfastes sur la santé : les sucres ajoutés se transforment rapidement en masse graisseuse, avec des risques non négligeables de surpoids et d'obésité, sans oublier l'hypercholestérolémie qui augmente le risque d'infarctus du myocarde (angine de poitrine). L'excès de sel alimentaire peut causer de l'hypertension artérielle et des maladies cardiovasculaires. La prévalence des cancers est fortement liée à l'alimentation industrielle...

Le repas est donc une mise en scène que l'humain construit chaque jour pour s'alimenter. Cependant, l'alimentation industrielle met en danger la survie même d'un corps qu'elle avait pourtant pour fonction de protéger. Doit-on, dès lors, repenser notre rapport à l'alimentation ? Prendre en compte la qualité des aliments que nous mangeons ne nous contraint-il pas à devenir attentif au lien étroit qui existe entre notre manière de nous alimenter et celle par laquelle nous traitons notre environnement ?

Pour que le repas puisse assurer son rôle majeur qui est de nourrir un individu, et non de l'empoisonner, il faut penser le rapport qui s'inscrit entre alimentation et environnement.

En effet, si l'agriculture intensive des années 1970 a permis d'éliminer les famines dans le monde occidental, ses pratiques sont, à l'heure actuelle, de plus en plus contestées. L'emploi excessif d'engrais et de pesticides cause de nombreux problèmes environnementaux et produit des aliments à faible valeur nutritionnelle, de plus en plus nocifs, voire toxiques. Face à ce danger, on remarque aujourd'hui qu'une jeune génération de chefs cherche à revenir au plus près des produits. Ils travaillent en suivant un principe fondamental qui réside dans la connaissance de l'aliment, de sa qualité et de sa valeur gustative. Pour ce faire, ils vont sur le terrain, à la rencontre d'un lieu, où ils peuvent parfois y faire pousser leurs propres légumes, pour percevoir de manière sensorielle toute la spécificité du produit, et la mettre au jour par leur démarche de cuisinier : « La contribution [d'Alain Passard, chef cuisinier français, propriétaire du restaurant parisien trois étoiles *L'Arpège*] à la gastronomie contemporaine est décisive. Sa démarche sur le légume, son attachement à la terre, ses potagers, certifiés bio bien avant l'heure, ont poussé de nombreux jeunes cuisiniers dans le monde à magnifier la nature dans l'assiette », comme l'exprime François Régis Gaudry citant Peder Hedberg, éditeur du *White Guide* (le guide gastronomique des pays nordiques), dans l'article « Alain Passard, dieu vivant de la cuisine ? » publié dans *L'Express*, en novembre 2011. Quelques chefs français ont choisi de mettre à l'honneur le végétal dans leur cuisine. Citons par exemple Jean-Luc Rabanel (*L'Atelier de Jean-Luc Rabanel*) ou Arman Arnal (*La Chassagnette*) qui ont joué le jeu de la transparence et qui ont fait appel à des jardiniers pour installer un potager au plus près de leur restaurant afin de cultiver eux-mêmes les légumes qu'ils affichent à leur carte. Mais il est clair que dans le domaine, c'est Alain Passard

(*L'Arpège*) qui est le précurseur de ce mouvement. Il est le maître de la cuisine végétale et ne possède pas moins de trois potagers en biodynamie : dans la Sarthe, *L'Eure et au pied* du Mont-Saint-Michel.

L'engagement du cuisinier, dont on glorifie actuellement la démarche, dépasse de loin le simple fait de savoir bien dresser une assiette. Ce que l'on reconnaît aujourd'hui à cette profession, c'est le rapport étroit qu'elle entretient à la nature et son attention particulière à la préservation de notre environnement. Cela s'illustre parfaitement dans l'attachement qu'un cuisinier peut avoir pour un terroir par exemple.

En effet, le « terroir » est l'un des termes emblématiques de la gastronomie française. Cette dernière y est très attachée du fait que le terroir est ce lieu qui donne aux hommes des produits très spécifiques, très caractéristiques, « les produits du terroir ». La typicité du milieu se révèle ici essentielle : par exemple, en France, la vigne est implantée sur des sols de nature très variable d'un point à l'autre de l'Hexagone : sols argilo-calcaires en Bourgogne, sols schisteux à Collioure, sols argilo-calcaires, granitiques ou schisteux en Beaujolais, etc. La typicité du milieu joue donc un rôle fondamental dans les produits que le terroir peut offrir, et que les chefs cuisiniers savent, tout particulièrement, mettre en valeur. En ce sens, on peut dire qu'un cuisinier est « un transfigurateur de son terroir », pour reprendre la formule de Benedict Beaugé. Lui seul est susceptible de faire parler cette terre si énigmatique d'où il extrait un certain langage au fil des saisons. La cuisine de chaque chef se révèle ainsi dépendante d'un terroir, et supporte difficilement le voyage : que serait Marc Veyrat[1] sans la Haute-Savoie, Michel Bras[2] sans son plateau d'Aubrac, Bernard Loiseau[3] sans la Bourgogne ? C'est dans cette inscription dans une terre que réside l'acte de naissance du mouvement « locavore ». Ce mouvement qui prône la consommation de nourriture produite dans un rayon restreint autour de son domicile. Être locavore est un acte respectueux de l'environnement de part certaines notions : acheter des produits aux producteurs locaux grâce aux circuits-courts ; privilégier les produits frais et de saison ; limiter le gaspillage alimentaire ; favoriser le maintien des populations sur le territoire ; réduire la monoculture et maintenir la diversité. La figure du locavore fait nettement écho au terroir. Ce mouvement s'est grandement démocratisé en France, pays où le patrimoine culinaire est hautement considéré. Cette omniprésence de la valeur du fait culinaire sur notre sol est si importante qu'en 2010 **le repas gastronomique des Français** a été inscrit au patrimoine culturel et immatériel de l'UNESCO.

Cependant, si le terroir est essentiel pour assurer la qualité des aliments que nous mangeons, le milieu naturel ne peut seul en être la cause. Ce sont les activités

1. Marc Veyrat, né le 8 mai 1950 à Annecy en Haute-Savoie, est un chef cuisinier français mondialement connu par plusieurs guides gastronomiques. Il a obtenu trois étoiles au Guide Michelin par trois fois, et obtenu le score maximum de 20/20 par deux fois au *Gault et Millau*.

2. Michel Bras, né en 1946, est un chef cuisinier français. Son restaurant, situé à Laguiole dans le département de l'Aveyron, a obtenu sa troisième étoile au *Guide Michelin* en 1999.

3. Bernard Loiseau (1951-2003) est un chef cuisinier et restaurateur français du restaurant gastronomique *Relais Bernard Loiseau*, à Saulieu.

humaines, à travers les savoirs, les modes d'organisation sociale, les pratiques, qui assurent un bon traitement de la terre et, par là même, la qualité des produits récoltés ou fabriqués. En effet, la terre est une chose, et son travail en est une autre : un même lieu géographiquement déterminé peut offrir bien des terroirs différents selon la manière dont on l'exploite. Par exemple, un agriculteur peut respecter la vie du sol en limitant les labours et en faisant vivre la faune environnante. À l'inverse, quelques années plus tard, un autre agriculteur, en quête de profit, travaillera la terre d'une manière si différente qu'il n'obtiendra pas le même terroir, si tant est qu'on puisse encore parler de « terroir » à ce stade. Ce terme n'est plus alors qu'un argument utilisé à des fins de marketing. C'est à cette dérive que nous sommes confrontés lorsque l'on constate que de grands groupes industriels laitiers se mettent à produire des fromages certifiés par une appellation d'origine protégée (AOP), comme le révèle l'éclairante chronique d'On va déguster sur France Inter, intitulé : « Et si les Appellations d'Origine Protégée ne protégeaient plus nos fromages ? », diffusée en février 2017. Dans *Main basse sur le fromage AOP* publié en 2017, la journaliste Véronique Richez-Lerouge explique très clairement cette mainmise de ces grands groupes qui se sont approprié le savoir-faire des petits producteurs, et déciment ainsi les fabrications fermières artisanales par une concurrence déloyale (baisse drastique des prix de vente au kilo). Cependant, indépendamment de cette compétition économique destructrice, comment être assuré de la qualité des produits que les géants de l'industrie agroalimentaire mettent sur le marché ? C'est à ce moment que le cuisinier doit assurer une fonction de vigile alimentaire. Celle-ci a été clairement mise en évidence lors d'une dégustation à l'aveugle organisée par l'émission *On va déguster* : confrontés à une diversité de fromages certifiés AOP, plusieurs grands chefs ont rendu un verdict clair : des fromages amers et acides d'un côté et d'excellents produits de l'autre. Lors de la levée de l'anonymat, les premiers provenaient de grands groupes laitiers, tandis que les seconds avaient été fabriqués par de petits producteurs locaux. Cette expérience légitime le rôle de sentinelle que le cuisinier doit occuper au sein de la société par sa connaissance de la qualité des produits proposés sur le marché : au-delà des certifications, son goût est une arme indispensable pour disqualifier le bon du mauvais produit.

Savoir cuisiner ne signifie donc pas que savoir apprêter un plat. Cela implique aussi une dimension éthique et politique portant sur la reconnaissance de la qualité des produits utilisés et du traitement qui est fait à l'environnement. Des cuisiniers comme Michel Guérard[1], Marc Veyrat ou encore Paul Bocuse[2] ont été les premiers à respecter l'authenticité et la traçabilité des produits qu'ils présentaient à leur clientèle. Ferran Adrià a également suivi ce mouvement avec sa cuisine moléculaire. Ce souci éthique et écologique qui anime les cuisiniers se retrouve aussi dans leur volonté de travailler les produits de saison. En effet, de nos jours, cuisiner

1. Michel Robert-Guérard, dit Michel Guérard, est un chef cuisinier français né le 27 mars 1933 à Vétheuil, propriétaire de l'hôtel-restaurant *Les Prés d'Eugénie* à Eugénie-les-Bains, triplement étoilé au guide Michelin depuis 1977. Michel Guérard est considéré comme l'un des fondateurs de la « nouvelle cuisine ».
2. Paul Bocuse, né le 11 février 1926 et mort le 20 janvier 2018 dans son Auberge du *Pont de Collonges*, à Collonges-au-Mont-d'Or, près de Lyon, est un chef cuisinier français.

un produit du continent asiatique représente une certaine « empreinte carbone », une certaine quantité de CO2 dégagée pendant le transport. Favoriser l'usage de produits locaux et de saison permet donc de protéger la planète et de lutter contre le réchauffement climatique. De même, pour le chef Fergus Henderson[1], il faut aujourd'hui lutter contre le gaspillage alimentaire afin de préserver nos ressources alimentaires. Il est ainsi à l'origine du phénomène « nose-to-tail » qui consiste à consommer un produit dans son intégralité : « Si vous tuez un animal, il est tout à fait normal de le manger en entier ». Depuis 1994, on retrouve à la carte de son restaurant du cœur de veau, de canard ou d'agneau, des fanes de carottes, etc., des produits qui illustrent parfaitement la durabilité et le respect de l'environnement dans sa dimension tant animale que végétale. On retrouve ici l'idée du très épicurien Brillat-Savarin qui déclarait, dans son célèbre traité de gastronomie, *La Physiologie du goût* (1825) : « Dis-moi ce que tu manges, je te dirai qui tu es. » Apprendre à manger, à cuisiner, c'est donc modeler son être en profondeur, c'est cultiver son intériorité, son rapport aux autres et au monde.

Conclusion

Ce qui engage finalement un cuisinier dans une démarche éthique et écologique c'est son rapport au terroir, son usage des produits de saison et le concept ou le type d'approche de la cuisine qu'il propose. Le repas, en ce sens, n'est pas simplement satisfaction de nos besoins, ou encore mise en scène de notre manière de nous alimenter. Loin d'être une simple distraction ou un simple loisir, il devient aujourd'hui un acte qui a pour tous une valeur éthique et politique. Manger engage notre rapport au monde, aux autres, et implique le respect que nous vouons tant à la planète qu'à l'ensemble des espèces vivantes qui la peuplent. **[Résumé des enjeux et réponse à la problématique]** En ce sens, nous pouvons reprendre la formule de Brillat-Savarin, en la transformant : « dis-moi ce que tu manges et je te dirai comment tu envisages le monde de demain ». Nous retrouvons en cela l'idée majeure de Friedrich Nietzsche : « Il est une question dont le « salut de l'humanité » dépend beaucoup plus que de n'importe quelle subtilité de théologien : c'est la question du régime alimentaire » (*Ecce Homo*, 1888). **[Ouverture]**

1. Fergus Henderson Obe est un chef anglais qui a fondé le restaurant *St John* sur St John Street à Londres. Il est souvent connu pour son utilisation d'abats, et d'autres coupes de viande négligées, en raison de sa philosophie du « manger du nez à la queue ».

Sujet 5

Qui décide de ce que l'on mange ?

De gustibus et coloribus non disputandum. Cet adage pose un principe largement ancré dans le sens commun : « des goûts et des couleurs, on ne discute pas ». Chaque individu posséderait des goûts propres, largement inexplicables et l'on ne pourrait donc en faire un sujet de discussion. **[Accroche]** Appliquer cette réflexion à la consommation alimentaire conduirait à dire que chaque individu décide de ce qu'il mange et que cette décision proviendrait de ses goûts propres, inexplicables et indiscutables. Une telle approche correspond aux postulats de l'économie classique. Les consommateurs disposent de préférences différentes, dont les déterminants sont exogènes, c'est-à-dire extérieurs au système économique. En cela, les économistes classiques ne cherchaient pas tant à expliquer l'origine des goûts que leurs conséquences sur les décisions d'achat et les mécanismes de marché. Des économistes, comme Garry Becker, ont cependant cherché à élaborer des fonctions expliquant la formation des goûts. Cette approche reste cependant largement individuelle : si l'on cherche à modéliser la formation du goût, ce dernier reste profondément individuel. Pourtant, l'acte de consommation - et l'on se focalisera ici sur les consommations en matière d'alimentation - que réalise un individu peut être relié aux comportements des autres acteurs sociaux et économiques qui l'entourent. Il convient donc de chercher les éléments pouvant venir influencer, voire limiter, ses décisions. Dès lors, les choix alimentaires ne pourraient plus être envisagés seulement sous l'angle individuel. **[Analyse du sujet]** Ainsi, nous pourrons poser la problématique suivante : dans quelle mesure la consommation alimentaire est-elle une affaire individuelle ? **[Problématique]** En nous focalisant dans un premier temps sur la consommation comme acte individuel, nous montrerons que les décisions sont en réalité largement contraintes et influencées, aussi bien économiquement que socialement. Dans un deuxième temps, nous montrerons que les décisions en matière d'alimentation sont bien souvent l'affaire de décisions collectives et donc politiques. **[Annonce du plan]**

1. L'individu agit sous contraintes et sous influences

Il est possible, dans un premier temps, de se focaliser sur les choix qu'opère un individu en matière d'alimentation. Or, si l'individu « décide » de ce qu'il mange, il réalise avant tout ce choix sous des contraintes économiques. En outre, ses choix se révèlent être largement influencés par le contexte social dans lequel il est plongé.

1.1. Des contraintes économiques pèsent sur les consommateurs

Tout d'abord, les choix des individus sont largement contraints par leurs revenus. C'est ce que montre par exemple Denis Colombi dans son ouvrage *Où va l'argent des pauvres* publié en 2020. S'attachant à décrire l'influence de la pauvreté sur les comportements, il montre une tendance importante des ménages les plus pauvres à consommer rapidement leurs revenus, notamment dans des produits alimentaires. Ces produits de première nécessité, qui peuvent par exemple être congelés, permettent ainsi de disposer d'une sécurité dans le futur face au risque de pénurie. Il n'est ainsi pas possible de comprendre les choix en matière d'alimentation sans prendre en compte la contrainte budgétaire qui pèse sur les individus. Cela s'observe également lorsque l'on s'intéresse aux dépenses alimentaires en dehors du foyer : plus le niveau de revenu augmente, plus la part du budget consacrée aux sorties au restaurant (l'INSEE regroupe ces dépenses avec les dépenses en hôtel) augmente. Ainsi, en 2017, les 20 % des ménages les plus modestes consacraient 5,2 % de leur consommation aux dépenses en hôtel et restaurant, contre 9,4 % pour les 20 % les plus riches. Il est donc difficile de faire de la consommation au restaurant une simple affaire de « choix » dans la mesure où la contrainte budgétaire pèse fortement sur les individus.

Le budget n'est cependant pas la seule contrainte économique pesant sur les individus. Le marché de l'alimentation est une confrontation entre une offre (composée en réalité d'une pluralité d'acteurs allant des agriculteurs aux entreprises de l'agro-alimentaire et aux distributeurs) et une demande (les ménages). Ces derniers réalisent des choix en fonction de leur budget mais également en fonction de leurs préférences. Cela peut passer, par exemple, par une préférence pour des produits de qualité. En cela, la transparence sur le marché est indispensable : pour que les individus réalisent des choix correspondant à leurs préférences, il est nécessaire que l'information transmise soit la plus transparente possible. Or, les techniques marketing – telles que la multiplication de labels sans réel contrôle – peuvent pousser les individus à prendre des décisions d'achat qui ne correspondent pas réellement à ce qu'ils auraient souhaité. Le « greenwashing » désigne par exemple la tendance de certaines industries à tenter de faire passer leur produit comme étant écologiques alors que leurs pratiques ne le sont pas réellement. En outre, les labels de qualité ne sont pas toujours respectés. Ainsi, une étude portant sur le respect des labels, réalisée par la Direction générale de la concurrence, de la consommation et de la répression des fraudes (DGCCRF), a montré un taux d'anomalie de 31 % en 2016 parmi les produits analysés. Finalement, les consommateurs restent largement dépendants des informations livrées par les industries de l'agro-alimentaire et du marketing. Cela rejoint l'idée de « filière inversée » développée par l'économiste J.K. Galbraith dans les années 1960 : alors que l'on considère généralement que « le client est roi » et qu'il détermine le comportement des entreprises, on observe bien plus souvent une capacité des entreprises à influencer les comportements des consommateurs afin qu'ils achètent ce qu'elles produisent. Notons cependant que plusieurs lois visent à encadrer ces pratiques et que des entreprises spécialisées dans l'information nutritionnelle se développent, permettant une meilleure transparence sur le marché de l'alimentation.

Nous avons ainsi montré que tout choix opéré par les individus en matière d'alimentation est en réalité largement contraint. Cette contrainte est non seulement budgétaire mais également informationnelle dans la mesure où les marchés ne sont pas pleinement transparents. Au-delà de ces contraintes économiques, il existe également des déterminants sociaux influençant fortement les comportements des individus.

1.2. Des choix dépendant du contexte social

Tout d'abord, on observe que les choix de consommation sont largement dépendants du milieu social auquel appartiennent les individus. Cela a notamment été mis en évidence par le sociologue Pierre Bourdieu dans son ouvrage *La Distinction* (1979) dans lequel il distingue le « goût de la nécessité » des classes populaires du « goût du luxe » des catégories bourgeoises. Les développements de Pierre Bourdieu sur les classes populaires montrent que les consommations – alimentaires, notamment – ne sont pas seulement déterminées par le niveau de revenu, mais également par les goûts. Cependant, les individus « ont le goût de ce à quoi ils sont de toute façon condamnés ». Au-delà du goût, Pierre Bourdieu met en évidence un véritable système de valeurs dans lequel s'inscrivent les comportements en matière d'alimentation. À l'instar du « franc-parler », les classes populaires valorisent le « franc-manger », en servant par exemple des plats généreux tels que des plats en sauce. À l'inverse, les classes supérieures cherchent à manger « dans les formes », en prêtant une attention particulière aux manières d'être à table, en mangeant avec retenue et discrétion. Ainsi, les goûts et les pratiques des individus en matière d'alimentation sont largement liés aux appartenances sociales, et si l'individu « décide » de ce qu'il mange, ses décisions sont socialement déterminées.

Ces influences sociales ne se limitent cependant pas aux appartenances de classes. En effet, des normes sociales traversent l'ensemble de la société et pèsent sur l'ensemble de ses membres. On peut ici évoquer le « culte de la minceur ». Cette norme corporelle s'est progressivement imposée à partir du XIXe siècle, soutenue à la fois par un discours d'ordre médical, en faisant de l'obésité une maladie liée aux pratiques alimentaires, et d'ordre esthétique. Ainsi, prenant l'exemple de la cellulite, la sociologue Rossella Ghigi montre que les discours médicaux et esthétiques ont émergé simultanément dans les médias dans les années 1920 et ont participé à stigmatiser cette caractéristique corporelle. Il est à noter que les normes corporelles pèsent particulièrement sur les femmes : le rapport au corps et à l'alimentation est ainsi différencié selon le genre. Une étude menée en 2008 sur des personnes âgées de 17 ans montrait ainsi que l'IMC « idéal » des jeunes filles était de 18, ce qui correspond en réalité au seuil de maigreur.

Nous pouvons donc conclure, à l'issue de cette première partie, que l'idée de « choix individuel » en matière d'alimentation doit être relativisée. Les choix se font toujours sous contrainte économique et sont largement façonnés par le monde social auquel appartiennent les individus. Cependant, ces développements laissent largement de côté l'idée de choix alimentaires à l'échelle plus collective. Il convient ainsi de montrer que les décisions en matière d'alimentation sont aussi collectives et donc politiques.

2. Ce que l'on mange : une décision politique

L'idée de « décision », dès lors qu'elle est analysée sous l'angle collectif, doit être reliée à la question politique. Nous montrerons ainsi que nos choix alimentaires sont largement liés à des décisions politiques. En outre, des conflits sociaux traversent la société en matière d'alimentation, ce qui peut participer à faire évoluer les comportements alimentaires.

2.1. Les comportements alimentaires dépendent des politiques publiques

Ce que l'on mange est largement dépendant de choix politiques. Ces choix politiques portent d'abord sur la production alimentaire. Les pouvoirs publics peuvent d'abord influencer la provenance des produits. Ainsi, la PAC (Politique agricole commune) a notamment été élaborée autour de l'objectif de préférence communautaire : les produits agricoles européens devaient être privilégiés par les États Membres. La volonté de mettre en œuvre une politique agricole européenne a ainsi permis une production agricole forte et en constante augmentation depuis les années 1960. En outre, la politique de label, visant à tracer l'origine de production (par exemple les labels « Indication géographique protégé ») permet de garantir la provenance des aliments auprès des consommateurs favorisant ainsi la production dans certaines zones géographiques et permettant aux agriculteurs de maintenir leur compétitivité face à la concurrence. Au-delà de la provenance des produits, les politiques publiques peuvent également influencer la manière de produire. Ainsi, l'attention croissante des citoyens portée sur les enjeux environnementaux et sanitaires a poussé les pouvoirs publics à prendre une série de mesures visant à favoriser l'évolution des pratiques dans l'agriculture conventionnelle et permettre le développement de l'agriculture biologique. Le « verdissement » de la PAC engagé depuis près de 20 ans s'inscrit dans cette volonté de faire évoluer les manières de produire et *in fine* les produits proposés aux consommateurs.

Par ailleurs, les pouvoirs publics peuvent développer des campagnes d'information et de prévention auprès du public pour influencer les comportements alimentaires. On pourra ainsi souligner le rôle jouer par le Plan National Nutrition-Santé lancé en 2001 en France, qui s'est accompagné d'un volet communicationnel sur les pratiques alimentaires à privilégier (« manger 5 fruits et légumes par jour » par exemple). On peut également relever la mise en œuvre depuis 2017 en France du nutriscore afin de mieux informer les consommateurs sur les éléments nutritionnels contenus dans les produits. Si la réception des messages d'informations reste inégale dans la population, ces derniers participent cependant à construire des pratiques alimentaires au sein d'une société.

Ainsi les choix en matière de consommation alimentaire sont liés à des décisions politiques, démontrant que « ce que l'on mange » est une affaire autant individuelle que collective. Il est enfin intéressant d'étudier les mouvements sociaux à l'œuvre pour souligner le rôle du politique sur les choix alimentaires.

2.2. Les mouvements sociaux peuvent influencer les choix alimentaires

Certains mouvements sociaux font évoluer les comportements alimentaires dans la société. Ces mouvements sociaux relèvent de ce que le sociologue R. Inglehart appelle le « post-matérialisme ». En effet, si les mouvements sociaux traditionnels portaient sur la question du travail et du salaire, de nouveaux types de mouvements ont émergé à partir des années 1960 autour des enjeux tels que le racisme, le féminisme ou encore l'écologie. C'est dans ce contexte que sont nés des mouvements sociaux portant sur l'alimentation. L'un des mouvements les plus emblématiques concerne la cause animale. Le mouvement antispéciste s'est ainsi constitué dans les années 1970 avec des figures comme Richard D. Ryder ou le philosophe Peter Singer. L'antispécisme considère que l'espèce animale subit des discriminations similaires à celles que l'on peut observer chez les humains (le racisme ou le sexisme). Il vise ainsi à abolir la hiérarchie opérée entre les différents êtres humains et plus généralement la « société carniste ». Plus récemment, des associations comme L214 ont porté la cause animale en dénonçant notamment les conditions d'élevage. L'émergence du Parti animaliste reflète également l'attention croissante portée aux animaux.

Ces mouvements protestataires participent à faire évoluer les comportements en matière d'alimentation. Tout d'abord, ils rendent ces enjeux plus visibles dans les médias et rendent les citoyens plus attentifs à ces questions. L'association L214 a ainsi élaboré une stratégie visant à filmer des abattoirs afin que ces images soient ensuite relayées dans les médias. L'opinion publique semble bien être de plus en plus sensible à ces questions, comme le montre un sondage réalisé par l'IFOP en février 2022 indiquant que 69 % des sondés considéraient que la question du bien-être animal constituait un enjeu majeur des élections présidentielles. Un autre sondage, réalisé en 2021, montrait que 68 % des sondés étaient d'accord avec l'idée que l'on consommait trop de viande en France. En agissant sur l'opinion publique, ces mouvements participent à mettre la question du bien-être animal ou encore de la consommation de viande à l'agenda politique. Par exemple, dans le cadre de la loi Climat et résilience, votée en 2021, les cantines scolaires auront l'obligation, à partir de 2023, de proposer un menu végétarien chaque jour.

Conclusion

Nous pouvons donc affirmer que les décisions en matière de consommation alimentaire ne peuvent être analysées sous un angle purement individuel dans la mesure où les choix opérés se font à la fois sous contraintes économiques et influences sociales. En outre, ces choix sont largement influencés par le politique. Bien plus qu'un simple choix individuel, nos choix alimentaires sont aussi des choix collectifs et politiques. Comme tout enjeu politique, l'alimentation fait l'objet de conflits sociaux et des mouvements protestaires visent à faire évoluer les comportements. La consommation de viande est ainsi devenue aujourd'hui un enjeu politique et non une simple affaire de choix individuel. **[Résumé des enjeux et réponse**

à la problématique] L'alimentation devrait, dans les prochaines années, devenir un sujet de plus en plus politique, dans la mesure où elle constitue un enjeu majeur dans la question du réchauffement climatique. **[Ouverture]**

84108 - (I) - PAP 80° - BPE - BTT
Imprimerie CHIRAT - 42540 Saint-Just-la-Pendue
Dépôt légal : septembre 2022

Imprimé en France